위대한 정치

존 스튜어트 밀의 초상.

1	2
3

1 존 슈트어트 밀의 아버지 제임스 밀.
2 존 스튜어트 밀의 아내 해리엇.
3 '여권 운동가' 밀을 풍자한 만평. 밀이 치마를 입고 있다.

<table>
<tr><td>1</td></tr>
</table>

1 1928년 여성참정권 법안이 영국 의회를 통과하던 날, 영국의 여권 운동가들이 템스 강변에 위치한 밀 동상에 꽃을 바치고 있다.

2 밀이 의사당에서 발언하는 모습. 그는 뒷짐을 진 채 수업 시간에 발표하는 학생 같은 모습으로 연설을 하곤 했다.

3 1865년 하원 의원 선거를 앞두고 열린 웨스트민스터 지역구의 자유당 후보 지명 대회. 밀은 이 선거에서 당선되어 직업 정치인이 되었다.

1 알렉시 드 토크빌의 아버지 에르베 드 토크빌. 옆에 앉은 아들의 모습도 보인다.
2 알렉시 드 토크빌의 아내 마리.
3 1831년 미국 여행 당시 토크빌이 말을 타고 가는 모습. 보몽의 스케치.

1
2

1 토크빌의 고향 집.
2 1848년 헌법 기초 소위원회의 회의 장면. 앞줄 왼쪽 끝 의자에 앉은 사람이 토크빌이다.

알렉시 드 토크빌의 초상.

위대한 정치

밀과 토크빌,
시대의 부름에 답하다

서병훈 지음

책세상

차례

서론

자유인의
도   리

1. 지식인의 빛

이 책은 내가 기획한 '밀과 토크빌의 생애와 사상'에 대한 2부작의 앞권에 해당한다. 밀과 토크빌은 민주주의와 자유의 역사에 큰 획을 그은 사상가들이다. 나는 이 책에서 두 지성의 삶을 세 측면에서 추적하고 분석한다. 첫째, 나는 두 사람이 자신의 사상적 지향점과 전혀 어긋나지 않는 삶을 살았다는 사실을 주목한다. 말과 행동이 일치했던 이 향기로운 삶이 오늘 우리에게 큰 울림으로 다가온다. 둘째, 두 사람은 '용맹정진'하듯이 온몸을 던져 글을 썼다. 그 모습은 경건하기까지 했다. 나는 그들이 공부하고 글을 쓰는 모습, 그리고 그에 따른 고통을 세심하게 증언할 것이다. 셋째, 두 사람은 현실 정치에도 깊이 관여했다. 나는 이에 주목해, 그토록 크게 문명文名을 떨친 사상가들이 왜 정치에 발을 들였는지, 그 결과는 어땠는지, 그들의 정치 참여를 어떻게 봐야 할지 짚어본다.

내가 19세기를 대표하는 사상가 밀과 토크빌에게 관심을 갖는 것은 이 시대, 특히 한국의 지식인들이 보여주는 비지성적 행태에 대한 실망 때문이다.[1] 배웠다는 사람들일수록 상업주의 시류에 영합하느라 더 정신

---

1 밀은 교양인과 지식인을 구분했다. "지식의 원천에 대해 마음이 열려 있고 웬만큼 교육을 받은 사람"을 교양인으로, "문학과 사상 방면에서 무언가를 할 수 있는 사람"을 지식인으로 불렀다. 나는 이 책에서 지식인을 '학문을 직업으로 삼는 전문 지식인'으로 비교적 좁게 설정했다. 이를테면 '교육과 연구'라는 과업의 무게 때문에 다른 곳에 눈을 돌리기가 쉽지 않은 대학교수 같은

이 없다. 이제 이 시대 이 땅의 지식인들은 삶의 가치나 역사의 응보에 대한 관심을 잃어버렸다. 오불관언吾不關焉, '세상일에 나 몰라라' 하는 것을 마치 지식인의 표상이나 되는 것처럼 자랑하고 다닌다. 그런 사람일수록 '불의는 참아도 불이익은 못 참는다'. 서글픈 일이다. 소크라테스는 그렇게 살지 않았다.

소크라테스는 국기를 문란하게 하고 젊은이들을 오도한다는 죄명으로 사형 선고를 받았다. 물론 터무니없는 누명이었다. 감옥에 갇혀 죽을 날만 기다리는 소크라테스에게 친구들이 탈옥을 채근했다. 억울한 죽음을 받아들일 이유가 없다고 했다. 그러나 그는 그 유혹을 단호하게 뿌리쳤다. 지금까지 자신을 "길러주고 가르쳐준" 국가의 은공을 외면해서는 안 된다는 생각에서였다. 소크라테스는 국가에 진 빚을 갚는 것이 "자유인의 도리"라고 했다. 그는 목숨을 던져 그 도리를 지켰다(《크리톤》, 50 d~e).

우리는 크든 작든 사회에 빚을 지고 산다. 그런 의미에서 인간은 모두 '사회적 동물'이다. 소크라테스는 죽음으로 그 빚을 갚았다. 소크라테스의 경지에 이르는 게 어디 쉬운 일인가. 그래도 배운 사람이라면 "자유인의 도리"를 무겁게 받아들일 수 있어야 한다. 〈별주부전〉의 토끼는 간을 몸 밖에 두고 다닌다고 했다. 간이 몸 밖에 있다면 그것은 이미 간이 아니다. 지식도 그렇다. 영혼 바깥에 있는 지식, 영혼에 터를 두지 않은 지식은 지식이 아니다. 세상이 아무리 요동해도 지식인의 본령은 변함이 없다. 시대의 아픔에 괴로워하고 현실의 부조리에 분노하는 것은 지식인의 책무요, 숙명이다. 정치 현실에 초연한 것처럼 유난을 떠는 것은 부끄

사람이 내가 염두에 두고 있는 대표적인 지식인이다.

러운 일이지 자랑스러운 일이 아니다.

　그래서 동서고금의 많은 지식인들이 정치 현장에 뛰어들었다. 이들 '참여 지식인'[2]들은 행동으로 국가와 사회에 진 빚을 갚으려 했다. 공자가 그랬다. 공자는 현실 참여 지식인의 사표다. 그는 실천이 없으면 지혜도 없다고 했다. "옳은 것을 알고도 그것을 실천에 옮기지 못한 적은 없는지 항상 걱정하라"고 했다. "공부를 하여 성취가 있으면 벼슬을 하라"고 했다(《논어》, 〈술이〉·〈자하〉).

　우리 선조들도 배워서 치세에 뜻을 두는 것을 당연시했다. 조선의 대표 지식인인 다산 정약용은 세월을 잘못 만나 18년이나 유배 생활을 해야 했다. 그런 '죄인'이 국가개조론인 《경세유표》를 썼다. 그는 나라가 망해가는 것을 수수방관하는 것은 선비의 도리가 아니라고 생각했다. 다산 선생은 젊어서부터 '목민牧民'의 뜻을 키웠지만 시절이 용납하지 않았다. 그는 유배지에서 《목민심서》를 쓰는 것으로 그 뜻을 대신했다. 목민의 경륜과 포부를 그저 마음으로라도 새기려('심서心書') 했다.

　문제는 지식인이 정치에 대해 소명 의식을 느끼는 것과 지식인이 정치를 잘 해내는 것은 전혀 별개라는 것이다. 플라톤은 '동굴의 우화'에서 철학자의 정치 참여를 독려했다. 천상의 세계에 머물지 말고 동굴 속으로 다시 내려가 '죄수'들을 밖으로 끌고 나오라고 했다. 플라톤은 철학

2　지식인이 현실 정치에 참여하는 방법과 경로로 다음 네 가지를 생각할 수 있다. 첫째, 대중 정치인으로의 변신. 둘째, 공직 진출. 셋째, 언론 투고나 시민운동 등 사회적 발언. 넷째, 시대적 문제의식을 글쓰기로 표출하기. 나는 첫 번째 (또는 두 번째) 방식으로 현실 참여를 꾀하는 사람을 '참여 지식인'으로 규정한다. 반면 네 번째 영역에 집중하는 사람을 '강단 지식인'이라고 부른다. 사회적 발언에 열심인 사람을 강단 지식인의 범주에 포함시킬 수 있을지 애매한데, 그 둘을 함께 수행하기가 쉽지 않다는 것이 내 생각이다. 공진성 교수는 현실정치Realpolitik와 관념정치Ideenpolitik를 구분하면서 지식인의 활동을 거의 모두 관념 정치의 틀 속에 포괄한다.

자가 그 누구보다도 정치를 잘할 수 있다고 믿었다. 진리를 알 뿐 아니라 사사로운 욕심이 없기 때문이다.[3]

그의 말은 일리가 있다. 권력자가 사적인 욕심에서 자유롭다면 정치를 잘할 수 있는 꽤 유리한 조건을 선점한 셈이다. 그뿐만 아니다. 플라톤의 '아름다운 국가'에는 조건이 또 하나 있다. 그 나라 백성은 권력자에게 절대 복종한다. 따라서 플라톤의 철인왕은 '선의의 독재자'로서 큰 업적을 낼 가능성이 있다.

그러나 오늘 이 시대에는 그런 것을 기대할 수가 없다. 지식인이라 해도 지혜는 턱없이 부족하다. 욕심은 끝이 없다. 국민은 절대 고분고분하지 않다. 이런 상황에서 지식인들이 어떻게 정치를 잘할 수 있을 것인가?

막스 베버는 지식인의 정치 참여에 회의적이었다. 철인왕의 존재를 믿지 않았다. 그는 《직업으로서의 정치》에서 정치인이 갖추어야 할 조건으로 우선 카리스마를 꼽았다. 카리스마란 남에게 "저 사람은 정치를 할 만하다, 정치인으로서 부름(소명)을 받은 듯 보인다"는 말을 들을 수 있는 자질을 말한다. 이런 카리스마를 아무나 갖출 수 없음은 물론이다. 그러나 좋은 정치인이 되기 위해서는 카리스마만으로는 부족하다. '열정과

---

3 플라톤은 《국가》에서 철인왕哲人王이 지배하는 '이상 국가'를 그리고 있다. 그는 철학자가 권력을 잡든 권력자가 철학을 공부하든, 권력과 철학이 결합하지 않으면 이상 국가가 건설될 수 없다고 했다. 철학자가 마음만 먹으면 이상적인 지도자가 될 수 있다는 것이 플라톤의 지론이다. 그런데 원래 플라톤이 상정한 철학자는 공부에 몰두하느라 세상일에 관심이 없다. 권력에는 더구나 욕심이 없다. 그런데도 왜 철학자가 정치에 참여하게 되는가? 처벌이 두려워서이다. 무슨 말인가? 철학자가 정치를 외면하면 철학과 거리가 먼 사람, 다시 말해 정치를 잘할 수 없는, 따라서 정치를 해서는 안 되는 인물이 권력을 잡게 된다. 엉터리 정치꾼이 국정을 농단하는 일이 벌어진다. 철학자는 이런 현실에 괴로워하고 분노한다. 이것이 철학자에게는 무엇보다 참기 어려운 처벌이 되는 셈이다(《국가》, 346e~347d·520d).

균형 감각' 둘을 동시에 갖춰야 한다. 열정이 지나쳐 균형을 잃어서는 안된다. 베버는 정치인의 요건으로 신념의 덫에서 자유로울 것을 특별히 강조했다. '신념 윤리', 즉 이데올로기적 도그마에 빠지지 않아야 제대로 된 정치를 할 수 있다고 했다. 그것도 모자라, "그 어떤 상황에서도 '그럼에도 불구하고'라고 말할 능력이 있는 사람"만이 정치를 할 자격이 있다고 덧붙였다(베버, 284·360쪽).

베버의 말을 들어보면 정치는 아무나 하는 것이 아니다. 철학자가 정치를 전담하는 철인왕에 대한 환상은 접는 것이 좋다. 이 점에서 '강단 지식인' 소크라테스를 주목할 필요가 있다. 소크라테스는 학문에 힘쓰고 젊은이들을 가르치는 일로 국가에 진 빚을 갚았다. 그도 한때 정치에 참여했었다. 그러나 정치 현장에서 신념을 지키는 것은 쉬운 일이 아니었다. 옳은 길을 고수하다가 몇 번이나 죽을 고비를 넘겨야 했다. 결국 소크라테스는 정치 참여를 중단했다. 그 대신에 대중을 야단쳐서 정신 차리게 만드는 '선생'의 길을 걸었다. "게으르고 둔한 동물"을 따끔따끔 쏘는 쇠파리myops의 역할을 자신의 천직으로 삼았다. 그러나 쇠파리 노릇도 결코 쉽지 않았다. 낮잠을 즐기지 못하게, 안락을 탐하지 못하게 "깨우쳐주고, 설득하며 야단을 치니" 대중의 미움을 살 수밖에 없었다. 견디다 못한 아테네 시민들이 그에게 사형을 언도했다. 참여 지식인 공자는 자신의 수壽를 누렸지만 강단 지식인 소크라테스는 끝내 독배를 피할 수 없었다.

지식인은 어떻게 살아야 하나? 현실에 진 빚을 어떻게 갚아야 하나? 어떻게 해야 자유인의 도리를 다할 수 있을까? 책임은 크고 능력은 모자라는데, 이 괴리를 어떻게 메울 것인가? 소크라테스는 비판적 지식인으로 살 것을 권고한다. 글을 읽고 학생들을 가르치는 것을 통해 사회에 봉

사하라고 한다. 그것이 더 큰 정치라고 들려준다.[4] 베버는 정치인의 길을
밝히기 전에 학자의 길을 먼저 제시했다. 그는 《직업으로서의 학문》에서
좁고 깊게 파고 들어가는 현대 학문의 본질을 날카롭게 보여주었다. '프
로'가 될 자신이 없으면 학자의 길에 들어서지도 말라고 강하게 경고했
다.[5] 학문과 정치를 어중간하게 섞어서는 안 된다는 것이 베버의 소신이
었다. 나도 그렇게 생각한다.

2. 글쓰기 또는 정치 참여

그래서 존 스튜어트 밀John Stuart Mill(1806~1873)과 알렉시 드 토크빌
Alexis de Tocqueville(1805~1859)이 관심을 끈다. 두 사람은 근대 자유주의
의 기틀을 닦은 사상가들로, 《자유론On Liberty》과 《미국의 민주주의De la
démocratie en Amérique》 같은 위대한 저술로 후세에 기억되고 있다. 그런데
그들의 정치 역정도 만만치 않다. 밀은 젊어서 사회 개혁 운동에 열심히
가담했고 인생 후반부에는 하원 의원으로 활약했다. 토크빌의 공생애는
전부 정치로 점철되었다. 그는 하원 의원에 장관까지 지냈다. 밀과 토크
빌은 "옳은 것을 알고도 그것을 실천에 옮기지 못한 적은 없는지 항상 걱
정"하는 지식인의 전형에 가까웠다.[6]

---

4 플라톤은 이런 소크라테스를 "진정한 정치인"이라고 칭송했다. 소크라테스가 정치 현장을
떠났지만, 오히려 사람을 가르쳐 훌륭한 시민으로 만드는 더 큰 정치를 펼쳤다고 주장했다(《소
크라테스의 변론》, 30e~32a).
5 베버는 "눈가리개를 하고서 어느 고대 필사본의 한 구절을 옳게 판독해내는 것에 자기 영혼
의 운명이 달려 있다는 생각에 침잠할 능력이 없는 사람은 학문을 단념하라"고 했다(베버, 39쪽).
6 이름 높은 사상가 중에 밀과 토크빌만큼 의미 있는 정치 경력을 쌓은 사람은 없다는 주장에

나는 이 책에서 밀과 토크빌이 생각과 행동의 연결 고리를 찾으려 했다는 점을 특별히 주목했다. 두 사람은 자유와 민주주의를 놓고 깊이 고민했다. 고결한 자유를 회복하기 위해 민주주의를 순치馴致해야 한다는 문제의식을 같이 나누었다. 밀은 일생 동안 진보적 자유주의advanced liberalism의 구현에 앞장섰다. 인간의 진보를 푯대 삼아 여성과 노동자 등 사회적 약자의 권익을 보호하기 위해 분투했다. 그가 쓴 책과 논설은 거의 모두 이 진보적 자유주의의 구축과 확장을 겨냥했다. 토크빌은 자신을 새로운 자유주의자libéral d'une espèce nouvelle라고 불렀다. 그는 물질적 탐닉과 소시민적 안락을 부추기는 당시의 주류 자유주의자와 자신을 분명하게 구분했다. 토크빌의 주요 저작 역시 이 새로운 자유주의의 토대를 확립하고 그 이념을 현실에 투영하는 방안에 집중하고 있다.

두 사람은 자신들의 이념을 꽃피울 정치의 형상화에도 진력했다. 밀은 급진 개혁 운동을 주도하면서 '도덕 정치'를 열망했다. 토크빌은 줄기차게 '위대한 정치'를 외쳤다. 위대함이라는 개념은 그의 새로운 자유주의의 중추가 된다. 그들은 도덕 정치와 위대한 정치의 이론화에 만족하지 않았다. 정치 현장에 직접 뛰어들었다. 이념의 이름으로 하원 의원 선거에 나섰고 이상의 실현을 위해 의사당에서 사자후를 토했다. 펜으로 글을 쓰는 것으로 만족하지 못하고 대중을 상대로 직접 위대한 정치를 실천하려 했다. 불세출의 두 사상가가 직업 정치인으로 변신한 것이다. 왜 그랬을까?

물론 그들이 살았던 19세기 중반만 해도 학문의 전문화가 채 진행되지 않은 시대였다. 따라서 지식인들이 이즈음 한국의 전문 지식인들처럼

대해서는 Thompson, 166~167쪽 참조.

'SCI에 죽고 사는' 처지는 아니었다. 시대 상황도 지금과 달랐다. 그때는 지식인의 현실 참여가 상식이나 마찬가지였다. 웬만큼 배운 사람이라면 우국충정의 혈기를 곧장 정치 참여로 연결시키는 것이 다반사였다. 그것이 곧 노블레스 오블리주noblesse oblige의 지름길이었다. 따라서 밀과 토크빌이 정치에 관여한 것을 오늘날의 관점에서 바라볼 수는 없다.

그들은 어려서부터 정치의 꿈을 키웠다. 시대의 아픔을 정치 참여로 극복해나가는 것을 당연하게 여겼다. 그렇다면 정치 참여의 결과는 어땠는가? 그들은 세상을 바꾸는 데 얼마나 기여했는가? 예상과 다르지 않다. 밀과 토크빌의 정치 참여는 역사의 흐름에서 작은 이야깃거리에 불과했다. 결국 두 사람 다 자신의 정치 생활을 되돌아보며 동일한 회한에 잠겼고, 지식인은 역시 글을 써서 역사에 보답하는 것이 정답이라는 사실을 재확인해주었다. 그들은 사회에 진 빚을 갚되 '강단'에 충실하라고 했다. 그것이 지식인의 숙명에 부합한다고 했다. '참여 지식인' 밀과 토크빌의 말이었다.

3. 아비뇽과 토크빌의 추억

이 책은 두 가지 개인적인 관심사에서 출발했다. 첫째, 나는 밀과 토크빌의 삶, 특히 인생행로를 깊이 알고 싶었다. 나는 줄곧 밀의 사상을 공부하고 그에 대해 글을 썼다. 책도 여러 권 냈다. 10여 년 전부터는 토크빌도 함께 공부하기 시작했다. 두 사람의 생각을 온전히 파악하자면 아직도 갈 길이 멀다. 그런데 사람의 삶을 알면 그 사람의 생각을 깊이 이해하는 데 도움이 된다. 게다가 이것저것 다 떠나서, 자신이 좋아하고 존경하는 사상가의 개인적인 삶에 흥미를 느끼는 것은 인지상정이다. 나는 2011년 여름에 프랑스 아비뇽에 있는 밀의 무덤을 찾아갔고, 이어 그해 겨울에는 토크빌의 안식처에 다녀왔다. 두 사람의 무덤을 쓰다듬으며 묘한 '동일시'를 느꼈다.[7] 그리고 이후 밀과 토크빌의 평전을 열심히 읽으며 그들의 내면으로 좀 더 깊숙이 들어갈 수 있었다. 밀과 토크빌이 민주주의와 자유라는 화두를 놓고 의미심장한 공분모를 갖고 있다는 것은 널리 알려진 사실이다. 두 사람의 사적인 삶도 그렇다. 사소한 차이점을 걷어내고 나면 한 시대를 치열하게 고민하며 살아간 두 거장의 삶은 놀라울 정도로 닮았다. 이념을 앞에 두고 몸이 따라가는 모습은 존경스럽다. 말씀이 육신이 되었다는 말이 있듯이, 밀과 토크빌의 삶은 그들의 사상과 혼연일체가 되어 빛이 났다. 공부를 하면 할수록 재미가 있었다. 그래서 밀과 토크빌의 삶을 통해 그들의 사상을 좀 더 명료하게 보여주는 책을 준비하게 되었다.

둘째, 지식인의 사회적 책무에 관한 고민이 있었다. 현대를 살아가는 지식인의 한 사람으로서 막스 베버의 경고는 아무리 귀담아들어도 부족하다. 한 길을 깊이 파고들어야 전문가가 될 수 있다. 이것은 두말할 필요가 없다. 오늘날 융합이 시대의 대세인 것처럼 군림하고 '르네상스형 지식인'이 선망의 대상이 되고 있지만 베버의 생각은 달랐다. 그는 엄격한 전문화가 아니면 "진실로 아주 탁월한 것"을 성취할 수 없다고 했다 (베버, 39쪽). 나도 베버와 같은 생각이다. 한 우물을 깊이 판 뒤, 그러고도 여력이 있으면 눈을 옆으로 돌려도 좋다. 뿌리를 내릴 학문적 성과도 내

---

7 "프로이트는 한 사람이 다른 사람과 교감하는 과정을 '감정적 유대'라고 불렀다. 감정적 유대란 남의 일이 내 일이 되고, 다른 사람의 삶이 내 삶과 겹치는 신비한 경험을 뜻한다." 이 '감정적 유대'의 다른 말이 '동일시'이다(김서영, 7·10쪽).

지 못한 채 박학과 융합부터 기웃거린다면 그것은 전문가의 길이 아니다. 선진 외국에서 학문을 수입해 연명하는 한국 지식 사회는 더더욱 전문가의 길에서 멀리 떨어져 있다. 학문 세계에서 '아마추어'를 자랑할 이유는 없다. 따라서 자기 능력의 한계를 아는 마당에 다른 곳으로 눈을 돌린다는 것은 생각할 수 없다. 나는 교수 생활을 30년 가까이 해오면서 그 원칙을 비교적 충실히 지켰다. 베버의 경구를 가슴 깊이 새겼다.

그러나 한국 사회의 일원으로서 세상일에 무관심할 수는 없다. 그것은 내가 추구하는 학문의 길과도 부합되지 않는다. 사회에 대한 소크라테스의 부채 의식, 엉터리 정치인에 대한 플라톤의 분노가 내 가슴에도 살아 있을 수밖에 없다.

문제는 학문의 길과 지식인의 길이 같지 않을 수 있다는 것이다. 베버의 충고를 따르면 소크라테스의 빚은 뒤로 밀리게 된다. 플라톤의 분노만으로 행동한다면 또 다른 사이비가 될 수 있다. 나는 양쪽을 번갈아 쳐다보면서 양쪽 모두에서 똑같이 아픔을 느꼈다. 지식인의 존재론적 번민이라고나 할까.[8] 그런 까닭에 밀과 토크빌의 행적이 흥미로웠다. 글과 정치, 두 선택지를 앞에 놓고 그들이 어떤 길을 갔는지 궁금했다. 내가 좋아하는 두 사람의 삶을 세밀하게 관찰하고 유기적으로 비교함으로써 학문의 길과 지식인의 길을 가로지르는 교차점을 찾고 싶었다.

이 책은 밀과 토크빌의 삶을 보여주고 그것을 입체적으로 비교하는 것을 목적으로 한다. 그래서 각 부를 두 사람의 생각과 행적을 내 시각에서 비교, 분석하는 형식으로 구성했다. 1부는 두 사람의 삶을 여러 측면에

---

8 학문적 열정과 실천적 관심 사이에서 번민하는 지식인의 모습은 임현진,《지구시민사회의 구조와 역학》(나남, 2015), 11~12쪽 참조.

서 다각도로 조명한다. 2부는 두 사상가의 성장 과정, 대표작, 글 쓰는 방식을 정리한다. 이 책의 목적이 글과 행동 사이의 황금 접점을 찾는 것인 만큼 두 사상가의 글쓰기를 보여주는 데 공을 들인다. 3부는 밀과 토크빌이 아름다운 우정을 나누다가 하루아침에 소원하게 된 과정과 배경을 설명한다. 4부는 5부의 머리글이라고 할 수 있다. 즉, 밀과 토크빌의 정치 활동을 들여다보기에 앞서 그들이 가슴에 담았던 이상적인 정치의 모습을 비교, 분석한다. 밀은 진보적 자유주의, 토크빌은 새로운 자유주의를 지향했다. 둘은 이런 이념의 푯대를 '위대한 정치'를 통해 구축하고자 했다. 4부는 이러한 관점에서 두 사람의 정치 이론을 검토한다. 5부는 이 책의 정점이라고 할 수 있다. 밀과 토크빌의 정치 입문 과정과 정치인 생활, 그들의 정치 활동에 대한 평가, 글쓰기와 정치 참여 사이의 저울질에 대한 두 사람의 최종적인 진술이 5부를 구성한다. 끝으로 결론에서는 밀과 토크빌의 인생 여정을 통해 이 시대의 지식인이 무엇을 가슴에 새겨야 할지 생각해본다.

이 책은 그동안 내가 밀과 토크빌에 대해 공부해온 것의 축적물이다. 책 뒤쪽의 참고문헌이 그 공부의 내력이다. 나는 새 자료를 입수하는 대로 내용을 수정하고 추가하면서 글을 전부 새로 썼다.

밀과 토크빌의 삶과 사상을 비교하는 저술을 준비한 지 어느새 10년이 흘렀다. 책을 쓰기도 힘들지만 출판하기는 더 힘든 시절이다. 한국연구재단의 지원이 없었다면 이 책이 나올 수 없었을 것이다. 성심껏 논평해준 심사위원에게도 고개 숙여 인사한다. 공진성 교수는 반짝반짝 빛나는 비평을 많이 해주었는데 내가 다 소화하지 못해 유감이다. 강정인, 고세훈, 안두환, 이기언, 그리고 한국정치사상학회 회원 등 도움을 준 여러 선생님들에게 감사한다. 이번에도 책세상 신세를 졌다. 진심으로 고맙다.

책을 준비하는 동안 세월의 신산辛酸이 없지 않았다. 공부하는 재미와 고통으로 여기까지 올 수 있었으니 그저 감사할 따름이다. 지난해 일산으로 거처를 옮겼는데 과분한 서재도 하나 얻었다. 아내 심규리에게 이 책을 바친다.

2017년 2월 동해에서

서병훈

1부

삶

말과 생각과
행 동 이
일 치 하 다

밀과 토크빌은 그들의 나이 서른 즈음인 1835년에 처음 만났다. 토크빌이 한 살 위였다. 영국과 프랑스를 대표하는 지성으로 이미 명성이 대단하던 밀과 토크빌이었다. 그들은 양국의 정세를 비롯해서 민주주의, 학문의 방법론 등 다양한 분야에 걸쳐 속 깊은 대화를 나누었다. 두 사람의 생각이 똑같을 수는 없었다. 그래서 그 우정의 끝은 다소 씁쓸하다. 삶도 그렇다. 영국 사람과 프랑스 사람의 차이만큼이나 그들의 인생행로는 차이가 난다.

토크빌이 명문세가의 후손이라면 밀은 가난한 문필가의 장남이었다. 토크빌이 흘러간 귀족 체제를 그리워한 반면, 밀은 노동자와 여성 등 사회적 약자에게 큰 관심을 가졌다. 두 사람은 사회주의를 바라보는 시각이 확연히 달랐다. 삶의 태도도 달랐다. 밀이 진중했다면 토크빌은 예민했다. 밀이 말 한마디, 걸음 하나하나에 성실하게 최선을 다했다면 토크빌은 타고난 재능을 발산하며 춤추듯 살았다. 사랑 이야기가 나오면 할 말이 더 많아진다. 밀은 한 여인을 만나 통속을 거부하며 뜨겁게 사랑했다. 반면 토크빌은 격정에 몸을 맡겼고 그만큼 우여곡절이 있었다.

밀과 토크빌이 자라난 환경은 너무 달랐다. 밀은 정규 학교를 전혀 다니지 않고 오직 아버지의 가르침만 받고 컸다. 그런데 그 공부가 보통 공부가 아니었다. 아버지는 아들을 위해 헌신했다. 아들의 생각은 아버지가 만들어준 것이나 다름없었다. 종교관까지 아들은 아버지 판박이였다. 그러나 어느 순간 아들은 아버지의 성에서 탈출해 자기만의 세계를 만들게 된다. 아들은 그 '반역'조차 아버지가 준 가르침의 결과임을 알고 있었다. 토크빌은 집안 가정교사 밑에서 자랐다. 늙은 신부인 가정교사에게 특별한 가르침을 받았다. 토크빌의 독특한 종교관은 아마 그 신부에게서 비롯되었을 것이다. 한편, 아버지는 토크빌의 마음을 단련해주었다. 특히 사회에 봉사해야 하는 윤리적 당위를 몸소 보여주었다. 밀과 토크빌 둘 다 어머니에 대한 기억은 어두웠다. 밀은 어머니에게 거리를 두었고, 토크빌은 심약한 어머니의 유산을 물려받아 평생 고뇌하는 삶을 살았다.

밀과 토크빌은《자유론》과《미국의 민주주의》로 각각 압축되는 글 때문에 후세에 기억되고 있다. 그러나 그들은 현실 정치에도 깊숙이 발을 담갔다. 토크빌의 공적 생애는 전적으로 정치인의 삶이었다. 그는 하원 의원에 장관까지 지냈다. 밀도 아버지의 인도를 받아 청년 시절을 급진주의 개혁 운동에 바쳤다. 늘그막엔 하원 의원이 되어 의사당에서 자신의 철학을 펼쳤다. 두 사람이 글쓰기와 정치 참여를 놓고 자신의 천직을 어떻게 규정하고 살았는지 면밀히 살펴볼 필요가 있다. 1부는 19세기의 탁월한 자유주의자 밀과 토크빌의 인간적 면모를 들여다본다. 그들의 숨결을 가능한 한 가까이 느껴보는 것이 목적이다.

1. 경건한 합리주의자

존 스튜어트 밀은 재미있는 사람이다. 가족사가 예사롭지 않고 그의 삶도 흥미를 끈다. 아버지의 독특한 자식 사랑, 아내와의 범상치 않은 순애보, 사회 개혁을 위해 온몸을 던져 싸운 기록 등 밀의 일대기 자체만으로도 뜻있는 독자들의 관심을 끌기에 충분하다.[1]

존 스튜어트 밀은 성실한 사람이었다. 그는 말과 행동이 어긋나지 않는 삶을 살려고 노력했다.[2] 사람들의 생각을 정확히 파악하기 위해서는 그들의 말보다 행동을 살펴보는 것이 유익한 경우가 많다. 그러나 밀의 경우, 말과 행동 사이에 아무런 갈등이 없었다(Berlin, 132쪽). 사상가로서 밀은 또한 진실한 사람이었다. 그는 '내가 세상을 구했노라' 하는 식의 허풍을 결코 떨지 않았다. 19세기를 살다 간 이런저런 인사들 가운데, 세상사는 '법칙'을 발견했다면서 자신도 속이고 남도 기만한 사람이 얼마나 많았던가? 밀은 그런 대열에 몸을 섞지 않았다. 모르면서 아는 척하기에는 그의 눈이 너무 밝았다. 밀은 시종일관 '북극성주의자'로 살았다. 북극성에 이를 수는 없지만 그래도 북극성을 바라보고 살아야 한다고 자신을 다독였다. 밀은 철저한 현실론자였지만 이상을 결코 포기하지 않았다. 이 시대에 어찌 우리가 밀을 읽지 않겠는가?

(1) 대단한 아버지

존 스튜어트 밀은 1806년 5월 20일 런던에서 9남매의 장남으로 태어났다. 당대의 대표 지성이자 공리주의 개혁 운동의 선봉이었던 제임스 밀James Mill(1773~1836)이 그의 아버지였다.

밀은 홀쭉하고 마른 모습이었다. 이목구비는 세련되고 균형이 잡혔다.

---

1 이에 대해서는 《존 스튜어트 밀 자서전》(이후 '자서전'으로 약칭)과 서병훈의 《자유의 본질과 유토피아 : 존 스튜어트 밀의 정치사상》, 〈성실함과 진지함에 대한 향수 : 존 스튜어트 밀의 생애와 사상〉 참조.
2 "밀이 쓴 글만 읽고 밀을 평가하면 그를 절반만 알고 평가하는 잘못을 범하게 된다. 그 절반도 제대로 된 절반이 아니다." 밀을 누구보다 신랄하게 비판했던 스티븐James Fitzjames Stephen (1829~1894)이 한 말이다(Packe, 504쪽 참조).

머리가 벗어져 이마가 훤했고 얼굴에 비해 눈이 작아 보였다. 긴 턱에 코가 쪽 곧게 내려갔다. 얇은 입술은 굳게 다물고 있었다. 전체적으로 내면 세계가 단단한 인상을 풍겼다. 그는 악수할 때는 상대방의 손을 잡고 크게 흔들었다. 항상 심각한 얼굴이었지만 누구나 편하게 대해주었다. 칼라일[3]은 그에 대해 "호리호리하고 제법 큰 키에 품격이 있는 외모였다. 그는 작고 쪽 곧은 매부리코에 작고 반짝이는 눈의 소유자였다. 그의 말투는 놀라울 정도로 명석하고 분명했다. 그는 열정적이지만 동시에 조용하고 겸손했다"라고 묘사했다(Packe, 109쪽 참조).

밀의 일생을 살펴볼 때 가장 인상적이고 부럽기까지 한 점은 그의 주위에 훌륭한 사상가와 선생들이 많이 모여 있었다는 것이다. 아버지가 교유하던 저명한 학자들은 그대로 밀의 선생이 되었다. 그가 뒷날 성장하면서 만난 사람들도 그에게 지적 자양분을 듬뿍 안겨주었다. 벤담, 리카도, 칼라일, 토크빌, 콩트 등이 그런 사상가들이다. 밀에게 가장 중요한 영향을 끼친 사람은 역시 아버지와 아내였다. 아버지는 그 자신 공리주의 개혁 운동가로 명성이 높았다. 아들을 직접 가르친 그의 교육 방식이 큰 흥미를 자아낸다.

존 스튜어트 밀의 집안에 대해서는 알려진 것이 그리 많지 않다. 가까운 직계 조상만 놓고 보면 곤궁한 형편이 먼저 눈에 들어온다. 밀의 할아버지(제임스 밀른James Miline)는 가난한 구두장이였다. 그는 새로운 삶을 찾아 스코틀랜드 에든버러를 떠나 앵거스 지방의 한 시골 지역(로지 퍼트)에 정착했다. 할아버지는 하녀로 일하던 17세 신부를 맞아 가정을 이

---

3 Thomas Carlyle(1795~1881). 영국의 이상주의 사상가, 문필가. 《프랑스 혁명*The French Revolution*》, 《영웅 숭배론*On Heroes, Hero-Worship, and the Heroic in History*》 등의 저서를 남겼다. 청년 시절의 밀에게 큰 영감을 주었지만 밀이 나이가 들어서는 서로 다른 길을 걸었다.

루었다. 밀의 할머니는 원래 괜찮은 집안 출신이었는데 정치적 사건에 연루된 끝에 하녀가 되었다. 이 할머니가 밀 집안을 일으켰다.

1773년 장남 제임스가 태어났다. 그 밑으로 아들과 딸이 하나씩 더 생겼다. 할머니는 자식들의 성姓부터 바꿔버렸다. 그 지역에서 흔하던 '밀른Miline' 대신 '밀Mill'로 개명하는 결단을 내렸다. 그러면서 장차 자기 아들이 '미스터 밀Mr. Mill', 며느리가 '미시즈 밀Mrs. Mill'로 불릴 것이라고 예언(?)해 주변 사람들을 불쾌하게 만들었다. 수완이 좋았던 할머니는 지주 부인들과 교제를 하고 차도 같이 마셨다. 그리고 마침내 아들 대에 이르러 신분 상승의 꿈을 이루었다.

큰아들 제임스는 그 지역 교구教區 학교를 다녔는데, 일곱 살 때 이미 교회 목사가 그의 비범한 능력을 알아보았다. 제임스는 집안의 기대를 한 몸에 모았다. 동생들이 집안일을 돕고 그는 공부만 했다. 열일곱 살 때 그에게 기회가 왔다. 존 스튜어트 경이라는 지체 높은 사람이 그 지역의 유능한 젊은이들을 후원하고 있었는데 어느 날 자기 딸의 가정교사를 구했다. 제임스는 목사의 추천으로 세 살 아래인 그 집 딸의 가정교사가 되었다. 그리고 목회자가 되는 공부를 한다는 조건으로 에든버러 대학 진학에 드는 비용 일체를 후원받았다.[4]

제임스는 1798년 스물다섯의 나이에 장로교 목사 자격증을 땄다. 그러나 교회에 정착하지 못한 채 여기저기 설교하러 다녔다. 그러던 어느 날 그는 고향 마을에서 설교할 기회를 얻었다. 그의 모친은 감격했다. 층계 뒤에 숨어서 아들의 설교를 경청했다. 모두가 그의 풍채, 목소리를 칭

---

4 존 스튜어트 밀이라는 이름은 할머니가 이 존 스튜어트 경의 이름을 따서 손자에게 지어준 것이다. 할머니의 애틋한 마음이 엿보인다. 한편 제임스는 자신의 다섯 번째 아이의 이름을 제임스 벤담 밀James Bentham Mill이라고 지었다. 벤담을 기린 것으로 보인다.

찬했지만 사실 설교 내용은 난삽하고 불명확했다. 무식한 농민들은 그가 하는 말을 하나도 알아듣지 못했다. 제임스는 끝내 교회에서 일자리를 얻지 못했다. 후원자인 존 스튜어트의 영향력도 기대만큼 크지 않았는지, 제임스는 서른 살이 다 되도록 확실한 생계가 없었다. 그를 위해 모든 것을 희생했던 가족들은 병고에 시달렸고 경제 상황도 악화됐다. 그는 성직자로서 일생을 살아가는 것에 회의를 느꼈다.

1802년 초 제임스는 결단을 내렸다. 존 스튜어트가 우편 마차를 타고 런던으로 갈 때 옆자리에 끼어 탔다. 그는 런던에서 6개월 고생한 끝에 한 잡지사의 편집 보조원으로 취직했고 곧 능력을 발휘했다. 1년도 안 돼 새 잡지를 만들도록 발행인을 설득했고 자신은 그 잡지의 편집장이 되었다. 2년 뒤에는 또 다른 신문의 편집도 맡아서 했다. 이런 일련의 성공으로 제임스는 연 500파운드의 수입을 올릴 수 있었다. 그가 자리를 잡고 맨 먼저 한 일은 가족을 돕는 것이었다. 그는 가족의 빚을 다 갚았고, 불구가 된 아버지에게 충분한 생계를 확보해주었다. 그런 뒤 고향을 떠났다. 이후 그는 우중충했던 자신의 과거를 완전히 잊었다. 자식들에게도 집안 이야기는 거의 해주지 않았다. 실제로 존 스튜어트 밀은 아버지의 고향과 가계에 대해 아는 것이 별로 없었다.

제임스는 형편이 나아지자 결혼 상대를 물색했다. 그리고 1805년 6월 서른두 살 때 요크셔의 한 과부의 딸과 결혼했다. 장모는 정신병자 수용 시설을 운영하고 있었는데 꽤 돈벌이가 되었던 모양이다. 스물세 살의 신부(해리엇 버로Harriet Burrow)는 장모를 닮아 미모가 빼어났다. 그녀는 400파운드의 지참금을 가져왔다. 또 장모가 집도 사줬는데 1년에 50파운드씩 세를 내는 조건이었다.

제임스는 편집자로서 탄탄한 지위를 자랑했다. 정치 잡지가 성행하던 시절이라 그의 앞길은 밝아 보였다. 그러나 그는 문필가로 큰 획을 긋고 싶었다. 잘나가던 직장에 사직서를 낸 그는 3년 계획으로《영령英領 인도 사History of India》를 쓰기 시작했다. 당시 영국 입장에서 인도는 매우 중요한 식민지였다. 제임스는 한 번도 인도에 가본 적이 없었는데, 이것이 오히려 객관적 시각을 확보하는 데 유리하다면서 최고 적임자를 자임했다.[5] 그러나 3년 예정으로 시작한 책은 무려 12년이나 지나서 완성되었다.

제임스 밀은《영령 인도사》에서 급진주의radicalism[6] 정신에 입각하여 영국의 헌법, 법률, 정당, 계급 제도를 신랄하게 비판했다. 인도 무역을 독점하던 동인도회사의 상업상 특권을 반대하는 등 그 회사와 관련된 행정 조치를 혹평했다. 그러면서도 제임스는 동인도회사가 인도 사람들의 이익을 위해 노력하고 있다면서 그 선의를 높이 평가했다. 이 책을 통한 인연으로 제임스는 그 회사에 취직하게 된다. 출판 1년 후, 인도와의 통신 연락을 담당할 사무국 직원을 뽑는 공모에 지원해서 채용된 것이다. 제임스는 통신 문서 심사부장의 보좌관으로 첫발을 디딘 뒤 심사부장을 거쳐 최고위직까지 올랐다. 그리고 각종 저술과 공문서 작업을 통해 인도의 발전에 기여했다.[7] 나중에 그의 두 아들도 아버지의 후광으로 동인도회사에 근무하게 된다.[8]

---

5 존 스튜어트 밀도 동인도회사에서 30년 넘게 근무했지만 한 번도 인도를 찾지 않았다. 아버지를 닮아서인지, 그 역시 인도 현지를 방문하지 않은 것이 인도라는 대상에 대한 객관적 관찰에 도움이 된다고 생각했다. 토크빌이 많은 자료를 읽은 뒤에도 인도를 직접 가보지 않았기 때문에 인도에 관한 책을 쓸 수 없다고 단념한 것과 무척 대조적이다. 2부 참조.

6 5부 참조.

7 제임스 밀은 공리주의자답게 영국의 대외 정책이 상대에 대한 배려 위에서 출발해야 한다고 주장했다. 동인도회사도 인도 사람들의 발전을 위해 노력해야지 영국의 이익을 먼저 도모해서는 안 된다고 역설했다. 그는 실제로 그렇게 행동했다. 시간이 아까워서 휴가도 못 갈 정도로 그는 일에 헌신했다(Pitts 2005, 125쪽).

제임스는 1819년 동인도회사에 취직하기 이전에는 신문이나 잡지에 투고해서 얻는 불확실한 수입으로 많은 식구를 부양해야 했다. 그는 순전히 글을 써서 얻는 수입만으로 빚을 지지 않고 살았다. 제임스는 그 어떤 어려움이 닥쳐도 신념에 어긋나는 글은 쓰지 않았다. 또 무슨 일을 하든 아무렇게나 해치우지 않았다. 그러면서 매일 자녀들의 교육을 위해 많은 시간을 투자했다. 《영령 인도사》의 성공으로 제임스는 지식인 사회에서 입지를 굳혔다. 그뿐만 아니라 동인도회사 취직으로 연 800파운드의 수입을 확보했다. 이제 돈 걱정은 끝난 것이었다. 책을 쓰는 데 기울인 12년 노력이 보상을 받은 셈이었다. 그때 그의 나이가 마흔여섯 살이었다.

그때까지 제임스는 아무런 정치적 견해도 표명하지 않았다. 그러나 1808년 벤담(1748~1832)을 만난 뒤 그의 인생이 바뀌었다. 그때 벤담은 예순 살로 제임스보다 25년 연상이었다. 두 사람은 기질이 너무 달라서 때로는 관계가 순탄치 않았다. 그러나 서로 부족함을 메워줌으로써 지적 파괴력을 키워나갔다. 제임스는 일주일에 몇 번씩 벤담의 집으로 가서 밤늦게까지 대화를 나누었다. 그 결과 그는 윤리, 정치, 법률에 관한 벤담의 견해를 철저히 이해한 최초의 영국인으로 평가받게 되었다. 두 사람은 공리주의 철학의 기초를 함께 세웠다. 그리고 그 이론을 바탕으로 사회 개혁의 열의를 다져나갔다. 벤담은 노년기에 사람들과의 왕래를 줄였지만 그에 따른 외로움을 제임스와의 우정으로 극복했다. 제임스 밀은 영국의 철학적 급진주의자philosophical radical들의 지도자 노릇을 했다. 프랑스의 계몽철학자philosophe들 사이에서 볼테르(1694~1778)가 차지했던

---

8 막내아들(조지 밀George Mill)도 1844년부터 1848년까지 형 존의 밑에서 일했다.

위상과 비슷했다.

존 스튜어트 밀은 아버지를 '최후의 18세기인'이라고 평했다. 아들의 눈에 그는 뛰어난 논객이자 정신과 인격의 힘만으로 다른 사람에게 큰 감화를 주는 사람이었다. 제임스는 이성의 힘을 믿었다. 역사가 진보하며 개개인이 올바르게 노력하면 좋은 결과를 얻을 수 있다는 것을 확신했다. 공공 정신의 중요성을 강조하며 전체의 이익을 무엇보다 소중히 여겼다.

존은 아버지가 벤담의 명성에 가려 올바른 평가를 받지 못하는 것을 안타깝게 생각했다. 벤담이 새로운 사상을 개척하는 등 역사적으로 더 이름이 날 만한 업적을 남긴 것은 사실이다. 그렇지만 아들은 아버지를 벤담의 추종자로 치부하는 세평을 받아들일 수 없었다. 사람들은 벤담파를 하나의 학파로 생각하지만, 사실은 제임스 밀의 글과 말에 매력을 느끼고 그의 식견에 감화를 받은 청년들이 그의 주위에 모여든 것뿐이었다. 그는 벤담이 씨앗을 뿌린 공리주의 사상에 자신의 심리, 경제, 정부 이론을 접목해 종합했다. 벤담의 어렵고 어색한 사상을 대중이 친근하게 이해할 수 있도록 길을 튼 사람이 제임스 밀이었다. 아들이 볼 때, 인격이나 사람을 감화시키는 힘은 제임스 밀이 더 탁월했다. 그는 평범한 대화 속에 자신의 사상을 효율적으로 표현하는 힘을 가진 뛰어난 논객이었다. 무궁무진한 이야깃거리를 갖고 있고 가슴 깊은 곳에서부터 웃음을 터뜨리는 사람이었다. 그래서 아들은 아버지를 자기 아내와 같은 반열에 올려놓았다. 그가 생각할 수 있는 최상의 찬사였다. "자유와 진보를 촉진하는 데 그(즉 아버지 제임스 밀)만큼 기여한 사람으로 남자 가운데는 없었고, 여성으로는 오직 한 사람(즉 아내 해리엇)이 있을 뿐이었다."(자서전, 164~166쪽 ; Turner 2016, 80쪽).

제임스 밀은 1836년 6월에 폐결핵으로 세상을 떠났다. 63세 때였다. 숨을 거두기 며칠 전까지도 그의 지력에는 조금도 쇠퇴의 기미가 없었다. 일생 관심을 가져온 모든 사물들에 대해 그는 변함없이 계속 관심을 기울였다. 종교에 관한 그의 생각도 바뀌지 않았다. 그는 죽음이 임박해도 동요하지 않았다. 최후가 가까웠을 때 그는 자신이 세상을 보다 나은 곳으로 만드는 데 기여했음에 만족했다. 좀 더 살아서 더 많은 공헌을 할 수 없는 것을 아쉬워했다(자서전, 88~89·164~166쪽).

그러나 존 스튜어트 밀이 아버지와 늘 좋았던 것은 아니다. 오히려 그 반대라고 보는 것이 더 정확하다. 아버지는 아들에게 특별한 애정을 가지고 비상한 교육을 시켰다. 존 스튜어트 밀은 아버지가 만들었다고 해도 과언이 아니다. 아들도 그 점을 시인하고 고마워했다. 그러나 아들은 아버지가 무섭고 부담스러웠다. 철이 들고 나서는 아버지의 정신세계와 거리를 두었다. 생각에서 차이가 나는 만큼 부자 사이도 건조해졌다. 이 부분은 뒤에서 다시 보기로 하자.

(2) '벽 속의 어머니'

두 여인이 밀의 생애에서 결정적으로 중요한 의미를 지닌다. 그의 아내 해리엇 테일러Harriet Taylor와 그녀가 데리고 온 딸 헬렌 테일러Helen Taylor가 바로 그들이다. 밀은 자기 아내에게 과도한 찬사를 보냈다. 주변 사람들이 모두 고개를 저을 정도였다. 여기엔 아마도 그의 가족을 짓눌렀던 우울한 환경의 탓이 컸을 것이다. 압도적 우월성으로 군림했던 아버지, 그 밑에서 존재감이 현격히 떨어졌던 어머니와 여동생들, 이러한 부조화가 밀의 생애에 큰 그늘을 드리웠다.

밀에게 어머니는 잊힌 존재였다. 밀은《자서전*Autobiography*》초고에서 어머니를 냉정하게 묘사했다.

　　어머니는 정말 드물게 마음이 따뜻한 사람이었다……어머니는 아버지를 전혀 다른 사람으로 만들고 우리 형제자매가 사랑 속에서 자라게 할 수 있었을 것이다……그러나 불행하게도 어머니는 사랑받고 존경받을 수 있는 그런 자질은 갖추지 못했다. 나는 사랑을 받지 못하고 두려움 속에서 자랐다…….

그러나 나중에 출판된 책에서는 이 부분이 삭제되었다.《자서전》을 포함한 밀의 어떤 글에도 어머니는 등장하지 않는다. 적어도 인쇄 매체를 통해서는 그가 어머니에 대해 어떻게 생각했는지 알 길이 없다(Maz-lish, 3쪽). 묘하게도 어머니의 이름 역시 아내의 이름과 같은 해리엇이었다. 어머니는 작고 호리호리하면서 건강한 혈색과 오뚝한 코를 가진 미인이었다. 스물세 살의 나이에 9년 연상의 제임스 밀과 결혼한 뒤 한동안은 남편의 사랑을 많이 받았다. 그러나 곧 두 사람 사이에 찬바람이 돌기 시작했다. 해리엇은 예쁘고 친절하고 살림살이에 밝았지만 제임스와 지적인 대화를 나눌 수 있는 사람은 아니었다. 남편은 아내를 무시했고 자기 친구들 앞에 나서지 못하게 했다. 어떤 친구의 아내는 해리엇을 가리켜 "멍청한 식모 같은 여편네"라고 막말을 했다.[9] 처지가 이렇다 보니, 제임

9　존의 셋째 동생(해리엇)은 어머니에 대한 세간의 평가에 강력하게 저항했다. "같은 지붕 아래라고 하지만 아버지 어머니는 마치 북극과 남극처럼 따로 떨어져 살았다……아이는 많고 생활은 쪼들리는데 어머니가 어떻게 우리 아버지 같은 사람과 지적 대화를 나눌 동반자가 될 수 있었겠는가?"(Packe, 33쪽).

스가 어린 아들에게 가혹하게 공부를 시킬 때, 그리고 무신론적 종교관을 주입할 때 그녀는 아무 말도 할 수 없었다.[10]

존 스튜어트 밀은 어머니로부터 따뜻한 감정과 준수한 용모, 건강한 혈색을 물려받았다. 그러나 그는 어머니를 대하는 아버지의 태도를 그대로 배웠다(Kamm, 11~12쪽). 어머니는 큰아들에게 애틋함을 느꼈다. 그가 해리엇 테일러와의 말 많은 결혼을 강행하는 과정에서 모자 관계가 결정적으로 틀어졌다. 그러나 그것은 밀의 일방적 오해 때문이었고, 어머니의 마음은 변함이 없었다. 이 부분도 곧 다시 보기로 하자.

(3) 사랑의 반려 해리엇

만남

밀은 사춘기를 지나 청년이 되도록 '홀로' 지냈다. 적어도 기록상으로는 그가 어느 누구를 만나 사귀었다는 흔적이 없다. 그런 밀이 1830년 25세[11] 때에 운명의 여인을 만났다. 그리고 파격적인 사랑을 이어나갔다. 밀은 평생 이 한 여인만을 사랑했다. 그러나 사랑의 끝은 애달팠다. 두 사람은 지금 이국 땅 프랑스의 아비뇽에 함께 묻혀 있다.

"칼라일보다 더 뛰어난 시인이요 나보다 더 뛰어난 사상가, 내 생애의 영광이며 으뜸가는 축복", "자유와 진보를 촉진하는 데 아버지 제임스 밀

---

10 두 사람은 아들 넷과 딸 다섯, 이렇게 모두 아홉 명의 자녀를 낳았다. 제임스는 인위적 피임에 의한 출산 통제를 주장한 최초의 인사 중 한 사람이었다.
11 1830년이면 밀이 스물네 살, 해리엇이 스물두 살 때이다. 그런데 밀은《자서전》에서 두 사람의 나이를 각각 25세, 23세로 밝히고 있다. 이는 당시 달력이 새해 시작을 1월이 아니라 7월로 잡았기 때문이다.

만큼 기여한 오직 한 여성" 등(자서전, 145·151쪽) 밀이 온갖 현란한 수사를 동원해서 예찬한 여인이 있었다. 그와 어머니의 관계가 남달랐다면, 그와 아내의 관계 또한 여러 면에서 정상을 벗어난 것이었다. 남다른 사랑의 역사 때문만은 아니다. 밀이 자랑스럽게 말했듯이, 두 사람은 사상도 같이 나누었다. 그로서는 그녀와 다른 생각을 품는다는 건 상상도 할 수 없었다. 아내가 살아 있는 동안, 그가 쓴 글은 모두 그녀의 손을 거쳤다. 그녀는 밀의 완벽한 동반자였다.

두 사람이 처음 만난 것은 1830년 여름이었다. 이때 해리엇은 밀보다 두 살 적은 스물세 살이었다. 해리엇은 결혼 생활 4년째에 두 아이를 둔 유부녀였다. 그녀의 남편인 존 테일러는 성실한 사업가였다. 그의 할아버지가 밀의 옆집에 살았기 때문에, 어릴 때 밀은 가끔 그 집 정원에 가서 놀기도 했었다.

존 테일러는 아내를 늘 다정하게 대했지만 그에게는 지적, 예술적 취미가 없었다. 해리엇은 벌써 권태감을 느끼고 있었다. 이런 그녀에게 그들 부부가 다니던 교회(사우스 플레이스 유니테리언 교회South Place Unitarian Chapel)[12]의 목사가 밀을 소개해주었다. 윌리엄 폭스William Fox 목사는 유능한 설교자로 명성이 높았는데 밀 부자와는 잘 알고 지내는 사이였다. 그래서 《웨스트민스터 평론Westminster Review》 창간호에 권두 논문을 기고하기도 했다. 남편 테일러는 교회에서 영향력이 큰 교인이었다. 해리엇 역시 비非국교도였기 때문에 결혼하면서 곧 폭스의 측근으로 활동했

---

12 유니테리언파는 삼위일체론과 그리스도의 신성神性을 부정하는 기독교 교파이다. 18세기 지식인들 사이에 유행했던 이신론理神論deism의 영향을 받아 태동했고, 영국 국교회(영국 성공회)를 반대하는 사람들(비非국교도nonconformist)의 한 축을 형성했다. 교인들 중 부유한 실업가와 과학 종사자가 많아 지적 수준이 높고 분위기도 자유로웠다.

다. 말하자면 폭스는 밀과 해리엇 두 사람을 모두 잘 알고 있었다. 그 여름날 저녁, 테일러 집의 저녁 식사 자리에서 밀과 해리엇은 처음 만났다. 폭스도 물론 같이 있었다.

해리엇은 150센티미터 남짓한 키에 호리호리했다. 아버지가 지방 관리를 하다가 산부인과 병원을 개업했다는 사실 외에는 그녀의 어린 시절에 대해 전해지는 것이 별로 없다. 해리엇은 열여덟 살에 결혼했는데 초기에는 부유하고 성실한 남편에게 매우 만족했던 것 같다. 그러나 몇 년 지나 결혼 생활의 윤기가 사라질 즈음 촉망받는 젊은 철학자가 그녀 앞에 나타났다.

밀은 해리엇을 처음 본 순간 그녀의 여성적 풍모에 끌렸다. 그동안 그는 여자의 정을 느껴본 적이 없었다. 어머니에 대해서는 동정심은 몰라도 애정은 그리 깊지 않았다. 여동생들은 그저 의무적으로 공부를 가르쳐야 하는 대상 정도였다. 그는 장남으로서의 의무를 다하기 위해 아버지 집에 계속 거주했지만 썰렁한 집안 분위기가 너무 싫었다. 이런 밀에게 해리엇은 전혀 새로운 세상이었다. 그는 해리엇의 단아하고 가냘픈 몸매, 동그란 어깨 선, 크고 검은 눈에 매료되었다. 물론 밀은 그녀를 그저 여자로만 보지는 않았다. 그의 자존심이 그것을 허락하지 않았다. 해리엇을 정신적 반려자로 규정하는 그의 태도는 결벽증에 가까웠다 (Packe, 129~130쪽). 밀은 곧 그녀가 보통 사람이 아니라는 것을 알게 되었다. 밀은 《자서전》에서 이렇게 회상했다.

젊은 시절의 그녀는 뛰어난……미인이요, 재치 있는 여자요, 자연스러운 기품이 몸에 밴 사람이었다……그녀는 보통 사람은 한 가지도 갖기 쉽지 않은 여러 장점을 한꺼번에 타고났다. 사색, 예술, 웅변 등에 모두

능했다. 그리고 인간성에 대한 깊은 이해, 실생활에 대한 예지, 분별력 등
은 정치도 충분히 해낼 만한 수준이었다. 이러한 여러 장점과 더불어 그
녀는 고상한 도덕적 성격을 지니고 있었다……그녀가 처음부터 원숙했
던 것은 아니다. 자기를 개선, 진보시키기 위해 많은 노력을 기울인다는
점이 아주 인상적이었다……. (자서전, 151~156쪽)[13]

밀은 두 사람이 몇 해가 지나서야 속을 털어놓는 친밀한 사이가 되었
다고 회고했다. 그러나 만난 지 1년이 지난 1831년 여름 무렵엔 본격적
인 사랑이 시작되었던 것 같다. 그해 7월 말에 그녀는 셋째 헬렌을 낳았
다. 밀이 말년에 헬렌에게 의지해서 산 것을 보면 묘한 인연이다. 그들은
세상적인 의미에서 글자 그대로 연인이었다. 둘은 수시로 편지를 주고받
았는데, 어느 날 해리엇은 이렇게 썼다. "나는 오늘 아침 너무 행복해요.
지난밤 당신은 과거 그 어느 때보다 몇 배 더 나를 사랑해주었지요……."
밀이 여행을 떠나 며칠 볼 수 없게 되자 해리엇은 "내 삶의 태양"에게 그
아쉬움을 절절하게 토로하기도 했다.

두 사람의 관계가 순탄한 것만은 아니었다. 남편의 의심이 심해지자
1832년 여름 해리엇은 밀에게 그만 만나자고 했다. 그러나 잠시 떨어졌
던 두 사람은 곧 다시 만나기 시작했다. 해리엇은 남편에게 속마음을 털
어놓았다. 밀이 자신의 영혼 깊은 곳에 그동안 (남편을 포함한) 그 누구로
부터도 느낄 수 없었던 감정을 심어주었다며 이 점을 이해해달라고 당부

---

13 밀은 원래 남에 대한 평가를 후하게 하는 것으로 정평이 나 있다. 그렇다 하더라도 자기 아
내에 대한 칭송의 도가 지나치다는 생각을 지울 수 없다. 하나 유념해야 할 것은, 밀이 《자서전》
의 초고를 1854년 무렵에 해리엇의 눈과 손을 거쳐 완성했다는 점이다. 당사자를 의식해서 밀이
조금 더 강한 표현을 구사했을 가능성이 있다.

했다. 자신이 죄책감 느낄 일을 전혀 하고 있지 않다면서 세상에 떠도는 소문에 신경 안 써도 된다는 말도 했다. 남편은 아내에게서 밀을 사랑한다는 말을 듣는 것도 괴로웠지만, 그동안 아내가 자신을 사랑한 적이 한 번도 없었다는 말에 더 충격을 받았다. 마침내 남편은 6개월 정도 별거하자고 요구했다. 그는 이런 냉각기가 그녀를 정신 차리게 만들 것이라고 기대했다. 그러나 별거 기간에도 두 사람은 파리에서 만나 6주간 같이 지냈다. 그 무엇으로도 해리엇의 마음을 돌릴 수 없었다. 별거가 끝난 뒤 세 사람의 묘한 관계가 '공식화'되었다. 두 사람은 아예 남편의 동의 아래 마음 놓고 만났다. 밀이 해리엇의 집에 다시 출입하기 시작했고, 여름철 주말이면 두 사람은 늘 함께 지냈다. 남편은 두 사람이 만나는 횟수를 줄였다는 데 만족해야 했다(Mazlish, 281~282쪽).

사실 두 연인은 끝까지 가고 싶은 마음이 있었다. 그러나 그 당시 법체계는 간음이나 폭력 행사가 개재되지 않으면 이혼을 잘 허용하지 않았다. 더구나 여자가 이혼을 청구하기는 쉽지 않았다. 이혼하면 아이는 아버지가 양육하게 돼 있었는데, 해리엇으로서는 결코 받아들일 수 없는 일이었다. 재혼도 쉽지 않아 의회특별법을 따라야만 했다. 이래저래 법적 해결이 난망한 상황이라 두 사람은 현상 유지에 만족할 수밖에 없었다.[14]

밀과 해리엇의 관계가 알려지면서 수군거리는 소리가 여기저기서 들

---

14 밀은 이 당시를 기억하며《여성의 종속 The Subjection of Women》에서 여성이 자유롭게 이혼할 수 있어야 한다고 역설했다. 이 책에서 밀은 남자와 여자 사이에는 그 어떤 본질적인 차이도 없기 때문에, 여성이 남성에게 완전히 복속된 상태에서 비인간적인 삶을 살아가야 한다는 것은 이론적으로나 경험적으로나 결코 정당화될 수 없다고 주장했다. 그는 특히 '오랜 세월 동안 남편은 마음대로 이혼할 수 있었지만 여성에게는 그럴 권리가 없었던' 부조리를 강하게 비판했고, 여성에게 이혼할 기회를 제약하는 것은 너무 가혹한 일이라고 주장했다.

렸다. 더구나 상대는 전도유망한 밀이 아닌가. 밀이 수시로 테일러의 집에 출입하고 밀과 해리엇이 파리나 소렌토 등지로 같이 여행을 다니는 것을 보고 세상 사람들은 손쉬운 결론을 내렸다. 그러나 해리엇은 세론에 별로 신경 쓰지 않았다. 밀도 자신들 두 사람의 개인적인 문제에 대해 사회가 간섭할 이유가 없다고 생각했다. 무엇보다 사회적으로 책잡힐 일을 하지 않는다는 자신감이 있었다. 밀은 그녀의 남편은 물론 그녀 자신에게도 조금도 불명예가 돌아가지 않도록 처신에 조심했다(그녀도 밀과 타지로 여행을 다닐 때 항상 자기 아이들을 데리고 다녔다). 그는 이때를 되돌아보며 '강한 애정과 친밀한 사귐이 있었을 뿐, 세상 사람들이 흔히 하는 억측과 관련해 조금도 흠 잡힐 일이 없었다'고 주장했다(자서전, 183쪽). 두 사람의 사랑은 순전히 정신적인 것이었고[15] 그래서 남편의 묵인이 가능했던 것인지도 모른다.

밀은 이 기간 동안 가족과 함께 살았는데, 가족 역시 두 사람의 일을 좋게 볼 수 없었음은 물론이다. 밀은 소원하게 지내던 아버지에게 모든 일을 털어놓았다. 늙은 아버지는 너무나 큰 충격을 받았다. 아들에게 걸었던 모든 희망이 무너지는 듯했다. 그가 추구하던 급진주의는 관념 세계에 머물렀고 그의 일상생활은 엄격하다 못해 청교도적이었다. 아버지의 눈에 다른 사람의 아내를 사랑한다는 것은 다른 사람 소유의 소나 말을 탐내는 것과 다를 바 없었다. 존 스튜어트 밀과 가족의 관계는 그 일로

---

15 밀과 해리엇의 묘한 관계가 19년 동안이나 지속되었지만, 두 사람 사이에서 혼전 성관계의 흔적을 찾아볼 수 없다고 확언하는 연구서도 있다(Mazlish, 6쪽 ; Packe, 317쪽). 밀 자신도 그녀와 교제하던 오랜 시간 동안 성적 충동을 억누르고 지냈음을 시사하는 말을 남겼다. 그는 이런 문제의 어려움을 주장하는 자들을 통박하면서 동물적 욕망이 인간사에서 과도한 비중을 차지하는 한 사회 진보는 기대할 수 없다고 역설했다. 밀은 자신의 경험을 예로 들어, 이성의 힘으로 정념passion을 통제할 수 있음을 낙관했다(Feuer, 31쪽).

결정적으로 단절되었고 그 균열은 끝내 메워지지 않았다.

1849년 초, 존 테일러의 몸에 이상이 생겼다. 해리엇이 당연히 병간호를 해야 했지만, 그 무렵 밀 역시 3주 병가를 낸 상태였다. 해리엇은 "이미 그를 돕기로 약속했고 또 나는 온 힘을 다해 그를 도울 의무가 있다"는 내용의 편지를 남편에게 보냈다. 그리고 밀을 따라 프랑스의 요양지로 갔다. 해리엇이 5월 중순 영국으로 돌아와서 보니 남편의 병은 술병이 아니라 암이었다. 그날 이후 2개월 동안 해리엇은 전심전력 남편을 수발했다.[16] 그녀는 밀에게 쓴 편지에서 남편을 가리켜 "당신을 제외하고 내가 이 세상에서 의미를 누는 유일한 사람"이라고 표현했다. 남편은 아내의 간호를 진심으로 고마워했다. 해리엇이 옆에 있는 것만으로도 행복하다고 했다. 이 '불운한' 남편은 1849년 7월 결국 세상을 떠났다. 그의 장례식에 밀이 참석했을까? 해리엇은 처음에는 당연히 그래야 한다고 생각했다. 그러나 남편이 과연 원할까? 세상 이목은 어떨까? 이런 문제들을 고민해야 했다. 결국 밀은 장례식에 참석하지 않은 듯하다.

해리엇의 남편은 20년 가까운 세월 동안 모멸감을 참으며 살았을 것이다. 그는 아내가 밀과 부끄러운 일을 한 적 없다고 강변하는 것을 그대로 믿고 싶어 했다. 존 테일러는 죽으면서는 자신의 재산을 해리엇에게 물

---

16 이 기간 동안 해리엇의 심신은 극도로 피곤했다. 그래서인지 그녀가 밀에게 히스테리를 부리는 장면이 여러 번 포착된다. 밀은 남편을 간호하느라 고생하는 해리엇을 위로할 생각으로, "두개골에 금이 간 것이 전염되지 않듯이, 암은 결코 전염되는 것이 아니다"라고 말했다. 그러자 그녀는 "이 상태를 보고도 그런 말을 하는 사람이라면 이미 해골에 금이 간 것이 분명하다"고 쏘아붙였다. 밀의 친구들이 두 사람의 관계에 대해 비판적으로 언급하는데도 그가 그냥 지나친 것 때문에 폭발한 경우도 그렇다. 1849년 7월 9일 해리엇은 밀의 친구들을 "도덕적으로 나약하고 지적으로 편협하며 교만이 가득 차서 남의 뒷이야기나 좋아한다"며 무섭게 비난했다(Hayek, 155~158쪽). 3부 참조.

려주었다. 남편의 죽음에 해리엇이 죄책감을 느꼈으리라 지레짐작한다면 그것은 오산이다. 해리엇은 자기가 남편에게 몹쓸 짓을 했다고 결코 생각하지 않았다. 자기 합리화가 완벽한 여자였다. 그녀는 자기가 하는 모든 일에 남편도 만족했으리라고 확신했다(Packe, 335~337쪽).

결혼

다음 수순은 당연히 결혼이었다. 그러나 간단한 문제가 아니었다. 우선 두 사람은 존 테일러의 비극을 통해 자신들이 축복을 받는 것에 크게 부담을 느꼈다. 급진주의 철학을 신봉하는 처지에 반드시 결혼이라는 세속적인 절차를 따라야 하는지 잠시 고민하기도 했다. 밀의 가족도 변수였다. 이 무렵에 밀은 두 여동생과 함께 노모를 모시고 살고 있었다. 밀은 테일러가 죽고 2년 가까이 흐른 어느 날 가족에게 갑자기 해리엇과의 결혼을 통고했다. 출가한 두 여동생이 축하 편지를 보내왔다. 같이 살고 있던 어머니와 동생들도 기뻐했다. 그런데 밀이 발끈했다. 그는 어머니와 동생들이 결혼 소식을 듣자마자 곧장 해리엇을 찾아가 축하해줄 것으로 기대했는데 그들이 아무런 움직임도 보이지 않았던 것이다. 그는 그들이 자기 여자한테 의도적으로 모욕을 준다고 생각했고, 크게 상처를 입었다. 해리엇과의 위태로운 관계가 잘 매듭지어지는 순간, 이제 가족이 새로운 암초로 부상했다. 밀은 그 후로 해리엇을 '냉대'한 식구들과 왕래를 끊고 지냈다.

두 사람은 1851년 4월 마침내 결혼식을 올렸다. 밀이 45세, 해리엇이 43세 때였다. 결혼식은 영국 남서부 웨이머스 근처의 호적 감독관 사무실에서 호적 담당관을 집례자로 하여 진행되었다. 해리엇의 아들과 딸 두 사람이 증인이었다. 그 외의 참석자는 아무도 없었다. 밀의 어머니를 비롯한 가족은 연락을 받지 못했다(Mazlish, 6쪽). 식이 끝난 뒤 밀은 사무실에 수수료를 내고 집으로 돌아왔다. 그리고 일상에 복귀했다.

결혼 후 두 사람은 가능하면 외부 만남을 피했다. 방문객을 차단하기 위해 집도 일부러 런던에서 멀리 떨어진 곳에 구했다. 해리엇의 두 자녀도 그 신혼집에서 함께 살았다. 밀은 6시에 퇴근하면 곧장 집으로 왔다. 그가 집에서 하는 유일한 일은 차를 끓이는 것이었다. 저녁 후 해리엇이 벽난로 곁에 앉아 있는 동안 그는 그녀의 아들과 체스를 두거나 책을 읽었다. 때로 해리엇의 요청으로 피아노를 치기도 했다. 일요일이면 그는 식물 채집통을 옆구리에 끼고 기차나 도보로 멀리 여행을 다녔다. 어떤 때는 20마일 이상 걷고 훨씬 건강한 얼굴로 집에 돌아오기도 했다.

밀의 어머니는 아들을 잊지 못했다. 결혼식에 초대하지 않은 아들의 무례를 다 잊고 사태를 수습하려 애썼다. 밀의 억측과 달리 모녀가 이런 사태를 의도한 것은 아니었다. 그러나 밀은 대리석같이 냉정했다. 그들이 해리엇을 근거 없이 모욕했다는 생각을 지우지 못했다. 그들의 초라한 행색을 해리엇에게 보여주는 것도 원치 않았다. 시간이 지나 해리엇의 노력으로 겨우 여동생들과의 왕래가 재개되었다. 그러나 어느 날 막내 여동생이 아이를 데리고 해리엇을 찾아왔는데 오빠가 문간에서 돌려보내 버렸다. 동생은 오빠의 냉혹함을 비난하며 관계 단절을 선언했다. 모친이 회사로 그를 찾아와 화해를 호소했지만 소용이 없었다. 그녀는 30년 동안 완고하고 얼음장 같은 남편에게 무시당하고 살았는데 이제 장남한테도 그런 대접을 받아야 했다.

1854년 4월 노모는 간 종양으로 극심한 통증에 시달렸다. 최후가 임박한 것을 알고 막내 여동생이 냉랭한 말투로 편지를 보냈다.

엄마가 올케 언니한테 잘 못 해준 것 같다며 늘 가슴 아파하고 있어요. 나보고 자꾸 찾아가라고 성화를 부려요. 그래야 오빠 화가 풀릴 거라고……엄마 상태가 매우 안 좋은데……우리가 어떻게 하면 좋을지 알려줘요. 아니면 찾아올 필요 없다고 엄마한테 몇 줄 써 보내든지, 좌우간 엄마 마음 좀 편하게 해줘요.

밀은 그 편지를 읽고 다시 격노했고, 어머니에게 편지를 보내 "상스럽고 건방진 동생"을 다시는 안 보겠다고 통고했다. 그러나 "어머니는 언제라도 뵙고 싶습니다"라고 썼다. 어머니가 곧 답장을 보냈다.

우리는 늘 네 안사람과 그녀의 아이들하고 잘 지내고 싶다. 네가 훌륭한 아내를 맞아들인 것이 우리에게는 큰 기쁨이다……내가 곧 기운을 차리면 네 안사람이 여기 와서 가족끼리 식사 한번 같이 하길 바란다…….

밀은 어머니가 별세하기 직전에 한 번 어머니를 찾아가 만났다. 그리고 의사의 강력한 권고에 따라 자신의 요양을 위해 외국으로 떠났다. 그는 떠나기 전 어머니 앞으로 급히 쪽지를 보냈다. 자기 대신 그녀의 유언을 집행할 사람을 지정해달라는 내용이었다. 1주일 후 어머니가 숨을 거두었을 때 밀은 프랑스 북서부 브르타뉴에 있었다. 그는 "너와 네 안사람이 오랫동안 행복하게 살기를 진심으로 바란다"라고 쓴 어머니의 마지막 편지를 보고도 별다른 반응을 보이지 않았다. 밀은 유산으로 물려받은 가구와 은 접시를 여동생들에게 나눠 주려 했지만 그들은 받기를 단호히 거부했다. 그는 모친이 자신의 몫으로 물려준 현금 500파운드도 안 받을 생각이었지만 해리엇의 타박을 듣고 생각을 바꿨다(Packe, 355~357쪽).

아비뇽 애사哀史

밀과 해리엇은 우여곡절 끝에 정식 부부가 되었다. 결혼 후 그들은 가까운 친구조차 멀리하면서 은둔 생활에 들어갔다. 그러나 기다린 세월에 비해 행복의 시간은 너무 짧았다. 7년 반 만에 밀과 해리엇은 생과 사의 갈림길에 서고 말았다.

두 사람 다 런던에 특별히 애착을 느끼지 못했다. 밀은 프랑스를 사랑했고 해리엇은 이탈리아를 선호했다. 그들은 밀의 직장만 문제가 안 된다면 대륙에서 살고 싶었다. 그래서 한때 조기 퇴직을 생각해봤지만 가징 경제가 걸림돌이었다. 밀의 당시 연봉이 1,200파운드였으니 적지 않은 금액이었고 인세도 꽤 쏠쏠했다.[17] 그러나 그것만으로는 부족했다. 해리엇의 전남편이 꽤 거액의 유산을 남겼지만 밀은 그 돈을 생활비로 쓰길 원치 않았다. 이것저것 고려한 끝에 그들은 좀 더 적당한 때를 기다리기로 했다. 퇴직 이야기가 나오자 회사에서 연봉을 200파운드나 특별 인상해주었다. 1856년 3월에는 그가 심사부장chief examiner으로 승진했다. 아버지가 마지막으로 일했던 바로 그 자리였다. 밀은 2년 뒤 동인도회사 해체 문제를 둘러싸고 정부와 대립한 끝에 사표를 냈다.[18] 정부가 다른 자리를 마련해서 밀을 붙들려 했으나 그는 거절했다. 그 대신에 유리한 조건으로 퇴직할 수 있었다. 1858년 말, 드디어 자유의 시간이 왔다. 돈 걱정을 안 해도 되고 건강도 그 어느 때보다 양호했다. 그는 마음 놓고 글을 쓸 수 있게 되었다.

그런데 해리엇이 문제였다. 젊어서부터 건강이 좋지 않았던 그녀는

---

17 1853년 한 해만 375파운드의 인세가 들어왔다.
18 3부 참조.

1841년 갑자기 다리에 힘이 빠져 걷기가 어려워졌다. 서서히 회복됐지만 마비 증세가 남아 있었고 류머티즘 통증이 간헐적으로 재발했다. 나중에는 신경통, 소화불량이 겹쳐 그녀는 34세의 나이에 벌써 병자 신세가 됐다. 또한 젊었을 때의 기민함과 열정적 성격은 신경쇠약 때문에 사나운 성깔로 변해버렸다.[19]

두 사람은 1858년 10월 영국의 축축한 날씨를 피해 프랑스 남부로 휴양 여행을 떠났다. 몽펠리에를 거쳐 예르에서 겨울을 지낼 참이었다. 밀은 여전히 일상적인 일을 처리하는 데 능숙하지 못했다. 해리엇의 말에 따르면 그는 기차에서 좌석을 잡는 일에 늘 서툴렀다. 그녀가 빨리 걸을 수 없어서 그가 먼저 기차에 올라가 이리저리 뛰어보지만 번번이 허탕이었다. 이 여행은 일단 모든 것이 순조로웠다. 그런데 리옹에서 해리엇이 기침을 하기 시작했고 열도 났다. 그들은 곧 좋아지려니 하며 1주일을 지체한 다음 조심스럽게 남쪽으로 출발했다. 비싼 개인 마차를 타고 내려가는데 상태가 악화되었다.

아비뇽에 이르렀을 때 해리엇은 기진맥진했다. 최고급 호텔의 최고급 객실도 소용이 없었다. 얇은 카펫이 깔린 붉은색 타일 위로 찬바람이 들어와 잠을 잘 수가 없었고, 누우면 숨을 쉴 수가 없어서 의자에 앉아 지내야 했다. 급성 폐충혈이었다. 현지 의사가 왔지만 도움이 안 됐다. 놀란 밀은 그다음 날 니스로 급전을 보내, 과거에 해리엇을 치료한 적이 있는 의사를 불렀다. 환자가 좋아졌다 나빠졌다 반복하는 동안 의사는 끝내 오지 않았다. 1858년 11월 3일 갑자기 발작이 일어났고 호흡이 힘들어졌

---

19 해리엇은 밀에게 배운 자유주의 원리를 주변 사람들에게도 엄격하게 적용했다. 이를테면 남편 존 테일러의 모친이 사망했을 때 몸 관리를 잘 못 했다고 고인을 날카롭게 비판하기도 했다(Packe, 289쪽).

다. 그것으로 끝이었다.

밀은 망연자실한 채 하루를 꼬박 시신 옆에 홀로 앉아 있었다. 다음 날 그는 아비뇽 시장에게 변고를 신고하면서 불쌍한 사람을 위해 쓰라고 1,000프랑[20]을 동봉했다. 밀은 영국《타임스*Times*》지에 부고를 전하면서 "이제 나는 공적이든 사적이든 아무 일도 할 수 없을 것 같다. 내 인생의 봄날은 끝났다"라고 비감을 토로했다. 그가 맨 먼저 한 일은 그동안 알뜰하게 모았던 돈을 과도하다 싶을 정도로 여기저기 자선 사업에 기부하는 것이었다. 니스에서 아비뇽까지 150마일 오는 데 1주일이나 걸려 장례식에 참석하는 것 말고는 아무 한 일이 없는 의사에게도 1,000파운드를 억지로 안겼다. 당시 일류 의사가 런던에서 니스로 급하게 왕진 갈 때 받는 금액이었다.

해리엇은 아비뇽 교외 생베랑의 시립 묘지에 묻혔다. 밀은 묘지 바로 근처의 작은 하얀 집을 샀다. 2층 북쪽 창문으로 묘지가 보였다. 그는 해리엇이 마지막 머물렀던 호텔(유럽 호텔Hôtel de l'Europe) 객실의 가구를 그대로 집에 옮겨 왔다(자서전, 191쪽 ; Packe, 392~399쪽 ; Thomas, 94쪽).

다음 해 5월 말, 밀은 의붓딸 헬렌과 함께 아비뇽으로 돌아와 아내의 무덤을 장식하기 시작했다. 머리맡에는 하얀 동백나무를 심고, 주변에는 제비꽃, 팬지, 재스민, 인동초 씨앗을 뿌렸다. 그리고 사이프러스 나무로 울타리를 쳤다. 여름 해 질 녘이면 나이팅게일의 울음소리가 울려 퍼졌다. 비싼 대리석 원석을 이탈리아에서 통째로 들여와 무덤 상판을 만들었다. 1860년 3월 모든 단장이 끝났는데, 여기에 들어간 총비용은 1,500

---

20   1848년 혁명 무렵 1파운드가 25프랑 정도 됐다는 기록이 있다(Brogan, 453쪽). 1850년대 중반에 밀의 연봉은 1,200파운드 남짓했다.

파운드나 되었다. 밀은 하얀 대리석에다 이런 글을 새겼다.

주위 사람들에게 관대하고 헌신적이었던 만큼 공익의 증진을 위해서
도 정성을 다했던 사람/ 이 시대가 이룩한, 그리고 앞으로 일어날 위대한
진보 곳곳에 그녀의 손길이 미치고 있다/ 그녀의 마음과 지성을 닮은 사
람이 조금만 더 있다면 이 세상은 이미 꿈같은 천국으로 변했을 것이다.
(Packe, 408쪽)

그 무덤이 밀에게는 일종의 성지였다. 그는 아비뇽에 있을 때는 매일
한 시간씩 그곳에 머물렀다. 풀과 꽃을 손보거나 찾아온 손님과 대화를
나누었다. 출타했다 집으로 돌아오는 길에는 그곳에 먼저 들렀다. 밀은
슬픔을 딛고 여생을 그녀가 원하고 목적했던 것에 바치기로 다짐했다.

내 인생의 목적은 오직 그녀가 목표했던 것과 같았다. 그녀를 기억하는
것은 나에게 하나의 종교였다. 그녀가 옳다고 생각한 것은 나에게 모든
가치의 근본이요, 내 생활을 이끌어나가는 표준이었다. (자서전, 198쪽)

해리엇의 실체

밀은 해리엇의 생각과 자신의 생각을 구분하는 것을 거부했다. 크고
작은 일에서 모두 그녀가 이끄는 대로 따라갔다. 젊은 시절에 밀은 열렬
한 급진주의자로서 비밀 투표를 강력히 주장했다. 그러나 말년에 쓴《대
의정부론Considerations on Representative Government》에서는 거꾸로 비밀 투표를
반대했다. 밀은 원래 사형 반대자였다. 그러나 훗날 의회에서 사형제를
지지하는 연설을 했다. 이런 모든 변화 뒤에는 해리엇이 있었다. 그는 심

지어 취향까지도 그녀를 따랐다. 어느 날 해리엇 모녀가 미국 난쟁이 공연을 재미있게 보고 왔던 모양이다. 며칠 후 밀은 런던 트래펄가 광장을 걷다가 그 공연 포스터를 발견하고 박장대소를 했다. 베인Alexander Bain[21]의 증언이다(Packe, 370쪽).

밀이 해리엇과 지순한 사랑을 나눌 수 있었던 데는 그녀의 지적인 능력이 크게 작용했다. 그는 인간 생활의 최고 이상을 탐구하고 그것을 달성, 응용하는 방법을 연구할 때 "다른 모든 샘에서 얻은 것보다 더 큰 혜택"을 해리엇으로부터 받았다고 고백했다. 밀이 연구와 추리에 능한 반면, 해리엇은 강력한 도덕적 직관을 지니고 있었다. 밀은 그녀에게서 "현명한 회의적 태도"를 배웠다고 회고했다. "평소에 깊이 생각해온 문제라 하더라도 보다 명료한 견해, 보다 확실한 증거가 나타나면 즉시 마음을 열고 환영하며 열심히 추구하는 습관이 붙게 된 것"이 전적으로 해리엇 덕분이라고 했다. 그녀는 특히 밀의 아버지가 결여하고 있던 것, 즉 감정을 주고받는 일에 아주 능했다. 그래서 밀의 머리에다 감성을 마음껏 불어넣어 주었다(Shields, xi~xii쪽).

밀은 자신의 저작이 해리엇과의 합작품이라고 누누이 강조했다. 두 사람이 늘 토론하고 생각을 나눈 결과이기 때문에 그것이 누구의 사상인지 따지는 것은 의미가 없다고 했다. 오히려 해가 갈수록 그녀의 기여가 더욱 커졌다고 말했다. "합동해서 써낸 것이라고 하지만 그중에서도 가장 가치 있고 특징적인 사상은 그녀에게서 나온 것"이라고까지 주장했다(자서전, 151~156쪽).

해리엇은 추상적인 이론을 현실 사회에 적용시키는 데 비범한 능력을

---

21 스코틀랜드의 철학자, 교육자(1818~1903). 젊어서부터 밀을 많이 따라다녔다.

보여주었다. 이 대목에서 그녀가 '집안의 사회주의자'였다는 사실을 기억할 필요가 있다. 해리엇이 사회주의에 대해 긍정적인 시각을 지니고 있었고 이 때문에 밀의 사상적 '전향'이 일어났다고 믿는 사람도 있다. 그녀는 사회주의가 당분간 부질없는 공상에 불과할 것이라는 밀의 견해에 동조하면서도, 지나치게 비관적인 전망에는 반대했다. 노동자 계급이 교육만 제대로 받으면 조합주의적 방식에 따른 평등한 경영 참여가 가능할 것이라면서 밀의 마음을 돌리려 애썼다(Pappé 1960, 34쪽).

이런 주장을 펴는 사람들은 《정치경제학 원리Principles of Political Economy》에 사회주의에 관한 낙관적 신념이 짙게 배어 있는 〈노동 계급의 미래에 대한 예상〉이라는 장이 들어가게 된 경위를 주목한다. 원래 초고에는 이 장이 포함돼 있지 않았다. 그러나 해리엇은 이것이 없으면 책이 극히 불완전할 것이라고 강력히 주장했다. 밀은 해리엇이 사회주의에 대해 너무 낙관적 견해로 기운 것 같아 미심쩍었지만 "그녀가 오래 숙고해온 문제에 대해 내가 다른 생각을 가져서는 안 된다"며 자신의 주장을 접었다. 1849년 2월의 일이다.[22] 이 책이 주류 경제학과 다르게 생산과 분배의 법칙을 구분하는 것도 그녀의 영향을 받은 결과인 것 같다. 그 밖에 "사회주의자들은 긍정하지만 경제학자들은 맹렬히 부정"할 여러 언급은, 만약 그녀가 없었다면 숫제 들어가지 않았거나 아니면 보다 소극적으로 시사되는 데 그쳤을 것이다(자서전, 194~196쪽). 영국에서 사회주의가 꽃피는 데 《정치경제학 원리》가 다른 어떤 책보다 더 큰 공헌을 했다는 평가가 정당하다면 해리엇의 이름도 기억되는 것이 마땅할 것이다(Pappé 1960, 1~2·33~34쪽).

---

22   *The Collected Works of John Stuart Mill*, XIV, 16쪽. 이 문헌은 이후 CW로 표기.

그러나 해리엇을 밀이 의존한 '유일한 선생'으로 규정하며 그녀의 영향력을 너무 높게 평가하는 것에 대한 경계 또한 만만치 않다. 밀의 친구중에는 해리엇에 대한 그런 생각이 "전적으로 착각"이라고 단정하는 사람도 여럿 있다(Hayek, 14쪽). 우선 해리엇의 지적 능력이 그리 대단한 게아니었다는 주장이 있다. 그녀의 글은 문장이 긴데다 쉼표도 잘 쓰지 않았다. 실제로 그녀가 밀에게 보낸 편지를 보면 쉽게 읽히지 않는다. 밀이정확한 표현을 강조했던 것과는 대조적이다(Pappé 1960, 5~7쪽 ; Thomas, 93쪽). 밀이 타인의 업적을 유달리 후하게 평가하곤 했다는 점도 지적된다. 그는 해리엇이 데리고 들어온 전남편의 딸(헬렌)에 대해서도 극찬의수사를 아끼지 않았는데(자서전, 207쪽 참조),[23] 해리엇을 과분하게 칭찬한 것도 같은 맥락에서 이해해야 한다는 것이다.

이런 견해를 지닌 사람들은 1845년에 밀이 쓴 〈노동자들의 요구The Claims of Labour〉라는 논문에 이미 그의 사회주의관이 분명하게 정립되어있음을 주시한다. 이 글에서 밀은 노동자가 단순히 임금을 받고 일하는상태에서 벗어나 경영의 주체가 되는 것이 자신이 그리는 유토피아라고

---

23 헬렌은 25년 동안 어머니 해리엇의 곁을 지켰다. 어머니가 세상을 뜬 뒤에는 홀로 남은 밀을 14년 동안 헌신적으로 돌봤다. 그녀 자신의 삶은 따로 없는 것이나 마찬가지였다. 헬렌은 밀의 생각을 정확히 읽고 그를 대신해 표현하는 데 탁월한 재능이 있었다. 그가 의원 생활을 할 때사회 각계 사람들에게 보낸 수많은 답장의 대부분은 사실 그녀가 쓴 것이었다. 헬렌은 어머니의뒤를 이어 밀에 대한 '감시'도 늦추지 않았다. "나는 집 안에서 아버지를 호되게 비판하기를 마다하지 않는다……어머니는 내가 잘못하면 무섭게 나무랐다……나도 아버지 글이 마음에 안 들면 그 부분을 몽땅 다시 쓰게 했다. 그 누구보다도 그런 면에서 자유를 누렸다. 그렇게 한다고 아버지의 자존심이 상처 입을 일은 없었다. 아버지는 당신 마음에 안 들면 내 말을 끝까지 받아들이지 않았다."(Packe, 480~482쪽). 밀이 아비뇽에 묻힌 뒤, 헬렌은 밀의 사상과 그가 남긴 유물의배타적 상속자 역할을 자임했다. 때로 까탈을 부리고 과도하게 유세를 부려 눈총을 받는 일도 있었다. 헬렌은 여성 참정권 운동 등 사회 활동을 하는 것 외에는 아비뇽에서 침거하며 여생을 보냈다.

밝히고 있다. 해리엇이 한 일은 이 논문이 《정치경제학 원리》에 실리도록 그를 설득한 것뿐이다. 이런 점을 종합적으로 고려해볼 때 밀이 해리엇의 생각을 좇아 사회주의 사상을 주장하게 되었다는 것은 근거가 희박하다. 해리엇을 만나기 이전에 밀의 생각은 이미 사회주의에 기울어 있었다. 밀이 자신의 생각을 분명히 피력한 저술에서 해리엇의 두드러진 영향력을 찾기는 어렵다(Pappé 1960, 36·38·42쪽).

이런 반론은 충분히 설득력이 있다. 밀과 오래 교유한 칼라일은 해리엇을 "바보 같은 질문을 되풀이하는 현명하지 못한 지성의 소유자"라고 혹평했다. 어떤 사람은 밀의 생각을 기억했다가 나중에 그것이 마치 자신의 독창적인 발견인 것처럼 밀 본인에게 들려주는 재주가 있을 뿐이라고 비꼬기도 했다. 밀과 가까이 지낸 많은 사람들이 해리엇과의 관계를 심각하게 염려한 데는 그녀의 지적 능력에 대한 깊은 회의도 한몫했다(Packe, 315~316쪽 ; Turner 2016, 98쪽).

진실은 어디에 있을까. 해리엇에 대한 밀의 사랑 또는 집착을 어떻게 해석해야 좋을까.

(4) 밀을 만든 사람들

밀은 《자서전》에서 "지적·도덕적으로 뛰어난 사람과 공명하고 친교를 맺는 데서 생기는 기쁨과 이익"에 대해 길게 이야기한다(자서전, 67쪽). 그는 신념과 감정이 일치해야 우정이 오래갈 수 있다면서, 될 수 있으면 지식과 지능, 고결한 정서 측면에서 자기보다 우수한 사람과 사귀는 것이 좋다고 충고한다. 그가 "자진해서 사귄 사람은 매우 적었고 절친하게 지낸 사람은 더욱 적었다"고 말하는 것으로 보아 그는 자신이 그런

"기쁨과 이익"을 많이 누리지 못했다고 생각한 모양이다(자서전, 182~183쪽). 그러나 그런 말은 신빙성이 떨어진다. 그의 주위에 친구들이 적지 않았다. 이름만 들어도 고개가 끄덕여질 정도의 '거인'들도 꽤 많았다. 우선 그는 아버지 덕분에 여러 저명인사들을 쉽게 만날 수 있었다. 아버지의 벗들이 집으로 찾아와 담론하는 것을 옆에서 듣는 것만으로도 큰 공부가 되었다.[24] 나이 들어 밀은 배울 것이 있다 싶은 사람들에게 적극적으로 다가가 손을 내밀었다. 국적을 가리지 않고 서신을 보내 그들의 생각을 맘껏 흡수했다. 여기에서는 대표적인, 또는 재미있는 세 사람을 중심으로 소개한다.

벤담

이들 중 존 스튜어트 밀에게 가장 큰 영향을 준 사람은 역시 벤담[25]이다. 벤담은 1814년부터 1817년까지 해마다 반년을 서머싯셔에 있는 포드Forde 수도원에서 지냈는데, 이때 밀 가족도 같이 머물렀다. 중세 건축 양식의 그 수도원은 으리으리한 응접실, 널찍하고 높은 방, 빼어난 주변 경관을 자랑했다. 영국 중산층의 빡빡한 주거 환경과는 비교가 안 될 정도로 호사스러웠다. 밀은 이곳에서 웅대하고 자유롭고 넉넉한 생활을 즐

---

24 늘 아버지의 서재에 있던 존은 아버지의 가장 친한 벗 리카도David Ricardo(1772~1823)도 만나게 되었다. 영국 고전학파 경제 이론을 체계화한 리카도는 자기 학설에 대한 확신이 없어 망설이던 중 제임스 밀의 강력한 권유로《정치경제학과 과세의 원리Principles of Political Economy and Taxation》라는 "아주 획기적이고 위대한" 책을 출간할 수 있었다. 1년 후에는 역시 그의 유도에 힘입어 하원 의원에 당선되었다. 존은 그 책으로 경제학 공부를 시작했다. 리카도는 존을 자기 집에 초대하거나 같이 산책하면서 가르침을 많이 주었다.
25 Jeremy Bentham(1748~1832). 19세기 영국을 대표하는 지식인 겸 사회 운동가. 공리주의를 제창했고 제임스 밀과 함께 사회 개혁 운동에 나섰다.

길 수 있었다. 소년기에 프랑스에 있는 벤담 동생의 집에서 1년간 머문 것도 그에겐 소중한 기회였다. 그 동생은 밀에게 어버이와 다름없는 사랑을 베풀어주었다(자서전, 52~55쪽).

밀은 1822년 벤담의 사상을 해설한 뒤몽Dumont의 《입법론》을 공부한 뒤 '사람이 달라졌다'. 그 책이 "인간의 생각과 제도들에 대해 보다 명료하고 넓은 시야"를 제공함으로써 "사물에 관한 개념들에 통일성"을 안겨주었기 때문이다. 밀은 자신이 진심으로 원하는 것이 무엇인지 깨달음으로써 "인생의 광명"을 얻었고 "최선의 의미에서 하나의 종교"를 가지게 되었다. 그는 벤담을 통해 인류의 상태를 개선하는 웅대한 상념에 사로잡히기 시작했다(자서전, 62~63쪽).

그 벤담이 밀에게 즐거운 추억거리를 하나 만들어주었다. 1824년 무렵 벤담은 《법적 증거의 원리The Rationale of Judicial Evidence》를 출간하기에 앞서 밀에게 한번 읽어보고 좀 손봐달라고 부탁했다. 벤담은 이 다섯 권짜리 대작을 오랜 시간에 걸쳐 여러 번 고쳐 쓰면서 유능한 조력자를 백방으로 찾았으나 뜻을 이루지 못했다. 결국 밀이 크기를 기다렸다가 마침내 그에게 일을 맡겼다. 이 책은 프랑스에서 먼저 출판되면서 세 가지 판본이 나와 있었다. 밀은 그것을 취합 정리하는 한편 영국의 법 현실에 맞게 내용을 고쳤다. 출판사 측의 수정 요구도 감안해서 일을 진행했다. 나아가 관련 문헌을 독자적으로 조사해서 필요한 내용을 추가했다. 열여덟 살의 밀은 이 작업에 1년 넘는 시간을 투입했다. 교정과 편집 과정에 또 1년을 들였다. 아무 대가를 생각하지 않고 즐겁게 매달렸다. 벤담은 생각이 달랐다. 그는 '역시' 하면서 큰 감동을 받았고, 책 표지에 자기 이름만 적힌 것을 보고 밀의 이름도 같이 올릴 것을 강력하게 주장했다. 밀은 완곡하게 거절했지만 벤담의 고집을 꺾을 수 없었다. 결국 대가 벤담과 약관의 밀의 이름이 책 표지에 나란히 실렸다(자서전, 98~99쪽 ; Packe, 72~73쪽).

벤담은 1832년 세상을 하직하면서 자신의 시신을 해부용으로 기증했다. 지금도 런던의 유니버시티 칼리지University College 도서관에 가면 그의 밀랍 인형 전신상 두 발 사이에 그의 머리가 전시된 것을 볼 수 있다. 밀은 한때 자신의 우상이었던 벤담이 "마지막 순간까지 소년과도 같았다"면서 이것이 그의 장점이자 단점이라고 평가했다. 벤담은 철저하게 긍정적이고 실용적인 사상가였다. 편견을 배격하고 사회 개혁을 이루어낸 점에서 그 누구도 그를 따를 수 없었다. 벤담은 완전 민주주의가 프롤레타리아의 전횡을 초래한다면서 사회를 보호할 당위성을 역설했다. 그런 점에서 보수적인 색채를 띠지만, 시대 상황을 감안하면 그의 정치 이론 중에는 괄목할 만한 것이 있었다. 그러나 밀은 그가 모든 문제의 한쪽에만 초점을 맞춘 "체계적 반쪽 사상가"라고 비판했다. 반쪽 시야는 철학자에게 도움이 안 된다고 했다. 밀은 벤담의 정치 이론에 대해서도 그저 견제와 균형의 원리만 나열했다고 부정적으로 평가했다. "진리를 캐내기 위해서는 모든 부분 진리들을 찾아서 합쳐야" 한다는 것이 밀의 일관된 신념이었다.[26] 이 점은 뒤에서 다시 보기로 하자.

콩트

밀은 국내외 걸물들에게 먼저 연락해서 배움을 청하는 일을 마다하지

---

26 밀은 벤담을 위대한 철학자로 보지는 않았지만 철학을 개혁했다는 점에서 그의 중요성을 인정했다. 벤담이 내세운 철학의 내용 그 자체는 그리 두드러진 것이 아니나 그것을 뒷받침하기 위해 원용한 방법(즉, 공리주의)만은 뛰어나다고 본 것이었다. 밀의 나이 32세 때 내린 평가이다 (CW, X, 85쪽 ; Packe, 222~223쪽).

않았다. 그러나 일정 기간 교제가 진행되고 나면 의견 차이로 관계가 끊기곤 했다. 콩트[27]와의 관계가 그랬다. 콩트는 밀과 마찬가지로 지식의 전 분야를 체계적으로 연구했다. 그의 철학은 스물네 살 때 실질적으로 완성된 것이나 마찬가지였다. 그 이후 콩트는《실증철학 강의Cours de phi-losophie positive》를 쓰는 데 집중했다. 밀은 그의 저작을 대단히 높이 평가했다. 인과 관계를 관찰하는 과학적 연구 방법이 정확하고 심오하다고 생각했다. 1837년 실증주의 철학의 핵심을 담은 콩트의 첫 책이 영국에 들어왔다. 그때 밀도 자신의 첫 책《논리학 체계A System of Logic》를 준비하면서 연역 이론 부분의 집필을 막 마친 직후였다. 밀은 두 사람의 추론 과정이 크게 다른데도 거의 똑같은 결론에 이른 것을 보고 충격을 받았다. 그는 콩트의 나머지 책들도 다 읽고서 1841년 11월에 그에게 축하 편지를 보냈다. 밀은 두 사람의 생각이 닮았다고 전제한 뒤, 영국과 프랑스에서 위대한 혁신적 철학 체계를 동시에 선보이기에 앞서 몇 가지 사소한 차이를 극복할 필요가 있다면서 서신 교환을 제의했다. 밀은 흥분을 억누르지 못한 채 "영국 사람과 프랑스 사람이 같이 동의한다면 그 둘이 하는 일은 옳을 것"이라는 볼테르의 말을 인용하기도 했다.[28]

두 사람은 직접 만나지는 못하고 몇 해 동안 서신 교환만 했다. 밀은 콩트의 이름이 영국에 널리 알려지는 데 크게 기여했다. 콩트는 1843년 밀의《논리학 체계》가 집에 도착했을 때 마침 '뇌 건강 수련cerebral hygiene' 중이었다. 그는 자신의 천재성을 온전히 보호하고 강화하기 위해 주기적

---

27 Auguste Comte(1798~1857). 프랑스의 사상가. 실증주의 철학을 개척했다.
28 그가《논리학 체계》를 쓰는 데 8년 연상인 콩트와의 학문적 교류가 큰 도움이 되었을 것으로 추측하는 사람이 많다. 그러나 밀은《자서전》에서 이런 세평을 부인한다. 콩트를 만나기 전에 이미 자기 생각의 알맹이가 완성되어 있었다는 것이다(자서전, 194쪽).

으로 뇌를 단련하는 자기 요법을 시행했는데, 이 기간 동안 다른 사람이 쓴 글은 단 한 줄도 읽지 않는 것이 철칙이었다. 그러나 콩트는 이 관례를 깨고 밀의 책을 읽었고 영국 청년이 자신을 크게 칭송한 것에 매우 흡족해했다.

그런데 이 교유에 대한 두 사람의 생각이 너무 달랐다. 콩트는 밀을 그저 자신의 실증주의 철학을 영국에 전파할 첨병 정도로 생각했다. 시종일관 위에서 내려다보고 지도하는 자세였고, 밀이 감히 자기와 다른 생각을 하리라고는 상상도 하지 못했다. 능력이 뛰어난 소수가 사회를 인도해야 한다는 콩트의 주장에 밀도 전적으로 공감했다. 밀이 이와 관련해 'pedantocracy(현학자들의 지배)'라는 말을 만들어주자 콩트도 크게 만족했다. 다만 그는 이런 일련의 과정이 밀에게 큰 영광이 된다고 단정했다. 밀은 그렇게 생각하지 않았다. 그의 처음 접근 방식이 그런 오해를 불러일으켰지만, 밀은 분명 두 사람이 대등한 학문적 동료 관계라고 생각했다.

밀과 콩트는 심리학 이론에서 이견을 노출하기 시작했다. 사실 이 분야는 그들의 사상에서 핵심적 위치를 차지하는 것은 아니었다. 콩트는 정신이 육체에 의존한다면서 여자의 뇌가 남자의 뇌보다 작기 때문에 여자가 남자에게 복종하는 것이 옳다고 강변했다. 여자가 부분적으로 감성에서 우위를 보이는 것도 이성이 부족하기 때문이라고 주장했다. 밀은 이런 남녀 차별론을 받아들일 수 없었다. 남녀 사이에서 목격되는 모든 차이는 교육, 환경 등 여건의 불평등에서 비롯되는 것이라고 믿었기 때문이다.[29] 밀은 무엇보다 콩트의 이론이 권위주의 정치 체제를 정당화하

---

29 그의《여성의 종속》이 바로 이런 내용을 담고 있다.

는 것을 용인할 수 없었다. 많이 배운 사람이 사회를 이끄는 것은 맞지만 그렇다고 비민주적 통치로 흘러가서는 안 된다는 것이 밀의 생각이었다. 서신 교환이 논쟁으로 번져가면서 피차 열정이 식어갔다. 견해 차이가 "단순히 사소한 이론과 관련된 것이 아니라 그들이 가장 소중하게 여기는 감정과 그들이 진지하게 갈망하는 바를 가로지르는 것"이었기에 틈이 벌어질 수밖에 없었다.

1843년 여름에 두 사람의 충돌이 본격화되었다. 11월, 콩트는 불충스럽게 대드는 '추종자'의 고집에 분노했다. 그는 밀의 정신 역량이 아직 자신의 근본 진리를 이해할 단계에 이르지 못했다고 판단하고 관계 단절을 선언했다(Packe, 274~277쪽). 밀의 증언에 따르면, "서신 왕래를 먼저 게을리한 것은 밀이었고[30] 먼저 중단한 것은 콩트"였다(자서전, 169~171쪽).

콩트는 원래 경제적으로 넉넉하지 못했는데, 1844년에는 직장을 잃어 생활비도 부족했다. 밀은 그 자신도 경제적 어려움을 겪던 시기였지만 그로트George Grote 등 주변 사람들에게 콩트를 도와주라고 부탁했다. 콩트는 1845년에 다시 밀에게 노골적으로 경제적 도움을 청했다. 밀은 사람들이 더 이상 자기 말을 듣지 않을 것이라며 거절했다. 콩트는 "천박한 영국인"들에게 크게 실망했다. 실증주의 이론 세계에서 추종자들이 지도자를 부양하는 의무를 저버린다는 것은 있을 수 없는 일이었다. 그는

---

[30] 이 대목에서 해리엇이 끼어들었음이 분명하다. 그녀는 콩트를 싫어했다. 밀이 그에게 너무 저자세를 취하는 것도 못마땅했다. "콩트는 영국 사람보다 못하다는 그런 의미에서 확실히 프랑스 사람이에요······당신 편지가 사과에 가까운 투로 흘러가고 있어 실망스럽군요······이런 하찮은 사람은 가치 있는 비판자를 맞이할 자격도 없어요. 당신이 가지고 있는 그 양심적이고 공정한 지성의 품격에 비추어볼 때, 당신만큼 그 문제에 대해 정통하게 판단할 사람이 어디 있겠어요? 지적 능력으로 말하자면, 당신은 시대를 앞서가는 사람이에요······완벽한 공정성, 정의에 대한 확고한 사랑, 이런 측면에서 누가 당신을 따라갈 수 있겠어요?"(Hayek, 114쪽).

자신의 다음 책 서문에서 이런 막된 행동에 대해 밝히겠다고 공언했다. 밀은 그를 지도자로 모시지 않았기 때문에 그런 의무가 없다고 반박했다. 콩트는 영국에 실증주의를 전파하기가 어려우리라는 예견에 낙담했다. 그리고 철학자를 대접할 줄 모르는 부자들은 재앙을 피할 수 없을 것이라고 악담했다. 그 후 프랑스 사람들이 다시 밀에게 콩트를 도와달라는 호소를 했다. 밀은 매년 정기적으로 후원할 수는 없다는 조건을 달고 10파운드를 보냈고 그로트에게도 그렇게 하라고 당부했다. 콩트는 자신이 처음 개념화한 실증주의 국가가 33년 안에 전 세계를 평정할 것이라고 장담했다. 그러나 그의 꿈은 이루어지지 않았다. 프랑스 사람들과의 불화도 이어졌다. 버림받은 철학자는 여기저기서 강의하고 글을 쓰며 생계를 꾸려가다가 1857년 59세의 나이에 암으로 타계했다.

스펜서

허버트 스펜서[31]와의 관계도 재미있다. 스펜서는 밀과 완전히 상반되는 기질의 소유자였다. 밀이 꼼꼼하고 신중하고 열린 마음을 가졌다면 그는 저돌적이고 고집도 셌다. 밀이 생각 깊은 사람이라면 그는 즉흥적 천재였다. 작업 스타일도 너무 달랐다. 밀이 글 쓸 주제에 관해 방대한 독서를 한 뒤 깊이 천착하며 여러 번 윤색해서 글을 쓰는 반면, 스펜서는 책을 거의 안 읽었다. 어릴 때 하도 게을러서 대학 시험도 볼 처지가 못됐다. 그는 다혈질에 신경이 예민해서 대화 도중에 너무 흥분하지 않도록 항상 귀마개를 가지고 다녔다. 그리고 복잡한 심경을 해소하는 데 최선이라며 격렬한 운동을 좋아했다. 그는 라켓볼이나 조정을 즐기는 도중

---

31   Herbert Spencer(1820~1903). 영국의 철학자, 사회학자.

비서에게 자신의 생각을 20분 정도 쭉 불러줘 받아 적게 했다. 그렇게 해서 심리학, 생물학, 사회학, 윤리학에 관해 나름의 체계를 구축했다. 그는 반짝반짝 빛나는 명료한 글을 자랑했다.

밀은 자기보다 14년 아래인 스펜서와 격의 없이 지냈다. 스펜서의 생계가 어려워지자 물심양면으로 도와주었다. 후원자가 없어 스펜서의 책 출판이 어렵게 되자 밀은 자기 친구들에게 부탁해서 스펜서의 책을 많이 사게 했다. 스펜서도 밀의 마음을 잊지 않았다. 그는 분명 밀의 철학, 특히 자유주의적 관대함과 거리가 먼 사람이었다. 그런 스펜서였지만 밀이 세상을 떠난 후 《이그재미너Examiner》지에 둘의 관계를 소상하게 밝히며 그를 높이 칭송했다(Packe, 431~434쪽).

칼라일을 빼놓을 수 없다. 밀은 그를 "시인이요 직관의 사람"이라고 불렀다. 자신보다 훨씬 앞서서 많은 것을 보았다고 평가했다. 밀은 자신이 초기의 편협한 사상에서 빠져나오는 데 칼라일의 도움이 컸다고 회고했다. 밀은 해리엇을 칭찬하면서 칼라일을 비교의 잣대로 삼기도 했다("칼라일보다 더 뛰어난 시인이요……"). 그만큼 그를 높이 샀다는 말이다. 그러나 나이가 들면서 두 사람의 생각에 괴리가 생겨 관계가 소원해졌다(자서전, 144~145쪽).

베인은 밀의 열렬한 추종자였다. 베인은 학생 시절 5년 동안 강의가 없는 여름이면 1주일에 두 번씩 오후 4시에 밀의 회사로 찾아가, 퇴근하는 그와 집까지 같이 걸어가며 대화를 나누었다. 밀은 《논리학 체계》를 쓸 때 베인이 "원고를 주의 깊게 검토했고 과학에서 여러 실례를 많이 끌어와 내용을 풍부하게 해주었다"며 고마운 마음을 전했다(자서전, 194쪽). 베인은 《존 스튜어트 밀 : 개인적 회상을 바탕으로 한 비판John Stuart Mill :

A Criticism with Personal Recollections》이라는 책을 썼다. 그는 제임스 밀의 평전도 출간했다.

밀은 프랑스 사람 데슈탈[32]과도 깊이 교유했다. 밀은 한때 그를 통해 프랑스 사정을 듣고 배웠다. 밀이 토크빌과 만나 편지를 주고받은 것에 대해서는 따로 3부에서 기록하기로 한다. 곤충학자 파브르와의 아름다운 우정도 뒤에서 소개한다.

(5) 인생 여정

건강

밀은 튼튼한 신체를 타고났다고는 할 수 없지만 그렇다고 병약한 체질은 아니었다. 어려서부터 꾸준히 걷기를 계속했기 때문에 건강 문제로 걱정할 일은 별로 없었다. 그러나 30세를 전후해서 한번 호되게 앓았다. 과로가 신체에 부담을 주어 폐와 위가 안 좋았고 오른쪽 눈이 신경성 경련을 일으켰다. 10년 전 정신적 위기를 겪던 때보다 상태가 더 심각했다.[33]

사십대 중후반에는 폐결핵으로 홍역을 치렀다. 심한 기침에 피가 섞인 진한 가래가 나오고 밤에 고열과 땀이 나는 등 전형적인 결핵 증세를 보였다. 그 무렵 결핵은 치명적인 질환이었다. 산업화가 진행되면서 공장 굴뚝에서 화석 연료의 연기가 대량으로 뿜어져 나왔는데, 그것이 차가운

---

32 Gustave d'Eichthal(1804~1886). 프랑스의 작가, 평론가.

33 어떤 사람은 그가 병을 앓게 된 것이 과도한 금욕 때문이라고 추측하기도 한다. 해리엇과 연인 관계가 되면서 지속적으로 성적 자극을 받았지만 그것을 지나치게 억누른 것이 신체적 불균형을 일으켰다는 해석이다(Packe, 204~205쪽).

안개와 섞이면서 인체에 큰 타격을 주었다. 일단 결핵에 걸리면 치사율이 매우 높았다.[34] 결국 밀은 1854년 3월 폐결핵 진단을 받았다. 사형 선고나 마찬가지였다. 밀은 일기장에 당시의 심경을 기록해두었다.

죽음이 힘든 것은 육체적 고통과 사랑하는 사람들의 슬픔 때문만은 아니다. 죽음이 너무 천천히 진행되고 참을 수 없는 따분함을 준다는 것이 가장 견디기 힘들다. 오래 끄는 죽음은 없어야 한다. (Packe, 366쪽)

그러나 밀은 7주 동안의 요양을 끝내고 기적적으로 건강을 회복했다. 체중이 늘고 열이 내리면서 병을 이길 수 있었다. 건강에 대해 자신감을 얻으면서 그는 더 열심히 걷기 운동을 했다. 그 후 소화불량 같은 문제는 있었으나 폐는 더 이상 말썽을 안 부렸다.

자연 예찬

밀은 어려서부터 아버지를 따라 많이 걸었다. 아버지와 함께 나선 아침 산책길에서 전날 공부한 내용을 복기하곤 했다. 이 걷기 운동이 그의 건강을 지켜주었다. 또 그의 가장 중요한 낙이 되었다. 밀은 도시 생활을 좋아하지 않았다. 런던에서 살 때도 틈만 나면 시골로 나가 오래 걸었다. 직장에서 휴가를 얻으면 그 기간 대부분을 도보 여행에 할애했다. 주로 직장 동료 한두 사람과 영국 각지를 많이 걸어 다녔다.

밀이 시골 생활을 갈망하고 전원의 아름다움에 빠져든 것은 역사가 오

---

34 밀의 집안은 특히 결핵의 피해가 컸다. 밀의 아버지와 두 동생, 그리고 해리엇의 오빠가 결핵을 앓았다. 해리엇의 급작스러운 죽음도 결핵 때문이었다. 밀과 좁은 방에서 마주 앉아 작업을 하다가 병이 옮은 것 같다.

래된 일이었다. 밀은 일곱 살 때 아버지, 벤담과 함께 영국 각지를 여행하면서 자연의 아름다움에 눈뜨게 되었다. 그는 십대 중반에 벤담 동생의 가족과 프랑스 쪽의 피레네 산맥을 오르다가 그곳의 풍광에 매료됐던 경험을 잊지 못했다. 이후 그는 산악의 아름다움을 자연미의 이상으로 생각하게 되었다. 정신적 위기를 겪던 1828년 가을 처음으로 워즈워스 (1770~1850)의 시를 읽은 것도 그가 자연에 빠져드는 중요한 계기가 되었다. 워즈워스의 시는 자연 세계의 아름다움만 노래하지 않았다. 그 아름다움에 자극받은 영감과 사상의 색깔까지 표현함으로써 고요한 명상속에서 진정하고 참된 행복을 느끼게 해주었다. 워즈워스의 자연 예찬은 침울하게 지내야 했던 이십대 초반의 밀에게 큰 위로가 되었다. 그 이후 자연의 아름다움에 대한 사랑이 밀에게 가장 소중한 쾌락이 되었다(자서전, 123~125쪽). 밀은 자연의 장엄한 아름다움 앞에 홀로 서 있는 것을 즐겼다. 깊은 사색에 빠져드는 데 그런 장면보다 더 좋은 것은 없다고 생각했다. 사람들이 먹고사는 문제를 걱정하지 않아도 되는 최적 상태stationary state에서 명상에 잠기고 창조적 활동을 하며 자연의 아름다움을 만끽하는 것이 그가 꿈꾼 지상 낙원이었다(CW, XIII, 713쪽 ; Winch, 67~68쪽 ; Halliday, 109쪽). 그가 시골 생활을 원한 것은 이런 배경에서였다.[35]

걷기와 더불어 밀이 즐긴 또 하나의 도락은 바로 식물 채집이었다. 그는 국내 도보 여행을 할 때도 틈만 나면 채집통을 들고 다니며 꽃을 따

---

35 밀은 사람에게는 때로 홀로 있는 것이 필요하다고 생각했다. 고독이 사고의 폭을 깊고 넓게 해주고 좋은 성품을 형성하는 데 큰 도움이 되기 때문이다. 그러면서 밀은 자연이 살아 있어야 고독도 제대로 꽃을 피운다고 역설했다. "자연의 아름다움과 장엄함을 마주 대하는……고독은……사상과 영감의 요람이다."(이근식, 156쪽 재인용). 밀은 야생적 자연미를 무척 사랑했다. 자연 그대로의 황무지를 귀하게 여긴 밀은 황무지를 무분별하게 경작지로 바꾸려는 시도를 거칠게 비판했다(박세일, 182~183쪽 참조).

모았다.[36] 그는 이것을 과학이 아니라 스포츠로 즐겼다. 스펜서가 스코틀랜드로의 낚시 여행에 초대했을 때 밀은 "나는 오직 식물 세계에만 관심 있다"며 거절했다. 해리엇의 묘지 단장이 끝나자 밀은 헬렌을 데리고 피레네 산맥에 들어가 몇 달간 지내며 아름다운 희귀 식물을 원 없이 채집했다. 알프스 여행도 계속했다. 여러 해 동안 프로방스 지역의 산을 걸어 다닌 덕분에 그는 그곳의 계곡과 봉우리를 런던 시내보다 더 훨히 꿰고 있었다. 그는 식물 채집에서 단순히 애호가 수준이 아니었다. 오랜 시간 즐기며 몰두한 만큼 《식물학자Phytologist》라는 전문 잡지에 특별 논문을 쓸 수 있을 정도의 경지에 올라 있었다.[37]

행복한 종말

해리엇 사후에 밀은 일 년에 반반씩 프랑스와 영국에 머물며 여생을 보냈다. 딸 헬렌은 런던 남동부에 있는 블랙히스의 자택에서 주부 노릇을 완벽하게 해냈다. 그들은 토요일마다 사람들을 불러 저녁 모임을 가졌다. 5시가 되면 그로트 부부, 베인 부부, 스펜서, 영국으로 망명해 와 있던 프랑스 사회주의자 루이 블랑Louis Blanc 등이 모였다. 손님들은 높다란 책장으로 둘러싸인 방에 자리를 잡았다. 책장 위에는 고대 인물들의 석고 흉상이 놓였고 화롯가에는 라파엘로의 성모상 판화가 걸려 있었다. 밀은 주인 노릇을 잘했다. 겸손하고 온화한 신사인데다 박학다식했고,

---

36 밀이 1842년 8월 6일 영국의 예술가이자 행정가인 콜Henry Cole(1808~1882)에게 보낸 편지에는 그가 런던 서리 지역 경계 너머에서 채취한 재쑥, 끈끈이주걱, 국화과 상추 같은 희귀 식물들의 이름과 길가, 교회, 숲속 등 구체적 서식지가 나온다. 밀은 그에게 빌려준 서리 지역 식물지를 돌려주면 좋겠다는 말도 덧붙였다(CW, XIII, 534~535쪽).
37 밀의 전집(CW) 31권의 60여 쪽은 식물과 관련된 글로 채워져 있다. 밀은 《식물학자》가 창간된 1841년부터 이 잡지가 폐간될 때까지 20여 년 동안 여기에 많은 글을 썼다.

관심사가 폭넓어 어떤 대화든 핵심을 재빨리 파악했다. 모르는 사람이 보면 밀이 아닌 다른 사람으로 생각할 정도로 편하게 대화할 줄 알았다. 그는 손님들이 말을 많이 하게 했다. 하루는 스펜서에게 그의 철학을 사람들이 알아듣기 쉽게 기본 주장만 간단히 말해달라고 부탁하기도 했다.

밀은 말년에 이르러 그동안 소원하게 지냈던 가족들과 화해했다. 그와 가장 사이가 안 좋았던 여동생(메리 콜먼Mary Colman)은 이혼하고 아들을 하나 잃는 등 불운에 시달렸다. 큰오빠 밀은 그 동생의 생계를 위해 연금 보험을 들어주고 그녀의 딸이 대학에 진학하도록 주선해주었다. 그녀의 또 다른 아들이 범죄를 저질러 어려움에 처했을 때는 그에게 돈을 대줘서 재기할 수 있게 도왔다.

육십대 중반이 되어서도 밀의 지력은 쇠퇴하지 않았다. 오히려 그 어느 때보다 더 힘이 넘쳤다. 밀에게 고전을 읽는 것은 여전히 '레크리에이션'과도 같았다(Packe, 477쪽). 밀은 나이 들면서 더욱 왕성하게 식물 채집에 나섰다. 표본도 엄청나게 많이 모았다. 그의 마지막 순간도 그렇게 즐기는 가운데 불현듯 찾아왔다.

밀은 아비뇽의 르키앙 자연사 박물관에서 일하던 곤충학자 파브르[38]와 친하게 지냈다. 밀이 열일곱 살 연상이었다. 파브르는 가난한 농부 집안에서 태어나 혼자만의 노력으로 곤충학자의 위치를 굳힌 사람이다. 그는 책이 아니라 세밀하고 끈질긴 관찰을 통해 곤충학을 정립했다. 귀납적 방법으로 진리를 찾아나가는 전형을 보여주었는데, 이러한 점도 밀의 호감을 샀다. 밀이 아비뇽을 주도州都로 하는 보클뤼즈 주의 식물도감을

---

[38] Jean Henri Fabre(1823~1915). 프랑스의 곤충학자, 박물학자. 《곤충기Souvenirs Ento-mologiques》로 유명하다.

만드는 일을 맡자 파브르가 적극적으로 도와주었다. 밀은 체계적으로 다양한 종을 채집한 뒤 엄밀하게 카탈로그를 만들었다. 작고 이상한 곤충에 끌리던 파브르는 그를 위해 이국적인 버섯 종류를 전담했다. 하루 종일 채집하는 동안 두 사람이 말을 나누는 일은 거의 없었다.[39]

1873년 5월의 아비뇽은 두 사람에게 천국과도 같았다. 밀은 4월 26일 파브르에게 그가 살고 있는 오랑주 쪽으로 채집 여행을 가자고 제안했다. 파브르는 즉각 호응해, "선생님이 말만 하면 언제든지 나설 준비가 돼 있습니다……오고 가는 시간의 낭비를 막기 위해 누추하지만 부디 우리 집에서 같이 지내시죠"라고 편지를 써 보냈다. 밀은 앞으로 몇 번이고 더 여행을 가야 하니 그 집에 머무는 것은 다음으로 미루자는 답장을 보냈다. 그가 쓴 마지막 편지였다.

5월 3일 토요일, 밀은 더운 날씨에도 15마일이나 걸어 다녔다. 그리고 피곤하지만 행복한 기분으로 집에 돌아왔다. 저녁 바람에 찬 기운을 느꼈는데 월요일쯤 몸에 열이 났다. 저녁 무렵 왕진 온 의사가 입을 오므리고 머리를 흔들더니, 즉시 니스에 있는 다른 의사를 불렀다. 다음 날 도착한 의사는 단독丹毒이라고 진단했다. 그가 살고 있는 아비뇽의 저지대 진흙에서 감염되는 풍토병이었다. 밀도 그 병의 위험을 알고 있었지만 묘

---

39 진화론을 주장한 다윈의 여파로 가톨릭 국가인 프랑스에서 자연을 연구하는 사람들에게 시련이 닥쳤다. 파브르도 예외가 아니었다. 어린 소녀들에게 거미류의 교미 행위에 대해 직설적 언어로 강의한 것이 문제가 돼 즉시 해고당하고 말았다. 저축해놓은 돈도 없던 터라 그의 대가족은 당장 생활이 어려워졌다. 파브르는 당시 하원 의원으로 영국에 있던 밀에게 하소연 편지를 보냈고 밀은 영수증 등 아무 조건 없이 즉시 3,000프랑을 송금해주었다. 그는 "개인적 호의가 아니라 인류에 대한 당신의 봉사를 계속하게 하기 위한 것"이라는 말로 그의 자존심을 지켜주었다. 파브르는 2년 후 형편이 나아지자 밀을 찾아와 그가 손사래를 치는데도 현금 다발을 쏟아 부었다. 이자 30프랑까지 덧붙인 금액이었다. 파브르는 이 일을 결코 잊을 수 없었다. 40년이나 지난 뒤 자신의 일대기를 쓰는 사람에게 이 일화를 빠뜨리지 말도록 신신당부했다(Packe, 486~488쪽).

지와 가깝기 때문에 그곳의 집을 산 것이었다. 밀은 목과 얼굴이 부풀어 오르고 삼키는 데 어려움을 느끼는 것 말고는 크게 고통스러워하지 않았다. 그러나 니스에서 의사가 부랴부랴 온 것을 보고는 마지막 순간이 왔음을 직감했다. 그는 체념하고 조용히 그 상황을 받아들였다. 밀은 늘 정신 줄을 놓은 채 오래 살지 말았으면, 또 부질없이 시간 끄는 질병을 앓지 말았으면 하고 소망했다. 다행히도 그 마지막 순간까지 그의 위대한 지성은 맑게 빛나고 있었다.

밀은 1873년 5월 7일 수요일 오전 7시에 운명했다. 발병한 지 사흘 만이었다. 밀은 숨을 거두기 직전, 의식이 반쯤 혼미한 가운데 헬렌에게 "내가 할 일은 다 한 것 같다You know that I have done my work"라는 말을 남겼다. 그의 나이 67세였다. 그는 다음 날 해리엇의 옆에 묻혔다. 가늘고 따뜻한 비가 내리는 날, 오직 의사 두 명과 목사 부부와 헬렌, 이렇게 다섯 명만 그의 관을 따라 걸었다. 묘지 입구에 다다르자 어떻게 알고 왔는지 수많은 시민이 도열해 있었다. 목사의 짤막한 설교와 기도를 끝으로 밀은 영원한 안식에 들어갔다. 너무나 갑작스러운 죽음이었다. 파브르가 살던 곳은 그날 날씨가 무척 좋았던 모양이다. 그는 밀과 점심을 같이할 생각으로 아비뇽으로 오다가 그가 이미 땅 속에 묻혔다는 충격적인 소식을 들었다.

(6) 종교관

밀의 아버지 제임스는 스코틀랜드 장로교 교육을 받고 한때 목사의 길을 걷기도 한 사람이었다. 그러나 그는 오랜 연구와 사색 끝에 종교를 일절 거부하게 되었다. 제임스 밀은 사물의 기원에 관해 확실히 알 수 없다면서 불가지론을 폈다. 그러나 그가 종교를 받아들일 수 없었던 보다 결정적인 이유는 그런 지적 근거보다는 도덕적 '분노'에 있었다. 그는 "무한한 능력과 완전한 공의를 겸비"하고 있다는 창조주가 이토록 죄악으로 충만한 세상을 만들었다는 것을 도저히 인정할 수 없었다. 지옥이라는 존재는 그를 더욱 격분하게 만들었다. 제임스 밀은 종교를 도덕의 최대 적으로 간주했다. 종교가 허구적인 여러 미덕으로 사람들을 오도하고 도덕의 표준을 근본적으로 개악한다고 생각했다.

제임스는 귀족 체제를 혐오하는 것만큼이나 기성 교회의 성직자 집단을 싫어했다. 성직자들이 지위를 이용해 종교를 타락시키고 인간 정신의 진보를 방해한다고 비판했다(자서전, 92쪽). 그는 1835년《런던 평론*The London Review*》2호에 교회와 성직자들을 가혹하게 비판하는 글을 썼다. 이 잡지가 무신론자들을 대변하는 듯한 인상을 주어 구독자의 대폭 감소를 초래할 정도로 그 글의 파문은 컸다(Packe, 197쪽).

그러나 존 스튜어트 밀이 어렸을 때는 아버지가 아직 완고한 무신론자는 아니었다. 벤담을 처음 만났을 때 아버지는 여전히 교회에 다니고 있었다. 존의 할머니는 매우 독실한 기독교인이어서 손자들에게 기도를 가르쳤다. 또 어머니와 여동생들도 상당히 종교적이었다. 아이들은 모두 세례를 받았다. 어린 존은 교회에 다녀오는 길에 집안일 도와주는 아줌마한테 "호메로스의 작품과 성경이 가장 중요한 두 책"이라고 자랑스럽게 말하기도 했다(Packe, 25쪽).

아버지는 오랜 시간에 걸쳐 변모했다. 의심, 더 정확히 말해서 분노가 서서히 상승한 끝에 1816년 들어 그는 불가지론자가 되었다(Packe, 25쪽). 그는 아들에게 '어떻게 이 세계가 존재하게 되었는가? 누가 나를 지었는가?' 하는 것은 그 누구도 아무런 경험과 지식이 없기 때문에 확실히 대답할 수 없는 문제라고 가르쳤다. 이런 질문에 대한 기독교의 답은 '그럼 하느님은 누가 지었는가?'라는 질문이 대뜸 뒤따르게 하기 때문에 어려움을 가중시킬 뿐이라고 했다. 아버지는 자신의 확신과 반대되는 방향으로 아들이 흘러가지 못하게 했다. 그래서 존 스튜어트 밀은 종교라곤 아예 가져본 적이 없었다(자서전, 164쪽).

아들은 성인이 된 뒤 아버지의 가르침을 그대로 실천했다. 밀은 우선 신이 존재할 수도 있지만 신의 존재가 증명되지는 않는다고 주장했다. 신은 악의 존재를 허용했기 때문에 선한 존재일 수 없으며, 전적으로 선하면서 동시에 선능한 존재라는 것은 인간의 논리적 규칙에도 위배된다고 생각했다(Turner 2006, 164·159쪽).

특히 밀은 종교가 사람들의 자유를 억압한다고 생각했다. 그는 각자 원하는 대로 자기만의 삶을 추구하는 것을 중시했다. 그런 밀에게 기독교는 '도덕적 억압의 동력'이나 다를 바 없었다. 밀은 인간 행동을 구석구석 통제하려 드는 교계 지도자들과 청교도 정신이야말로 자유를 침해하는 원흉이라고 비난했다. 그는 "편협하고 무지한 사람들이 기독교의 부활을 자랑하지만, 그것은 실상 지독한 편견의 부활과 다름없다"고 냉소하기도 했다(자유론, 68쪽).

밀이 종교를 거부한 또 다른 이유는 당시 교회가 사회적 역할을 포기하고 그저 개인의 사적인 구원에만 관심을 보인다고 판단한 데 있었다. 그는 그런 행태를 "극도로 자기중심적이고 편협한 이기주의와 닮은꼴"이라고 비판했다(대의정부론, 54~55쪽).

밀은 이런 여러 이유에서 종교, 특히 기독교의 도덕적·지적·교리적 본질에 대해 뿌리 깊은 적대감을 가졌다(Turner 2006, 164쪽). 그는 "역사 공부를 통해 인류 가운데는 갖가지 견해가 있음을 알게 되었다. 내가 믿지 않는 것을 영국 사람들이 믿는다는 것은 이런 사실의 연장에 불과하다"
라고 주장했다. 그러나 그는 "세상 견해와 반대되는 생각을 널리 공표하
는 것은 현명하지 못하다"는 아버지의 충고에 따라 자신의 종교관을 밝
히지 않았다. 사람들이 기독교에 대한 이런 비판적 견해를 듣고 종교와
무관한 자신의 정치사회적인 주장마저 외면할지 모른다고 염려했기 때
문이다(Turner 2006, 159쪽).

그러나 밀이 종교의 존재 이유 자체를 부정한 것은 결코 아니다. 오히
려 그 반대였다. 밀은 인류가 내면적으로 진전을 이루지 못한 상태에서
모든 종교와 담을 쌓는 것은 사회 발전에 결코 도움이 되지 않는다고 생
각했다(Packe, 443쪽). 그는 사람들의 생각에 영향을 줄 수 있는 종교의 힘
을 매우 심각하게 검토한 뒤 종교에 관한 깊이 있는 글을 여러 편 남겼다
(Turner 2006, 160·165쪽).[40] 그의 생각을 좀 더 들여다보자.

벤담은 진리 여부가 아니라 유용성 차원에서 종교 문제를 바라보았다.
밀도 벤담과 마찬가지로 종교가 사람들에게 유용하다고 생각했다. 어떤
종교든지 그것을 참이라고 믿기에는 그 근거가 빈약하다. 그래서 믿음
이 좋은 사람도 흔들리기 쉽다. 그러나 철학적 회의론자조차 신앙의 유
용성을 부정하지는 않는다. 종교가 지적인 측면에서 존립 근거가 희박하
더라도 도덕적으로는 얼마든지 유용할 수 있다는 것이다. 밀도 도덕적·
사회적 목적을 위해 종교가 필요하다고 생각했다. 다만 그는 초자연적
이지 않은nonsupernatural 종교를 염두에 두고 있었다. 그는 논리로 설명되
지 않는 초자연적인 현상에는 관심이 없었다(자서전, 65쪽 ; Turner 2006,

---

40 밀이 세상을 뜬 바로 다음 해인 1874년에 그가 생전에 쓴 세 편의 글(〈자연〉, 〈종교의 유용
성〉, 〈유신론〉)이 《종교론Three Essays on Religion》이라는 책으로 출간되었다.

165~166쪽).

따라서 밀은 당시의 주류 종교론에 반기를 들었다. 우선 그는 이신론理神論deism을 우호적으로 바라보았다. 이신론은 전통적인 인격적 신 관념을 부정하고 기적이나 계시와 같은 초자연적 현상에 관심을 두지 않는다. 창조주가 우주를 직접 설계했으나 인간의 삶에 구체적으로 관여하지는 않는다고 주장한다. 그리스도교의 신앙 내용을 오로지 이성적인 진리에 한정시킨 합리주의 사상이 곧 이신론이다. 이신론은 자연 종교natural religion라고 불리기도 한다.

밀은 이신론을 믿지 못하는 사람도 종교적일 수 있다고 역설했다. 그는 하나의 완전한 존재에 관한 이상적 기준을 가지고 있으면서 이것을 항상 양심의 지침으로 삼는다면 누구든 여느 종교인과 다를 바 없다고 생각했다. 밀은 고통과 죄악으로 얼룩진 이런 세상을 만든 창조주에게서 절대 선을 찾느니 그런 이상을 추구하는 것이 훨씬 더 인간 삶을 이롭게 한다고 믿었다(자서전, 40~47쪽). 그의 '인성 종교Religion of Humanity'[41] 개념은 이런 전제에서 출발한다. 밀은《공리주의Utilitarianism》에서 인간을 불행하게 만드는 첫 번째 요인으로 이기심을 꼽는다. 달리 말하면, '보편적 사랑'의 확대와 실천이 인간 행복의 요체이다. 그가 폐쇄적 이기주의의 전형으로 민족주의를 꼽으며 무섭게 비판하는 것도 이런 맥락에서이다. 그는 근거가 불확실한 기성 종교보다 공리주의 철학을 구체화한 인성 종교가 더 유익할 수 있다고 확신했다.

그러나 밀은 나이가 들면서 기성 종교에 대한 비판의 수위를 점차 낮

---

41 밀은 당시 종교가 사회적 의무를 등한시하는 것에 매우 실망했다. 그는 자신의 공리주의 철학이 기성 종교보다 '보편적 선'을 더 잘 추구할 수 있다면서 거기에 인성 종교라는 이름을 붙였다. 3부 참조.

췄갔다. 그는 1862년 초에 아서 그린Arthur Greene에게 보낸 편지에서 유신
론에 대해 한결 유화적인 입장을 취했다.

분명히 밝히지만, 나는《논리학 체계》나 내 저작 그 어디에서도 유신
론theism을 폄하할 의도로 글을 쓴 바 없습니다.《논리학 체계》를 읽은 독
자들 대부분이 그런 느낌을 받지 않았으리라 확신합니다……인간을 염
려하는 강력한 한 존재가 전체든 부분이든 세상을 만들었다는 것은 비록
증명되지는 않지만 내가 볼 때 굉장히 개연성 있는 가설임이 분명합니
다. (Packe, 443쪽 참조)

그의 종교론은 1868년 선거를 앞두고 다시 문제가 됐다. 밀은 입후보
자 여러 사람을 도와주고 있었는데, 신성모독적인 글을 발표한 급진 무
신론자 브래들로Charles Bradlaugh에게도 10파운드의 후원금을 보냈다.[42]
밀의 이런 행동이 알려지자 브래들로와 같은 지역구에서 출마한 그의 친
구가 타격을 받았다. 그를 욕하는 분노의 목소리가 쏟아졌다. 밀에게 무
신론자라는 낙인이 찍히면서 밀 본인의 선거 운동에도 먹구름이 끼었다.
그러나 밀은 단호했다.

누구든 또 나를 무신론자라고 비난한다면, 근거가 무엇인지, 내가 쓴
무수한 글 중 어디에 그런 말이 나오는지 증거를 대보라. 아무도 제대로
된 증거를 제시하지 못할 것이다. 혹시 내가 브래들로를 지지한 것 때문

---

42 브래들로는 시장 한가운데 시계를 손에 들고 서서 신이 과연 10분 안에 자기에게 죽임을 내
릴지 시험하기도 했다. 그를 지지한 노동자들이 일자리를 잃는 등 그로 인한 사회적 파장이 컸다.

에 그러는 거라면, 그 지역구에서 그를 좋아하는 노동자 전부가 다 무신론자라는 말인가? (Packe, 474쪽)

무신론을 부인하는 듯한 이 발언은 그 자신의 지지자들 사이에서 큰 후폭풍을 불러일으켰다. 여러 사람이 시류에 편승했다며 그를 공격했다.[43] 밀은 이에 대해서도 침묵을 지켰다. 자신의 침묵이 남에게 해를 주지 않는 한, 아무도 자신에게 신앙고백을 강요할 권리가 없다는 이유에서였다(Berlin, 475~476쪽).

밀의 입장 전환은 해리엇의 죽음과 밀접한 관련이 있어 보인다. 아직 해리엇이 살아 있을 때인 1854년 무렵에 밀은, 비록 자연 세계에 의도적 설계[44]의 흔적이 없는 것은 아니지만, 지고지선至高至善한 조물주가 자연 세계의 파괴적 탐욕과 참혹한 재앙의 원인 제공자라는 사실을 믿을 수 없다고 단언했다. 그는 또 종교가 도덕적·사회적으로 인간에게 유익한 일을 할 수 있지만, 인성 종교가 그만큼, 아니 어쩌면 그보다 더 그런 일을 잘할 수 있다고 주장했다.

그러나 해리엇의 영향력이 사라지고 한참 뒤인 1869년에 밀은 기독교

---

43 밀의 이러한 발언이 신문(《데일리 뉴스Daily News》)에 보도되자 아비뇽에 있던 헬렌이 격분했다. 그녀는 밀에게 어머니 해리엇을 연상시키는 편지를 보냈는데 그 내용이 여간 신랄하지 않다. "이 문제에 대해 부당함을 질타하지 않고 그렇게 미온적으로 말하다니 전혀 아버지답지 않아요……무신론자로 모는 것이 중상모략이라고 반박하는 것 등은 대단히 실망스럽네요……창피하기까지 해요……당당하고 진실한 사람으로서 아버지의 명예를 더럽히지 않기를 바라요. 그렇게 비열하고 끔찍한 속임수로 종교적 자유라는 대의를 손상시키는 일은 결코 없어야 할 거예요."(Packe, 474쪽).
44 창조론을 주장하는 사람들은 이 우주가 창조주가 사전에 설계design한 바에 따라 만들어졌다고 믿는다. 밀이 '설계론'을 긍정적으로 평가한다는 것은 창조론에 한 발 다가섰다는 의미가 된다.

신앙에 한결 우호적인 자세를 보였다. 자연에서 설계 창조의 증거를 찾을 수 있으며, 이런 것들이 피조물의 행복에 기쁨을 느끼는 선한 창조주에 대한 믿음을 정당화하기에 충분하다고 말했다. 물론 그는 전지전능한 신의 존재에 대해서는 여전히 회의적이었다. 악을 사전에 방지할 수 있음에도 그것을 내버려둔 신이라면 결코 선한 존재일 수 없다는 비판 의식도 바뀌지 않았다. 그러나 그는 "제한된 힘을 가진 신"이라는 개념은 받아들였다.[45] 밀은 또 정신의 물리적 부분은 정신세계를 움직이는 한 조건에 지나지 않기 때문에 영혼불멸의 가능성이 전혀 없지는 않다고 생각했다.

밀은 유일신주의를 받아들이지 않았다. 그러나 기독교를 "고상한 믿음 체계"로 간주했고, 그리스도를 "이 세상에 태어난 사람들 중 최선의 인물"이라고 높이 평가했다(Turner 2006, 164·159쪽). 밀은 기독교에 대해 다음과 같이 우호적으로 묘사하기도 했다.

기독교에 대해 아무리 합리적 비판을 해도 그리스도는 여전히 남아 있다……예수의 생애와 가르침을 종합해서 보면……그를 믿지 않는 사람들까지도 나사렛의 예언자를 우리 인류가 존경해 마지않는 숭고한 천재들 중에서도 첫 손가락에 꼽지 않을 수 없다. 이런 예외적 천재성에다 아마도 인간 역사 이래 가장 위대한 도덕적 개혁가와 순교자의 모습을 한데 엮어서 본다면, 이 사람을 가장 이상적인 인간성의 안내자로 제시하는 종교를 그냥 틀린 것이라고 손쉽게 이야기할 수는 없을 것이다……그

---

45 흔히 신은 절대적 능력을 가진 존재로 이해된다. 그러나 밀은 악의 세력 때문에, 또는 창조 과정에서 직면해야 했던 어떤 방해 요인들 때문에 신이 한정된 힘만 가지고 있을지도 모른다고 주장했다.

리스도가 신을 자처한 적은 없다. 그는 자신을 그런 위치로 끌어올리려고 추호도 시도하지 않았다. 그를 저주한 사람들이 생각했던 것과 똑같이 그 역시 그런 시늉을 하는 것은 신성모독이라고 믿었다. 다만 그 스스로 내세웠던 것처럼, 그가 인간을 진리와 덕으로 이끌기 위해 신으로부터 특별하고 명백하며 독특한 사명을 받은 존재일 가능성은 남아 있다. (Packe, 442쪽)

1862년에 밀은 그리스도를 숭배하는 그 누구의 마음도 돌리게 하고 싶은 생각이 전혀 없다고 말했다. "사실은 나 자신도 그런 일에 열심히 참여하고 있다"라는 말까지 남겼다(Packe, 443쪽).

베인은 젊은 시절부터 밀을 곁에서 지켜본 사람이다. 그의 증언에 따르면, 밀은 나이가 들어서 과거에 알 수 없는 것이라고 규정했던 것에 대해 모호한 입장을 취했다. 심지어 '반쪽 믿음'의 세계에 다가가고 싶어 하는 마음도 내비쳤다. 그러자 그를 추종하던 수많은 불가지론자들이 깊은 실망감을 느꼈다. 베인은 심경의 변화를 공언한 그의 용기를 높이 평가하면서도 그의 명성에 금이 가는 것을 매우 염려했다. 베인이 볼 때, 종교에 관한 밀의 최종 입장은 그 자신의 표현대로 "상상에 따른 희망imaginative hope"이었다. 적어도 마지막 10년은 그런 상태였다(Packe, 443쪽).

밀은 1871년에 친구 그로트의 장례식에 참석했다. 그날 그는 수도원에서 어쩔 수 없이 운구를 맡아야 했다. 그런 의례를 경멸했던 밀은 옆에 있던 베인에게 이렇게 한마디 했다. "나도 머잖아 곧 이렇게 땅에 묻힐 테지. 그러나 이런 의식과는 전혀 다른 방법이어야 해."(Turner 2006, 164쪽). 밀이 세상을 떠난 뒤 그가 생전에 쓴《종교론Three Essays on Religion : Natrre, the utility of Religion, and Theism》이 출판되었다. 여기에는 그동안 알려졌던 것보다 종교에 관해 훨씬 유화적인 내용이 담겨 있었다.

2. 뜨거운 남자

토크빌Alexis de Tocqueville(1805~1859)은 뜨거운 사람이었다. 그는 신생 미국에서 민주주의가 어떻게 선善작동을 하는지 눈으로 직접 확인하고 싶었다. 조국 프랑스의 미래에 대한 염려 때문이었다. 토크빌은 40여 일 배를 타고 아메리카 대륙으로 건너갔다. 그리고 9개월 남짓 미국 땅을 종횡으로 누비고 다녔다. 거친 숲속을 헤쳐 나갔고 차가운 바닷물에 빠지는 아찔한 순간을 맞기도 했다. 그리고 몸으로 부딪쳐 얻은 통찰을 바탕으로 《미국의 민주주의》를 썼고 그길로 그의 인생이 바뀌었다.

토크빌은 민주주의에 대해 착잡하고 복잡한 시선을 보냈다. 그러나 "위대한 정치"를 향한 그의 신념은 굴곡이 없었다. 그는 2월 혁명이 휩쓸고 간 파리 시가지에서 '반혁명'을 외쳤고 선거의 승패가 달린 순간에도 시류에 영합하지 않았다. 우리에게 불후의 저술가로 알려져 있지만 사실 그는 직업 정치인이었다. '위대함'을 정치 세계에 투사하는 것이 그의 필생의 꿈이었다. 비록 정치인으로서 큰 족적은 남기지 못했지만 꿈을 향한 그의 열정과 분투는 기억되어야 할 것이다.

토크빌은 1805년 7월 29일 파리에서 태어났다. 서른세 살 동갑내기 부모의 셋째 아들이었다. 이미 아들만 둘을 둔 어머니는 딸을 간절히 원했으나 또 아들을 낳은 것이었다. 아버지는 아이의 얼굴이 개성 있게 생겨 장차 큰 인물이 될 거라며 좋아했다는데, 이 말이 산모에게 위안이 됐을지는 모르겠다.

토크빌의 집안은 무관 출신noblesse d'épée 명문세가였다. 이 가문은 영국과 마주 보는 프랑스 북쪽 노르망디 지역의 토크빌이라는 마을에 터를 잡았다. 그 유명한 셰르부르가 서쪽으로 12마일 떨어진 곳에 있었다. 대지주에다 군대 경력이 더해진 이 가문은 17세기 중반부터 토크빌이라는 성씨를 사용했다. 18세기 들어서는 '혼사婚事 정치'를 잘한 덕분에 가문이 더 융성해졌다(Jardin 1988, 3쪽).

(1) 강직한 아버지

토크빌의 아버지 에르베(1772~1856)는 파리에서 직업 군인이 되기 위한 과정을 이수하던 중 어머니를 잃었다. 아버지는 그 전에 이미 세상을 떴기 때문에 그는 13세라는 이른 나이에 고아가 된 것이었다. 에르베는 향리인 콩탕탱 지역의 상당한 토지를 유산으로 물려받았다. 20세에 그는 구체제(앙시앵 레짐)의 권력자였던 말제르브[46]의 외손녀와 결혼했다. 말제르브는 프랑스 대혁명 직후 루이 16세가 국민공회에서 재판을 받을 때 자청해서 그의 변호에 나섰다. 목숨을 버릴 각오 없이는 생각하기 어려운 일이었다. 왕이 끝내 처형당한 뒤, 그는 파리 남쪽의 고향으로 돌아와 은둔 생활을 시작했다. 그는 공포 정치가 그리 오래가지 않을 것이라고 예상했다.

말제르브에게는 두 딸이 있었는데, 그는 큰딸 가족과 같이 살았다. 그의 큰사위 로장보는 파리 고등상고법원장이었다. 토크빌의 아버지 에르베는 로장보의 셋째 사위였다. 그러니까 말제르브에게는 손녀 사위였다.

---

46 Malesherbes(1721~1794). 프랑스의 정치인, 법률가.

에르베의 큰동서는 프랑스 낭만주의 문학의 선구자인 샤토브리앙[47]의 형이었다. 에르베는 결혼 전에 신부의 심리 상태에 이상이 있다는 것을 알았지만 혼사를 그대로 강행했다. 신부 집안은 문관 출신 귀족noblesse de robe으로 법조계 인사와 왕실 관리들을 많이 배출했다. 토크빌 가문으로서는 또 한 번 신분 상승의 기회를 맞은 셈이었다. 말제르브가 낙향한 지 두 달 후, 에르베는 그의 집으로 들어가 신혼살림을 차렸다. 그러나 단란한 시간은 얼마 가지 못했다. 1793년 12월 어느 날 공안이 들이닥쳐 일가족을 몽땅 끌고 갔다.

그날 저녁 온 식구가 모여 식사하는 자리에 갑자기 관리인이 들어왔다. 일순 찬 기운이 돌았다. 그는 에르베의 장인에게 평소 쓰지 않던 말투로 용건을 말했다. "로장보 시민, 파리에서 온 시민들이 당신을 보자고 합니다……." 사람들은 '시민'이라는 말에 안색이 창백해졌다. 장인은 즉시 밖으로 나갔다. 혁명위원회에서 나온 파리 시민 두 사람이 국민공회의 체포 영장을 가지고 왔다. 로장보가 파리 고등상고법원의 해산에 항의하는 비밀 문건을 작성하는 등 공화국의 안전을 위협하는 음모를 꾸몄다는 혐의였다. 그는 다음 날 감옥으로 압송되었다. 직접 혐의가 없는 나머지 식구들도 따라서 연행되었다. 그로부터 넉 달 후, 장인을 필두로 장모, 첫째 동서 내외, 그리고 말제르브가 하루 간격으로 처형되었다. 일가족과 주변 인물 등 모두 8명이 죽음을 당했다(Jardin 1988, 7~8쪽). 혁명의 광풍[48]이 토크빌의 아버지를 덮친 것이다.

---

47 샤토브리앙François Auguste René de Châteaubriand(1768~1848)은 말제르브의 후광에 힘입어 왕정복고 시절에 장관, 대사 등 요직을 역임했다. 그는 1791년 아메리카 대륙을 여행하고 돌아왔는데, 이 경험이 젊은 토크빌에게 큰 영향을 주었음은 물론이다.
48 당시 혁명의 이름으로 무고한 사람이 많이 희생되었다. 토크빌의 친구 보몽의 아내가 전하

에르베 부부도 파리 감옥에 갇혀 처형 날짜만 기다리고 있었다. 그가 갇힌 감옥이 '9월 학살' 리스트에 들어 있지 않은 것이 천행이었다. 그의 감옥에서는 다른 감옥처럼 관련자 전원을 한꺼번에 끌고 가지 않고 매일 오후 간수가 "사무실에서 보자고 한다"며 수감자를 5~6명씩 데려갔다. 때로 "소지품을 가져갈 필요는 없다"는 말을 덧붙이기도 했다. 그러면 사람들은 그것이 이별의 시간이라는 것을 알았다. 에르베는 그런 모습을 안 보려고 일부러 그 시간에 낮잠 자는 습관을 들였다. 그런 어느날 정국이 급변하면서 그는 구사일생으로 처형을 모면했다. 감옥 생활 10개월 동안 심적 고통이 얼마나 컸던지 하루는 아침에 일어나보니 머리가 완전 백발로 바뀌어 있었다. 그의 나이 21세 때의 일이었다(Mayer 1960, 1~2쪽). 풀려난 에르베는 삯 마차를 빌려 하루 종일 파리 시내를 달리며 자유를 만끽했다(Brogan, 15~18쪽). 그러나 이 일로 그의 아내는 정신 건강이 극심하게 나빠졌고 끝내 회복되지 않았다. 토크빌의 어머니는 길지 않은 일생 동안 변덕, 인내심 부족, 낭비벽, 편두통에 시달려야 했다(Jardin 1988, 8~9쪽).

에르베는 출옥 후 젊은 나이에 온 집안을 혼자 이끌어야 했다. 그는 경제적 수완을 발휘해 자기 역할을 훌륭하게 수행했다. 구체제에 대한 정치적 향수를 억제할 수 없었던 에르베는 망명 중이던 루이 16세의 동생(나중에 왕정복고의 주체가 되는 샤를 10세)과 암암리에 연락을 취했다. 1814년 나폴레옹이 몰락하자 아직 분위기가 살벌한 파리로 가서 왕당파 시위에 참여하기도 했다.[49] 왕정이 복고되자 그는 큰아들과 함께 샤를 10

는 바에 따르면, 치매기가 있는 90세 노파가 기요틴에 처형되는 일도 있었다. *Correspondence and Conversations of Alexis de Tocqueville with Nassau William Senior from 1834 to 1859*, II, 243쪽. 이 문헌은 이후 Senior로 표기.

세의 기병근위대에 들어갔다.

에르베는 1814년에 서부에 있는 멘에루아르 주의 지사로 임명된 이후 여러 곳의 지사를 역임했다. 처음에는 지방 작은 도시의 지사 직책에 만족하지 못했으나 큰 도시로 옮겨 가면서 그런 서운함이 줄어들었다. 베르사유를 주도州都로 하는 센에우아즈 주를 맡았을 때는 프랑스 최고 지사라는 자부심에 크게 만족했다. 그는 젊은 시절에 하원 의원 선거에 출마했으나 뜻을 이루지 못했다. 그 후 1827년에 오래 공들였던 백작 작위를 마침내 얻게 되었다. 귀족원(상원)에 진출한 후에는 왕당파가 아니라 중도우파 쪽에 가세했다.

아버지가 세상을 뜬 직후, 토크빌은 "따뜻하고 친절했으며 아들들에게 한없이 관대해서 엄마처럼 부드러웠다"라고 그를 회고했다(Brogan, 25쪽). 아버지가 공직에 헌신하며 공공의 이익을 위해 자신을 아낌없이 던지는 모습은 아들에게 큰 감화를 주었다. 토크빌은 이런 것이 진정한 덕목이라고 생각했다. 이것이 없다면 인생은 도덕적 해이 상태에 빠지고 말 것이라고 믿었다. 아버지는 말제르브 이야기를 자주 했는데, 아들 역시 자신의 외증조부에 대한 자부심이 대단했다. 그래서 한때 그의 평전을 쓸 생각도 했다. 가문에 대한 자의식이 깊어지면서 토크빌은 공공선을 구현하는 일에 강박에 가까울 정도로 의미를 부여하게 되었다.

에르베는 지적 호기심이 강해《루이 15세 정권의 역사철학》,《루이 16세 정권에 대한 개관》같은 책을 썼다. 그러나 이 책들은 교양 있는 사람의 저작이기는 하나 상식적이고 따분한 철학을 늘어놓고 있다. 그가 생

---

49 그해 4월에 아홉 살 토크빌이 가정교사에게 보낸 편지를 보면 "왜 여기 와서 같이 '국왕 만세!'를 외치지 않아요?"라는 구절이 나온다(Jardin 1988, 11쪽).

애 마지막 단계에 쓴《회고록》은 전직 지사의 생생한 일면을 잘 보여준다는 점에서 그나마 가치가 있다(Jardin 1988, 33쪽).

그러나 전체적으로 볼 때 토크빌은 자신의 집안을 관통하는 지적 분위기와 융화되기 어려웠다. 그는 분권화, 혁명의 기원, 자유에 대한 사랑 등 중요한 문제를 놓고 식구들과 현격한 시각 차이를 보였다. 따라서 가능하면 그들 앞에서 구체적인 언급을 하지 않으려 했다(Jardin 1988, 34~36쪽).

(2) 어머니의 시련

토크빌의 어머니(루이즈 마들린 르 펠티에 드 로장보, 1771~1836)는 1794년의 시련 때문에 평생을 힘들게 살았다. 남편의 부임지가 자주 바뀌는 탓에 그녀는 파리에 따로 거주지를 마련해야 했다. 이런 일도 그녀를 고달프게 만들었다. 어머니는 루이 16세 치하에서 보냈던 '행복한 어린 시절'을 자주 그리워했다. 그 왕이 처형되고 15년이나 지난 어느 날, 어머니가 가족이 모인 자리에서 그의 죽음과 관련된 노래를 처량하게 불러 사람들을 모두 흐느껴 울게 만든 일도 있었다. 토크빌은 혁명의 후유증에서 회복되지 못한 채 우울증과 신경쇠약에 시달리는 어머니의 모습을 생생하게 묘사했다.

나는 아버지 성에서 있었던 어느 날 저녁의 일을 바로 어제 일처럼 또렷이 기억한다. 집안 잔치가 있어서 가까운 일가친척이 한자리에 모였다. 시간이 지나 일하는 사람들도 물러가고 우리끼리 남았다. 우리는 난롯가에 둘러앉았다. 그때 갑자기 어머니가 부드럽고 아름다운 목소리로 노래를 부르기 시작했다. 그 노래는 혁명으로 혼란했던 시절에 많이 불린 것으로 루이 16세와 그의 죽음을 가사로 담고 있었다. 어머니가 노래를 끝내자 모두가 흐느껴 울었다. 각자 개인적으로 겪어야 했던 신고辛苦나 혁명전쟁과 단두대에 의해 수많은 사람이 흘린 피 때문에 운 것은 아니었다. 다들 15년 전에 처형당해야 했던 루이 16세의 운명이 가슴 아파서 눈물을 흘렸다. 그때 눈물을 흘린 사람들 대부분은 그를 본 적이 없었다. 어쨌든 그는 왕이었다. (Mayer 1960, 2쪽)

토크빌은 체질이 허약했다. 지나치게 예민했다. 또 과도한 열망에 시달리곤 했다. 담대하고 자신감 넘쳤던 아버지와는 거리가 멀었다. 그가 정서적으로 평온하지 못한 데는 어머니의 영향이 컸던 것 같다(Jardin 1988, 38쪽).[50]

---

50 토크빌은 몸집이 작고 가냘팠지만 강단이 없지는 않았다. 한번은 이런 일이 있었다. 1848년 혁명의 와중에 토크빌이 세 들어 살던 파리 집의 문지기가 심상치 않은 움직임을 보였다. 그는 아둔하고 술주정뱅이에다 아내를 두들겨 패는 것을 소일거리로 삼는 사람이었다. 주변에서는 그가 "태생적으로, 아니 기질적으로" 사회주의자에 가깝다고 말했다. 혁명의 기세에 고무된 그 문지기는 어느 날 술집에서 악다구니를 하다가, 토크빌이 집에 들어오면 그길로 죽여버리겠다고 큰소리를 쳤다. 그는 실제로 긴 칼을 휘둘러보기도 했다. 그 말을 들은 어떤 여인이 놀라서 토크빌의 아내에게 일렀다. 아내는 급히 토크빌에게 쪽지를 보내 그날 밤 집에 오지 말고 아버지 집에서 자라고 당부했다. 그러나 자정이 가까워서 녹초가 되어 의사당을 나온 토크빌은 잠자리가 불편한 곳으로 가고 싶은 생각이 없었다. 그는 피곤하기도 하거니와 사람들 앞에서 미리 그렇게 떠벌린 인간이 설마 진짜로 일을 저지르겠나 하는 생각에 그냥 집으로 갔다. 토크빌은 그 무렵 늘 가지고 다니던 권총을 장전한 뒤 망설임 없이 집 문을 두드렸다. 문제의 그 남자가 나와 문을 열어주었다. 토크빌은 꼼꼼하게 문을 잠그는 그에게 집 안에 일하는 사람들이 다 있느냐고 물었다. 모두 파리를 떠나버리고 지금 집 안에는 토크빌과 자기 둘밖에 없다는 답이 돌아왔다. 토크빌은 일순 긴장했지만, 마음을 다잡고 그의 눈동자를 응시하면서 앞장서라고 명령했다. 두 손을 코트 안에 집어넣고 있다가 여차하면 총을 꺼낼 참이었다. 다행히 그날 밤 아무 일도 벌어지지 않았다. 후일 그날을 회상하며 토크빌은 그 사내가 진짜로 범행을 저지를 의도를 갖고 있었던 건 아니라고 보았다. 그는 그냥 분위기에 휩쓸려 험한 말을 쏟아냈을 뿐이었다[*Recollections : The French Revolution of 1848*, J.-P. Mayer·A. P. Kerr (ed.)(London : Transaction, 1995), 155~156쪽(이 문헌은 이후 Recollections로 표기) ; Senior, I, 62~64쪽]. 그 무렵 토크빌은 이런 이야기를 들은

토크빌에게는 형이 둘 있었다. 첫째 형 이폴리트는 여덟 살 위였는데 아버지의 성격을 닮아 대단히 격정적이었다. 그는 군대에서 경력을 쌓으려 했으나 뜻을 이루지 못했고, 정치판도 기웃거렸지만 뚜렷한 성과를 내지 못하고 평범하게 살았다. 다섯 살 위의 둘째 형 에두아르 역시 군대를 시작으로 사업과 정치 생활을 이어갔다. 그는 1852년 나폴레옹 3세 체제에서 동생의 극력 만류에도 불구하고 하원 선거에 출마했으나 '다행히' 참패하고 말았다. 이 일로 형제 관계가 아주 험악해졌다. 후사가 없던 토크빌은 작은형의 아들에게 깊은 사랑을 쏟았다. 토크빌에 있는 토크빌의 무덤에는 토크빌 부부와 그 조카가 합장되어 있다. 토크빌의 아버지도 그랬고 두 형도 처음에는 군인의 길로 나서고 싶어 했다. 이런 집안 내력 때문에 그들은 토크빌이 1827년 베르사유에서 행정 관리로 사회에 첫발을 내딛자 탐탁지 않게 생각했다.

(3) 가풍

어린 시절 토크빌에게 가장 큰 영향을 준 사람은 아버지와 어머니, 그리고 가정교사였다. 이 세 사람은 각기 성향이 달랐다. 아버지가 충실한 왕당파에 독실한 기독교인이면서도 교황권의 제한을 주장하는 등 실용주의적 융통성을 보였다면, 어머니는 현실을 부정하고 과거에 집착했다. 또 한 사람, 나이 든 가정교사는 반자유주의적 성향의 엄격한 경건주의

적이 있었다. 어느 정치인이 불쌍해서 하인으로 거둬 기르고 있던 한 아이가 "(혁명이 성공하면) 다음 일요일에는 우리도 닭 날개를 먹을 수 있을 거야"라고 말하자 그 또래의 하녀가 "맞아, 예쁜 비단 옷은 우리 차지가 될 거야"라고 맞장구를 쳤다. 사회 분위기가 돌변하고 있었기 때문에 토크빌로서는 허투루 들을 수만은 없는 이야기였다(Recollections, 143쪽).

자였다. 하지만 그는 타고난 부드러운 심성으로 어린 토크빌이 편하게 따를 수 있게 해주었다.

토크빌은 글을 쓸 때 '고전적' 명료함을 중시했다. 생각을 우아하고 명확하게 표현하는 것을 강조했다. 이것은 그의 집안의 정신적 유산이었다. 형식은 반드시 생각에 종속되어야 했다. 동시에 그 생각은 사회적 유용성에 도움이 되어야 했다. 그들이 볼 때, 그것이야말로 지성의 존재 이유였다. 그가《미국의 민주주의》를 쓸 때, 아버지와 형들이 모두 둘러앉아 글자 하나하나를 고치고 문장 표현을 다듬는 데 심혈을 기울였다. 조금 과장하자면,《미국의 민주주의》는 토크빌 가족의 합작품인 셈이다.

토크빌 집안의 분위기를 이야기할 때 가톨릭 신앙을 언급하지 않을 수 없다. 이것은 그의 일생에서 많은 이야깃거리를 낳았다. 또 하나 중요한 것이 지나간 시대, 곧 귀족주의 체제에 대한 자긍심이다(Mayer 1960, 1쪽).

토크빌은《미국의 민주주의》에서 평등 사회와 귀족 사회를 단도직입적으로 비교한 바 있다. 평등 사회에서는 모든 사람이 무슨 일이든지 할 수 있다. 그러나 이러한 사회에서는 급속한 진전이 불가능하다. 거대 재산은 한정되어 있는데 그것을 원하는 사람들의 자격은 비슷비슷하다. 누구의 손을 들어줘야 할지 결정하기 어렵다. 가장 손쉬운 방법은 모든 사람이 똑같은 속도로 전진하는 것이다. 따라서 평등 원리가 확립된 사회에서 일정 수준 이상으로 빨리 크는 것은 쉬운 일이 아니다. 평등은 모든 사람이 어떤 일이든 할 수 있게 하지만 남보다 훨씬 빠르게 성취하는 것은 가로막는다. 파스칼은 시간상의 제약 때문에 민주정 사람들이 위대한 일에 야심을 품을 수 없다고 주장했다. 반면 귀족 사회의 상류 인사는 30년의 이득이 있기 때문에 큰 성취가 가능하다고 했다. "보통 사람이 나이 50에나 지닐 수 있는 자질을 18세 또는 20세에 획득할 수 있다는 것은 엄청난 이점이다. 30년을 그저 버는 것이나 마찬가지다."[51]

토크빌의 생애를 보면 이 '30년 이익론'이 실감 난다. 그는 1831년 미국 여행을 떠날 때 수많은 유력 인사들의 추천서와 소개장을 가지고 갔다. 곧장 미국 사회의 심장부로 직행할 수 있는 티켓이었다. 보통 사람은 누릴 수 없는 특혜였다. 1835년의 영국 여행에서도 마찬가지였다. 당대의 고위층을 두루 만난다는 것은 명문세가 출신이 아니면 힘든 일이었다. 그의 주변에 좋은 친구들이 여럿 있었던 것도 같은 맥락에서 이해할 수 있다. 계급적 동질감이 그들을 곧장 한데 묶어주었던 것이다. 토크빌은 아버지의 휘황찬란한 서재에서 의미심장한 사춘기를 보낼 수 있었다. 그에게는 고통의 순간이었지만, 이 서재에서의 사건이 우리가 아는 토크빌을 만들었다고 해도 틀린 말이 아니다. 고만고만한 사람들이 모여 사는 평등 사회에서 남들보다 '30'년을 앞서 나간다는 것은 엄청난 혜택이 아닐 수 없다. 적어도 토크빌의 경우에는 그랬다.

그는 과거 귀족주의 체제의 정신적 유풍遺風을 흠모했다. 위대함을 숭상하고 공공선에 헌신하는 모습은 그의 눈에 아름다움 그 자체였다. 토크빌은 자신이 그 체제의 후손이라는 사실에 자부심을 느꼈다. 그는 공적 생활에 담을 쌓은 채 사적 이익에만 몰두하는 삶을 용납하지 않았다. 설령 합법적인 것이라 해도 이기적 탐닉을 경멸했다(Jardin 1988, 54쪽).

그러나 토크빌은 시대의 흐름을 인지했고 그에 순응했다. 그에게 평등 사회의 등장은 신의 섭리와도 같은 것이었다. 토크빌은 미래를 바라보며 민주주의를 순화해가는 일에서 자신의 소임을 찾았다. 그러나 집안의 전체적 분위기는 달랐다. 강경 왕당파로서 귀족적이고 가부장적인 흐름을

---

51 *Democracy in America*, 601~602쪽. 이 문헌은 이후 DA로 표기.

이어갔다. 이는 당시의 사회 분위기와 동떨어진 것이었다(Jardin 1988, 43
쪽). 토크빌은 이런 흐름을 거역했다. 그가 민주주의에 대해 어떤 태도를
취했는지 해석이 분분하지만, 그는 구체제에 미련을 가지고 있던 아버지
나 형들과는 분명 다른 입장을 취했다.[52] 1830년 혁명으로 새로운 체제
가 들어서자 그는 공직자로서 충성 서약을 마다하지 않았다. 부르봉 왕
조를 추종하던 식구들로서는 용납하기 힘든 일이었다.[53] 가까운 친구들
도 못마땅해했다(Reader, 9쪽). 그가 미국으로 장기간 여행을 떠나게 된
배경에는 이런 사정도 자리 잡고 있었다(Reader, 5~6쪽).

(4) 영국 여인 마리

만남

토크빌은 십대 사춘기 시절에 방황의 시간을 가졌다. 그는 '질풍노도
와도 같은 열정'을 빌려 이런 지적 위기 상황을 벗어날 수 있었다. 토크빌
의 이런 행태는 사춘기를 넘어 이십대 중반의 청년 시절에도 이어졌다.
그는 '성적 활동이 대단히 활발한 젊은이'였다. 친구들은 그를 엄호하며
사고를 치지 않도록 뒷바라지를 해주었다(Jardin 1988, 64~65쪽). 토크빌

---

52 *The Tocqueville Reader*, 4쪽. 이 문헌은 이후 Reader로 표기.
53 16세기 말에 처음 등장한 부르봉 왕조는 루이 13세와 루이 14세 시대에 위세가 절정을 이
루었다. 이 왕조는 1792년 프랑스 대혁명 직후 루이 16세가 처형되면서 역사에서 이름이 지워지
는 듯했다. 그러나 나폴레옹 몰락 후에 왕정이 복구되면서 잠시 되살아났다. 1814년 루이 16세
의 동생이 루이 18세로 왕좌에 오른 뒤 입헌군주정 체제를 수립했다. 그에게 자식이 없었기 때문
에 1824년 동생 샤를 10세가 왕위를 이어받았다. 1830년 7월 혁명으로 부르봉 왕조는 완전히 무
너졌다. 토크빌 일가는 이 부르봉 왕조와 일체감을 느꼈기 때문에 1830년 이후 새 체제에 동화될
수 없었다.

이 베르사유 법원에서 일하던 1828~1829년에도 이 여자 저 여자를 만나고 다녔던 흔적이 남아 있다. 그가 미래의 아내 메리 모틀리Mary Mottley를 만난 것도 이 무렵이었다. 모틀리는 그의 셋집 근처에 살고 있던 영국 여인이었다.

그녀의 신상은 불투명하다. 우선 나이가 확실하지 않다. 연상인 것은 분명하나 기록에 따라 적게는 5년, 많게는 9년이나 위라고 돼 있다.[54] 모틀리는 영국 플리머스 부근에서 출생했는데 아버지는 선원들이 다니는 병원의 회계 책임자였고 삼촌과 오빠들은 해군 장교로 복무했다. 그녀는 네 살 때부터 돈 많은 과부 고모의 집에서 살았다. 이유는 분명하지 않지만, 식구 많은 집에서 한 입이라도 덜기 위한 방편이었던 것 같다. 두 사람이 왜, 언제 프랑스로 건너갔는지 역시 분명하지 않다. 당시 영국 사람들이 물가가 싸다는 이유로 프랑스로 이주하는 경우가 꽤 있었는데, 그리 궁색하지 않던 고모가 굳이 프랑스, 그것도 파리가 아닌 베르사유에서 살게 된 연유가 아리송하다(Brogan, 96~97쪽). 모틀리가 가난했다고 보는 사람이 많지만 그것은 사실이 아닌 것 같다. 그녀는 결혼 당시 자신의 이름으로 연 8,000 내지 1만 프랑의 수입이 있었는데 그 정도면 결코 만만한 액수가 아니었다. 또한 그녀의 용모에 대해 부정적인 견해를 피력하는 사람들이 있는데, 예일 대학이 소장한 목걸이 메달에 나오는 그녀의 얼굴은 그런 평가를 무색하게 한다(Jardin 1988, 49쪽). 사실 그렇지 않다면 토크빌이 그녀에게 관심을 기울이지 않았을 것이다.

둘의 첫 만남에 대해서는 진술이 엇갈린다. 처음부터 육체적인 관계가

---

54 2011년 내가 토크빌의 무덤을 찾아갔을 때 묘비에는 그녀가 1800년에 출생한 것으로 씌어 있었다. 그렇다면 토크빌보다 다섯 살 연상인 것이다.

우선되었으리라는 짐작이 있는가 하면, 토크빌이 '정착지 또는 안식처'를 찾고 있었는데 그것이 바로 모틀리였다는 주장도 있다. 후자를 주장하는 사람들은 토크빌이 그 무렵 자신의 한계를 보듬고 치유해줄 여인을 갈망하고 있었다고 생각한다(Brogan, 96~97쪽). 어쨌든 1830년 여름쯤이면 두 사람의 친밀한 관계가 안정 단계에 접어든다. 그러나 이때도 토크빌은 충동을 억제하지 못하는 이기적 연인이었다. 그가 보몽에게 보낸 편지에는 다른 여인과의 밀회를 추진하는 장면이 나온다.

결혼

그들이 결혼에 이른 것은 그로부터 5년이 지난 1835년 10월 26일이었다. 둘의 결혼이 순탄하게 이루어진 것은 아니었다. 우선 마리Marie(메리 모틀리는 프랑스에서는 마리로 불렸다)의 신분이 문제였다. 영국 사람인데다 집안 역시 특별히 내세울 것이 없었다. 토크빌 부모의 입장에서는 성이 찰 수 없었다. 더구나 그녀는 개신교도였다. 그러나 토크빌은 완강했다. 그가 베스트셀러 저자로 유명세를 타면서 좋은 혼처의 중매가 여러 건 들어왔으나 그는 한결같이 고개를 저었다. 마침 마리가 가톨릭으로 개종해 큰 장애물 하나를 넘을 수 있었다. 결혼식은 성당에서 종교 의식에 따라 진행되었고 토크빌의 어머니를 제외하면 와야 할 사람은 모두 참석했다.[55] 보몽과 케르고를레[56]가 신랑 측 증인이었다.

---

55 토크빌의 어머니는 몸이 불편해서 결혼식에 참석하지 못한 것 같다.
56 케르고를레는 오랜 세월 토크빌 옆에서 그의 '여자 편력'을 관리해준 친구다. 그는 두 사람의 결혼을 탐탁해하지 않았다. 평생 불만이었다. 여러 이유가 있었지만 신분 차이도 큰 이유였다. 토크빌은 후일 결혼을 앞둔 케르고를레에게 자신의 경험에 비추어 이런 말을 해준다. "딱 하나만 충고하자면, 우리와 같은 계급 출신의 신부를 골라라."(Jardin 1988, 50쪽).

결혼 후에도 마리와 시집 식구들은 서로 데면데면하게 지냈다. 식구들이 그녀를 무시한 탓도 있지만 마리의 보통 아닌 고집도 한몫했다. 그녀는 특히 동서들과 사이가 좋지 못했다.[57] 나폴레옹 3세의 쿠데타 이후 토크빌이 형들과 정치적 마찰을 일으킨 데는 아내들 사이의 불화도 일조했다. 토크빌이 죽은 뒤 그녀는 그쪽 식구들과의 왕래를 끊었다. 집안 살림은 전적으로 마리의 소관이었다. 소작농들과 계약을 연장할 때 그녀가 직접 만나 해결했다. 토크빌 집안의 가풍과 달리 그녀는 아랫사람에게 인색했다고 한다(Jardin 1988, 51쪽). 그녀의 프랑스어가 시원찮아 집에서는 두 사람이 영어로 대화했다는데 이에 대해서는 고개를 갸웃하는 사람들이 있다. 토크빌 자신이 영어를 그리 능숙하게 구사하지 못했기 때문이다.[58]

마리의 건강은 썩 좋은 편이 아니었다. 그녀는 기본적으로 체력이 약한데다 요통과 류머티즘에 시달렸다. 남편이 조금만 아파도 덩달아 병석에 눕곤 했다. 토크빌의 마지막 시간에 특히 그랬다. 그녀는 장거리 여행은 생각하기 어려웠다. 여행할 때마다 빠짐없이 병치레를 했기 때문에

---

57 동서들은 그녀가 프랑스어에 서툴고 온갖 종류의 개를 좋아한다고 많이 놀렸다. 개를 좋아하기는 토크빌도 마찬가지였다. 그가 집을 떠나 있을 때는 개들의 건강을 염려하는 그의 편지가 줄을 이었다(Jardin 1988, 49쪽).
58 토크빌은 1년 가까이 미국에서 생활하는 등 영어를 배울 기회가 적지 않았을 것이다. 그러나 읽고 쓰는 것은 몰라도 영어로 말하는 것은 여전히 어려웠다. 그는 1857년 런던을 세 번째 방문했을 때도 영어 때문에 고생했다(Grovan, 602쪽). 그는 밀과 편지를 주고받을 때 꼭 프랑스어를 썼다. 밀도 프랑스어를 꽤 잘했기 때문에 큰 문제는 없었다. 둘이 서신을 교환하던 초기에는 거의 프랑스어로 썼는데, 1835년 9월 밀이 처음으로 영어 편지를 보내면서 둘러댄 핑계가 웃음을 자아낸다. "프랑스어로 쓰면 시간이 너무 많이 걸리기 때문에 영어로 합니다. 더구나 나는 오늘 되게 피곤합니다. 다행히 선생도 영어를 잘하시잖아요……." 밀은 둘 사이의 긴장이 높아가던 1840년대 초반에 장문의 편지를 전부 영어로 썼다. 그는 토크빌에게 모두 열다섯 통의 편지를 보냈는데, 그중 여덟 통은 프랑스어로 썼다.

스케줄이 엉망이 되었다. 성격 급한 토크빌로서는 참기 어려웠을 것이다 (토크빌 본인은 마리 앞에서 내색하지 않았다고 하지만, 과연 그랬을까). 문제는 마리가 몸이 아픈 것과 동시에 정신 상태도 흔들렸다는 데 있다. 토크빌 은 생사의 기로에 서 있던 1859년에 보몽에게 "마리가 무섭다"고 하소연 했다. 마리는 나이가 들어 우울증 증세를 보였는데 세상을 뜨기 직전인 1864년 무렵에는 집안 하인들의 놀림감이 될 정도였다(Jardin 1988, 51쪽).

마리는 결혼 초기부터 생리통이 극심했다. 토크빌은 이미 이때 그녀가 아이를 낳을 수 없으리라고 예감했던 것 같다. 그는 오랫동안 아이가 없 는 것을 안타까워했는데, 나이 들면서 정도가 더 심해졌다.[59] 그래서 그 는 바로 위의 형 에두아르의 아들 위베르에게 각별한 애정을 느꼈다. 나 중에 외교관이 되는 그 조카에게 집안의 내력과 전통을 알려주고 지적 삶에 관한 조언을 아끼지 않았다(Brogan, 319쪽).

세월의 이끼

토크빌이 마리를 처음 만났을 때부터 '관능적' 측면이 크게 작용한 듯 하다. 결혼 후에도 그랬다. 둘의 편지를 들여다보면 두 사람 사이에서 성 적 결합이 오랫동안 중요한 의미를 차지했음을 알 수 있다. 마리는 연상 의 여인답게 토크빌의 불안정한 성격을 잘 받아주었다. 모성을 발휘해 서 남편의 '버릇없는 아이 같은 행태'를 포용해주었다. 토크빌은 "당신이

---

59 슬픈 예감은 틀리지 않는다고 했던가. 토크빌이 결혼하기 전인 1833년 케르고를레에게 보 낸 편지에 이런 구절이 나온다. "모든 달콤한 감정 중에서 내가 모르는 것이 딱 하나 있어. 머릿 속으로는 너무나 잘 알지만 아직 경험해보지 못해서 그런가 봐. 아이가, 그리고 그 아이의 엄마 가 남자의 영혼을 어떻게 뒤흔드는지, 그것은 미래에나 알 수 있겠지. 만일 불행하게도 마리가 아이를 가질 수 없다면, 나는 내 처지가 너무나 비관스러울 것 같아." *Selected Letters on Politics and Society*, 90쪽. 이 문헌은 이후 Selected로 표기.

있어 내가 세상과 마주할 수 있다"고 고마워했다(Jardin 1988, 50~51쪽).
그는 1837년 편지에서 "내가 정말 기독교인이 된다면 그것은 바로 당신
덕"이라고 고백하기도 했다(Brogan, 100~101쪽).

마리를 향한 그의 사랑은 그의 일생에서 가장 강렬하고 깊은 감정이었
다. 토크빌은 두 사람 사이에 완벽한 공감대가 형성되어 있다고 믿었다.
그는 시니어에게 보낸 편지에서 마리와 결혼한 것이 자신에게 커다란 축
복임을 매일 절감한다고 밝혔다. 마리가 옆에 있으면 매사가 즐겁고 글
을 쓸 때도 힘이 난다고 했다(Senior, I, 15·59~60쪽). 토크빌은 《회상록
Souvenirs》[60]에서도 마리를 높이 칭송했다. 그는 자신이 "아이도 없고, 특별
히 원하는 것도 없기 때문에 대의를 위해 위험을 불사할 수 있었다"고 회
고했다. 토크빌은 그 대목에서 "뛰어난 통찰력과 강인한 정신, 타고난 고
상한 성품으로 그 어떤 어려움도 너끈히 이겨낼 수 있는 아내의 헌신적
내조"를 오늘날 자신을 있게 만든 또 다른 원인으로 꼽았다(Recollections,
84~85쪽).

그러나 결혼 생활이 순탄한 것만은 아니었다. 무엇보다 토크빌은 힘든
남편이었다. 그는 활기찬 모습을 보이다가 갑자기 우울한 상태로 돌변했
다.[61] 반면 마리는 영국 사람 특유의 느릿느릿한 성격이었다. 토크빌은
그런 모습에 불같이 화를 내곤 했다. 변덕스러운 남편이었지만 마리는
웬만하면 잘 참아냈다. 그러나 그녀는 외국에서 아이 없이 사는 여자였
다. 중년기에 접어들면서 둘 사이에 다툼이 자주 생겼다. 토크빌은 1843
년 10월 케르고를레에게 다음과 같이 털어놓았다.

---

60 이 책에서는 영어 번역판 Recollections를 인용하고 있다.
61 토크빌은 조울증에 시달렸던 듯하다. 이에 대해서는 4부 참조.

머리로는 서로 이해하지만 가슴으로는 그렇게 안 돼. 우리 두 사람은 성격이 너무 달라. 마리의 느리고 천천히 움직이는 모습이 나에게는 너무 생소해. 나는 순간적 충동으로 움직이고, 전혀 상반되는 일을 아무렇지 않게 하고, 또 금세 포기하지. 이런 내 모습을 그녀는 전혀 이해하지 못해. (Jardin 1988, 52쪽)

토크빌이 불같이 화를 내다가 마리가 삐치면 사정하고 비는 것이 일상적으로 반복되었다. 그들은 자기들끼리 있으면 쉬 싫증을 느껴서 누군가 다른 사람이 같이 있기를 바랐다. 케르고를레가 그런 사람이었다. 그는 둘 사이에 다툼이 생겼을 때 화해시키는 역할을 지치지도 않고 잘 해냈다.

두 사람의 관계를 결정적 위기 국면으로 모는 것은 따로 있었다. 토크빌은 마리에게 매우 충직한 남편이었지만 항상 그런 것은 아니었다(Brogan, 98~99쪽). 토크빌은 원래 격정적인 사람이었다.[62] 거기에다 엄처에게 시달린다고 생각했는지 비밀리에 '복수'를 감행하곤 했다. 남편은 곧잘 뜨겁게 사랑한다고 말했지만 아내는 그 말을 액면 그대로 믿지 못했다. 일탈의 증거를 찾아내면 무섭게 반응했다. 케르고를레가 1841년 파리로 찾아갔을 때 둘은 심각한 상태였다. 그 무렵의 5년여 기간이 그들에게는 지옥 같았다(Brogan, 395~396쪽).

마리의 생각과 감정은 "격렬하고 거칠었다". 둘이 다투게 되면 토크빌은 겁을 먹었다. 마리는 일이 자기 뜻대로만 되면 따뜻하고 단정한 동반

---

62 토크빌은 1843년 케르고를레에게 "20년 전에도 그랬지만, 어떤 여자든 좌우간 여자가 내게 덤벼드는데 어떻게 매번 모른 척할 수 있는가?"라고 자신의 '어려움'을 털어놓았다(Jardin 1988, 52쪽).

자였다. 그가 스웨친[63]에게 고백했듯이, "마음의 안정을 찾지 못하는 자신의 우스꽝스러운 고질병"을 쓰다듬어주는 여인과 같이 산다는 것은 큰 행운이었다. 그러나 마리가 언제나 그를 품어줄 수 있는 것은 아니었다. 마리도 토크빌의 고통을 완전히 치유해주지는 못했다.

> 마리는 평온한 여자이고 때로 나에게도 평온을 안겨주었다. 그러나 그 평온은 얼마 가지 못했고 나는 다시 원인 모를 깊은 무기력에 빠져 중심을 잃어야 했다. (Grovan, 596~597쪽)

그렇다면 마리는 정확하게 어떤 여자였을까? 세간의 평가는 마리를 '별 볼일 없는' 사람 정도로 치부하는데 그것은 아닌 것 같다. 그녀는 독일어와 이탈리아어를 구사했다. 먼 나라 여행기를 좋아하고 시골에서의 한적한 시간을 즐기는 등 취향도 남편과 잘 맞았다. 세속적인 영달을 가볍게 여긴 것도 의미 있는 덕목이었다. 두 사람을 오래 지켜본 보몽은 마리가 토크빌의 반려자로 걸맞지는 않지만(이게 얼마나 힘든 일이겠는가) 뛰어난 여자인 것은 분명하다고 평가했다(Jardin 1988, 50~51쪽).

그러나 한 가지, 마리가 큰 오점을 남긴 일이 있다. 그녀는 토크빌 사후에 집안 문건을 철저히 통제했고 토크빌의 저작 출판에도 자의적으로 개입했다. 그녀는 자신이 토크빌에게 쓴 편지를 모두 없애버렸다. 남편이

---

63 스웨친Anne Sophie Swetchine(1782~1857)은 모스크바 태생으로 파리에서 살롱을 열어 당대의 지식인들과 교유했다. 토크빌은 그녀를 가까운 친구이자 정신적 스승으로 여겼다. 그는 1857년 편지에서 그녀를 "절대적으로 신뢰한다"면서 자신의 이런 감정은 "시간이 간다고 변하거나 줄어들 것이 아니다"라고 공언했다(Reader, 334쪽). 토크빌은 1856년 자신의 책《앙시앵 레짐과 프랑스 혁명》에 대한 그녀의 논평을 듣고, "내 생각을 그 누구보다 잘 이해하는 사람"이라고 고마워했다(Selected, 337쪽).

자신에게 보낸 편지도 대부분 없앴다. 다만 그가 '변치 않는 사랑을 고백'하는 부분 등 자신이 중요하다고 판단한 것들만 직접 옮겨 써서 후세에 전했다. 토크빌의 외도와 관련된 흔적 같은 것은 모두 지웠다(Jardin 1988, 51쪽 ; Craiutu 2005, 628쪽). 토크빌의 종교관에 대한 해석이 분분해진 것도 마리의 개입 내지 왜곡 탓이 크다. 1864년 마리가 병이 깊어 죽음에 이르자 "이해하지 못할 바는 아니지만, 어쨌든 개탄스러운 이런 작업도 함께 종료되었다"는 평가가 나오게 된 것도 이런 이유에서였다(Grovan, 641쪽).[64]

(5) 동행

토크빌의 성격과 기질에 비추어 주변에 많은 사람이 있기는 힘들었다. 그런데 결정적인 친구들이 있었다. 그들은 일평생 한결같은 마음으로 토크빌을 돌봐주었다. 토크빌이 사경을 헤매던 시간에 그 친구들은 아름다운 동행이 돼주었다.

케르고를레Louis de Kergorlay(1804~1880)는 토크빌이 어려서부터 가까이 지낸 죽마고우였다. 모친끼리 사촌 관계였는데 나이는 토크빌이 한 살 어렸다. 이십대 초중반 때 토크빌은 케르고를레에게 편지를 보내 "우리가 아무리 멀리 떨어져 있어도 마음은 하나"라며 "나이가 들어도 결코 변치 않을 우정"을 확신했다(Selected, 103·35쪽). 1847년 편지에서도 토크빌은 그에게 다음과 같은 고백을 했다.

---

[64] 마리는 보몽의 아내와 사이가 좋았다. 그래서인지 보몽은 마리의 절대 신임을 받았다. 그녀는 토크빌이 남긴 모든 문건과 자료를 보몽에게 맡겼다. 자신의 유산도 상당 부분 물려주었다.

내가 세상 물정을 점점 알게 되고 정치 세계를 가까이하다 보니 너야 말로 내가 절대적으로 믿을 수 있는 친구라고 확신하게 돼. 보통 사람들은 하찮은 감정 때문에 우정을 가꾸는 가장 소중한 연결 고리마저 내버리고 마는데, 네 영혼은 그런 것과는 거리가 멀어. (Selected, 194쪽)

젊은 시절 케르고를레는 지적인 면에서 토크빌보다도 더 성숙했던 모양이다. 1838년 토크빌이 《미국의 민주주의》 2권을 쓰면서 생각이 꽉 막혀 꼼짝 못하고 있을 때 케르고를레는 그의 집에서 같이 지내면서 단 몇 시간 만에 문제를 해결해주었다(Jardin 1988, 66~67쪽). 토크빌이 그를 "내 선생", "내 생각을 구석구석 잘 이해하는 유일한 사람"이라고 부를 만했다. 그뿐 아니다. 그는 토크빌의 좌충우돌 로맨스를 세심하게 관리해주는 한편, 마리와의 결혼을 극구 반대하기도 했다.

케르고를레는 군인의 길에 먼저 들어섰고 토크빌에게 자기 뒤를 따를 것을 권유했다. 토크빌의 가정교사가 말리지 않았더라면 오늘날 우리가 아는 토크빌은 없었을지도 모른다. 케르고를레는 1830년 7월 혁명이 일어나자 신권력에 대한 충성 서약을 거부하며 공직을 떠났다. 그리고 그 길로 사업에 몸을 바쳤다. 토크빌은 그가 창의적인 일을 멀리한 것을 두고두고 못마땅해했다.

토크빌의 삶은 보몽Gustave de Beaumont(1802~1866)을 떼놓고 생각할 수 없다. 토크빌의 출세작 《미국의 민주주의》는 그가 9개월 10일 동안 보몽과 함께 다녀온 미국 여행의 결과물이었다. 보몽이 없었다면 그 책의 운명이 어떻게 됐을지 아무도 모른다. 두 사람은 1835년에 영국 여행도 함께 다녀왔다. 잠시 곡절이 있었지만 두 친구는 정치도 함께 했다. 보몽은 토크빌에게 평생 후견인과도 같았다.

보몽은 토크빌보다 세 살 위였고 투렌의 명문세가 출신이었다. 토크빌이 베르사유에서 공직에 첫발을 디뎠을 때 보몽은 직속상관이었다. 둘은 아파트를 구해 같이 살았고 그 인연은 평생 이어졌다. 베르사유 시절에 보몽은 촉망받는 신진이었다. 타고난 재능과 친화력으로 그의 앞길은 탄탄해 보였다. 적어도 이 시점에는 토크빌을 압도할 정도였다. 만난 지 얼마 안 돼서 그는 토크빌에게, 필요하면 자기 서류나 문건 무엇이든 다 들여다봐도 좋다고 했다. 보몽은 토크빌을 어떻게 다루어야 하는지 알고 있었다. 그는 토크빌의 지적 탁월성을 인정하고 기꺼이 존중했다. 이런 태도 때문에 두 사람 사이에 긴밀한 관계가 유지될 수 있었다. 공동 연구도 가능했다.

두 사람의 성격은 판이했다. 샐러드에 기름과 식초가 함께 필요하듯이, 이런 대조적 성격이 그들의 우정을 단단하게 만들어주었다. 보몽은 따뜻하고 편한 성격이었다. 밝고 자신만만했다. 영리하고 잽쌌지만 그렇다고 그것이 그의 진실성을 흐리게 만들지는 않았다. 반면 토크빌은 자기 확신이 없었고 모호한 성격이었다. 처음에 그는 보몽이 말이 많은 것이 거슬렸다. 그러나 머잖아 그의 우호적 태도에 녹아들었다. 남을 잘 믿지 않는 성격의 토크빌이 보몽은 전적으로 신뢰했다. 만난 지 얼마 안 돼서 토크빌은 "어떤 연유인지 모르겠으나 우리 사이에 이미 깊은 우정이 싹텄다"고 말했다.

성격은 서로 달랐지만 둘 다 뛰어난 지성의 소유자였다. 두 사람은 관심사, 문제의식, 취향이 비슷했다. 야망이 큰 청년이라는 것도 닮은 점이었다. 잊지 말아야 할 것은 보몽이 훌륭한 인품의 소유자였다는 사실이다. 보몽은 토크빌에게 범접하기 어려운 지적 탁월성이 있음을 간파했다. 토크빌이 소극적이고 내성적이기는 하지만 관심 가는 문제에 대해서는 물러섬 없이 단호한 것을 아주 좋게 보았다. 그는 토크빌의 첫인상을 이렇게 기억한다.

> 공적인 자리에서 몇 번 보고 나니 신중한 말투, 심각하고 깊은 생각, 원숙한 판단, 그리고 지적 탁월함이 그를 단연 돋보이게 했다. 그는 대중을 휘어잡는 맛은 없지만 엘리트들 사이에서 결코 뒤지지 않았다. (Brogan, 80쪽)

그는 이 떠오르는 별에게 질투심을 품지 않았다. 도크빌을 이끌기보다는 그가 하자는 대로 따라가 주었다. 토크빌이 자기 자신에 대해 미심쩍어하며 괴로워할 때 자신감을 심어주었다. 특히 토크빌이 대인 관계에 어려움을 겪을 때 다른 사람과의 소통을 돕는 중재자 역할을 훌륭히 했다(Jardin 1988, 79~81쪽).

보몽은 1839년 3월 하원 의원 선거에 출마했으나 뜻을 이루지 못했다. 그러나 그해 연말의 보궐선거에서 당선돼 하원에 들어갔다. 그는 토크빌보다 더 성공적인 정치 활동을 펼쳤다. 정치 무대에서는 친구와 일정 거리를 두면서 나름 독자 노선을 걸었다. 토크빌은 이것이 불만이었다. 결정적으로 보몽이 일간지 《르 시에클Le Siècle》과의 협력 관계를 빨리 정리하지 않으면서 둘 사이가 틀어졌다.[65] 그들은 한동안 말도 안 나누고 소원했지만 1848년 2월 혁명이 발발하면서 관계를 회복했다. 토크빌이 외교 장관으로 있을 때 보몽은 빈 주재 대사로 나갔다. 1851년 나폴레옹의 쿠데타에 항거해 두 친구는 똑같이 정계에서 물러났다. 토크빌이 죽기

---

65 5부 참조.

직전에 쓴 애달픈 편지에서는 이 친구에 대한 믿음이 뚝뚝 묻어난다. 보몽은 토크빌의 아내 마리의 신임을 얻어 친구의 유작을 정리, 출간하는 작업을 전담했다. 토크빌이 죽은 바로 다음 해인 1860년에 나온 두 권짜리 《토크빌 저작집*Oeuvres et Correspondance*》은 보몽이 편찬한 것이다.

스토펠Eugène Stoffels도 토크빌에게 귀한 친구였다. 그는 따뜻한 심성의 소유자로 까다로운 친구 토크빌을 언제나 품어주었다. 토크빌의 탁월함 앞에서 스스로 자신을 낮추고 일종의 심복처럼 그를 뒤치다꺼리했다 (Jardin 1988, 58~59쪽).

토크빌 곁에는 두 명의 위대한 선배가 있었다. 한 사람은 프랑스의 노老 정객이었고 다른 한 사람은 영국의 저명한 경제학자였다.

루아예-콜라르Pierre Royer-Collard(1763~1845)는 토크빌의 정치적 '대부' 였다. 토크빌은 1835년 1월에 당시 72세의 루아예-콜라르에게 첫 편지를 보내 교유의 물꼬를 튼 뒤 그가 세상을 떠날 때까지 진심으로 그를 섬겼다. 루아예-콜라르는 오랜 기간 하원 의원을 지냈다. 부르봉 왕조 복고 시기(1814~1830)에는 기조와 함께 이론주의자doctrinaire[66]들을 이끌었으나 1835년 그와 결별했다. 기조가 주도하던 7월 왕정이 그와 지향점이 너무 달랐기 때문이다. 루아예-콜라르는 당시 정치가 과거의 그 위대함과 고상한 열정을 상실한 채 그저 개인적 이해관계에 휩쓸리는 것에 절망했다(Craiutu 1999, 464~465쪽). 그의 이런 절규가 젊은 이상주의자 토크빌의 심금을 울렸다. 토크빌은 그가 보여준 위대한 열정, 고상하고 독특한 정치적 개성, 자유 독립 정신을 흠모했다. 그를 "물질주의 철학을 해체"하고 자유와 정통주의의 결합을 섭리적 차원으로 승화시킨 공로자

---

66 이론주의자들에 대해서는 5부에서 설명한다.

로 칭송했다.

루아예-콜라르도 토크빌을 무척 아꼈다. 그는《미국의 민주주의》를 밀만큼이나 열심히 읽었다. 그 책을 다섯 번이나 읽었고 밑줄 그어 노트에 담은 것이 50쪽을 넘었다. 그는 주저하지 않고《미국의 민주주의》를 아리스토텔레스의《정치학》, 몽테스키외의《법의 정신》과 견주었다. 루아예-콜라르는 토크빌이 보몽과 공저한《형무소 체계*Du système pénitentiaire aux Etats-Unis et de son application en France*》가 몽티용상을 타는 데 숨은 역할을 했는데,《미국의 민주주의》1권도 같은 상을 받을 수 있게 적극적으로 주선했다(Kelly, 28~31쪽 ; Craiutu 1999, 458·464쪽).

그는 예민한 성격의 토크빌이 바로 설 수 있도록 지도편달을 아끼지 않았다. 토크빌은 1839년 의회에 처음 들어갔을 때 의사당 좌중간, 루아예-콜라르가 앉았던 자리를 물려받았다. 그가 1845년 세상을 떠났을 때 토크빌은 "위대함에 관한 상상력의 죽음"을 애도했다. 그리고 그의 아내에게 "그는 나에게 아버지나 다름 없었다"고 말했다. 오만한 성격의 토크빌이 '아버지'라고 부를 수 있는 사람이 바로 루아예-콜라르였다(Kelly, 27쪽).

시니어Nassau William Senior(1790~1864)는 영국의 저명한 법률가, 경제학자였다. 1833년 어느 날 시니어의 사무실로 한 젊은이가 불쑥 찾아와 자신을 소개했다. "안녕하십니까. 토크빌이라고 합니다. 만나 뵙게 되어 영광입니다." 그때는 토크빌의 이름이 아직 알려지기 전이었다. 그러나 시니어는 그를 처음 본 순간 범상한 인물이 아님을 직감했다. 그날 이후 토크빌은 사무실로, 집으로 시니어를 부지런히 찾아다녔다. 이 만남은 토크빌이 때 이른 죽음을 맞은 1859년까지 쉼 없이 이어졌다.

시니어는《미국의 민주주의》를 읽고 "이 시대의 가장 중요한 책"이라고 칭찬을 아끼지 않았다. 그는 영국의 지식인 중에 그 책을 논평할 만한 사람이 많지 않은 것을 안타까워하면서 이런저런 지면을 소개해주었다.[67] 또한 1835년 11월 말 토크빌에게 편지를 보내 책에 대한 반응이 날로 뜨거워진다는 소식도 전했다(Senior, I, 2~3·10·14쪽). 토크빌은 1835년 두 번째 영국 방문을 앞두고 시니어의 자문을 많이 구했다. 시니어가 《미국의 민주주의》를 읽고 자세하게 논평한 것에 대해서는 진솔한 감사의 편지를 보냈다(Senior, I, 5~6쪽).

시니어는 토크빌을 아주 귀하게 대접했다. 그와 주고받은 편지를 잘 보관한 것은 물론이고, 함께 나눈 대화도 그냥 흘려보내지 않았다. 시니어는 그 대화의 내용을 세세하게 기록한 뒤 일일이 토크빌 본인의 확인을 받았다. 그렇게 해서 출판된 두 권의 책이 바로 《토크빌과 시니어 대화록, 1834~1859 *Correspondence and Conversations of Alexis de Tocqueville with Nassau William Senior from 1834 to 1859*》이다. 이 책은 토크빌에 관한 '1차 자료'로서 문헌적 가치가 매우 크다. 시니어가 한참 아래의 프랑스 사람 토크빌을 이렇게 지극히 챙겨주었다는 것은 감동적이기까지 하다(Senior, I, 271쪽). 토크빌도 시니어의 후의를 진심으로 고마워했다. 그는 두 사람이 "서로 완벽하게 신뢰하고 또 상대방에 대해 너무 잘 알기 때문에 새로 이야기할 것이 없다"고 했다. 토크빌이 세상을 떠난 뒤 시니어는 "프랑스와 유럽에 너무나 큰 손실이라 어떻게 메울 도리가 없다"며 애도했다(Senior, II, 125·148·218쪽).

---

67 밀도 시니어를 잘 알았으므로 세 사람이 어떤 경로로든 서로 연결되었을 가능성이 크다.

(6) 삶의 편린

토크빌은 기질이나 외모에서 모계를 많이 닮았다. 병약한 체질에 성격도 불안정했다. 1828년 베르사유 시절, 이십대 초반의 토크빌은 162센티미터의 작은 키에 체격도 가냘팠다. 얼굴은 동안이었지만 창백하고 다소 병색을 띠고 있었다. 눈동자는 크고 검었고, 부드러운 머리카락은 길게 기르고 있었다. 그는 때로 조용하게 있었는데, 이것이 남을 업신여기는 태도로 비치기도 했다(Jardin 1988, 77·371~372쪽).

문제는 그의 기질이었다. 토크빌은 집 안에서 병적일 정도로 성급했고 화도 잘 냈다. 그리고 집착에 가까울 정도로 시간을 정확하게 지켰다. 더 큰 문제는 그의 건강 상태에 따라 감정이 주기적으로 급변한다는 것이었다. 기분이 한껏 고양됐다가 갑자기 실의에 빠지고, 다시 반대로 되기를 반복했다. 이런 심리 상태를 그의 아내는 "마치 나침반 바늘이 제자리를 잡을 때까지 끊임없이 움직이는 것 같은 모습"이라고 묘사하기도 했다.

젊은 시절, 토크빌은 내성적이고 수줍음이 많았다. 남의 칭찬이나 비판에 정도 이상으로 예민하게 반응했다. 나이 들어 외교 장관에 임명됐을 때도 그는 "자부심, 수줍음, 두려움이 뒤섞인 상태"였다. 불안, 염려가 그의 가장 두드러진 특징이었다. 토크빌 스스로가 자신에 대한 믿음이 없었던 것 같다. 1835년의 대성공이 자신감을 가지는 계기가 되었지만 그는 그러한 불안을 완전히 극복하지 못했다.

그러나 작가로서의 명성이 워낙 높았고 정치적 위상도 만만치 않았기 때문에 그의 품성을 특징적인 몇 가지로 요약하기는 어렵다. 토크빌이 도덕적 원칙을 고수했고 언제나 심각하고 진지하게 삶의 깊은 곳을 응시했다는 사실도 간과해서는 안 된다(Jardin 1988, 373~374·384쪽).

토크빌은 명문가의 후손이었지만 경제적으로 그리 넉넉한 편은 아니었다. 그가 의원 생활을 할 때 세금으로 1년에 1,800~2,000프랑을 냈으니 연 수입은 그것의 10배 정도 됐을 것 같다. 의원직을 그만두자 수입의 3분의 1이 줄었다. 수입의 더 큰 부분은 토크빌 지역 농민들의 임대료에서 나왔다. 당시 물가에 맞춰 임대료를 올려 받았는지는 알 수 없지만, 그는 농민들에게 비교적 인심이 후했던 것 같다. 1856년 이후 아버지의 유산으로 형편이 좀 나아졌지만, 미국 철도 회사의 주식과 채권을 사들이는 바람에 손해를 좀 봤다.

　어떤 사람은 토크빌이 가난하게 살았다고 하는데, 이는 그의 계급에 비추어 그렇다는 말이다. 그의 수입은 부유한 상류층처럼 화려한 생활을 영위하기에는 턱없이 부족했지만, 하인 세 명과 관리인 한 명을 거느리고 평범한 시골 지주처럼 그럭저럭 살 수 있는 정도는 되었다. 그러나 파리에 머물 때는 검소한 생활을 할 수밖에 없었다. 친구 케르고를레는 그가 아파트에서 궁색하게 사는 모습을 보고 크게 상심했다(Jardin 1988, 380~381·479~480쪽).

　토크빌은 정계 은퇴 이후 향리에서 은둔하며 농촌 생활을 매우 즐겼다.《앙시앵 레짐과 프랑스 혁명*L'Ancien Régime et la Révolution*》을 준비할 때는 농장 돌보는 재미에 빠져 지냈다. 오후 시간은 야외로 나가서 밭일을 하는 것으로 보냈다.

　점심 전에는 작가로서, 그 후에는 농부로서 생활하고 있다. 비록 단조롭기는 하지만, 나는 이 두 가지 삶의 방식에 완전한 충족감을 느낀다. (Jardin 1988, 381쪽)

토크빌은 1857년 시니어에게 보낸 편지에서 "지주 양반 겸 농부의 생활을 하고 있는데 날이 갈수록 더 재미가 있습니다"라고 전했다. 이듬해에도 "나무 심고 씨 뿌리는 재미가 쏠쏠합니다. 이것만 아니었으면 파리로 좀 더 일찍 올라갔을 겁니다"(Senior, II, 190·192쪽)라고 말했다. 토크빌은 영국산 돼지를 들여와 고향 마을 노르망디 돼지의 품종 개량을 시도하기도 했다. 그가 "나라에 큰 공을 세울 수 없다 해도 작은 일로 도움이 될 수는 있다"는 회한 어린 말을 남긴 것도 이때였다. 그는 영국 정치인 해더턴Hatherton 경과 농사짓는 일로 서신을 오래 주고받았다(Grovan, 607쪽).

(7) 칸의 눈물

외모에서 드러나듯이 토크빌이 신체적으로 튼튼한 사람은 아니었다. 그는 젊은 시절부터 건강 상태가 좋지 않았다. 편두통, 신경통, 소화불량, 위경련에 시달렸다. 그러나 그는, 이십대의 젊은 나이 덕분이기는 했지만, 장기간의 미국 여행을 거뜬히 해낼 만한 체력은 되었다. 갈 때 올 때 한 달 이상씩 배를 타고 말 위에서, 마차 안에서 오랜 시간을 보내도 큰 문제는 없었다. 미국 여행 도중 추운 날씨에 물에 빠지는 큰 곤경도 겪었지만 잘 이겨냈다. 그는 수영을 잘했고 걷는 것을 굉장히 좋아했다. 근시지만 사냥 기술도 좋았다.

그러나 1835년부터 이미 건강에 적신호가 켜지기 시작했다. 위염이 잘 낫지 않았고 간 상태도 좋지 않았다. 그는 이런저런 이유로 과민해져서 화를 잘 냈다. 가뜩이나 비관적인 성격이 더 심해졌다. 토크빌은 나이가 들면서 세월 가는 것에 예민한 반응을 보였다. 젊은 시절 이야기, 과거 정치할 때의 일화 등을 자주 되살렸다. 그는 노년이 마음의 평온을 준다고

말했지만 그 속에는 멜랑콜리가 스며 있었다.[68]

　1849년 봄에 그는 굉장히 피곤을 느꼈다. 같은 해 외교 장관에 임명되었을 때는 거의 병상 신세를 져야 할 정도였다. 다음 해 3월에 폐 상태가 심각해졌다. 그는 처음으로 각혈을 했다. 오른쪽 폐에 결핵균이 침투했다. 이때 그는 이제 죽겠거니 했다(Jardin 1988, 372~373쪽). 1850년 6월에 회기가 시작되었지만 그는 의사당에 출석하기가 힘들었다. 11월에는 결국 6개월 병가를 내고 본격적으로 요양에 들어갔다. 병도 병이지만, 대외 활동을 중단해야 한다는 것에 그는 더 큰 정신적 충격을 받았다. 그는 이탈리아 소렌토에서 겨울을 나며 서서히 기력을 회복했다.

　그러나 1852년 가을에 병이 더 깊어졌다. 그는 흉막염에 시달리며 10월부터 꼬박 석 달을 병상에서 보냈다. 노르망디 지역은 여름에 비가 너무 많아 건강에 좋지 못했기 때문에 그는 투르 근처의 생시르에서 1년 동안 요양했다. 이 무렵 그는 위장에 자주 탈이 났고 감기, 기관지염 때문에 오래 고생했다. 그는 계절의 변화, 추위, 바람, 비에 민감한 반응을 보였다. 1858년 4월《앙시앵 레짐과 프랑스 혁명》후속편 작업을 위해 파리로 갔으나 위와 목의 상태가 악화돼 금세 토크빌로 복귀했다. 그리고 6월에 다시 각혈을 했다. 가슴에서 이상한 소리가 들렸다.

　의사는 따뜻한 곳에 가서 요양할 것을 권했다. 토크빌 같은 환자에게는 이탈리아가 좋았지만 마리가 바닷길 여행을 싫어했다. 그래서 선택한

---

[68] 토크빌은 1850년 12월 소렌토에서 케르고를레에게 편지를 보내 "이제……청춘의 시간은 지나가 버렸고……. 시간이 진군해 가는데, 아니 더 정확히 말하면 비탈길을 굴러가는 듯한데……인생이 짧다는 것을 점점 더 분명히 실감하고 있어. 그에 따라 우리가 할 수 있는 일의 범주도 점점 더 좁아져"라고 말했다(Selected, 254). 3년 뒤 코르셀에게는 "나이가 들면서 희망 사항도 점점 줄어들고 겸손해진다"고 심경을 토로했다(Selected, 293쪽).

곳이 프랑스 남쪽 해안의 칸이었다. 토크빌 일행은 1858년 10월 말에 길을 떠났는데 일기가 너무 안 좋았다. 때 이른 눈 폭풍에 강추위까지 덮쳐 온 땅이 하얗게 얼어붙었다. 기차와 마차를 갈아탄 끝에 11월 4일 칸에 도착했을 때 토크빌은 기진맥진한 상태였다. 여행길에 마리도 병이 났다. 그녀는 목이 안 좋아 말을 하지 말아야 했고, 눈도 안 좋아서 한동안 안대를 하고 지내야 했다. 그녀의 건강은 칸 체류 기간 내내 회복되지 않았다. 그녀는 남편을 돌볼 형편이 못 되었다.

근처에 사는 수녀 두 사람이 번갈아가며 토크빌 내외를 간호했고, 마지막 순간에는 젊은 보조 의사가 집에 머물며 이들을 돌봤다. 토크빌은 혼자 힘으로 책을 읽을 수가 없어서 책 읽어주는 젊은 남자를 따로 고용하기도 했다.

토크빌이 중환에 빠지자 여러 사람이 도움의 손을 내밀었다. 큰형은 12월 초부터 거의 석 달을 같이 지냈고, 작은형은 토크빌이 아꼈던 조카와 함께 그의 마지막 순간을 지켜보았다(Jardin 1988, 525쪽). 친구들도 달려왔다. 토크빌은 처음에는 보몽에게 올 필요 없다고 말했지만 3월 들어 생각이 바뀌었다. 그에게 급하게 편지를 띄웠는데 여기에는 '빨리 오라'는 말이 여섯 번이나 나온다.

친구, 이런 말을 한다는 게 더할 수 없이 슬픈 일이지만 안 할 수가 없구나. '이리 와줘.' 우린 여기 단둘이 있다시피 해. 이폴리트는 떠났고 에두아르는 니스에 있어……네가 우리를 위해 무엇인가 좋은 일을 한다면 지금이 바로 그때야……더구나 마리의 정신 상태가 이상해. 그녀는 계속 병석에 있다 보니 이제 육체적·도덕적 힘이 바닥난 것 같아……정신이 나간 것 같아서 무슨 일이 생길지 두려워……와줘, 제발. 최대한 빨

리……와줘. 네가 오는 것이 우리 우정의 확실한 증표야……답장 보낼
필요도 없어. 그저 빨리 오기만 해……빨리 와……내 영혼 깊숙이 너를
안고 싶어. (Selected, 377~378쪽)

보몽은 즉시 토크빌 곁으로 달려갔다. 그를 보자 토크빌은 말을 잇지
못하고 눈물만 흘렸다. 그때부터 보몽이 집안 살림을 책임졌다. 필요하
면 언제까지나 머물겠다며 친구를 다독였다. 보몽은 그렇게 한 달을 그
를 간호하며 지냈다.

4월 9일에는 케르고를레가 와서 보몽과 임무 교대를 했다. 케르고를레
자신도 어린 딸을 잃고 아내가 병에 걸리는 등 힘든 시간을 보내고 있었
다. 그런데도 칸으로 내려와 토크빌과 마지막 시간을 같이 보냈다. 또 다
른 친구 앙페르Jean-Jacques Ampère는 토크빌을 보기 위해 로마를 떠나 4월
17일 마르세유에 도착했다. 거기서 그는 친구가 바로 전날 세상을 떴다
는 비보를 들었다(Jardin 1988, 525~526쪽).

토크빌을 진찰한 의사는 그를 보는 순간 희망이 없다고 판단했다. 그
러나 토크빌은 마지막까지 자신의 상태를 정확히 몰랐다. 지인들에게 병
을 이겨낼 것이라는 낙관과 희망을 담은 편지를 보냈다.[69] 그처럼 예민
한 사람도 자신에게 다가온 죽음의 그림자를 눈치 채지 못했다.

---

[69] 토크빌은 1858년 12월 12일 시니어에게 "저의 건강에 관한 그릇된 소문이 돌고 있는 모양
인데 터무니없습니다. 저는 이미 많이 좋아졌습니다"라고 편지를 보냈다(Senior, II, 216쪽). 그
는 다음 해 3월 15일에도 시니어에게 편지를 보냈는데, 그것이 마지막 편지가 되리라는 걸 알지
못했다. 토크빌은 자신의 건강이 "마치 밤낮이 바뀌듯이" 좋아졌다면서 오히려 기관지염을 앓는
시니어를 위로하기까지 했다. 또한 겨울만 되면 따뜻한 외국을 찾아가야 하는 시니어를 동정하
면서, 자신도 "앞으로 매년 겨울" 그런 처지에 놓이게 될까 봐 염려스럽다고 했다(Senior, II, 217
쪽). 그러나 그에게 겨울은 다시 오지 않았다.

1859년 4월 16일, 토크빌은 잠시 의식을 잃었다가 오후 7시 15분에 눈을 감았다. 만 54세가 채 안 됐으니 너무 이른 죽음이었다. 그의 장례는 칸에서 종교 의식에 따라 치러졌다. 그 뒤 시신이 파리를 거쳐 토크빌로 옮겨졌고 5월 10일 땅에 묻혔다. 그날 정부 측 인사는 아무도 오지 않았다. 그 대신에 수많은 사람이 운집해 토크빌의 마지막을 지켜보았다. 5년 후 마리도 그의 옆에 묻혔다. 시니어가 기록한 바에 따르면 그의 무덤은 바다가 내려다보이는 언덕 위 교회 마당에 자리 잡았다. 묘비에는 "여기 토크빌이 누워 있다"라고 새겨졌다. 내가 2011년 가을에 직접 토크빌로 가서 확인해보니 그의 무덤은 오래된 교회의 마당, 눈에 잘 띄는 곳에 있었다. 토크빌 부부와 그의 조카 등이 함께 묻혀 있었는데 묘비명은 보이지 않았다.

(8) 종교관

토크빌은 가풍에 따라 가톨릭 신앙 아래서 자랐다. 개신교도였던 그의 아내는 결혼하기 전 가톨릭으로 개종하지 않으면 안 되었다. 토크빌은 사춘기 시절에 종교에 대해 깊은 회의를 품게 되었고, 이후 신앙을 멀리했다(Reader, 336쪽). 그러나 만년에 고향 마을에 살 때는 미사와 저녁 기도에 꼬박꼬박 출석했다. 독실한 가톨릭 신자였던 마리도 한동안 그의 종교에 대한 속마음을 눈치 채지 못할 정도였다. 그래서 토크빌이 과연 종교를 갖고 있었는지, 특히 그의 마지막 삶에서 종교가 어떤 위상을 차지했는지에 대해 논란이 끊이지 않는다.

많은 사람들이 '가톨릭 신자' 토크빌이 회심했다고 믿는다. 적어도 죽음을 앞둔 시점에는 신앙을 회복했다는 것이다. 누구보다도 아내 마리가 그런 주장의 한가운데 서 있었다. 그러나 진실은 그게 아닌 것 같다. 토크빌의 마지막 순간을 지켜본 보몽의 증언이 유력한 단서가 될 것이다.

보몽은 1860년에 토크빌의 글을 모아 《토크빌 저작집》을 출판했는데 그 책 서문에서 그의 신앙에 대한 세상 사람들의 의심을 일축했다. 토크빌이 신앙을 버린 적이 없었다는 것이다.

> 토크빌은 마지막 순간에도 기독교인으로 살았다. 사람들은 그가 젊어서 믿음을 버렸다가 나이 들어 회심했다고 하는데 그것은 정확한 표현이 아니다. 그의 마음 안에 한 치도 종교와 어긋나는 것이 없었는데 회심이 무슨 말인가……. (Jardin 1988, 528쪽)

그런데 보몽이 원래 준비했던 서문 원고는 책에 실린 서문과 내용이 너무 다르다. 사람들의 의구심이 맞았던 것 같다. 보몽은 서문 원고에서 가톨릭을 거부하는 토크빌의 마지막 모습을 생생하게 묘사했다. 죽음을 앞둔 시점에 마리가 남편에게 부드러운 목소리로 고해성사를 권유했다. 그러자 토크빌이 불같이 화를 냈다.

> 다시는 그런 말 꺼내지도 마. 믿음이 없는데 믿음이 있는 것처럼 나를 속이는 일을 할 수는 없어.

며칠 후 마리가 또 그 문제를 꺼냈더니 이번에는 남편의 반응이 조금 달랐다.

> 내가 고해성사 자체를 혐오하는 것은 아니야. 오히려 나는 그것을 대단

히 소중하게 생각해. 기독교 신앙 가운데 고해성사야말로 가장 아름답고 훌륭한 것이지. 고해성사를 통해 우리는 자만심을 버리고 겸손해지며 자신의 나약함을 인정하게 돼. 가슴속 깊은 곳을 쏟아내고 완전히 비움으로써 새로운 영혼으로 다시 태어나게 돼. 그런데 가톨릭에서 고해성사를 하기 위해서는 우선 가톨릭교회의 그 모든 도그마도 믿을 수 있어야 해. 나의 이성은 이 도그마를 받아들이지 못해. 인정하거나 수긍할 수가 없어. (Jardin 1988, 529쪽)

나중에 보몽이 시니어와 나눈 대화를 보면 진상이 더 분명해진다. 보몽은 토크빌이 믿음 없이 죽었음을 확언했다. 그는 회심하지 않았다. 열쇠는 마리가 쥐고 있었다. 마리는 보몽의 서문 원고를 읽고 수정을 요청했던 것 같다. 그녀는 토크빌이 불신앙 상태로 죽음을 맞이한 사실이 알려지는 것을 원치 않았다. 그래서 시중에 나온 책에는 전혀 다른 내용의 서문이 실리게 되었다(Jardin 1988, 528~532쪽).

토크빌이 신앙을 잃게 된 단초는 먼 과거로 거슬러 올라간다. 토크빌은 생을 마감하기 2년 전 스웨친에게 자기 인생에 깊은 자국을 남긴 '젊은 시절의 한 사건'을 자세히 들려주었다. 토크빌은 열여섯 살 무렵 심각한 지적 방황을 겪었다. 아버지 서재에서 맞닥뜨린 책들이 문제의 출발점이었다. 이때까지 그는 책보다 노는 데 더 많은 시간을 썼다. 아무런 문제의식이나 특별한 질문 없이 소년기를 보내고 있었다. 가족과 떨어져 아버지와 같이 살던 소년 토크빌은 어느 날 한낮에 아버지의 서재에 들어갔고 거기서 전혀 새로운 세계와 마주쳤다. 그는 끝없는 호기심에 이끌려 아버지의 큰 서재에서 닥치는 대로 책을 읽었다. 보다 원숙한 나이에 어울릴 법한 온갖 종류의 생각과 관념을 허겁지겁 머릿속에 집어넣었다. 그는 학교보다 아버지의 서재에서 더 많은 것을 배울 수 있었다. 책 속에서 갑자기 관념의 세계로 빠져든 그는 그동안 자신이 살아온 세계가 무너지는 것을 발견했다.

그때까지 그는 신앙의 틀 안에서 아무런 의심도 없이 살고 있었다. 그러나 어느 순간 "보편적 의심"이 믿을 수 없는 강렬함으로 그의 심중을 휘저었다. 신념과 행동의 주춧돌이 되는 모든 진리가 뿌리에서부터 흔들렸다. 마치 지진이 나서 천지가 뒤죽박죽된 것 같은 혼란이 일어났다. 지독한 우울이 밀려왔고 이어서 삶에 대한 극단적 염증이 생겨났다.[70] 토크빌은 육체적 열정을 격렬하게 발산함으로써 이런 절망적 상황을 벗어날 수 있었다고 했다. 그는 지적 황폐 상태를 이겨내고 새로운 출발을 도모할 수 있었으나, 그때 경험했던 감정적 위기는 이후의 인생 여정에서 수시로 되살아났다(Reader, 336쪽).

토크빌은 기독교의 근본에 대해 깊이 회의했다. 예수를 인간인 동시에 신인 존재로 추앙하는 교리를 수용하기 어려웠다. 그는 그 어떤 신비로움도 배제한 채, 예수를 그저 인간 역사에 중요한 족적을 남긴 얼굴 없는 심벌 정도로만 받아들였다. 그래서 십대 중반 이후 영성체[71]를 받지 않았다. 토크빌은 특히 가톨릭교회의 도그마에 거부감이 컸다. 그가 칸에서 고해성사를 하려 하지 않은 주된 이유도 여기에 있었다(Jardin 1988, 62~63쪽 ; Brogan, 52~53쪽).

그러나 토크빌의 의심을 너무 확대 해석해서는 안 된다는 반론도 있다. 그는 신의 존재와 섭리, 그리고 이 세상 너머에 '저 세계'가 존재함을

---

70 토크빌은 1823년 케르고를레에게 '자신을 괴롭히고 있는 의심, 불확실성'에 대해 털어놓았다. 1824년 가정교사도 그가 부활절 의무를 지키지 않는 것을 알았다(Jardin 1988, 63~64쪽).
71 가톨릭에서 성체성사聖體聖事를 받는 것. 개신교의 성찬식에 해당한다.

굳게 믿었다. 절대적으로 정의로운 신이 그것을 인식하게 해준다고 했다. 신은 사람들로 하여금 사실이 아닌 것을 믿게 할 정도로 그렇게 나쁜 존재는 아니라는 논리도 폈다(Reader, 336쪽).

토크빌의 생각은 무신론보다 이신론[72]에 가까웠다. 신이 우주를 창조하긴 했지만 세상사에 일일이 관여하지 않고 세상을 자체의 법칙에 따라 움직이게 내버려둔다는 것이다. 그가 이신론으로 기울어진 데는 당시 유행하던 얀센주의Jansenism의 영향이 컸다. 얀센주의는 신의 은총을 중심으로 영성靈性 생활을 강화할 것을 주장한 가톨릭의 한 종파이다.[73] 토크빌은 대표적 얀센주의 사상가인 파스칼의 책을 열심히 읽었다. 파스칼은 누구보다 뛰어난 이성의 소유자였지만 주지주의적 신앙생활에 대해서는 부정적이었다. 그 대신에 신앙의 본질적 요소로서 영성을 강조했다. 그는 형식화된 제도로 인간 위에 군림하는 교회의 권위를 거부했는데, 이 점이 특히 토크빌의 마음을 산 것 같다.

토크빌은 기독교 교리에 대해 확신을 갖지 못하는 사람들을 변호했다. 그러면서도 한편으로는 기독교에 대해 '애틋한 애정'을 가지고 있었다. 그는 믿음을 갖고 싶으면서도 그럴 수 없는 안타까움을 표명하곤 했다(Jardin 1988, 512쪽). 특히 그는 기독교 윤리의 탁월함을 믿었다. 그는 개인의 사적인 덕목보다 사회적 의무를 더 중시했는데[74], 이 점에서 유니

---

72 앞에 서술된 밀의 종교관 참조.

73 얀센주의는 17~18세기 프랑스에서 뿌리내린 가톨릭 종파로 "신의 은총이 없으면 구원도 없다"는 문제의식 아래 초대 그리스도교회의 정신으로 되돌아갈 것을 촉구했다. 특히 당시 예수회가 교육과 선교 같은 행위를 중시하고 영적 구원을 소홀히 한다며 반기를 들었다. 교회 안팎으로 격렬한 논쟁을 불러일으켜 로마 교황으로부터 여러 차례 이단 선고를 받았다.

74 토크빌은 당시 성직자들이 국가로 대표되는 공적 영역에 무심한 채 사적 영역의 도덕에만 치중하는 것이 못마땅했다. 그래서 "성직자들이 회중에게 기독교인이 되라는 말 못지않게 그들

테리언파[75]의 문제의식과 비슷했다(Jardin 1988, 384~385쪽).

토크빌은 종교에 관심이 많았다. 그의 글을 한두 페이지만 들춰봐도 그가 얼마나 깊이 종교의 영향을 검토했는지 확연히 알 수 있다. 우선 그는 민주 정부가 제대로 존립하기 위해서는 '종교적 믿음'이라는 조건이 구비되어야 한다고 생각했다. 지성과 개인적 도덕성만으로는 부족하다는 것이었다(Selected, 98~99쪽). 왜 그럴까? 평등 시대의 사람들은 과도하게 세속적 욕구를 좇는다. 이런 곳에서는 정치의 힘만으로는 안정된 사회를 만들 수 없다. 사람들이 각자 이기심을 제어하며 사회적 의무를 충실히 이행해야 한다. 사람들의 분별없는 욕심을 순화, 규제, 억제해주는 것이 바로 종교이다. 종교는 큰 틀에서 사회적 기강을 확립해주고 이기심을 억제해줌으로써 자유가 숨 쉴 토대를 제공한다. 따라서 민주주의 사회에서는 "신앙이 없으면 도덕이 설 자리가 없고, 도덕이 살지 않으면 자유가 힘을 발휘할 수 없다"(Turner 2006, 155·158·170쪽). 토크빌이 "선동가들, 대중의 무질서한 행동, 그들의 폭력적이고 무식한 일 처리 방식, 하층 계급의 불같은 질투심" 못지않게 '비종교적 성향'을 마음속 깊은 곳에서부터 증오한 이유가 여기에 있다(Reader, 219~220쪽).

토크빌은 사람들을 가장 잘 순화할 수 있는 종교로 엄격한 도그마로 무장한 가톨릭을 꼽았다(Jardin 1988, 384~385쪽),《미국의 민주주의》곳곳에서 이런 주장을 폈다. 이 책 덕분에 토크빌은 종교의 역할에 대해 깊은 통찰력을 가진 사상가로 인정받게 되었다(Turner 2006, 151쪽).

토크빌이 기독교를 부정하지 않았다는 것을 보여주는 더 결정적인 언

이 이런저런 거대한 인간 사회의 일원이라는 사실을 더 자주 들려주었으면 한다"고 촉구했다(Mayer 1960, 99쪽).

75 앞에 서술된 밀의 종교관 참조.

급이 있다. 자신이 민주주의를 '어쩔 수 없이' 받아들인 것이 신의 뜻 때문이었다고 밝힌 것이 바로 그것이다. 그는 민주주의를 신의 섭리로 규정하면서, 민주주의에 관한 자신의 생각을 내려놓고 "신의 관점에 서기 위해" 노력했던 것이다.

> ……평등이란 덜 고결할지는 몰라도 더 정의로운 것이다. 바로 이런 정의로움 때문에 평등이 위대하고 아름다운 것이다. 나는 이 문제와 관련해 신의 관점에 서기 위해 노력한다. 그리고 이 관점에서 인간의 문제에 대해 생각하고 판단하려 하는 것이다. (DA, 674~675쪽)

결국 토크빌은 정치와 종교를 따로 떼어 생각할 수 없다고 역설한다. 인간이 영적으로 성장해서 궁극적으로 영원한 세계에 이를 수 있게 조건을 만들어주는 것이 정치의 역할이라면 정치가 종교와 맞닿을 수밖에 없다는 것이다(Ossewaarde, 7쪽).

토크빌은 종교가 없으면 위대함도 불가능하다고 생각했다. 그는 1853년 코르셀Francisque de Corcelle에게 쓴 편지에서 자유주의적 감정과 종교적 감정이 함께 조화를 이루어야 '진정한 위대함'이 실현될 수 있다고 주장했다. 자유와 종교를 함께 일구어내는 것이 자신의 30년 정치 인생의 목표였다는 말도 덧붙였다(Selected, 294~295쪽).

토크빌은 특히 자유를 종교와 깊이 연결시켰다. 그는 자유가 피조물과 창조주를 연결해주는 신성한 것이라고 칭송했다. 자유에 대한 진실한 욕구가 인간이 가진 모든 위대한 열정의 신비한 원천이라고 믿었다. 토크빌은 자유를 은혜의 산물로 여기면서, 오직 창조주와의 관계 속에서만 자유를 이해할 수 있다고 강조했다(Ossewaarde, 83~84쪽).

흔히 귀족주의적 유산이 토크빌 사상을 규정하는 핵심 변수라고 말하지만, 가톨릭에 대한 충정도 그에 못지않게 그의 사상에서 큰 자리를 차지했다. 래스키Harold Laski는 《미국의 민주주의》를 관통하는 기조를 슬픔 sadness으로 묘사하면서 슬픔의 원인이 귀족 사회의 종말에 있다고 보았다. 그러나 그보다는 종교를 멀리하면서 인간 존재의 격 자체가 저하된 데 따른 슬픔이라고 보는 것이 더 설득력 있다(Ossewaarde, 8쪽).

결국 기독교와 자유의 완전한 일치를 추구하고 종교와 정치의 종합을 도모한다는 점에서 토크빌의 사상은 자유주의 역사상 유례가 없는 새로운 것이다(Ossewaarde, xi·5쪽). 그 이전의 로크나 몽테스키외의 자유주의 사상 속에서 종교는 불편한 존재였다. 그들의 도덕론은 세속적인 것이었다. 토크빌은 바로 이 점이 18세기 자유주의자들이 범한 가장 큰 잘못이라고 지적했다. 자유와 종교적 믿음의 관계에 대해 오해를 했다는 것이다.

18세기 철학자들은 종교적 믿음이 차차 사그라질 것이라고 단정적으로 말했다. 그들은 자유가 더 널리 퍼지고 지식이 빠르게 확산되면서 종교적 열정이 설 자리를 잃을 수밖에 없다고 보았다. 그러나 유감스럽게도 현실은 그들의 이론과 전혀 일치하지 않았다. (Ossewaarde, 14쪽)

이런 주장은 다른 학자들 사이에서도 공감을 얻고 있다. 그래서 "종교와 자유를 화해시키는 것"을 '새로운 정치학의 목표'로 규정하거나(Mansfield·Winthrop, 83쪽), 토크빌의 자유에 대한 취향goût de la liberté이 그의 집안 종교 전통과 복잡하게 연결되어 있다고 보는(Kelly, 36~37쪽) 해석도 제기된다. 나아가, 자유가 토크빌의 정치적 신념의 핵심이기는 하나 그를 "자유주의자로 부를 수는 없다"는 '과격한' 주장까지 나오고 있다. 토크빌이 신의 지배와 영원한 법을 담은 '규율 속의 자유'를 추구했다는 것이 그 이유이다(Mayer 1960, 99쪽).

3. 다른 듯 같은 삶

존 스튜어트 밀은 가난한 문필가 집안에서 9남매의 장남으로 태어났다. 밀의 할머니는 지긋지긋한 가난의 굴레를 벗어나고 싶은 소망에서 아이들의 성姓까지 바꿔버렸다. 아버지 제임스 밀은 자수성가한 사람의 전형에 가까웠다. 끊임없이 노력했고, 그만큼 자녀들도 엄격하게 가르쳤다. 존 스튜어트 밀은 아버지를 존경했지만 가까이하기에는 너무 무서운 아버지였다. 그는 어머니와도 정서적으로 거리가 있었다. 아버지가 아내를 무시했듯이 아들도 "어머니는 사랑받고 존경받을 수 있는 그런 자질은 갖추지 못했다"고 《자서전》 초고에 썼다.

반면, 토크빌은 귀족 가문의 3형제 중 막내였다. 그의 집안은 대대로 군대에서 벼슬을 했고 '혼사 정치'를 잘해서 점점 더 융성해졌다. 그러나 아버지 에르베는 프랑스 대혁명 직후 처가 쪽 사람들이 몰살당하는 참변을 겪어야 했다. 에르베는 아들에게 따뜻하고 관대한 아버지로 기억되었다. 아버지가 공직에 헌신하는 모습은 토크빌에게 큰 감화를 주었다. 그러나 에르베의 지적 영향력은 그리 크지 않았다. 이 점에서 제임스 밀과 확연히 대비된다. 토크빌은 체질이 허약했고 지나치게 예민했다. 담대하고 자신감 넘쳤던 아버지와는 거리가 멀었다. 평생 우울증에 시달린 어머니의 영향이 컸던 것 같다.

토크빌의 생애를 보면 그의 삶 곳곳에서 가문의 힘이 작용했다. 이 점에서는 존 스튜어트 밀도 만만찮은 수혜자였다. 비록 가난한 집안이었지만 그에게는 아버지가 있었다. 벤담, 리카도 등 기라성 같은 아버지의 지인들이 그대로 그의 스승이 되어 정신적 자양분을 듬뿍 주었다.

밀과 토크빌의 삶에서 아내들이 차지하는 무게는 사뭇 달랐다. 밀은 지나칠 정도로 아내 해리엇을 떠받들었다. 온갖 수식어를 동원해 해리엇을 칭송했다. 해리엇이 밀의 글을 세심하게 읽고 조언을 해준 것은 사실이다. 사회주의, 여성 운동, 종교 문제 등에 해리엇의 입김이 크게 작용한 것도 부인할 수 없다. 그러나 해리엇의 지적 수준에 대해 고개를 갸웃하는 사람도 많다. 그뿐만 아니다. 해리엇의 전남편을 밀과 해리엇 두 사람의 관계를 돋보이게 하는 조연 정도로 치부해도 되는지 문제를 제기하는 사람도 있다. 밀은《자유론》에서 "남에게 해를 주지 않는 한 자유를 누릴 권리가 있다"고 주장했다. 그런 '자유의 기본 원리'가 그 상황에서 어떻게 작동했는지 궁금하기도 하다. 밀은 성실하고 진중한 사람이었다. 그러나 해리엇이 관련되면 모든 것이 달라졌다. 그는 친구들을 멀리했고, 결정적으로 가족과도 상종하지 않았다.

토크빌 부부도 꽤 많은 이야깃거리를 제공한다. 토크빌은 나이가 한참 위인 마리에게서 안식을 구했던 것 같다. 마리는 대부분의 경우 그 기대에 잘 부응했다. 토크빌 스스로도 그녀의 헌신적 내조를 고마워했다. 그러나 두 사람 사이에는 파란이 많았다. 둘의 성격이 너무 다른 것도 문제였지만 토크빌의 '일탈'로 인한 파열음도 심각했다. 밀이 해리엇을 우상처럼 '숭앙'한 것과는 여러모로 대비되는 모습이었다. 토크빌은 마리의 "뛰어난 통찰력과 강인한 정신, 고상한 성품"에 찬사를 보냈지만 과연 그녀가 토크빌의 반려자로 걸맞았는지 회의적으로 보는 사람이 꽤 있다.

무엇보다 밀의 글쓰기 작업에 깊숙하게 관여했던 해리엇에 버금가는 역할을 마리에게서는 찾기 어렵다. 칸에서 보낸 마지막 시간에도 마리는 토크빌에게 별로 도움이 되지 못했다.

마리와 해리엇 모두 결혼 과정이 순탄치 않았다. 남편의 가족과 원만하게 지내지 못한 것도 닮았다. 두 부부 모두 아이가 없었다. 밀은 늦게 결혼했기 때문에 아이를 가질 수 없었다. 그 대신에 해리엇이 데리고 온 의붓딸이 그 빈자리를 메워주었다. 토크빌은 젊어서 결혼했지만 마리의 몸이 따라주지 못했는지 역시 둘 사이에 소산이 없었다. 토크빌은 작은 형의 아들에게 깊은 사랑을 쏟았다.

밀의 주변에는 훌륭한 선생들이 많이 있었다. 밀은 토크빌, 콩트 등 배울 것이 있는 사람이다 싶으면 누구에게든 먼저 연락해서 편지를 나누었다. 밀 본인은 가까운 친구가 몇 안 된다고 했지만 그의 전집을 보면 그가 얼마나 많은 사람과 서신 교환을 했는지 수를 세기도 힘들 정도다. 그에 비하면 토크빌은 옆에 사람이 많지 않았다. 워낙 성격이 까다로운데다 귀족 가문의 후예로 사귀는 사람이 한정된 탓이었는지도 모른다. 그런 가운데 보몽이나 케르고를레 같은 친구는 일평생 한결같은 마음으로 토크빌을 돌봐주었다. 토크빌을 이끌기보다는 그가 하자는 대로 따라가 주었다. 아마 그래서 평생 우정이 가능했을 것이다. 토크빌이 사경을 헤맬 때 그 친구들은 아름다운 동행이 돼주었다. 루아예-콜라르와 시니어 등 토크빌의 재능을 높이 사고 아꼈던 몇몇 선배들도 그의 인생에서 없어서는 안 될 존재였다.

밀과 토크빌 모두 '아버지의 서재'에서 삶의 큰 길을 만났다. 밀은 세 살 이후 아버지와 책상에 마주 앉아 그의 가르침을 받아들였다. 우리가 아는 밀은 그 책상에서 형성되었다. 그러나 밀은 스무 살 때 '청춘의 위기'를 겪으며 아버지의 서재를 떠나게 된다. 토크빌의 생애를 결정지은 '젊은 날의 위기'도 아버지의 서재에서 시작되었다. 토크빌은 열여섯 살때 아버지의 서재에서 이 책 저 책 손에 닿는 대로 읽어가다가 "보편적 의심"에 빠져들었다. 그리하여 신앙을 멀리하게 되었고 극심한 혼란에 직면했다. 그때 생긴 우울이 평생 그를 괴롭혔다. 그러나 그 고통에 비례해서 그의 지적 감수성도 한층 예민해졌다.

시대 탓이기도 하겠지만 밀과 토크빌은 똑같이 자연을 사랑했다. 밀은 십대 이래 산악미에 빠져들었다. 그의 식물 채집은 높은 경지에 올랐다. 그가 열일곱 살 아래인 곤충학자 파브르와 나눈 우정도 무척 아름답다. 밀이 산을 사랑했다면 토크빌은 바다를 좋아했다. 그는 십대 후반에 "세상 모든 장관 중에서 어린 시절 나에게 가장 큰 영감과 감동을 준 것은 바로 바다 풍경이었다"고 회상했다(Selected, 30~31쪽). 토크빌은 나이 들어서는 '나무 심고 씨 뿌리는 재미'에 빠졌다. 그는 향리 토크빌에서 '저술가 겸 농부' 생활을 즐겼다.

문제는 건강이었다. 둘 다 건강이 시원찮았다. 밀은 1854년 3월에 폐결핵 진단을 받고 여생이 얼마 안 남았다고 생각했다. 그래서 신변 정리를 서둘렀다. 그러나 시골에서 요양한 효험이 있어 기적적으로 살아났다. 그 후에는 건강에 특별한 문제가 없었다. 식물 채집을 하면서 많이 걸어 다닌 것이 밀을 아주 튼튼하게 만들었다. 그런 가운데 밀의 마지막 날은 불현듯, 그러나 아름답게 찾아왔다. 산속을 15마일이나 기분 좋게 걸어 다닌 뒤 갑자기 병이 났다. 그는 딱 3일 앓고 눈을 감았다. 마지막 순간에 "내가 할 일은 다 한 것 같다"는 말도 남길 수 있었다. 밀은 아비뇽의 해리엇 옆에 안치되었다. 67세 때였다.

밀에 비하면 토크빌의 끝은 다소 서글펐다. 토크빌은 1850년에 이어

1858년 6월에 다시 각혈을 했다. 가슴에서 이상한 소리가 들렸다. 의사의 처방에 따라 부랴부랴 따뜻한 남쪽 지방을 찾아 나섰으나 불운하게도 악천후가 그를 괴롭혔다. 칸에 자리를 잡았지만 병세는 차도가 없었다. 토크빌은 나아서 집으로 돌아갈 수 있을 것으로 생각했다. 그가 외로움에 친구들을 부르는 장면은 가슴을 먹먹하게 만든다. 토크빌은 만 54세도 안 된 나이에 숨을 거두었다. 그의 시신은 칸을 떠나 오랜 여정 끝에 토크빌에 안치되었다.

두 사람의 종교관도 비교해볼 만하다. 밀은 아버지의 가르침에 따라 숫제 아무런 종교도 갖지 않았다. 그러나 자신이 무신론을 개진한 적은 없다고 분명히 말했다. 다만, 신이 존재할 수도 있지만 신의 존재가 증명되지 않는다고 주장했을 뿐이다. 그는 전통적인 인격적 신 관념을 부정했다. 그 대신에 기적이나 계시와 같은 초자연적 현상에 관심을 두지 않는 이신론에 우호적이었다. 해리엇은 삼위일체론과 그리스도의 신성을 부정하는 유니테리언 교회에 다녔는데 이 점에서도 두 사람은 생각의 공통분모가 컸다. 밀은 종교의 존재 이유 자체를 부정하지는 않았다. 오히려 도덕적·사회적 목적을 위해 종교가 절대적으로 필요하다고 생각했다. 다만 초자연성을 뺀 인성 종교를 머리 안에 그렸다.

토크빌은 가톨릭 신앙 속에서 자랐지만 사춘기 이후 종교를 멀리했다. 그는 인간 예수를 신으로 추앙하는 교리를 수용하기 어려웠다. 그런 토크빌도 신의 존재와 섭리, 그리고 이 세상 너머에 '저 세계'가 존재한다는 것은 믿었다. 따라서 토크빌의 생각은 무신론보다 이신론에 가까웠다. 개인의 사적인 덕목보다 사회적 의무를 더 중시하는 유니테리언파의 문제의식과도 통하는 것이 있었다. 이런 점에서 그는 밀과 닮았다. 밀이 종교에 관한 글을 많이 남겼듯이 토크빌 역시 종교의 영향에 대해 심도 있게 언급했다. 그가 종교의 윤리적 역할을 강조하고 민주 정부의 존립을 위해서는 '종교적 믿음'이 반드시 전제돼야 한다고 주장한 대목은 기억해둘 필요가 있다.

밀의 삶은 한마디로 경건한 수사修士를 닮았다. 그의 말과 행동 사이에는 아무런 모순도 없었던 듯하다. 그는 언제나 삶의 깊은 곳을 진지하게 응시했다. 그렇기에 19년 동안 해리엇과 사귀면서 세상 사람에게 손가락질 받을 일을 전혀 하지 않았다는 그의 말에도 믿음이 간다.[76]

그에 비하면 토크빌은 한결 인간적이다. 친근감마저 든다. 토크빌은 인간의 희로애락을 가감 없이 드러냈다. 젊은 시절 한때 '질풍노도'를 마다하지 않았고, 나이 들어서도 명예에 대한 욕심을 지우지 못했다. 밀이 신선처럼 즐기다 죽음을 맞았다면 토크빌의 죽음은 중환자실에서 주삿바늘을 주렁주렁 단 채 생을 마감해야 하는 중생의 모습을 닮았다. 그런 토크빌이지만 원칙에는 단호했다. 혁명군 앞에서 '반혁명'을 외칠 수 있었던 사람이 토크빌이었다.[77] 밀도 그랬다. 뜻에 관한 한 양보가 없었다. 그런 점에서 용감한 사람이었다. 다른 듯 닮은 두 사람의 삶이었다.

---

76 2015년 일본 와세다 대학에서 밀과 토크빌을 놓고 세미나를 한 적이 있는데, 그 자리에서 한 일본 교수는 밀을 "찔러도 피 한 방울 나지 않을 정도로 무미건조한 사람"이라고 평가했다. 밀이 일평생 너무 진지하게 살았기 때문에 그런 말을 들음 직도 하지만, 그가 늘 다른 사람을 배려하고 도와주는 따뜻한 사람이었다는 사실도 잊어서는 안 될 것이다.

77 토크빌의 평전을 쓴 브로건Hugh Brogan은 밀과 토크빌의 성격이 매우 달랐다고 정리한다. 그에 따르면 밀은 범접할 수 없을 정도로 명쾌하고 논리적이고 박식했다. 무엇보다 인품이 뛰어났고 공공 정신에 투철했다. 이에 반해 토크빌은 정서적으로 매우 불안정했다. 그 대신에 토크빌은 풍부한 상상력의 소유자였다. 밀도 자신이 갖지 못한 것을 토크빌이 타고났음을 잘 알았다. 그가 토크빌을 높이 평가한 데는 이런 측면도 작용했을 것이다(Brogan, 303쪽).

2부

글

시대를
고민하다

앞에서 보았듯이 밀은 수도승 같은 삶을 살았다. 이념의 푯대를 향해 흔들림 없이 정진했다. 그 모습이 경건하기까지 했다. 그의 글도 그랬다. 밀은 아버지로부터 입이 떡 벌어질 정도의 가르침을 받았다. 그러나 그는 자신이 깨달음을 얻었다고 생각하지 않았다. 늘 부족하고 불완전하다고 경계했다. 양쪽을 살피면서 새로운 것이면 주저하지 않고 받아들였다. 그는 공부하는 열정 하나만은 누구에게도 뒤지지 않고 싶었다. 그 열정이 그가 내세우는 단 한 가지 자랑거리였다.

밀은 젊어서, 아니 어려서부터 수많은 글을 썼다. 그의 글 쓰는 태도는 여일했다. 그는 진리를 찾는 데 지칠 줄 몰랐고, '진보적 자유주의'의 이론적 체계화를 위해 분투했다. 중요한 것은, 밀은 글을 쓸 때 항상 시대의 요구를 염두에 두었다는 점이다. 그는 결코 백면서생이 아니었다. 직관주의가 팽배하던 당대 지성계에 맞서 경험주의를 외쳤고, 신사紳士와 부르주아지를 성토하며 '자유사회주의'를 제창했다. 그의 글에는 시대에 대한 그 자신의 답이 들어 있었다.

밀은 일필휘지一筆揮之로 글을 썼다. 오래 천착하고 숙고한 다음 그냥 죽 써 내려갔다. 그러고는 그 글을 오랜 시간 묵혀두며 성찰을 거듭했다. 필요하다 싶으면 출판과 상관없이 그냥 글을 써두기도 했다. 청탁을 받고 마감 시간에 쫓겨야 글을 쓰는 사람은 한숨만 나오는 경지이다.

토크빌은 명문세가의 후손이지만, 그가 특별한 교육을 받은 흔적은 보이지 않는다. 이 점에서 그는 밀과 대비된다.《미국의 민주주의》를 쓴 토크빌이라는 인물이 어떻게, 어떤 경로로 '생산'되었는지는 미스터리에 가깝다. 토크빌이 십대 중후반의 나이에 아버지의 서재에서 이 책 저 책 가리지 않고 읽은 것, 그리고 이십대 중반에 친구 보몽과 함께 역사 공부를 열심히 한 것이 우리가 아는 비밀의 전부이다.

토크빌은 평등 사회의 재앙을 방지할 생각에서 《미국의 민주주의》를 썼다. 그에게는 '새로운 정치학'이 지상 과제였다. 동시에 그의 글쓰기 이면에는 출세욕도 자리 잡고 있었다. 그가 정치판에 나서는 데 도움이 될 일종의 훈장으로서 책을 쓴 것은 사실이다. 《앙시앵 레짐과 프랑스 혁명》은 이루지 못한 정치의 꿈을 달래기 위한 보상용에 가까웠다. 《미국의 민주주의》 1권이 거둔 대성공은 그 뒤 토크빌의 삶에 오히려 족쇄가 되었다. 그는 후속작들의 '흥행 부진'에 크게 괴로워했다. 이 점에서도 그는 '경건주의자' 밀과 대비된다.

그러나 이런 것들이 토크빌의 인간적인 면모를 부각할지언정 그를 속물로 하찮게 취급할 근거가 되지는 않는다. 적어도 그가 얼마나 치열하게 글을 썼는지 안다면 말이다. 그는 자신의 글이 오랜 각고의 산물이라고 자신 있게 말했다. 그는 편견 없이, 공정하고 진솔하게 글을 쓰기 위해 노력했다. 그렇다고 열정 없이 쓰지는 않았다. 그가 쓴 글들이 여러 사람을 아프게 하고 여론을 거슬렀지만 그는 결코 두려워하지 않았다. 토크빌은 "유감스러운 일일망정 후회는 없다"고 단언했다(앙시앵 레짐과 프랑스 혁명, 5~6·9쪽). 그는 밀에게 편지를 보내 글쓰기의 고통을 하소연하기도 했다.

1. '사통팔달' 지식인

물론 일관된 문제의식이 있었다. 나름의 순서와 계획도 있었다. 중요한 것은 밀의 글이 여러 학문 영역을 가로지르며 폭넓은 주제들을 다루었다는 사실이다. 밀의 첫 두 책은 논리학과 경제학에 관한 것이었다. 이어서 그는 철학, 정치학, 종교학, 식물학에 대해서까지 두루 글을 썼다. 각종 논설과 서신까지 포함한 그의 전집은 30권이 넘는다. 열일곱 살 이후 35년 동안 직장에 다니며 틈틈이 쓴 글이 그렇다. 사십대 후반에 그의 건강에 적신호가 켜졌다. 밀은 여생이 얼마 안 남았다는 생각에 정말 절박하게 글을 썼다. 《자유론》, 《대의정부론》, 《공리주의》 등 밀의 대표작 상당수가 이 무렵에 잉태되었다. 밀의 글에는 그의 아내 해리엇의 체취가 강하게 배어 있다. 밀은 자신의 글이 두 사람의 합작품이라고 공언했다. 그는 글을 함부로 급하게 쓰지 않았다. 초고를 쓴 뒤 오래 묵혀두었고 해리엇의 생각을 존중하며 첨삭을 거듭했다. 그런 밀은 아버지가 만들다시피 했다. 오직 아버지의 지도 아래 그가 설정한 커리큘럼에 따라 무섭게 공부했을 뿐이다. 아들은 아버지의 헌신을 무척 고마워했지만 생각은 아버지와 달랐다.

(1) 아버지의 영재 교육

밀은 학교를 한 번도 다니지 않았다. 정규 교육을 전혀 받지 않았다. 그 빈틈은 아버지가 메워주었다. 아버지의 서재에서 마주친 여러 지식인들이 오롯이 그의 스승이 되었다. 거기에다 밀 자신의 범상치 않은 노력이 덧붙었다. 어린 시절의 밀은 한마디로 '책 읽는 벌레'였다. 정상을 벗어난 그의 모습을 보고 심각하게 걱정하는 사람들도 있었다. 그가 프랑스에서 유학할 때 벤담의 동생 부부는 밀이 책을 많이 못 읽게 갖은 방법으로 방해하기도 했다.

제임스 밀은 아들을 전형적인 공리주의 인간으로 키우고 싶었다. 그는 어린아이의 정신 속으로 흘러 들어가는 경험을 통제할 수 있다면 그 아이의 성격과 능력을 의도적으로 형성하고 결정할 수 있다고 믿었다. 그리고 이 통제 과정이 바로 교육이라고 주장했다(Packe, 14~15쪽). 그는 일관된 교육을 통해 아들의 마음속에 완전한 공리주의가 싹트기를 기대했다. 아버지는 시간을 내서 어린 존을 도맡아 가르쳤다. 헌신적인 노력을 아끼지 않았다.

벤담 역시 존을 유심히 지켜보았다. 최적의 공리주의 후계자를 기르고 싶다는 소망 외에 그 자신의 개인적인 필요도 있어서였다. 그는 외로운 사람이었다.[1] 벤담은 존이 어릴 때부터 그의 영특함을 눈여겨보면서, 그가 어서 자라 자신의 저술 작업을 도와줄 수 있기를 고대했다. 이에 대해서는 앞에서 이미 살펴보았다.

---

1 벤담은 인생의 동반자를 찾는 노력이 모두 실패로 돌아가 혼자 살았다. 그는 80세에도 옛 인연을 못 잊어 연락을 시도한 로맨티스트였다. 벤담은 어릴 때 도깨비 이야기를 들은 뒤 무서워서 평생 혼자서는 잠을 못 잤다. 늘 조교와 같은 방에서 자야 했는데 코를 하도 곯아 옆 사람이 여간 힘든 것이 아니었다. 재미있는 일화 하나. 벤담은 귀신의 존재를 믿지 않았다. 지금까지 나체 귀신에 대한 이야기는 나온 적이 없는 것으로 보아 귀신도 옷을 입고 다닌다는 말인 것 같은데 귀신이 입을 만한 옷이 어떤 것인지 상상할 수가 없다는 점에서 그는 귀신이 존재하지 않는다고 생각했다. 1792년에 그는 아버지의 유산으로 웨스트민스터 요지에 훌륭한 저택을 구입했다(벤담은 1814년 판옵티콘panopticon 모델의 형무소를 정부에 매각해서 2만 3,000파운드의 거금을 벌기도 했다). 그러나 그 큰 집에서 혼자 적적하게 살아야 했다. 그 빈자리를 제임스 밀 일가가 채워주었다. 그들은 매년 여름 긴 휴가를 같이 보냈다. 벤담은 뛰어난 경관을 자랑하는 자기 집에서 존을 공부시키는 것이 아이에게 좋을 뿐 아니라 훨씬 경제적이라고 제임스를 꼬드겼다. 밀 부자는 그 집의 아름다운 서재를 마음껏 이용할 수 있었다.

존은 아버지로부터 받은 '특이하고 놀라운 교육'을 《자서전》에 자세하게 기록했다. 좁고 어수선한 거실의 큰 책상에 부자가 마주 보고 앉고 다른 쪽 구석에는 동생 둘이 각각 앉아서 공부를 했다. 아버지는 하루에 적어도 세 시간 이상을 자녀 교육에 할애했다. 이 때문에 사실상 그는 조금도 쉴 틈이 없었다. 그가 아이들 교육을 직접 맡은 데는 철학적 이유도 있었지만 경제적 상황도 크게 작용했다. 책 살 돈도 없는 가정 형편에 가정교사를 채용한다는 것은 생각도 할 수 없는 일이었다.

제임스 밀은 첫째 아들 존에게 상상을 초월할 정도의 공부를 시켰다. 어린 아들은 이미 세 살 때 그리스어를 배워야 했다. 아버지가 만든 단어장을 외우는 것으로 교육이 시작되었다. 여덟 살 때는 라틴어를 배우기 시작했다. 《이솝 우화집》이 그가 맨 처음 읽은 그리스어 책이었다. 문법도 전혀 모르는 상태에서 그리스어를 공부하기 시작했기 때문에, 아들은 몇 분 간격으로 아버지에게 물음을 던질 수밖에 없었다. 아버지는 성질이 급한 사람이었다. 서재에 아들과 나란히 앉아서 원고를 써야 하는 처지였으니 당연히 신경이 날카로웠을 것이다. 그러나 아버지는 놀라운 인내심으로 아들의 질문 공세를 일일이 받아주었다.

존은 일곱 살 때 《에우티프론》에서 《테아이테토스》에 이르기까지 플라톤의 초기 대화편 6편을 읽었다(자서전, 14~15쪽). 그 뒤 논리학을 공부하면서 플라톤의 주요 저작, 특히 《고르기아스》, 《프로타고라스》, 《국가》를 읽기 시작했다. 뒷날 그는 상당수의 플라톤 저작을 번역하기도 했다. 아버지는 "정신 교양을 위해 플라톤보다 소중한 사람이 없다"고 했는데, 아들도 같은 생각이었다. 어린 가슴에도 소크라테스적 방법은 정확한 사고력을 기르는 데 다시 없이 소중한 것으로 여겨졌다(자서전, 27~28쪽).

아버지는 아들에게 역사와 철학 책을 많이 읽혔다. 산수, 기하학, 대수학, 미분학 등도 가르쳤다. 제임스 밀은 건강을 위해 아침 식사 전에 늘 산책을 했는데 나무가 우거진 오솔길을 아들과 같이 걸어가며 그로 하여금 전날 읽은 책의 내용을 되새김하게 했다. 어린 존은 여러 책을 요약해 〈로마사〉, 〈고대 세계사〉 등을 '저술'하는 일에 큰 재미를 느꼈다. 열한 살 때는 이런 식으로 〈로마 정치사〉를 '쓰고'는 자부심에 차서 아버지에게 보여주었다. 아버지는 읽고 나서 아무 대꾸도 하지 않았다. 존은 열두 살부터는 논리학을 깊이 공부하기 시작했고 이듬해에는 경제학 전 과정을 공부했다. 아버지는 절친한 벗 리카도가 막 보내준 그의 새 책을 존에게 읽힌 뒤, 애덤 스미스와 비교해서 그의 장점이 무엇인지 철저히 깨닫게 해주었다. 존은 나중에는 아버지의 지도로 분석심리학도 공부했다. 이런 과정을 거쳐 존의 머리에 각종 지식이 차곡차곡 쌓여갔다.[2]

제임스 밀은 장남만 공부시킨 것이 아니다. 제임스가 어릴 때 모친은 큰아들의 교육을 위해 다른 아이들을 희생시켰다. 제임스는 그런 과오를 되풀이하지 않으려고 존으로 하여금 동생들을 가르치게 했다. 존은 여덟 살 때 누이동생과 함께 라틴어를 배우기 시작했는데, 이때부터 동생들을 차례로 가르치는 부담도 안게 되었다. 그는 그 일을 무척 싫어했지만 바쁜 아버지를 도울 수밖에 없었다. 동생들을 가르치는 것이 한번 배운 것을 철저히 이해하는 데 도움이 된다고 생각하며 마음을 달랬다. 동생들을 가르치는 일은 오래 이어졌다. 1831년 무렵에는 아버지의 경제적 능력이 충분함에도 그는 여전히 동생들을 가르치는 데 많은 시간을 썼다. 1836년 아버지가 병석에 눕자 맨 아래 동생 둘의 교육을 큰아들인 그가

---

2   심각하게 들을 이야기는 아니지만, 열두 살 무렵 존 스튜어트 밀의 지적 능력이 30세의 똑똑한 사람에 버금갔다고 말하는 사람도 있다(Berlin, 133쪽).

책임졌다.

제임스 밀의 교육 방법은 특이했다. 그는 주입식 교육은 철저하게 피했다. 무엇이든 생각해서 해결할 수 있는 문제는 아들이 혼자 힘으로 풀게 했다. 존이 오랜 고생 끝에 어느 정도 이해하고 나면 비로소 아버지가 차근차근 설명을 해주었다. 따라서 존은 어렸을 때부터 혼자 사색하는 일에 익숙했다. 그는 보통은 아버지의 견해를 표준으로 삼았지만, 몇 가지 점에서는 자기 생각이 옳다고 고집을 부려 끝내 아버지의 생각을 바꾸게 했다. 아버지는 어린 아들 앞에서 잘못을 시인할 수 있을 만큼 솔직한 사람이었다. 그는 대철학자인 자신을 설득할 수 있을 만큼 아들의 지적인 능력을 크게 키워준 것이다.

아버지는 아들이 예능 방면에서는 좀 뒤떨어져도 괜찮다고 생각했다. 공부하는 습관이 중단되거나 게으름에 빠지지 않도록 노는 날을 일절 허락하지 않았다. 또한 아들이 세상의 그릇된 풍조에 물들까 봐 다른 소년들과 많이 어울리지 못하게 했다. 동무가 없었기 때문에 존의 오락은 언제나 혼자 하는 것이었다. 그에게는 장난감은커녕 어린아이가 볼 만한 책도 거의 없었다. 《로빈슨 크루소》 정도가 있었을 뿐이어서, 존은 그 책을 아주 즐겁게 몇 번이고 읽었다.[3]

존은 뼈대가 굵지는 않았으나 절제하는 생활을 하고 많이 걸은 덕택에 건강하게 성장했다. 그러나 공부 말고는 잘하는 것이 별로 없었다. 재주나 체력을 요하는 운동은 하나도 할 줄 몰랐다. 손재주는 더더욱 없었다.

---

3 존 스튜어트 밀은 결코 여느 소년과 같은 유년기를 보내지 못했다. 크리켓 놀이 한번 못 해본 채 어린 시절을 보냈다. 이런 배경에서 밀은 "사람은 자연에 순응해서 사는 것이 더 좋다"고 말했다. 자연을 빌려 인간에게 이성 못지않게 감정 또한 중요한 요소라는 점을 강조한 것이다(Warnock, 9~10쪽 참조).

아버지는 매사에 정력적으로 결단력 있게 대처하는 사람이었다. 자수성가한 사람의 전형적인 모습이었다. 그의 눈에 비친 아들은 매사에 느릿느릿하고 야무진 맛이 없었다. 아버지는 그 자신이 어렵지 않게 배운 일이니 아들도 그럴 수 있으려니 하는 생각에 아들이 제대로 못하면 먼저 야단부터 치곤 했다. 이런 일이 거듭되면서 아버지는 존의 뇌리 속에 '무서운 사람'으로 자리 잡아갔다(자서전, 37~39쪽).

한편, 제임스 밀은 아들이 자만심에 빠지지 않도록 세심한 주의를 기울였다. 그래서 그를 칭찬하는 말이 행여 그의 귀에 들어갈까 봐 아주 조심했다. 아들이 자기가 잘난 것이 아니라 상대방이 모자란 것이라고 생각하게 했다. 아버지는 늘 인간으로서 할 수 있는, 그리고 마땅히 해야 할 최선의 것을 표준으로 삼았다. 이런 식으로 교육받다 보니 아들은 자신이 얻은 학식이 보통 아이들이 얻을 수 있는 성질의 것이 아님을 전혀 알지 못했다. 오히려 자신이 아버지의 기대치에 늘 못 미친다고 느끼면서 자랐다(자서전, 34~35쪽).

그러나 다른 사람들의 눈에는 그렇게 보이지 않았다. 존이 불쾌감을 줄 정도로 자만심에 차 있는 것처럼 보였다. 그가 논쟁을 좋아하고 남의 말을 대뜸 반박하기를 주저하지 않았기 때문이다. 존은 자신의 나이에 걸맞지 않은 문제에 대해서도 어른들과 대등하게 이야기하도록 키워졌다. 그는 어른들을 존경하지도 않았다. 그러나 제임스는 아들이 그렇게 버릇없이 행동한다는 걸 몰랐다. 아들이 아버지를 너무 무서워해서 아버지 앞에서는 항상 얌전하고 조용하게 지냈기 때문이었다(자서전, 36쪽).

존은 열네 살 되던 해에 프랑스로 잠시 '유학'을 가기로 했다. 벤담의 동생(새뮤얼 벤담 경) 집으로 가서 6개월 정도 머물 예정이었다. 그가 떠나기 전 날, 아버지는 런던 중심부의 하이드 파크 어느 구석에서 아들에게 조용히 이야기를 했다. 그가 앞으로 자기 또래에 비해 지적 수준이 높다는 것을 깨닫게 되더라도 그것은 자기가 잘나서가 아니라 그저 남다른 좋은 환경, 즉 수고를 아끼지 않고 아들을 가르칠 수 있는 아버지를 둔 덕분이라는 것을 잊지 말라고 당부했다. 이런 좋은 조건을 갖추고도 남보다 더 많이 알지 못하면 창피한 일이라는 것을 명심하도록 했다(자서전, 36~37쪽).

프랑스의 새뮤얼 벤담 가족은 존을 따뜻하게 맞아주었다. 다만 그가 책을 너무 많이 보지 않도록 세심하게 신경 썼다. 존이 프랑스에 도착하는 길로 집을 옮기면서 서재에 있는 책들은 모두 포장해버리는 등의 비책을 썼다. 그들은 가능하면 그를 혼자 내버려두지 않으려 했다. 그러나 그의 학구열은 막을 수가 없었다. 그는 프랑스어를 배우기 시작하면서 장문의 프랑스어 동화책을 외워버렸다. 그를 여행에 데리고 나서자 오고가는 길에 라신, 볼테르의 책을 읽었다.

존은 아버지에게 편지를 보내 자신이 잠시도 시간을 허투루 쓰지 않는다고 안심시켰다. 그의 하루 일정은 이랬다. "5시 기상, 강에 나가 8시까지 수영, 9시 반까지 프랑스어 교습, 10시까지 아침 식사, 10시 반까지 노래 연습, 10시 반부터 2시까지 프랑스어·희랍어·라틴어·수학·논리학·경제학 등 공부, 2시부터 4시까지 피아노 교습, 4시부터 5시까지 저녁 식사, 6시까지 승마, 7시까지 펜싱, 8시 반까지 댄스 레슨, 9시까지 차 마시기……." 열다섯 살 존 스튜어트 밀의 프랑스 생활이었다. 그는 학습 목표를 달성하기 위해 일찍 일어나고 늦게 잤고, 분 단위로 시간을 쪼개 활용했다(Mueller, 3쪽 참조).

그는 대륙의 공기를 너무나 좋아했다. 그래서 당초 6개월만 있을 예정이었으나 6개월 더 머물렀다. 프랑스 유학은 그에게 매우 소중한 시간이었다. 그가 세계 문제를 영국 기준으로 판단하는 과오를 범하지 않고 공평하게 바라보는 습관을 가지게 된 데도 이때의 경험이 크게 작용했다 (자서전, 54~58쪽).

그가 1821년 귀국하자 후원자인 존 스튜어트 경이 그를 케임브리지 대학에 보내라고 500파운드를 유산으로 남겼다. 케임브리지 대학의 한 교수도 그의 진학을 강권했다. 그러나 아버지는 단호하게 거절했다. 존이 이미 대학에서 배울 수 있는 것 이상의 지식을 습득했다고 생각했기 때문이었다.[4]

존 스튜어트 밀은 열일곱 살 되던 1823년에 아버지의 도움으로 동인도 회사에 취직했고, 그 회사의 통신 문서 심사부장으로 있던 아버지의 조수로 임명되었다. 부자가 같은 직장에 몸담게 된 것이다. 존은 직장인이 되면서 '아버지 학교'를 졸업했다. 이제 독립적이고 독창적인 사상가로 출발하게 된 것이다. 그는 1825년 무렵 독일어 공부를 시작하는 한편 친구 몇 명과 함께 정치경제학 독서 토론회를 조직했다. 공리주의 연구회 Utilitarian Society를 해체하고 토론 클럽Debating Society을 만든 것도 이즈음이었다(Packe, 74쪽).

존은 아버지 품을 떠났지만 아버지가 심어준 정신적 습관의 틀은 일생 동안 바꾸지 않았다. "여러 가지 어려움을 어중간히 해결해놓고 완전히 해결한 양 생각하지 말 것, 전체를 다 이해하기 전까지는 그 어떤 부분도 완전히 이해했다고 결코 생각하지 말 것." 그는 아버지로부터 물려받은 소중한 유산을 늘 소중하게 간직하고 살았다(자서전, 104~105쪽).

---

4 종교 문제도 한몫했다. 밀은 영국 국교회의 교의를 담은 39개 신조를 인정하지 않는 비국교도였기 때문에 옥스퍼드나 케임브리지 대학에 갈 수 없었다.

아버지와의 '결별'

아버지 없는 존 스튜어트 밀은 생각할 수가 없다. 존은 아버지가 만든 것이나 다름없다. 그러나 제임스 밀은 '무서운 아버지'였다. 아들이 존경할 수는 있어도 따뜻한 위안을 기대할 수는 없는 아버지였다. 그는 전형적인 영국 사람답게 감정을 밖으로 드러내는 것을 부끄럽게 생각했다. 자녀 교육에서도 부드러운 맛이 없었다. 그는 자녀 교육을 위해 애를 많이 썼지만 아이들은 아버지를 무서워했다. 아버지에게 애정을 느끼지 못했다. 그런 제임스도 만년에는 많이 부드러워졌다. 자녀들도 예전보다 많이 아버지를 따랐다. 그러나 장남인 존만은 그렇게 하지 못했다. 그에게 아버지는 여전히 어렵고 두려운 존재였다(자서전, 51쪽).

존은 십대 후반부터 잡지 편집과 언론 기고 등으로 현실 정치에 관여하기 시작했다. 아버지를 도와 급진주의 개혁 운동에 깊숙이 뛰어들기도 했다. 그러나 존은 성년이 되어서도 아버지 눈치를 봤다. 아버지의 주장이 마음에 안 들어도 제대로 반론을 펴지 못했다. 아버지가 싫어할 것 같으면 자신의 주장을 그냥 삭였다. 1836년 아버지가 세상을 떠나고서야 그는 비로소 자유 의지대로 행동했다. 그러나 사실 그는 그보다 훨씬 앞서 이미 아버지의 철학에 반기를 들었다. 20세 무렵 뒤늦게 사춘기적 번민에 빠져들면서 이성만 앞세우는 공리주의의 문제점을 생생하게 깨달은 것이다.

젊은 시절의 존은 아버지가 계획한 대로 벤담주의자로 길러졌다. 아버지의 교육은 이성적 논리와 분석에 치중하면서 감정의 중요성을 지나치게 낮게 평가했다. 제임스는 인류의 진보가 이기적인 감정을 계몽하는 지성의 힘에 의해 이루어진다고 확신했다. 또한, 정감을 진작하는 것은 부차적인 의미를 지닐 뿐이라며 감정을 등한시했다. 이성중심주의자 제임스 밀은 세상을 뜨는 마지막 날까지 공리주의 원칙을 "신조요, 교리요, 철학"으로, 나아가 "하나의 종교"로 섬겼다(자서전, 94~96쪽).

제임스의 아들답게 존은 16세 때 벤담의 책을 처음 읽고 큰 충격을 받았다. 이후 그는 벤담의 가르침대로 '세계의 개혁'을 인생의 목표로 삼았다. 자신의 행복은 이 목표와 전적으로 일치해야 한다고 생각했다. 존은 곧 몇몇 젊은이들과 공리주의 연구회를 결성한 뒤, 웨스트민스터에 있는 벤담의 집에 주기적으로 모여 공부했다.[5] 벤담주의자들의 기관지인《웨스트민스터 평론》의 발간도 주도했다(Shields, ix~x쪽).

그런 그에게 삶의 터전을 근본적으로 뒤흔드는 사건이 벌어졌다. 1826년 가을 어느 날, 존은 자문해보았다. "인생의 모든 목적이 달성되면 과연 행복할 수 있을까?" 그랬더니 "아니다"라는 답이 나왔다. 지금껏 그가 붙들고 살아온 공리주의 신념이 근저에서부터 무너지는 상황이 온 것이다. 그러면 이제 무엇으로 산단 말인가. 그는 "온몸에 맥이 빠지고 모든 것이 재미없고 시시해졌다". 유난히 조숙했던 그에게 때 아닌 사춘기가 찾아왔다.

그동안 존은 공리주의 교육을 받으면서 사물의 원인과 결과, 수단과 목적에 대한 분석에 전념했었다. 흔히 벤담주의자를 가리켜 "한갓 이치

---

5   밀은 자신이 그 연구회의 이름을 그렇게 지어서 공리주의자utilitarian라는 말이 널리 쓰이게 되었다고 말한다. 그러나 그 말을 밀이 직접 만든 것은 아니다. 골트Galt라는 목사가 자신의 소설에서 그 단어를 처음 사용했고, 밀이 그것을 보고 따라 쓴 것이다(자서전, 72쪽). utilitarian을 '공리주의자'로, utility를 '효용'으로 번역한 것은 19세기 말 일본 지식인들이었던 것 같다. 밀의《자유론》은 1859년에 출간되었는데, 일본 사람들은 13년 뒤에 이 책의 번역서를 냈다. 영어에 그리 능통하지 않았을 텐데 liberty를 '자유'로, right를 '권리'로 번역하는 등 숱한 번역어를 만들어낸 노력이 여간 대단하지 않다. 한 조사에 따르면 지금 우리가 사용하는 사회과학 용어의 대다수가 이때 일본 사람들이 만든 것이라고 한다. 우리는 영문도 모른 채 일본 사람들의 언어 세계에 편승해서 살고 있는 셈이다. 서병훈 옮김,《자유론》, 6쪽 참조.

만 따지는 기계"라고 말하는데, 존 자신이 그렇게 교육받았다. 공리주의
는 모든 도덕적·정신적 감정이나 성질이 관념 연합association의 결과라고
가르쳤다. 쾌락이나 고통이라는 것은 어떻게 인식되는가? 그것은 교육
이나 경험에 의해 유쾌하거나 고통스러운 관념이 결부된 결과이다. 따라
서 교육의 목적은 인류 전체에게 유익한 것에 쾌락의 관념 연합을, 해로
운 것에 고통의 관념 연합을 결부시키는 것이다. 그러나 이렇게 해서 생
긴 관념 연합은 인위적·우연적 요소가 들어가 있어서 결코 자연스럽지
않다. 결국 공리주의적 인식론은 신중한 사색과 통찰에는 더없이 도움이
되지만 감정의 문제는 턱없이 등한시한다.

　이제까지 존은 남을 동정하고 인류 전체의 이익을 위해 봉사하는 것이
행복의 원천이라고 굳게 믿고 있었다. 그러나 이것은 순전히 이론적인
차원의 접근이었을 뿐 진정한 자애나 동정에 뿌리박고 있지 않았다. 무
엇이 사람을 행복하게 만드는지 안다고 해서 그런 행복이라는 감정이 그
에게 생기는 것은 아니었다. 열정이나 미덕이 송두리째 무시되자 그동안
그가 소중하게 품었던 쾌락이나 기쁨이 설 자리가 없어졌다. 이제 도무
지 인생을 사는 보람을 느끼지 못하게 되었다. 존 스튜어트 밀은 이 시점
을 "내 청춘의 위기"라고 불렀다(자서전, 94~96쪽).

　그러던 어느 날, 밀은 우연히 마르몽텔[6]의 《회상록》을 읽다가 그의 가
족이 겪었던 어려운 일들 앞에서 하염없이 눈물을 흘렸다. 그 순간 밀은
자신의 마음속에서 감정이 완전히 죽어 없어진 것이 아님을 깨닫게 되었
다. 자신이 그저 나무나 돌같이 소망 없는 존재가 아니라는 생각이 들었
다. 이를 계기로 그의 마음이 가벼워졌다. 그는 인생의 평범한 일들에서

6　Jean-François Marmontel(1723~1799). 프랑스의 작가.

얼마간의 쾌락을 느낄 수 있게 되었다. 사회의 발전을 위해 노력할 때 그의 마음이 다시 약동하기 시작했다.

이런 경험을 통해서 밀은 이전과는 전혀 다른 인생관을 갖게 되었다. 그는 그 전에는 행복이 모든 행동률의 시금석이요, 인생의 목적이라고 확신했었다. 그러나 이제는 다른 목적에 집중할 때 행복을 느낄 수 있게 되었다. 그는 밤낮 행복을 꿈꾸고 행복을 위해 이리저리 궁리하지 않아도 행복은 절로 온다는 것을 깨달았다. 밀은 청춘의 위기를 통해 새로운 인생철학을 열 수 있었다(자서전, 112~120쪽).

아울러 그는 이성적인 분석뿐만 아니라 수동적인 감수성도 행복에 중요한 요소라는 사실을 알게 되었다. 또한 여러 능력들의 적절한 균형을 유지해야 한다는 것을 깨달았다. 그 결과 시와 예술이 인간의 교양을 넓히는 데 필수적이라고 생각하게 되었다. 밀은 이때부터 음악, 시, 미술 등으로 관심을 돌렸다. 그래서 이성적 분석에 치중한 로크, 흄, 하틀리 대신에 워즈워스, 괴테, 콜리지를 읽기 시작했다(자서전, 120~121쪽).

밀은 삶의 근본 문제를 놓고 정신적 위기를 겪으면서도 아버지에게 아무런 도움도 기대할 수 없었다. 아버지가 베푼 교육이 바로 그런 결과를 낳았기 때문이었다. 밀은 자신의 고민을 아버지에게 털어놓는 것이 서로에게 고통만 줄 뿐이라는 사실을 잘 알고 있었다. 아버지는 근본적으로 다른 생각을 가진 사람과 조용하게 대화할 수 있는 사람이 결코 아니었다. 그래서 밀은 그렇게 중요한 문제를 아예 입 밖에 내지 않았다.

그러나 아들은 아버지에게 교육받은 대로 혼자서 깊이 사색한 끝에 해답을 찾을 수 있었다. 역설적이지만 아버지의 '도움'에 힘입어 이제 아버지와 다른 길을 가게 된 것이다. 사람에게 이성뿐만 아니라 감성의 역할 또한 중요하다는 것[7]을 절실히 깨달은 순간, 아들은 아버지의 정신적 그늘에서 벗어나기 시작했다(자서전, 115·147~148쪽).

(2) 저술

밀은 참으로 여러 분야에 걸쳐 많은 글을 썼다. 논리학에서 경제학을 거쳐 정치학, 윤리학, 종교론 등 오늘날의 기준으로 인문·사회학 거의 모든 분야가 그의 관심 대상이었다. 그뿐만이 아니다. 밀은 식물 채집에 열중한 끝에 식물학 전문 잡지에 글을 싣는 '영광'도 누릴 수 있었다. 한마디로 그는 '르네상스형 지식인'의 전형에 가까웠다.[8]

밀이 처음 이론적 논문을 쓴 것은 16세 때인 1822년 여름이었다. 이 글에서 소년 밀은 귀족주의적 편견을 맹렬히 공격했다. 그해 연말에는 석간지《트래블러*Traveller*》에 두 편의 글을 투고했다. 경제학자 리카도가 발행인으로 있던 이 신문에 아버지를 공격하는 글이 실리자 이를 반박하는

---

7   밀은 자기 발전self-development을 행복의 열쇠로 본다. 이 발전은 세 차원, 즉 지적·도덕적·감성적 차원에서 골고루 이루어져야 한다. 밀은 지적 측면만 강조하지 않았다.《자유의 본질과 유토피아》4장 참조.

8   밀은 정신 수양이 행복의 요체라면서 교양의 연마를 강조했다. 그는 "지식의 원천에 대해 마음이 열려 있고, 어느 정도 정신 능력을 발휘할 수 있을 만큼 교육을 받은 사람"이면 다 교양인으로 불릴 수 있다고 보았다. 꼭 철학자가 되라고 주문한 것은 아니다(공리주의, 36쪽). 이와 관련해, 밀이 1867년 세인트앤드루스 대학의 명예총장에 취임하며 학생들에게 권면한 말을 음미해보는 것이 좋겠다(당시 영국 대학에서는 학생들의 투표를 통해 유명 인사를 명예총장으로 초빙하는 관행이 있었다). 밀은 우선 대학이 "숙련된 법률가, 의사, 기술자의 양성이 아니라 유능한 교양인을 기르는 것"을 목표로 해야 한다고 주장했다. 그는 점차 전문화, 세분화되는 현대 사회의 경향을 인지하면서도, "어느 하나를 제대로 알기 위해서는 나머지 전체에 무지한 것이 불가피하다면" 그런 지식이 인간에게 무슨 도움이 되겠느냐고 반문했다. 그는 다른 것은 다 배제한 채 오직 한 분야만 파고들면 사람의 마음이 편협해지고 왜곡될 수밖에 없다는 점을 걱정했다. 밀은 자기가 직업으로 삼는 분야에 대해 완벽한 지식을 가지면서 동시에 인간 삶의 모든 부분을 어느 정도는 알아야 교양인이라는 말에 부합될 수 있다고 강조했다(CW, 21·223~224쪽).

글을 쓴 것이다. 1823년 1월과 2월에는 《모닝 크로니클*Morning Chronicle*》에 종교에 관한 모든 의견이 자유롭게 공표될 수 있어야 한다는 논지의 글을 실었다.

그해에 벤담과 제임스 밀은 중산층 독자를 겨냥해 개혁 성향의 《웨스트민스터 평론》을 창간했는데, 존은 이 과정에서 주도적인 역할을 했다. 창간호에서 제임스 밀은 경쟁 상대인 온건 개혁 노선의 《에든버러 평론 *Edinburgh Review*》의 지난 글들을 총체적으로 분석, 비판하는 글을 썼다. 아들 존은 관련 자료를 전부 읽고 주요 논점을 노트로 만들어 아버지에게 주었다. 2호에 실린 속편은 아버지의 지도 아래 사실상 아들이 쓴 것이나 다름없었다. 존은 18호까지 모두 13편의 논문을 이 잡지에 실어 최다 투고자가 되었다.

존은 1829년과 1830년에 걸쳐 "정치경제학의 어려운 문제들*Essays on Some Unsettled Questions of Political Economy*"이라는 제목으로 5편의 논문을 썼다. 그는 이 글들을 모아 책으로 내기 위해 출판사에 보냈지만 거절당했다. 《정치경제학의 어려운 문제들》은 그가 학자로서의 위치를 굳힌 뒤인 1844년에야 출판되었다.

《웨스트민스터 평론》이 기대만큼의 성과를 거두지 못하고 끝나버리자 1834년 벤담주의자들은 다시 급진주의를 대변할 잡지로 《런던 평론 *London Review*》을 창간했다.[9] 존 스튜어트 밀은 이 잡지의 실질적인 편집장 노릇을 하며 1840년까지 고정적으로 원고를 썼다.

---

9   이것은 얼마 후 《웨스트민스터 평론》과 합쳐져 《런던-웨스트민스터 평론》으로 바뀌었다.

《논리학 체계》

이 무렵 밀은 첫 저서인 《논리학 체계》를 집중적으로 집필했다. 이 책은 1830년 그의 나이 스물네 살 때 처음 구상된 이래 13년이나 걸려 완성되었다. 밀은 1840년 가을에 초고를 완성한 뒤 한동안 묵혀두었다가 다음 해 4월부터 연말까지 처음부터 전부 다시 썼다.

밀은 《논리학 체계》에서 세상을 개혁할 보다 근본적이고 포괄적인 해답을 제시하고 싶었다. 그가 생각하기에는 사회 진보를 위해 당장 필요한 조치들을 탐구하는 것도 중요하지만 그것만으로는 불충분했다. 문제의 본질을 파고들기 위해서는 '생각의 이론' 그 자체를 다룰 필요가 있었다. 밀은 도덕과학이 비록 혼란스럽고 부정확하지만 모든 물리과학을 뛰어넘는 궁극적 과학이 될 수 있다는 것을 보여주고 싶었다. 도덕과학을 인과율 위에 정립하면 언젠가는 인간이 자신의 운명을 통제하는 날이 올 것이라고 믿었다(Packe, 266쪽).

밀은 이 책에서 당시 철학계를 지배하던 선험적a priori 인식론을 비판하고 이를 극복할 학설의 기초를 세우려 했다. 밀은 모든 지식이 경험에서 오며 도덕적·지적 성질이 주로 관념 연합에 의해 정해진다고 보았다. 따라서 그는 진리가 관찰과 경험을 떠나 직관이나 의식에 의해 인식될 수 있다는 것은 그릇된 생각이고, 이것이 당시 철학을 잘못된 길로 이끌고 있다는 것을 논증하려 했다(자서전, 178~180쪽).

직관주의는 윤리적 판단의 근거로 제1원칙의 존재를 강조한다. 그리고 인간의 타고난 도덕적 본능이나 감각, 능력이 제1원칙을 파악할 수 있게 해준다고 본다. 그러나 직관주의는 그것의 기초가 될 선험적 원리들을 구체적으로 논증하지 못한다. 이 원칙을 직접적으로 증명할 길이 없는 것이다. 그래서 직관주의자들은 기본 원칙이 그 자체로 자명하기 때문에 더 이상 논의할 필요가 없다든가, 아니면 그 원칙을 거부하거나 비판하는 것이 가능하지 않다inconceivable는 논리로써 자신들의 주장을 정당화하려 한다. 밀은 이런 직관주의를 비판하며, 사회과학의 지식은 선험적인 추론이 사후적인 관찰의 결과와 부합될 때 성립 가능하다고 주장했다(Packe, 256쪽). 그는 공리주의를 통해 직관주의적 도덕관의 문제점을 극복해나갈 수 있으리라고 생각했다. 효용 원칙이 도덕 이론의 궁극적 기준이 된다면서 공리주의가 직관주의보다 합리적·객관적 대안이 된다고 믿었다.

밀이 직관주의를 맹렬하게 비난한 또 다른 이유는 그것이 당시 사회의 윤리적 편견이나 모순을 정당화하는 데 악용된다고 생각했기 때문이다. 밀은 어려서부터 반동적 가치일수록 손쉬운 일반 가정을 토대로 한다는 것을 눈여겨봤다. 누구든지 일반 법칙을 발견, 정립하는 힘을 가지면 인간의 생각 구조 전체를 통제, 규정할 수 있다. 당시 기득권 계층이 그랬다. 보수적인 지식 계급은 거창하지만 명료하게 입증할 수 없는 주장들로부터 자기들의 목적에 가장 잘 부합하는 결론을 끄집어내는 데 탁월했다. 이때 직관주의가 동원됐다. 그들은 이성의 힘으로 설명하기보다 직관을 내세워 보편 진리로 포장하곤 했다(Packe, 251~252쪽).

따라서 구시대를 개혁하고자 하는 밀로서는 직관주의적 인식론으로 무장한 세력들과 힘든 싸움을 벌여나가지 않으면 안 되었다. 경험과 관찰이라는 '객관적' 기준을 받아들이지 않는 직관주의자들의 논리를 수용하게 되면, 자유도 다수 사람들이 자의적으로 정한 기준에 의해 왜곡, 변질될 가능성이 높다. 교양 없는 다수의 호불호가 도덕의 기준이 되는 상황이 도래한다면 자유는 심대한 위협에 직면하게 될 것이 분명했다. 밀이 직관주의를 극복하기 위해 애쓴 보다 근본적인 이유가 바로 여기에 있었다(Ryan 1970, xii~xv쪽).

1841년 연말, 밀은 드디어 《논리학 체계》를 완성하고 부푼 마음으로 출판사에 보냈다. 그런데 원고를 받은 출판사가 오래 붙들고 있다가 분명하지 않은 이유를 대며 출판을 거절했다. 그 정도 이유라면 애당초 거절하면 됐을 일이었다. 밀은 다른 출판사에 원고를 맡겼고 이윽고 1843년 봄 《논리학 체계》가 두 권의 책으로 나왔다. 그런데 이 책이 예상 밖의 성공을 거두었다. 이 책의 성공은 밀 자신도 기대하지 않았던 일이었다. 이렇게 추상적인 문제에 대한 저술은 오로지 학구적인 사람들이나 읽을 텐데, 영국에서는 그런 사람들이 주로 존재론적이고 본유 관념을 내세우는 반대쪽 학파에 기울어 있었다. 밀은 그저 보다 나은 철학의 전통을 이어간다는 보람을 느끼고 싶었을 뿐, 더 이상의 기대는 접고 있었다. 그런데 이 책은 밀 생전에 7쇄까지 인쇄되었다(자서전, 178~181쪽). 《논리학 체계》의 성공으로 밀은 대사상가의 반열에 오르게 되었다.

《정치경제학 원리》

밀의 그다음 주요 저서인 《정치경제학 원리》는 1848년 4월에 출판되었다. 이 책은 아내 해리엇의 입김이 작용한 첫 작품이라 밀에게는 기념비적인 의미가 있었다.

《정치경제학 원리》는 그 어느 저술보다 빨리 써졌다. 1845년 가을에 집필에 들어가 1847년 3월에 초고가 완성되었다. 그런 다음 그는 늘 하던 방식대로 12월까지 원고를 처음부터 다시 썼다. 전체적으로 2년 남짓한 시간이 걸렸는데 그나마 그중 6개월간은 아일랜드 문제에 대한 글을 쓰느라 이 책에 신경 쓸 여유가 없었다. 그러니 실질적으로는 1년 반 만에 방대한 분량의 책을 써낸 셈이었다.[10] 더구나 밀이 이 분야에 대해 특별히 공부를 많이 한 것도 아니었다. 1829년과 1830년에《정치경제학의 어려운 문제들》을 쓴 이후 경제학 책을 거의 읽지 않았던 것이다(Packe, 310쪽).

밀은 이 책을《논리학 체계》의 후속편으로 생각했다. 첫 책이 총체적 지식 이론을 다루었다면 두 번째 책은 인간의 활동 영역 중 하나인 정치 경제학을 세밀하게 탐구했다(Packe, 296쪽). 두 권으로 나온 이 책 역시 대 성공을 거두었다. 1쇄 1,000부가 1년도 안 돼 매진되자 이듬해 봄에 2쇄 1,000부를 찍었다. 이어 1852년 초에 3쇄 1,250부를 찍었다. 또한 출판 6 개월 만에 미국판을 냈고, 곧이어 여러 외국어로 번역되었다.《정치경제 학 원리》는 경제학 교과서로서 즉각적이고 지속적인 영향력을 발휘했 다.[11] 밀은 자신의 책이 좋은 반응을 얻게 된 것은 경제학을 고립된 학문 이 아니라 사회철학의 한 분과로 다루었기 때문이라고 생각했다. 추상적 학술서로 만들지 않고 응용 성격을 가미한 것이 대중의 마음을 끌었다는 것이다(자서전, 187~188쪽).

죽음 앞에서 글쓰기

1850년대 들어 밀과 해리엇 둘 다 건강이 나빠졌다. 밀에게 둘 중 하나 가 먼저 죽을 수 있다는 위기감이 엄습했다. 밀은 자기가 쓴 글이 해리엇 의 손을 거치지 않는다는 것을 생각할 수도 없었다. 두 사람에게 남은 시 간이 얼마인지 모르지만, 밀은 그동안 계획했던 글들을 가능한 한 빨리 쓰기로 마음먹었다. 출판은 나중 문제이고 일단 초고라도 서둘러 쓰기로

---

10 이 책은 2010년 박동천 교수에 의해서 우리말로 번역, 출판되었다.
11 1919년 마셜Alfred Marshall의《경제학 원리*Principles of Economics*》가 나오기까지 밀의 이 책 이 옥스퍼드 대학의 경제학 핵심 교과서로 계속 채택되었다.

했다.《논리학 체계》와《정치경제학 원리》가 그가 앞으로 작업할 것들의 서론 격으로서 제1원리를 담았다면, 이제 그 원리들을 일상의 다양한 실제 문제에 적용하는 중요한 과제가 그를 기다리고 있었다. 밀은 자신의 저술이 당장 사람들에게 큰 효용을 주지 못하더라도 전문가들이 시간을 두고 읽고 전파할 수 있게 기본 틀 위주로 쓰기로 했다.

밀은 해리엇과 함께 향후 작업 목록을 작성했다.《자유론》,《공리주의》,《대의정부론》 등 그의 후기 저술 대부분이 그 목록에 들어 있었다. 그의 사후에 출판된《사회주의론Chapters on Socialism》과《종교론》도 포함되었다. 밀은 1854년 2월 해리엇에게 편지를 보내 "목록에 따라 작업하는 데 2년이면 충분할 것 같다"고 자신했다. 밀은 절박한 심정으로 글을 써 나갔다. 죽음이 손을 뻗쳐 오기 전에 얼마나 끝낼 수 있을지는 아무도 모르는 일이었다. 밀은 "우리가 써야 하는 것을 우리 둘이 같이 살아서 같이 작업할 수 있기를 간절히 소망"했다(Packe, 367~368·371쪽). 그의 간구는 헛되지 않았다.

《자유론》

밀의 저서 가운데 가장 널리 알려진《자유론》은 해리엇이 젊었을 때 쓴 〈관용론〉을 출발점으로 한 것이었다. 밀은 1854년에 그 논지를 이어받은 짧은 에세이를 써두었다. 그다음 해 정월에 그가 로마의 유피테르 신전 계단을 올라갈 때 그것을 확대해 한 권의 책으로 써야겠다는 생각이 떠올랐다. 밀의 모든 저서 가운데 그가 가장 세심하게 쓰고 가장 철저히 수정한 것이 바로《자유론》이다. 밀은 이 책이《논리학 체계》를 제외하면 자신의 어느 저술보다 더 생명력이 길 것이라고 믿었다.

그는 늘 하던 대로 두 번 원고를 쓴 뒤 그대로 간직하고 있었다. 그러다가 가끔 꺼내서 문장 하나하나를 읽으며 전부 새로 고쳐 썼다. 원래 계획은 그가 공직에서 물러난 뒤 1858~1859년 겨울을 남유럽에서 보내며 마지막으로 손본다는 것이었다. 그런데 갑자기 해리엇이 죽음을 맞고 말았다. 밀은 원고를 그 상태 그대로 출판사에 보냈다.[12] 그녀의 영전에 고스란히 바치고 싶어서였다. 비록 그녀가 최후 수정을 하지는 못했지만, 밀은 《자유론》이야말로 글자 그대로 두 사람의 합작품이라고 생각했다(자서전, 197~199쪽). 1859년에 나온 《자유론》의 첫 장에는 해리엇에게 바치는 밀의 헌사가 길게 실려 있다.[13]

《자유론》은 "남에게 해를 끼치지 않는 한" 개인의 자유는 절대적으로 보장되어야 한다고 주장한다. 밀은 이것이 '자유의 기본 원리'라고 했다. 《자유론》은 사실 자유의 이름으로 개별성individuality의 중요성을 역설하는 책이다. 전통과 관습, 여론 등 개인 고유의 포부와 색깔을 압살하는 '다수의 횡포'에 대한 염려가 《자유론》을 관통하는 근본 문제의식이다.

---

12 밀은 1858년 11월에 출판사에 편지를 보내 '원고에 편견이나 실수가 있을지 모르니 찬찬히 훑어봐 줄 것'을 요청했다. 그리고 《정치경제학 원리》처럼 자기 몫의 이윤을 반으로 해서 싸게 보급판을 만들자고 제안했다.

13 "진리와 정의에 관한 높은 식견과 고매한 감정으로 나를 한없이 감화시켰던 사람, 칭찬 한 마디로 나를 무척이나 기쁘게 해주었던 사람, 높은 평가를 받을 수 있는 내 모든 글에 영감을 주었고 따라서 그 글들을 나와 함께 썼다고 해도 좋을 사람, 함께했던 사랑스럽고 아름다운 추억, 그리고 그 비통했던 순간을 그리며 나의 친구이자 아내였던 바로 그 사람에게 이 책을 바친다. 지난 오랜 세월 동안 내가 쓴 다른 글들과 마찬가지로, 이 책 역시 그녀와 내가 같이 쓴 것이나 마찬가지다. 그러나 여느 때와 달리 이 책은 그녀의 수정을 받지 못했다. 특히 가장 중요한 몇몇 부분은 그녀의 세심한 재검토를 받기 위해 남겨놓았는데 그만 뜻하지 않은 그녀의 죽음 때문에 이 모든 기대를 접을 수밖에 없게 되었다. 그 무엇과도 비교할 수 없을 만큼 소중한 기회를 놓쳐버리고 만 것이다. 그녀는 참으로 깊고 그윽한 지혜의 소유자였다. 이제 그 도움을 받지 못한 채 쓰는 글이란 얼마나 보잘것없을까. 내가 그녀의 무덤 속에 묻혀버리고 만 그 위대한 생각과 고상한 감정의 절반만이라도 건져낼 수 있다면, 그로부터 내가 얻는 혜택은 이루 말할 수 없는 정도일 것이다."

흔히 밀을 자유의 수호성인으로 간주하지만, 그는 이 책에서 인간이 지향해야 할 가치(자기 발전)와 남에 대한 배려(사회성)라는 양대 축을 바탕으로 '품격 있는 자유'를 지향한다. 일찍이 플라톤이 질타했듯이, 밀 역시 '마음 내키는 대로 하는 것'을 자유라고 부르지 않는다.[14]

《대의정부론》과 《공리주의》

1861년에는 밀의 "성숙한" 정치 이론을 담은 《대의정부론》이 출판되었다. 밀은 이 책에서 대의민주주의가 "가장 이상적인 정부 형태"라고 전제한다. 직접민주주의에 대한 환상을 비판하면서 토론과 숙의를 통한 질 높은 민주주의를 지향한다. 밀은 대의민주주의가 원활하게 작동하기 위해서는 계급 입법class legislation을 반드시 차단해야 한다면서 사려 깊은 분별을 촉구한다. 그는 교육 수준이 높은 엘리트가 상대적으로 발언권을 더 가지는 것이 바람직하다면서 비례대표제, 차등 투표제 등을 주장했다. 밀은 대중 민주주의의 취약점을 보완할 자신의 이런 구상에다 "숙련 민주주의"라는 이름을 붙였다.[15]

이후 밀의 관심은 사회 윤리 쪽에 집중된다. 그는 해릿엇의 생애 마지막 무렵에 쓴 미발표 논문들에다 몇몇 다른 글을 더해서 1863년에 《공리주의》를 펴냈다. 이 책은 질적·양적 쾌락을 구분함으로써 공리주의 윤리학을 벤담주의를 넘어 보다 원숙한 경지로 끌어올린 것으로 유명하다. 그러나 《공리주의》가 고통과 쾌락과 효용만 강조하는 것은 아니다. 이

---

14 같은 맥락에서 《자유론》은……제목과 달리 자유가 아니라 진보를 다룬 책이다……진보를 보장하는 한에서만 자유 보호에 관심을 둔다……인류의 진보라는 집단 목표를 이루는 데 적합한 개인주의를 보전하고자 한다"(Turner 2016, 100쪽)라는 다소 과격한 해석도 주목할 필요가 있다.
15 4부 참조.

책은 다른 사람에 대한 배려가 참된 행복의 비결임을 분명히 한다. 공리주의자 밀이 지적 교양보다 사회성sociality을 먼저 내세우고 있다는 사실을 기억해야 한다.

《존 스튜어트 밀 전집》

1869년에 나온 《여성의 종속The Subjection of Women》은 남녀평등을 주장해온 밀의 생각을 잘 담고 있다. 그는 이 책의 초고를 오래전 아비뇽 집에서 쓴 뒤 가끔 꺼내 손보다가 세상에 가장 유익하겠다 싶은 시점을 골라 출판했다(사서선, 208~209쪽). 《여성의 종속》이 과거에 해리엇이 쓴 논문 〈여성의 참정권The Enfranchisement of Women〉을 바탕으로 한 것이라고 생각하는 사람이 있는데(Packe, 370쪽 참조) 밀은 이를 완강히 부인한다. 해리엇을 만나기 전에 이미 그런 생각의 얼개를 갖추고 있었다는 것이다. 그러면서도 밀은 이 책이 해리엇의 심오한 사상을 담아내는 데 실패했다고 밝힌다(자서전, 193쪽).

밀의 《자서전Autobiography》은 그의 저술 가운데 무게가 결코 만만치 않은 책이다. 밀은 일찍부터 해리엇과 함께 자신들의 정신적·지적 삶의 궤적을 기록할 필요성을 느꼈다. 그는 이 작업을 "신성한 의무"로까지 여겼다. 두 사람은 1854년에 일단 초고를 끝냈다. 그러나 그것은 1840년까지의 '젊은 밀'만을 기록한 것이라서 온전한 의미의 자서전이 될 수 없었다. 밀은 해리엇이 유명을 달리한 뒤 10년 이상 시간을 끌다가 1870년에 자신의 생애 후반부를 담은 결론 부분을 완성했다. 1873년 밀이 세상을 떠난 직후 출판된 《자서전》은 밀의 정신적 성장 과정을 세밀하게 기록한 흥미로운 책이다. 그는 이 책에서 자신이 아버지로부터 받은 교육의 내용을 가감 없이 보여주었고, 그가 해리엇을 만나 그녀를 반려자로 승화시켜나가는 과정도 기록했다. 또한 이 책에는 밀이 만나 교유한 쟁쟁한 인사들의 여러 면모와 그가 정치 현장에 참여하게 된 배경 등도 담겨 있다. 인간 존 스튜어트 밀을 이해하기 위해서는 반드시 읽어야 할 책이다.

그 외에 《종교론》(1874)과 《사회주의론》(1879)이 그의 사후에 출간되었다. 《종교론》은 무신론자로 알려진 밀의 또 다른 측면을 보여주고, 《사회주의론》은 그가 사회주의의 윤리적 목표에 경도된 이유를 짐작하는 데 도움을 준다.

밀은 이상에서 언급되지 않은 수많은 다른 저술도 남겼다.[16] 1991년 캐나다의 토론토 대학 출판부가 총 33권의 《존 스튜어트 밀 전집Collected Works of John Stuart Mill》을 완간했다. 이 전집에는 그의 저서뿐만 아니라 그의 편지와 연설문, 심지어 어린 시절의 학습 노트까지 포함돼 있다. 이 전집의 제목만 일별해도 밀이 얼마나 위대한 저술가인지 분명해진다.[17]

(3) 글쓰기

밀의 글 쓰는 방식은 독특했다. 그는 쓰고자 하는 주제가 생기면 일단 관련된 자료들을 샅샅이 뒤져 읽으며 깊이 천착했다. 충분히 준비가 되었다 싶으면 그제야 자리에 앉아 쓰기 시작했다. 작업하다가 문제가 생

---

16 1907년 《옥스퍼드·케임브리지 평론Oxford and Cambridge Review》에 실린 〈사회적 자유론 On Social Freedom〉이라는 글은 한때 밀의 저작으로 알려지면서 큰 관심을 불러일으켰다. 그가 말년에 보여준 경향, 즉 자유주의와 개인주의에서 사회주의와 이상주의로 옮겨 가는 과정을 설명해줄 중요한 자료로 보였기 때문이다. 그러나 리스John C. Rhees가 밀의 저작이 아니라는 연구 결과를 내놓으면서 없던 이야기가 되었다.

17 'Online Library of Liberty : A collection of scholarly works about individual liberty and free markets'에 들어가면 밀의 모든 저작을 자유롭게 들여다볼 수 있다.

기면 불도그처럼 꿈쩍도 하지 않았다. 문제가 해결될 때까지 절대 그냥 두지 않고 고민에 고민을 거듭했다. 그리고 다시 글을 썼는데, 마음에 들 때까지 쉬지 않고 고쳐 썼다. 언제나 적어도 두 번은 다시 고쳐 썼다(Packe, 431쪽).

밀은 일단 초고를 쭉 써놓은 다음 시간을 두고 손봤다. 초고를 쓸 때 일단 자기가 다루어야 할 문제를 전부 끄집어냈다. 다루어야 할 중요한 내용을 불완전하게나마 모두 종이 위에 기록해놓으면 전체적인 구상이나 표현의 자세한 부분을 고치고 다듬는 2차 작업에 힘이 덜 든다고 생각했다. 그는 처음 초고를 쓸 때 글의 배열 문제에 가장 신경을 많이 썼다. 배열이 잘못되면 사상을 연결시키는 실이 꼬이면서 생각이 올바로 전개되지 못하기 때문이다.

밀은 일정한 정도의 '숙성 시간'을 둔 뒤 초고를 처음부터 전부 다시 썼다. 이때 다시 써도 더 좋아지지 않을 것처럼 보이면 그냥 원본 그대로 두었다. 그는 이렇게 두 번 쓰는 방식이 매우 유익하다고 확신했다. 처음 구상의 신선함과 힘찬 맛을 잃지 않은 채 두고두고 생각하며 손볼 수 있어서 주장과 논리가 더욱 정확하고 완전해진다는 것이었다(자서전, 178쪽).

밀은 무수히 많은 저술을 남겼지만 결코 전업 작가의 여유를 누리지 못했다. 그는 52세에 동인도회사를 퇴직할 때까지 오직 퇴근 후의 여가 시간이나 주말, 그리고 휴가를 이용해서 글을 쓸 수 있었다. 밀은 회사 업무를 비교적 신속하게 처리하는 편이었다. 서너 시간 정도면 하루 일을 모두 끝낼 수 있었다. 나머지 두세 시간은 방문객을 만나거나 집필하는 데 사용했다. 《논리학 체계》나 《정치경제학 원리》 같은 그의 초기 대작들의 상당 부분을 이런 자투리 시간을 이용해서 썼다. 물론 여러 사람에게 편지를 쓰는 것도 빼놓을 수 없는 그의 일과 중 하나였다.

밀은 각종 신문이나 잡지에도 많은 글을 썼다. 그러나 그는 그런 글을 별로 좋아하지 않은 모양이다.

신문이나 잡지에 글을 써서 생활하는 것은 문학이나 사상 방면에서 뭔가를 할 수 있는 사람에게는 부적절하다. 생활 방도가 불확실할 때는 양심을 가지고 글을 쓰기가 어렵기 때문이다. 동시에 생활 수단으로 쓰는 글은 생명이 없을 뿐 아니라 필자 또한 최선을 다하지 못하게 된다. 괜찮은 사상을 담은 글은 쓰는 데 너무 오래 걸리고, 또 쓴다 해도 너무 늦게 세상에 알려지기 때문에 생활 수단으로서는 도움이 안 된다. 그렇기 때문에 글을 써서 생활을 도모하는 사람은 부득불 시시하거나 대중 영합적인 글을 만들어내기 쉽다. (자서전, 74쪽)

밀은 무릇 지식인이라면 영혼을 담은 글을 써야 한다는 것을 명징하게 일깨워준다. 역시 글로 승부를 내는 사람다운 생각이다. 이 점에서도 그는 아버지의 생각을 그대로 이어받은 것 같다. 제임스 밀 역시 신문이나 잡지에 글 쓰는 것을 그리 탐탁해하지 않았다.[18]

밀은 자신이 살아온 삶의 궤적에 만족을 느낀 것 같다. "돈과 명예를 함께 누릴 수 있는 전문 직업, 이를테면 아버지가 권고했던 변호사 같은 직업을 선택하지 않은 것을 조금도 후회하지 않는다"라고 술회한 것으로 미루어 알 수 있다(자서전, 75쪽).

---

18 제임스 밀은 《웨스트민스터 평론》 창간호를 낼 무렵에 이런 말을 남겼다. "신문과 잡지의 글은 다른 책들처럼 시간을 두고 성공을 기다릴 수는 없다. 대번에 성공하지 않으면 숫제 성공할 수 없다……따라서 독자 대중이 이미 품고 있는 의견들을 내세우거나 선전할 뿐, 그것들을 시정·개선하려 하지 않는 것이 통례이다."(자서전, 81쪽).

2. 예민한 열정

토크빌의 인생 정점은 일찍 찾아왔다. 1835년, 그의 나이 서른에《미국의 민주주의》는 섬광처럼 타올랐다. 그리 두드러질 것 없는 그의 성장 과정을 돌아보면 토크빌이 그 젊은 나이에, 그것도 1년 남짓한 짧은 시간에 그런 대작을 쓸 수 있었다는 것이 여간 신기하지 않다. 그러나 토크빌은 자신이 그 책의 기본 구상을 이미 10년 전부터 가다듬고 있었다고 밝혔다. 아메리카 대륙으로 떠난 것도 그 생각을 직접 자기 눈으로 확인하고 싶어서였다고 했다. 또 하나, 토크빌은 시대의 문제를 온몸으로 마주하며 천착했다. 그는 무엇보다 프랑스의 지식인이었다. 조국의 위기에, 부름에 혼신의 힘을 다해 답을 찾았다. 토크빌은 실천하는 지식인이었다. 그의 글쓰기는 처연하기까지 했다.

(1) 소리 없이 피는 꽃

토크빌은 썩 좋지 못한 교육 여건 속에서 어린 시절을 보냈다. 심신이 쇠약한 어머니는 따로 파리에 거처를 마련해 머물렀고, 막내아들 토크빌은 아버지의 근무지로 여기저기 따라다녀야 했다. 게다가 토크빌 스스로가 예민했고 튼실하지 못했다. 그러나 그가 우울하거나 외롭게 유년 시절을 보낸 것은 결코 아니었다. 그의 옆에는 부모 노릇을 대신해주는 늙은 가정교사 르쬐르 신부Abbé Louis Leseur(1751~1831)가 있었다.

르쬐르 신부는 원래 아버지 에르베의 선생이었다. 그는 어린 나이에 고아가 돼버린 에르베를 잘 돌봐주었다. 프랑스 대혁명으로 정권이 바뀐 뒤 르쬐르는 새 체제에 대한 충성 서약을 거부했고 그로 인해 위험에 처했다. 이때 에르베가 나서서 그를 외국으로 피신시켰다. 세월이 흘러 시대가 바뀐 뒤 르죄르는 다시 토크빌 집안과 인연을 맺어 에르베의 세 아들을 가르쳤다.

르죄르 신부[19]는 특히 막내에게 각별한 애정을 쏟았고, 그가 "장차 현명한 행정가나 뛰어난 웅변가 또는 유명한 외교관이 될 것"이라고 예언했다. 토크빌은 신부에게 읽기, 쓰기, 라틴어, 고전을 배웠다. 신부는 엄격한 신앙생활을 추구한 것으로 미루어 얀센주의에 공감했던 것 같다. 그가 토크빌의 신앙에 큰 영향을 끼쳤음은 물론이다. 신부는 어린 토크빌의 인생에서 든든한 버팀목이었다.

토크빌은 한때 케르고를레의 영향으로 군인이 될 생각을 했다. 그래서 1823년 무렵 생시르 육군사관학교에 들어가기 위해 수학 공부를 했다. 그러나 르죄르 신부가 "저런 두뇌에다 군모를 씌운다는 것은 말도 안 된다"며 극력 반대했다. 그는 케르고를레에게 "너나 잘하라"고 야단을 쳤다(Jardin 1988, 41·68쪽).

신부는 때로 너무 구식인데다 아이들을 버릇없이 길렀다는 비판을 받기도 한다. 아저씨뻘인 샤토브리앙은 언젠가 토크빌이 너무 응석받이 유년 시절을 보냈다면서 신부에게 화살을 겨누기도 했다. 그러나 그것은 사실이 아니다. 이 예민한 아이가 다른 아이들보다 더 많이 놀았을지는 몰라도 신부가 그의 유년 교육을 소홀히 한 것은 결코 아니었다. 몇 년 뒤 메츠에서 학교를 다닐 때 토크빌은 수사학 과목에서 최우등상을 받았다. 신부는 그가 오래전부터 준비해왔기 때문에 당연한 결과라고 말했다(Jardin 1988, 41~42쪽).

---

19   토크빌 형제는 그를 '아베Abbé(신부)'라고 불렀다.

토크빌은 이런 선생에게 깊은 애정을 느꼈고, 자기 인생의 두 기둥으로 마리와 함께 그를 꼽았다(Grovan, 586쪽). 1831년 선생이 세상을 떠났을 때 토크빌은 미국 여행 중이었다. 그는 즉시 바로 위의 형에게 절절한 슬픔이 담긴 편지를 보냈다. "그분은 나에게 아버지만큼이나 소중한 사람이었어⋯⋯나는 세상에서 가장 귀중한 사람을 잃었어. 10년이 지나도 오늘의 이 슬픔은 잊히지 않을 거야."(Jardin 1988, 40~41쪽).

학교생활

토크빌은 열여섯 살 때 처음 학교에 들어갔다. 메츠에 있는 고등학교였다. 이 학교는 당시 지역 명문으로, 파리이공대학Ecole polytechnique 입학 준비 학교로도 이름이 높았다. 학교에 들어간 것은 그의 인생에서 중요한 계기가 되었다. 그동안 귀족 사회의 폐쇄적인 분위기에 갇혀 있다가 비로소 친구들을 스스로 선택해 사귀게 되었기 때문이다.[20] 르죄르 신부는 그가 동성애 분위기에 휩쓸릴까 봐 염려하기도 했다.

이 학교는 과학과 문학 강의가 수준급이었다. 그러나 토크빌이 정확하게 무엇을 배웠는지는 확인할 수 없다. 수사학과 철학을 열심히 들은 흔적은 남아 있다. 영어 과목은 없었다. 그러나 신부의 편지를 보면 그가 영어를 어느 정도는 알고 있었던 것 같다.

토크빌이 젊어서 어떤 책을 읽었는지는 잘 알 수 없다. 어려서 쓴 글도 남아 있지 않은 것으로 봐서 그가 늦된 아이였을 가능성도 있다. 토크빌은 여느 천재들과는 달리 조숙함과 관련된 일화를 남기지 않았다. 그는 학교에 들어가서 비로소 날개를 펴기 시작한 듯하다. 그는 책을 한번 잡

---

20   여기서 그는 평생 친구 스토펠을 만났다.

으면 파고들며 깊이 숙고했다. 심심풀이로 설렁설렁 읽지 않았다.

그는 문학, 미술, 음악 등 프랑스의 예술이 꽃피던 시기를 살았지만, 미술 말고는 예술을 별로 즐기지 않았다. 나이 들어 시니어와 나눈 대화 중에 그는 라신을 제외한 다른 시인들을 낮게 평가했다. "프랑스 시 중에서 읽을 만한 것이라고는 세련된 형식의 오락적인 것뿐"이라고 냉소를 보냈다. 젊었을 때는 한동안 라마르틴의 작품에 흥미를 느꼈지만 그것도 오래가지 않았다. 또한 그는 소설을 안 좋아했다. 가공의 감정에 휘말려들 이유가 없다고 생각했다. 우울한 결말의 소설은 특히 싫어했다. "무엇 때문에 사서 그런 고통스러운 감정에 빠져들려 하는가?"라고 반문하기도 했다(Brogan, 67~68쪽).

진로

토크빌의 아버지는 젊어서 군인이 되고 싶어 했다. 두 형도 군인의 길에 관심이 있었다. 그러나 아버지는 막내아들이 장차 왕실에서 일하기를 기대했다. 귀족 체제가 복권되면 국가에 봉사할 길이 있으리라고 생각했다. 토크빌도 어려서부터 정치의 길에 관심이 있었다. 뛰어난 웅변가에다 정치 지도자가 되고 싶었다. 그가 고등학교 때 쓴 에세이 중 하나는 유창한 연설에 관한 것이었고, 다른 하나는 고대 그리스의 웅변가 데모스테네스를 찬양하는 것이었다. 그가 하는 모든 공부, 저술, 활동은 장차 정치 세계에 입문하기 위한 준비 과정이었다(Brogan, 68쪽).

그러나 토크빌이 고등학교를 졸업했을 때, 정치는 가능한 선택지가 아니었다. 당시에는 선거법상 40세까지는 피선거권이 인정되지 않았기 때문이다. 투표권도 30세가 되어야 행사할 수 있었다. 그렇다고 아버지처럼 행정부에 들어가 일하는 것도 그의 관심사가 아니었다. 그는 아버지가 그랬듯이, 정치적 이유 때문에 이 지방 저 지방으로 부임지를 옮겨 다녀야 하는 것이 큰 불만이었다. 거기에다 정상적인 방법으로는 승진하기도 쉽지 않았다. 아버지의 분노와 실의를 옆에서 지켜봤던 토크빌인지라 행정부 쪽 진출은 아예 그의 검토 대상에서 제외되어 있었다. 그는 일단 법조계로 진로를 잡았다. 그 분야가 "자신에게 진실할 수 있으면서 동시에 전문 기능을 수행할 수 있는" 곳으로 보였다. 그가 그쪽 방향으로 마음을 굳힌 데는 외증조부와 외조부가 법조계 출신이었던 것도 긍정적으로 작용했다(Brogan, 58쪽). 토크빌은 1823년 파리에서 법학 공부를 시작했다. 그러나 그는 법학 공부에 흥미를 느끼지 못했다. 그에게는 교과목이 너무 무미건조했다. 성적이 좋을 리가 없었다. 그럭저럭 과정을 마치고 라틴어와 프랑스어로 두 편의 졸업 논문을 썼다. 그러나 그 어디에도 장차 《미국의 민주주의》를 쓸 위대한 저자의 면모는 보이지 않았다. 그는 법률 학교를 다니는 동안 토론 클럽에서 잠시 활동하면서 사형제 폐지, 장관의 책임, 장자 상속제 등을 주제로 토론을 벌였다(Jardin 1988, 68~70쪽).

1826년 공부를 마친 토크빌은 형 에두아르와 함께 이탈리아와 시칠리아로 여행을 떠났다. 4개월 정도 여행하는 동안 토크빌은 노트에 이런저런 기록을 길게 남겼다. 그중에서는 꿈속의 환상을 통해 로마제국의 몰락을 묘사한 에세이와 시칠리아 사람과 나폴리 사람의 대화를 통해 자유의 조건과 효과를 설파한 습작이 눈에 뜬다. 친구 보몽은 꽤 긴 분량의 그 글을 읽고서 장차 토크빌이 크게 될 싹이 엿보인다는 평을 남겼다(Jardin 1988, 70~71쪽).

토크빌은 1827년에 베르사유 법원의 심의관juge-auditeur으로 사회에 첫발을 내딛었다. 아버지 덕분에 심의관이라는 자리를 얻었지만 그것은 그를 위한 위인설관爲人設官에 가까웠다. 그는 임무가 정확하게 규정되지 않고 보수도 없는, 일종의 견습생이었다. 토크빌은 집안의 여망에 따라 일을 맡기는 했으나 아무런 열정도 느낄 수 없었다. 외증조부 말제르브의 영향력이 살아 있던 때라 그가 마음먹기에 따라 출세의 길이 열릴 수 있었지만 그의 눈길은 다른 곳을 향했다. 그는 그때 정계 진출의 야망을 키우고 있었다. 문제는 당시의 선거법 규정 때문에 그가 하원 의원에 출마하려면 40세까지 기다려야 한다는 것이었다.[21] 자칫하면 평생을 법조계에 머물러 있어야 할지 모른다는 생각에 그는 실의에 잠겨야 했다. 토크빌은 얼마 후 대체 판사로 승진했다(Jardin 1988, 76~77쪽).

이 무렵 토크빌은 비로소 공부다운 공부를 했다. 역사 공부를 시작한 것이다. 베르사유에서 사귀기 시작한 보몽과 같이 책을 읽고 토론했다. 영국사에 관한 책을 읽었고, 프랑스 혁명 등 프랑스 역사도 집중 공부했다. 그는 1829년 보몽에게 편지를 보내 "우리가 정치를 하려면 인간의 역사, 특히 바로 앞선 세대의 역사를 알아야 해. 역사 일반(통사)을 공부하면 무엇보다 인간의 삶 전반에 대한 생각의 큰 틀을 확립할 수 있지"라고 말했다(Jardin 1988, 81쪽). 인간을 이해하기 위해 역사를 공부한다는 것이었다.

두 사람은 역사 공부를 하는 동안 당대의 프랑스 대표 지성인 기조[22]에

---

21 1830년 혁명으로 출마 가능 연령이 30세로 낮아졌다.
22 François Pierre Guillaume Guizot(1787~1874). 프랑스의 역사가, 정치인. 7월 왕정 체제에서 외무 장관과 총리를 지냈고, 1848년 2월 혁명 전까지 프랑스 정치권의 핵심 인물이었다. 《유럽 문명사Histoire de la civilisation en Europe》, 《프랑스 문명사Histoire de la civilisation en France》 같은 저서를 남겼다. 젊은 시절에 토크빌은 기조의 강의를 듣고 깊은 감명을 받았다. 그러나 정계에 들어간 뒤에는 기조와 정면 대립했다. 역사학자 기조는 존경의 대상이었지만 정치인 기조는 혐오스러웠기 때문이다. 토크빌은 7월 왕정의 모든 폐단을 기조의 철학과 직결시키며 그를 무섭게

게 매료되었다. 그들은 1828년에 기조의 '유럽 문명사' 강좌를 열심히 들었다. 1829년 12월부터 다음 해 5월까지 계속된 '프랑스 문명사'도 수강했다. 이 무렵 토크빌이 기록한 강좌 노트에는 그가 열심히 공부한 흔적이 남아 있다. 토크빌은 1829년 8월에 보몽에게 보낸 편지에서 "이번 겨울에 그 강좌를 다시 읽자. 기조가 생각을 풀어내는 방법이나 그의 언어의 정교함은 정말 탁월하다"라고 기조에 대한 존경의 마음을 털어놓았다(Jardin 1988, 82쪽).

토크빌은 다른 사람의 책을 잘 안 읽었다(Reader, 273~274쪽). 자신의 독창성에 집착한 나머지 아무 책이나 읽지 않았다. 책을 고를 때 매우 신경을 많이 썼다. 또한 다른 사람의 글을 잘 인용하지도 않았다(Furet, 121쪽). 인용해놓고 출처를 제대로 안 밝히는 경우도 많았다. 자존심 때문이기는 했지만, 요즘 기준으로는 분명 표절에 해당하는 행위였다. 그런 토크빌이 예외적으로 인정하는 사상가가 둘 있었다. 파스칼과 루소다. 그는 하루도 빠지지 않고 파스칼과 루소의 글을 읽는다고 자랑스럽게 말했다. 몽테스키외의 영향도 많이 받은 것으로 알려졌는데, 이에 대해서는 해석이 갈린다(Lawlor, 73·184쪽).

(2) 《미국의 민주주의》

토크빌의 저작 목록은 단출하다. 출판된 저서는 몇 권 안 된다. 불후의 명작 《미국의 민주주의》는 1835년에 1권이 출간되고 5년 뒤인 1840년에 2권이 출간되었다. 2권은 1권만큼 파괴력이 크지 못했고, 그래서 토

성토했다. 이에 대해서는 3부를 보라.

크빌의 상심이 컸다. 1848년 2월 혁명을 생생하게 기록한 《회상록》은 그가 정계에서 물러난 뒤인 1850년에 심심풀이로 쓴 책이다. 혁명의 진행 상황과 역사적 인물들의 민낯을 구체적으로 묘사하고 있어 단순한 '지적 유희'로 치부하기에는 사료적 가치가 너무 크다. 1856년에는 그의 마지막 저서인 《앙시앵 레짐과 프랑스 혁명》이 나왔다. 1789년 프랑스 혁명의 발발 원인과 정치사적 의미를 토크빌 특유의 시각으로 풀어낸 책이다.

이처럼 토크빌이 쓴 책은 몇 권 안 된다. 주제도 역사와 정치에 집중되어 있다. 편지나 기록된 대화들도 주제의 범위가 좁은 편이다(Brogan, 66쪽). 그러나 그의 글에서는 영감이 번득인다. 《미국의 민주주의》가 보여주듯이 시대의 본질을 꿰뚫는 그의 통찰력은 여간 비범하지 않다. 평등으로서의 민주주의, 자유의 양면성, 다수의 횡포, 소시민적 삶에 대한 질타 등은 그대로 살아 움직이는 경구이다. 토크빌은 '서한書翰 정치'에도 일가견이 있었다. 그 시대의 지식인들이 그랬듯이 토크빌도 수많은 편지를 썼는데, 시국에 대한 자신의 재단裁斷과 처방을 그 속에 담았다. 편지 묶음이 워낙 방대해서 그의 전집 출간은 아직도 '현재 진행 중'이다.

미국 탐사

토크빌은 샤를 10세[23]를 탐탁지 않게 생각했다. 그래서 1830년의 그의 몰락에 별 유감이 없었다. 토크빌의 바람은 샤를 10세의 손자가 왕위를 계승하는 것이었지만 그의 동생인 루이 필리프가 왕좌를 차지했다. 토크빌이 바라던 상황은 아니었지만 현실을 받아들여야 했다. 그는 공직자로

---

23 부르봉 왕조의 마지막 왕. 1824년에 왕위에 올랐으나 1830년 7월 혁명으로 폐위되었다.

서 1830년 8월 새 정권에 충성 서약을 하지 않으면 안 되었다. 집안 분위기로 보아 결코 유쾌한 일이 아니었지만 그는 형(이폴리트)과 친구 보몽 등 주변 사람들과 함께 절차를 밟았다. 두 달 후 그의 직책이 바뀌면서 다시 서약이 요구되었다. 토크빌의 갈등이 컸다. 당시 그가 마리에게 보낸 편지에 그의 고뇌가 담겨 있다. "마침내 서약을 했어. 양심에 꺼릴 것은 없었지만 상처가 깊군. 나는 이날을 내 인생에서 가장 슬픈 날로 기억하게 될 거야."(Jardin 1988, 89쪽).

토크빌은 자신이 하고 있는 일에 별 흥미를 느끼지 못했다. 그래서 첫 번째 충성 서약을 앞두고 공직을 그만둘 생각도 했다. 그 참에 오랫동안 꿈꿔온 일을 결행해버리고 싶은 마음도 있었다. 그가 1830년 8월 스토펠의 동생에게 보낸 편지에 그런 번민이 담겨 있다.

> 내가 공직을 그만두고 사인私人으로 돌아간다면 몇 년이고 여행자로서 거친 세월을 보내고 싶어. 나는 오래전부터 북미 대륙 여행에 대한 소망을 키워왔거든. 그 나라로 가서 그 공화국이 얼마나 대단한지 확인하고 싶어. (Jardin 1988, 90쪽)

그해 10월에 보낸 편지에는 좀 더 구체적인 내용이 담겼다. 무엇보다 그의 장래가 비관적이었다. 그 체제가 안정된다면 충성을 바쳐야 출세할 수 있었다. 만일 혁명이 일어나 새 체제가 들어선다면 그는 밑바닥에서부터 새로 출발해야 했다. 그래서 토크빌은 다른 선택을 고민했다.

> 현 직책을 가지고 미국으로 가서 15개월쯤 머물다 온다고 치자. 그동안에 정치적 소용돌이가 진정되면서 프랑스의 영광을 위해 누가 옳고 그

른지 판가름 나겠지. 미국에 다녀오면 나는 어느 쪽에도 가담하지 않은 채 귀추를 파악할 수 있을 거야. (Jardin 1988, 90쪽)

그뿐 아니다. 여행을 통해 미국 전문가가 되면 시중의 장삼이사張三李四와 구분되는 위상을 획득할 수 있을 것으로 보였다. 또 일이 잘되면 책을 하나 써서 유력 정당의 관심을 사게 될 것이다(Jardin 1988, 90쪽). 친구 보몽도 같은 처지였다. 두 사람의 생각과 지향점은 놀라울 정도로 비슷했다.

공직에 몸담고 있던 그들이 어떻게 미국행 배에 올라탈 수 있었을까? 두 친구는 프랑스 교도 행정의 개혁 방안을 찾기 위해 미국 출장이 필요하다는 구실을 댔다. 1830년 10월 보몽이 내무 장관 앞으로 공문을 보냈다. 프랑스의 범죄율을 떨어뜨리기 위해서는 많은 경험이 축적된 미국에 대한 현지 조사가 필요하다는 내용이었다. 기존 연구는 문헌 조사에 치중해 수감자의 교화, 신축 교도소 비용 절감 등에 대한 정확한 정보가 부족하다면서(보몽은 특히 하원의 경비 절감 주장자들을 겨냥했다) 영어를 할 줄 아는 두 사람의 미국 파견을 역설했다. 마침내 1831년 2월, 하원 부의장으로 있던 토크빌 사촌의 측면 지원을 받아 18개월 휴직 허가가 떨어졌다. 여행 경비를 본인 부담으로 하겠다는 제안이 성사에 도움이 되었다.

미국 여행을 처음 제안한 사람은 토크빌이었다. 그는 막 스무 살이 되었을 때부터 미국에 가는 것을 생각하기 시작했고, 미국 여행 계획을 짜는 데 부심했다. 토크빌이 미국행을 열망한 데는 이유가 있었다. 1835년 《미국의 민주주의》 1권이 출판된 직후 친구 케르고를레에게 밝혔듯이, 그는 이 책에 드러난 생각의 큰 틀을 이미 10년 전부터 품고 있었다. 토크빌이 미국에 간 것은 이런 자신의 생각을 눈으로 보고 확인하고 싶어서였다. 미국의 교도 행정을 조사한다고 했지만, 그것은 "미국에 들어가기 위한 여권에 불과했다"(Selected, 95쪽). "토크빌은 무언가 배우기에 앞서 먼저 스스로 생각했다"는 말이 나올 법도 한 것이다. 이미 자신이 생각하고 있던 틀 속에 들어 있지 않은 것은 결코 '배우지' 않는 지식인의 극단적 예라고나 할까(Furet, 122~123쪽).

《미국의 민주주의》는 9개월 10일 동안 미국의 구석구석을 찾아가 탐문한 현장 조사의 결실이다. 토크빌은 미국 여행을 준비하면서 다섯 켤레의 구두와 장화를 샀다. 굳이 그런 것을 장만한 것을 보면 미국의 문물이 얼마나 발전했는지 잘 모르고 있었던 것 같다. 토크빌은 1831년 4월 2일에 보몽과 함께 고향 인근의 항구 도시 르아브르에서 미국행 배를 탔다. 배 이름도 '르아브르'였다. 500톤짜리 이 여객선은 영국 리버풀에서 출발해 르아브르에서 토크빌 일행을 태웠다. 토크빌은 아버지와 형들의 전송을 받으며 마침내 장도에 올랐다. 그러나 배가 조류의 때를 놓치고 모래톱까지 들이받는 바람에 다시 하선해 때를 기다려야 했다. 저녁이 지나서야 배가 출발했는데, 이번에는 모든 것이 순조로웠다. 토크빌은 이틀가량 뱃멀미로 고생했지만 보몽은 전혀 문제가 없었다. 두 사람은 항해 기간 동안의 하루 일정을 엄격하게 짰다. 5시 30분 기상, 아침 공부, 9시 아침 식사, 11~3시 공부, 점심 식사, 7시까지 공부, 저녁 식사……이런 식이었다. 여행을 떠나기 전부터 그들은 공부할 것이 많으니 시간을 아껴 쓰자고 다짐한 터였다. 18명의 승무원과 163명의 여객을 태운 배는 38일의 항해 끝에 5월 11일 뉴욕에 도착했다. 다른 배들이 두 달 이상 걸리는 여정을 운 좋게 빠른 시간에 주파한 것이다.

두 사람은 처음 얼마 동안 영어가 서툴러 힘든 시간을 보냈다.[24] 여러 문제가 발생했고 오해도 생겼다. 그들은 5~6월 뉴욕 주변, 9~11월 보스턴·필라델피아·볼티모어, 1~2월 워싱턴·뉴욕 등 동부 대도시를 집중 탐사했다. 도중에 시간을 내서 두 차례 긴 여행을 다녀왔는데, 한 번은 북서 지역과 캐나다 쪽이었고 다른 한 번은 남부의 미시시피로부터 워싱턴으로 북상하는 여행이었다. 그는 286일의 미국 여행 기간 중 271일을 미국에서 보냈고, 그중 절반을 도시에서 보냈다. 법무 장관이 그들의 휴직 기간을 18개월에서 12개월로 줄이겠다고 위협하면서 계획에 차질이 생기는 등 예상치 못한 사건들도 이어졌다.

두 사람은 미국에 가기 전에 프랑스의 각계 유력 인사들에게 부탁해 70통의 소개장을 받았다. 미국의 고위층 등 주요 인물들과 면담하거나 그들의 도움을 받을 때 쓸 생각이었다. 실제로 토크빌과 보몽은 앤드루 잭슨 대통령에서부터 전직 대통령(존 애덤스), 장관, 대사, 지역 기관장 등 쟁쟁한 인물들을 접촉했고 그 덕분에 미국의 심장부를 자세히 관찰할 수 있었다. 높은 사람들은 어디 가나 서로 통하는 법이다. 이 대목에서도 파스칼이 말했고 토크빌이 공감한 '30년 이익론'을 떠올리지 않을 수 없다.

그런데 두 사람을 미국의 요직들로 이끄는 또 다른 길이 있었다. 그들은 뉴욕에 도착한 뒤 브로드웨이의 하숙집에 여장을 풀었는데, 마침 미국으로 오는 배 안에서 사귄 전직 영국 하원 의원도 같은 집에 머물고 있었다. 그의 소개로 그들은 미국 측 인사들과 손이 닿았고 주미 프랑스 대사도 만날 수 있었다. 또 뉴욕 사교계가 워낙 개방적이라 굳이 소개장이 필요하지도 않았다. 미국 사람들이 프랑스에 대해 호감을 갖고 있는 것도 도움이 되었다. 두 친구는 판사, 변호사 등 전문직 미국인들을 손쉽게

---

24 토크빌 일행은 배 안에서 미국 아가씨에게 영어 과외를 받았다. 그들은 생각보다 자신들의 영어 실력이 부족하다는 것을 통감했다. 그러나 미국에 도착해 현지인들과 실제로 부딪치다 보니 영어 실력도 빠르게 향상됐다.

만나 그 나라 사정을 마음 놓고 물어볼 수 있었다.

토크빌은 미국에 머무는 동안 하루도 헛되이 보내지 않았다. 미국으로 오는 배 안에서 실천했던 일정을 그대로 반복했다. 하나 달라진 것이 있다면 미국 사람들처럼 오후와 저녁에 차를 마시는 시간을 갖게 된 정도였다.[25] 두 친구는 프랑스를 떠나기 전부터 시간을 아껴 면담 조사와 문헌 공부에 집중하기로 다짐했는데 과연 이런 '수도승 생활'을 제대로 해냈다.

토크빌은 미국으로 떠나기 전 '배가 난파하거나 인디언들의 공격을 받는 등'의 위험을 충분히 각오하고 있었다. 실세로 그들은 걷거나 말을 타고서 거친 황무지를 끝없이 통과해야 했고 추운 겨울날 배가 모래톱을 받는 바람에 이틀간 꼬박 배에 갇혀 있기도 했다. 토크빌이 물에 빠지는 아찔한 사고도 있었다.

1832년 2월 20일, 토크빌은 갈 때와 같은 항로로 귀국 길에 올랐다. 원래는 영국 리버풀을 거쳐 프랑스로 가고 싶었지만 마침 그곳에 콜레라가 번지는 상황이라 계획을 바꿀 수밖에 없었다. 그는 수소문 끝에 미국 올 때 타고 왔던 르아브르 호에 다시 몸을 실었다. 도착 시간 등 이 부분에 관한 기록은 전해지지 않는다. 아무튼 3월 하순에는 그를 다시 파리에서 볼 수 있었다.

---

25 보몽이 동생에게 보낸 편지에 그들의 하루 일정이 생생하게 기록되어 있다. "우리는 언제나 아침 일찍 일어난다. 8시에 아침 식사를 하고 나면 프랑스·영국·미국 신문이 비치된 인근 공립 도서관에 가서 인구, 행정 기관, 기타 우리가 관심을 두는 정치 문제에 관한 각종 통계나 자료를 조사한다. 시간만 나면 종이 위에다 우리가 목격한 것과 그것에 대한 우리의 소감을 기록한다. 스스로 질문하고 답변하는 식으로 장차 우리를 유명하게 만들 위대한 저작의 토대를 작성한다. 저녁 식사 시간을 알리는 벨이 울릴 때도 우리가 해야 할 일의 절반도 못 끝낸 경우가 대부분이다"(Jardin 1988, 113쪽).

두 사람은 미국에서 돌아오는 대로 출장 보고서를 만드는 데 집중했다. 이 일은 보몽이 주도적으로 해냈다. 보몽은 쉽고 빠르고 명확하게 글을 쓰는 능력을 타고난 반면, 토크빌은 오래 숙고한 생각도 그저 종이 위에 끄적거릴 뿐 치고 나가지를 못했다. 결국 보몽 혼자 보고서를 썼고 토크빌은 무임승차하다시피 했다. 그들이 제출한 보고서 《형무소 체계》는 평이 좋았다. 두 사람은 그 보고서로 1833년 8월 프랑스 학술원이 '인류 사회에 큰 공헌을 한 책'에게 주는 몽티옹상을 받았다.

영국 방문

토크빌은 미국에서 돌아온 뒤 곧장 《미국의 민주주의》에 집중할 수 없었다. 여러 일이 그 앞을 가로막고 있었다. 5주에 걸친 영국 방문도 그중 하나였다. 그는 어려서부터 영국 여행을 꿈꾸었다. 열아홉 살 때는 케르고를레와 함께 며칠이라도 영국에 가고 싶어 했지만 뜻을 이루지 못했다. 1832년에는 미국에서 돌아오는 길에 영국에 들를 계획을 세웠지만 그 역시 뜻대로 되지 않았다. 마침내 1833년 8월에 토크빌은 혼자서 영국행 배에 몸을 실었다. 토크빌은 영국을 좋아했다. 분권화, 귀족 계급의 사회적 책임 등 프랑스가 갖지 못한 정치적 자산을 영국은 보존, 발전시키고 있다고 생각했다. 토크빌은 영국의 그런 모습을 직접 확인하고 싶었다. 영국을 여행하면서 그는 또다시 많은 분량의 기록을 남겼다. 얼핏 그가 《미국의 민주주의》에 이어 《영국의 민주주의》도 준비한 게 아닌가 싶을 정도다.

토크빌은 영국의 유력 인사들을 만나기 위해 여러 소개장을 가지고 갔다. 그런데 그가 막상 영국에 발을 들이고 보니 《형무소 체계》의 유명세가 만만치 않았다. 그 책을 읽은 정치인과 지식인들은 저자 중의 한 사람을 직접 만나게 된 것을 매우 기뻐했다. 토크빌은 영국 상원의 토론 현장을 목격한 뒤 보궐선거 투표가 진행되고 있던 런던의 한 지역구를 찾아가기도 했다. 그는 투표소 주변에 수십 장의 선거용 플래카드가 붙어 있는 것을 신기하게 생각했으나 그런 열광적인 선거 운동을 썩 좋게 보지는 않았다.

토크빌은 런던에 머무는 동안 불워Bulwer 등 급진파 정치인들과 인사를 나누었다.[26] 또한 웨이틀리Whately 대주교도 만났는데, 그를 통해 영국의 저명한 경제학자이면서 정부 정책에 큰 영향력을 행사하던 시니어와 처음 인연을 맺게 된다. 시니어는 루아예-콜라르만큼이나 토크빌을 아끼고 격려해준 인물이다. 토크빌은 영국의 정치인, 지식인과 많은 대화를 나누었다. 그가 평소 궁금해했던 영국의 종교, 귀족제, 지방 분권 등에 관해 수많은 질문을 던졌다. 또한 그는 시간을 내어 옥스퍼드, 워릭, 바스 등 지방의 명소도 찾아다녔다.

집필

토크빌과 보몽은 원래 신대륙을 여행하면서 같이 책을 쓸 계획이었다. 그러나 막상 일을 시작하니 공저가 어렵다는 것을 알게 되었다. 그래서 각자 따로 일을 하기로 합의했다. 보몽은 인종 간 불평등에 관심이 많았다. 그래서 귀국한 뒤 백인 남자와 인디언 여인 사이의 사랑을 그린 소설 《마리Marie》를 써 1835년에 출판했다. 보몽의 첫 책인데 나름 성공을 거두었다.

토크빌은 미국 여행에서 돌아온 지 18개월 후인 1833년 9월에《미국

---

26 이들을 통해 밀과 연결되었을 것으로 보인다.

의 민주주의》를 쓰기 시작했다. 파리에 있는 부모의 집 다락방에 칩거해 글 쓰는 일에 전념했다. 미국에 대해 "미친 듯이" 쓰기 시작했다. 그는 아침부터 저녁까지 온 정신을 다해서 일을 했다. 저녁 시간에는 마리를 만나러 외출해서 바람을 쐬었다. 다음 날 또 무서울 정도로 일을 했다. 영국 여행에서 돌아온 이후 그에게는 "책과 마리 둘밖에" 없었다(Jardin 1988, 113쪽).

그는 우선 미국 여행 중에 만든 노트들을 재검토한 뒤, 전체 내용을 64개 항목으로 나누어 색인을 작성했다. 그런 뒤 미국인의 생활을 이해하는 데 도움이 될 수많은 책을 새로 읽었다. 실질적으로 '제2의 미국 여행'을 다녀온 셈이다. 1834년 1월에는 보다 효율적인 독서를 위해 한 젊은 미국인(시어도어 세지윅Theodore Sedgwick)을 고용했다. 토크빌이 미국 여행 중에 만났던 이 청년이 마침 파리에 체류하고 있었다. 토크빌은 미국의 민주주의에 관해 그와 토론을 하는 한편, 그로 하여금 자신의 집필에 도움이 될 만한 책들을 요약, 정리하게 했다. 토크빌은 동시에 미국 공사관에 연락해서 미국 법에 관한 공부를 도와줄 젊은이를 찾았다. 다행히 프랑스 주재 미국 대사의 임시 비서로 있던 22세 청년(프랜시스 리핏 Francis Lippitt)과 줄이 닿았다. 그 청년은 9시부터 5시까지 3~4개월 동안 일을 하며 각종 조약과 시사 논문을 프랑스어로 번역, 요약해주었다.

이렇게 공부한 내용을 모두 담다 보니 각주가 엄청나게 많아졌다. 그러나 나중에 출판 과정에서 대부분의 각주가 삭제되고 책에는 일부만 간략하게 실렸다. 토크빌 자신이 미국에서 만든 노트가 책 내용의 대부분을 차지했다. 집중적인 노력 끝에 집필을 시작한 지 1년도 안 돼 1834년 8월 초고가 완성되었다. 보몽은 물론 아버지, 형들도 원고를 세심하게 읽고 의견을 내놓았다. 그 모든 지적을 글에 반영하느라 시간이 걸렸다.

《미국의 민주주의》는 제작 과정에서부터 돌풍을 일으켰다. 우선 인쇄공들이 그의 책에 비상한 흥미를 느꼈다. 감독부터 교정공, 식자공에 이르기까지 모두가 큰 관심을 보였고 대단한 열정을 기울였다. 그들은 위대한 책을 만든다는 사실에 크게 자부심을 느끼는 모습이었다.[27] 토크빌은 전율을 느꼈다. 1835년 1월 23일 마침내 책이 나왔다. 그 일부는 영어판도 동시에 출간되었다. 번역은 22세의 영국 청년 헨리 리브가 맡았다.[28]

유럽 지성계 평정

《미국의 민주주의》는 민주주의를 바라보는 토크빌의 복합적 시선을 명징하게 담고 있다. 토크빌은 민주주의를 '조건의 평등'으로 규정했다. 과거의 신분 사회와는 달리 사람이 살아가는 모든 조건이 평등한 사회 상태를 민주주의라고 부른 것이다. 그는 한편으로는 위대함과 고상함에 무관심한 평등 사회에 대한 두려움을 토로하고, 다른 한편으로는 그런 사회로의 이행이 '신의 섭리'라고 인정했다. 그렇다면 그에게는 다른 선택이 있을 수 없었다. '새로운 정치학'으로 민주주의를 순화함으로써 평등 사회가 초래할 수 있는 재앙을 최소화하는 것이 그에게 주어진 시대적 임무였다. 다행히 토크빌은 미국 사회를 깊숙이 관찰함으로써 그 가능성을 확인할 수 있었다. 그리하여 평등 사회의 주민들이 참여를 늘려나감으로써 자유의 미학을 체감할 수 있고 그를 통해 평등 사회의 치명

---

27 당시 파리의 인쇄공들은 단순 노동자가 아니었다. 그들은 활자 문화의 첨병이었고 1830년 7월 혁명의 선봉이었다.

28 리브Henry Reeve(1813~1895)는 처음에는 그 책이 너무 민주주의로 기울어 자신의 보수적 정치 성향과 맞지 않는다고 생각했다. 그러나 책을 자세히 읽고 토크빌을 직접 만난 뒤 번역을 결심했다. 리브는 그 이후에도 토크빌의 책을 잇달아 영어로 번역했다. 밀도 토크빌의 첫 책을 그가 번역한 영어판과 함께 읽었다.

적 결함인 물질 중심적 개인주의를 극복할 수 있다는 주장을《미국의 민주주의》를 통해 생동감 넘치게 펼쳐냈다.[29] 미국을 배경으로 민주주의라는 낯선 괴물을 정면으로 해부한 이 책은 유럽의 지식인들에게 신선한 충격을 안겨주었다.

책은 출판계를 강타했다. 당초 출판사는 이 책의 미래에 자신이 없었다. 그래서 1쇄를 조금만(500부 또는 700부) 찍었다. 그러나 곧 주문이 밀려들어 6월에 2쇄, 연말에 3쇄를 찍어야 했다. 다음 해에는 4쇄와 5쇄를 찍었다. 1840년에는 8쇄에 이르렀다(Selected, 146~147쪽 ; Pitts 2001, x쪽 ; Jardin 1988, 224쪽). 토크빌은 1848년 12쇄를 찍으면서 서론을 새로 썼다. 유권자들에게 자신의 공화주의 성향을 보여주고 싶었기 때문이다. 이후 그는 출판사를 바꿨다. 이전 출판사는 너무 소심하고 소극적이었다. 새로 계약한 출판사의 사장은 오랜 공화주의자인데다 사업 수완도 훨씬 대담했다. 보급판도 4,000부를 찍었고 반응이 좋자 그해 안에 2쇄를 찍었다(Brogan, 431쪽).

《미국의 민주주의》는 출간되자마자 토크빌의 운명을 바꾸었다. 그는 그 즉시 유럽의 대표 지성이 되었다. 프랑스는 물론 유럽 대륙과 미국에까지 그의 이름이 알려졌다. 그 파장이 너무 커서 토크빌 본인도 놀랄 정도였다. 토크빌은 책의 성공에 힘입어 숙원인 정계 진출을 본격적으로 도모하기 시작했다. 사실 그가 책을 쓰기로 마음먹은 이면에는 책의 성공을 통해 정계 진출의 교두보를 확보한다는 계산도 자리 잡고 있었다(Pitts 2001, x쪽). 1830년 혁명 이후 선거법이 개정되어, 30세가 된 그도 이제 선거에 출마할 수 있었다. 토크빌은 지방 선거와 하원 선거 양쪽을

---

29 보다 자세한 내용은 4부 참조.

저울질하면서 기회를 엿보았다. 그러는 중에 그는 학문의 전당인 프랑스 학술원Académie française에 이름을 올리고 싶었다. 학술원 회원이 되는 것은 공부를 하는 사람이라면 누구나 의욕을 가질 만한 일이었다. 학술원 회원이 되면 명예도 얻지만, 장차 정계 진출에도 큰 도움이 될 것으로 보였다. 주변 친구들은 입회가 상대적으로 용이한 도덕·정치과학원Académie des sciences morales et politiques의 문부터 먼저 두드릴 것을 권고했다.[30] 이에 토크빌은 도덕·정치과학원 입회를 시도했지만 첫 번째 시도에서 쓴맛을 보고 말았다. 그랬다가 1838년 1월 두 번째 도전에서 마침내 뜻을 이루었다. 22명 중에서 20명이 그에게 찬성표를 던졌다. 그러나 토크빌은 이 성공에 마냥 만족해 있을 수 없었다. 그의 최종 목표는 어디까지나 학술원이었기 때문이다. 오히려 도덕·정치과학원에 입회한 것이 학술원에 들어가는 데 걸림돌이 될까 봐 염려스러웠다. 그는 학술원 회원 중 고령자들의 건강 상태를 면밀하게 관찰했고, 1839년 이후에는 회원의 유고로 결원이 생길 때마다 선거 운동에 나섰다. 1841년 12월 마침내 기회가 왔다. 토크빌은 투표 회원 30명 중 20명의 찬성표를 얻어 꿈을 이루었다 (Jardin 1988, 229~230쪽). 36세의 젊은 나이에 프랑스 최고 지성의 반열에 오른 것이다.

토크빌은 1835년 4월에 다시 영국 방문길에 올랐다. 보몽도 동행했다. 이번 여행은 그에게 특별한 의미가 있었다. 결혼을 앞두고 마리의 친정 식구들을 만나볼 생각이었다. 《미국의 민주주의》는 영국에서도 명성이 높았다. 토크빌은 유명세를 톡톡히 치러야 했다. 영국의 정관계 고위 인

---

30 프랑스 학사원Institut de France 안에 학술원, 인문과학원, 자연과학원, 예술원, 도덕·정치과학원이라는 5개 기관이 있었는데, 그중 학술원의 권위가 가장 높았다.

사, 학계의 대표적 지식인들과의 만남이 줄을 이었다. 그는 이 2차 방문에서 밀도 만났다. 토크빌은 조심스러운 성격이라 다른 사람과 쉽게 교분을 나누지 못했다. 그런데 밀의 요청에 원고를 써주겠다고 선뜻 약속했다. 그는 밀이 주도하는 영국 급진주의 개혁 운동에 깊은 공감을 표했다(Jardin 1988, 235쪽).

성공의 후유증

토크빌은 1835년 10월에 결혼식을 올리고 곧《미국의 민주주의》2권을 쓰기 시작했다. 이번에는 파리를 떠나 토크빌에 칩거했다. 1권을 쓸 때와 마찬가지로 일단 다루어야 할 주제들의 목록을 나열하는 것으로 작업을 시작했다(Senior, I, 20쪽).

그러나 2권은 여러 사정으로 진척이 더뎠다. 1권을 쓸 때는 바깥세상과 단절한 채 파리의 다락방에서 조사와 집필에 몰두할 수 있었다. 그 덕분에 1년도 안 돼 글이 완성되었다. 그러나 이번에는 온갖 방해 요인이 다 끼어들었다. 우선 1836년 여름에는 마리의 건강 때문에 4개월 동안 스위스로 요양을 가야 했다. 토크빌은 요양지에서 돌아온 뒤 본격적으로 작업에 매달렸다. 더 이상 잘할 수 없을 만큼 시간과 머리를 쏟아 부었다. 1836년 11월 무렵에는 하루 일곱 시간씩 규칙적으로 작업했다는 기록이 있다(Senior, I, 18쪽). 그는 책 쓰는 일에 즐겁게 매달렸고, 리브에게 자랑스럽게 말했다.

지금처럼 열정적으로 일한 적이 없었습니다. 나는 밤낮으로 이 일만 생각합니다. 내가 사회생활과 완전히 담을 쌓고 지내는 것이 대견스러워요. 지금 쓰고 있는 이런 문제에 대해 과거에 이미 여러 경로로 다루었는데

도 여전히 전혀 새로운 문제의식을 갖게 되는 것이 신기하기만 합니다. (Brogan, 304~305쪽)

그러나 진도가 잘 나가지 않았다. 그는 보몽과 케르고를레가 옆에 없는 것이 너무 아쉬웠다. 그들의 지적인 자극과 조언이 그리웠다. 혼자 일을 하니 돌파구를 찾기가 어려웠다. 마침 그 무렵 밀이 파리에 와 있다는 소식을 들은 토크빌은 그에게 보지Baugy로 와달라고 급전을 쳤다. 밀과 토론하며 막힌 것을 뚫고 싶었다. 그러나 토크빌의 편지가 도착했을 때 밀은 이미 영국으로 돌아가고 없었다(Brogan, 323쪽).

1837년에는 잠시 선거에 기웃거리느라 일에 집중할 수 없었다. 또한 1839년에는 새해가 시작되자마자 다시 본격적으로 선거 운동에 들어갔고 마침내 당선되었다. 꿈에 그리던 의사당에 들어간 것이다. 토크빌은 곧 노예제 폐지에 관한 의회 보고서를 책임 집필해야 했다. 의정 활동을 하면서 시간을 내 책을 쓴다는 것은 결코 쉬운 일이 아니었다.

이런저런 일로 방해를 받다 보니 1835년 11월 중순에 시작한 일이 꼬박 4년이 지나서야 마무리되었다. 드디어 1840년 4월에《미국의 민주주의》2권이 출판되었다. 영어판도 동시에 나왔다. 2권은 앞의 책보다 훨씬 짜임새 있게 구성되었다. 크게 4개의 장으로 이루어지고 이 장들이 전체적으로 논리정연하게 배열되었다.

토크빌은《미국의 민주주의》1권이 선풍적 인기를 얻자 여세를 몰아 2권을 썼다. 곳곳에서 응원의 박수 소리가 들렸다. 그가 책을 빨리 끝내기를 기다리는 사람들이 많았다. 식자층 독자들이 누구보다도 2권의 출판을 열망했다. 출판사도 재빨리 부응했다. 1권보다 훨씬 많은 부수를 찍었다(그렇다고 보급판을 낸 것은 아니었다). 그러나 막상 책이 나오자 반응이

전 같지 않았다. 책이 기대만큼 관심을 끌지 못했다. 1848년이 되어서도 1쇄가 다 팔리지 않았다.

《미국의 민주주의》 2권에 대한 반응이 예상과 달리 덤덤한 것은 여러 원인이 복합적으로 얽힌 결과였다. 우선 책이 출판된 1840년이 문제였다. 프랑스가 영국, 러시아 등과 동방문제Eastern Question[31]로 갈등을 빚으면서 유럽 대륙에 또다시 전운이 감돌고 있었다. 독자나 논평자 모두 국제 정세의 추이에 촉각을 곤두세우느라 책에 관심을 집중할 수가 없었다. 저자 토크빌에게는 큰 불운이었다. 1835년과 달리 프랑스와 미국의 관계도 좋지 못했다. 양국이 갈등을 빚었고 미국 경제가 프랑스에 악영향을 끼쳤다. 이래저래 프랑스 사람들의 미국에 대한 관심이 식으면서 《미국의 민주주의》 2권도 5년 전과는 다른 대접을 받게 되었다. 외적인 이유만 있었던 것은 아니다. 토크빌은 이제 혜성같이 등장한 신인이 아니었다. 학술원 회원으로 기성 체제의 중심부에 진입한 그가 독자들에게 5년 전과 같은 신선한 충격을 줄 수는 없었다(Brogan, 367~368쪽). 가장 큰 원인은 역시 책 자체에 있었다. 일반 독자들에게는 책이 어렵게 다가왔다. 내용이 너무 심각하고 추상적이었다.[32] 밀이 토크빌을 위로하며 말했듯이, 미덕이 약점으로 작용했다.[33]

---

31 3부 참조.
32 보다 자세한 내용은 5부 참조.
33 밀은 1840년 12월 30일에 쓴 편지에서 토크빌의 상심을 다음과 같이 진심으로 어루만져주었다. "선생이 내가 쓴 서평에 흡족해했다니 얼마나 기쁜지 모르겠습니다. 잘 아시겠지만, 선생 책에 대해 이런저런 논평을 하는 사람들은 그 깊은 뜻을 제대로 헤아릴 준비가 안 돼 있습니다. 또 그럴 능력도 없습니다……이 2권에 대한 대중의 반응이 1권에 비해 시원찮은 것은 전혀 놀라운 일이 아닙니다. 선생이 열거한 이유들도 일리가 있지만, 그보다는 2권의 내용이 대중의 눈에 생소한데다가, 인간의 본성 그 자체를 훨씬 깊이 파고들었기 때문에 어렵게 비친 것이 더 결정적인 이유가 됐으리라 봅니다. 지난 한 세기 동안 그 누구도 하지 못한 것을 그 책은 해냈습니다."

토크빌은 실망이 컸다. 그는 책을 통해 명성을 얻고 싶었다. 그렇다고 문필가로, 특히 전업 작가로 살아갈 생각은 없었다. 솔직히 그는 그 직업을 경멸했다. 다만 그는 대중의 인기에 힘입어 정치적 입지를 굳히고 싶었다. 토크빌이 학술원에 집착한 것도 그런 이유에서였다. 그는 《미국의 민주주의》 2권이 자기에게 학술원으로 가는 길을 열어주길 희망했지만 그것도 생각만큼 쉽지 않았다. 이 때문에 그는 굉장한 스트레스를 받았다(Selected, 146~147쪽). 이런 토크빌을 보고 그의 정치적 대부가 크게 꾸짖었다. 루아예-콜라르의 충고는 지금도 경청할 만한 것이었다.

> 당신은 너무 성공에 욕심을 내는군요. 언론에 그렇게 신경 쓰면 결코 위대하고 멋들어진 일을 해낼 수 없어요. 미래를 위해, 그리고 바라건대 후손들을 위해 일을 해요. 오직 그런 데만 마음을 써요. (Brogan, 344쪽)

(3) 《회상록》과 《앙시앵 레짐과 프랑스 혁명》

토크빌은 1840년대를 바쁘게 살았다. 하원 의원으로서 정치 현장의 중심에 있었다. 잇달아 선거를 치렀고 1848년 2월 혁명을 온몸으로 맞닥뜨렸다. 그리고 그의 정치 인생에 종결을 가져온 루이 나폴레옹의 등장이 있었다. 토크빌은 1851년 나폴레옹의 쿠데타에 항거해 정치를 그만두었다. 그리고 향리 토크빌에 칩거하면서 '저술가 겸 농민' 생활을 재연했다. 토크빌은 정계를 떠나기 직전인 1850년 7월에 시골에 묻혀 심심풀이

(CW, XIII, 457~458쪽). 이렇게 쓴 뒤 밀은 토크빌의 의회 연설에 대해 따끔하게 일침을 놓았다. 3부 참조.

로《회상록》을 썼다. '1848년 프랑스 혁명'이라는 부제가 말해주듯, 그는 이 책에서 1848년 2월 혁명 전야에서부터 1849년 10월 30일 자신이 장관을 그만둘 때까지의 격동기를 회고했다. 2월 혁명의 진행 과정, 혁명이 휩쓸고 간 파리 시가지를 바라보는 자신의 착잡한 심경 등을 실감나게 묘사했다. 특히 혁명을 '진압 또는 저지'하기 위해 분투하는 토크빌의 모습은 그의 이념적 좌표를 이해하는 데도 크게 도움이 된다. 토크빌은 이 《회상록》 집필 작업을 '지적 유희'라고 불렀다.《회상록》은 남에게 보일 목적으로 쓴 것이 아니었기 때문에 그는 생전에 이것을 출판하지 않았다. 여기서 토크빌은 자신이 대면한 역사적 인물들을 있는 그대로 직설적으로 묘사했는데, 이런 인물평도 그의 세계관을 이해하는 데 크게 도움이 된다.《회상록》은 쉽게, 재미삼아 읽을 수 있는 책이다. 그러나 담백함만큼이나 울림도 크다. 이 책은 토크빌이 세상을 뜬 지 한참 뒤인 1893년에 출판되었다.

토크빌은 정계에서 은퇴한 뒤《앙시앵 레짐과 프랑스 혁명》을 쓰는 데 전념했다. 프랑스 대혁명은 프랑스, 아니 온 인류의 운명을 바꾸다시피 했다. 토크빌을 고민하게 했던 '평등한 조건', 즉 민주주의의 뿌리도 그 혁명에서 크게 힘을 얻었다. 그뿐만 아니라 대혁명으로 토크빌 집안은 풍비박산이 났다. 민주주의라는 이름의 '광풍'을 온몸으로 받아내야했던 토크빌이었다. 그런 토크빌도 그 "위대한 혁명"을 열렬히 찬미했다. 사람들을 쩨쩨하고 비루한 일상에서 벗어나 아름답고 순수한 열정을 향해 내달릴 수 있게 해주는 그 마력에 뜨거운 박수를 보냈다.

토크빌은 "프랑스 대혁명으로 프랑스 사회가 근본적으로 바뀌었다"는 통설을 믿지 않았다. 그 혁명의 기원에 대해서도 다른 생각을 가지고 있었다. 토크빌은 프랑스 사회의 모든 고질이 중앙 집권에서 비롯된다고 생각했다. 그런데 이 현상은 대혁명이 만들어낸 것이 아니었다. 대혁명 이전에 프랑스 사회는 이미 중앙 집권 체제 아래 있었다. 혁명은 그 경향을 더욱 강화했을 뿐이다. 토크빌은 이러한 관점에서 프랑스 정치사와 대혁명을 아우르는 2부작을 쓰고 싶었다. 그는 우선 대혁명의 기원을 따지는 글을 쓰기 시작했다. 이 작업이 끝나면 대혁명이 프랑스 사회를 어떻게 변화시켰는지 추적할 계획이었다.

토크빌은 집요하게 사료를 뒤져 읽었다. 자신의 주장을 완벽하게 논증하고 싶었다. 이번에도 그는 고집스럽게 자기 방식으로 글을 써나갔다. 한 문제를 놓고 며칠씩 골똘히 생각했지만 단 한 구절도 글로 옮기지 못하는 경우도 있었다. 토크빌처럼 '예민한 귀'의 소유자를 만족시키는 것이 어디 쉬운 일이겠는가. 그는 한 문장을 스무 번이나 고쳐 쓰기도 했다. 보몽이 직접 보고 시니어에게 들려준 사실이다(Grovan, 548쪽). 친구들 (앙페르, 랑쥐네Victor Lanjuinais)이 찾아오자 토크빌은 그동안 쓴 원고를 읽어주고 논평을 요구했다. 마리가 18세기 중엽 문필가들의 정치적 영향력을 다룬 부분이 너무 단조롭고 필요 이상으로 세밀하게 묘사됐다고 비판하자 그 의견을 받아들여 고치기도 했다.[34]

《앙시앵 레짐과 프랑스 혁명》은 큰 성공을 거두었다. 1856년 6월 23일에 1쇄 2,200부를 찍었는데 7월 말에 이미 재고가 바닥이 났다. 2쇄도 빠르게 소진되어, 그다음 해 봄엔 남은 것이 없었다. 3쇄도 불티나게 팔렸

---

[34] 토크빌은 집필에 몰두하던 1854년 어느 하루의 자신의 일상을 시니어에게 들려주었다. "5시 30분 기상, 9시 30분까지 심각하게 공부, 10시 늦은 아침 위해 옷을 갈아입고 30분 산책, 2시까지 다른 공부(요즘에는 독일어 공부), 두 시간 산책, 저녁에는 취미 생활, 때로 마리를 위해 큰 소리 낭독, 10시에 정확하게 취침."(Senior, II, 60). 1855년 겨울에는 그는 매일 오후 한 시간씩 눈 덮인 숲길을 걸으며 생각을 가다듬었다(Grovan, 559쪽).

다. 1858년 11월에 4쇄 2,000부를 찍었고, 인세로 2,500프랑이 들어왔다. 3년도 안 돼 거의 9,000부가 팔렸으니 인세도 쏠쏠해서 생활에 적잖은 도움이 되었다(Grovan, 586~588쪽). 토크빌은 케르고를레에게 "숫자로 말하자면, 이 책이《미국의 민주주의》보다 훨씬 더 성공적이다.《앙시앵 레짐과 프랑스 혁명》1쇄의 부수가 그 책 1, 2, 3쇄를 합한 것보다 많다" 고 자랑했다(Jardin 1988, 504쪽).

《앙시앵 레짐과 프랑스 혁명》의 출판과 더불어 토크빌의 필력이 최고 도로 완숙해졌다. 동시에 그의 문필가적 야심도 정점에 이르렀다. 그는 자신이 평소 존경해 마지않던 프랑스 최고 문필가들, 특히 파스칼과 같은 자리에 서고 싶었다. 옆에서 지켜본 케르고를레의 증언이다(Grovan, 560쪽).

토크빌은 1857년 6월에 세 번째 영국 여행에 나섰다.《앙시앵 레짐과 프랑스 혁명》의 위력을 실감할 수 있었던 여행이었다. 그는 영국에서 극진한 환대를 받았다. 저명인사들이 토크빌을 만나기 위해 줄을 섰다. 어느 날 파티에 갔더니 장관 여러 사람이 그의 책에 대해 이야기하고 있었다. 귀국길에는 영국 해군이 특별 제공한 군함을 타고 오는 호사를 누리기도 했다. 아침 8시에 군함이 프랑스의 항구에 도착하자 프랑스 사람들이 신기한 듯 구경하고 있었다. 토크빌은 자신이 영국 군함을 타고 왔다는 사실이 언론에 알려지지 않도록 세심하게 신경 써야 했다(Grovan, 606쪽).

토크빌은《앙시앵 레짐과 프랑스 혁명》의 성공에 용기를 얻어 2권을 쓰는 데 힘을 모았다. 파리에 방을 얻어 지내면서 자료를 모으는 등 준비에 박차를 가했다. 그런데 생각과 달리 진도가 잘 나가지 않았다. 그는 오전 내내 책상에 앉아 씨름했지만, 몇 달이 지나도 성과가 없었다. 오랫동안 외톨이로 지낸 탓이 컸다. 전에는 믿고 의지하는 친구 앞에서 자신의 창의적 생각을 스스럼없이 털어놓고 그들의 반응을 되새기는 소중한 과정이 있었으나 이제는 친구들과 떨어져 지내고 있어서 그들의 도전적인 자극을 기대할 수가 없었다(Grovan, 608쪽).

결정적인 것은 건강 문제였다. 그는 1858년 4월에 파리로 갔으나 위와 목이 안 좋아 금세 돌아와야 했다. 두 달 후 그는 두 번째 각혈을 했다. 그날 이후 사실상《앙시앵 레짐과 프랑스 혁명》2권은 접을 수밖에 없었다.

그는《앙시앵 레짐과 프랑스 혁명》1권에서 프랑스 혁명의 발발 원인에 초점을 맞추었다면 2권에서는 그 혁명이 프랑스 사회에 끼친 영향을 추적하고 싶었다. 그가《미국의 민주주의》1권에 이어 2권까지 씀으로써 민주주의 이론에 관한 자신의 생각을 완결 지었듯이,《앙시앵 레짐과 프랑스 혁명》도 2권까지 쓸 수 있었다면 혁명과 민주주의의 연결 고리에 관한 자신의 통찰을 한결 선명하게 드러낼 수 있었을 것이다.

(4) 완벽주의자의 글쓰기

토크빌은 뜨거운 사람이었다. 그는 글을 쓸 때도 혼신의 힘을 다 쏟아부었다. 그는《미국의 민주주의》를 준비하던 1833년 "나는 내가 다루고자 하는 문제에 대해 깊이 숙고하지 않으면 글을 쓸 수 없다"라고 밝혔다. 그가 두 주제에 대해 동시에 글을 쓰는 것은 생각할 수 없는 일이었다(Selected, 83쪽). 세월이 흘러 1856년이 되면 그의 '괴벽'은 정도가 더 심해진다. 토크빌은 어떤 글을 쓰려고 마음먹으면 비슷한 주제의 글을 결코 읽지 않았다. 다른 사람들의 해석과 판단에 영향 받아 자신의 생각이 흔들릴까 봐 염려한 탓이었다. 토크빌은 그 대신에 직접 문서를 뒤져서 필요한 자료를 발굴하는 데 엄청난 노력을 기울였다. 다른 저자의 글을 읽었더라면 훨씬 쉽게 얻었을 자료를 우직하게 스스로 찾아냈다. 토크빌은 "다른 사람의 관점 위에서 글을 쓰면 내가 가진 나의 진정한 재능을 전부 잃어버리게 되기 때문에 가치 있는 일을 전혀 할 수 없다"고 단언했다(Reader, 273~274쪽).

따라서 토크빌의 글을 읽으면 믿음이 간다. 글 한 줄 한 줄에서 진정성이 느껴진다. 그가 양심에 따라 균형 있게 글을 쓰기 위해 세심한 주의를 기울인 흔적이 곳곳에서 발견된다. 토크빌은《미국의 민주주의》서문에서 "누구든지 마음만 먹으면 이 책을 비판하는 것보다 더 쉬운 일은 없을 것"이라면서도 자신이 혼신의 힘을 다해 참으로 진실하게 글을 썼다는 사실만은 힘주어 강조한다. 이 점에 관한 한 독자들의 전폭적인 신뢰를 '강요'하기까지 한다(DA, 14쪽).

토크빌의 글 쓰는 자세 또한 진실했다. 그는 자신의 글이 가까운 사람들의 마음을 아프게 할 수도 있지만 개의치 않았다. 자신이 진심으로, 그리고 철저하게 '중립적인 시각'에서 글을 쓴다고 확신했기 때문이다. 토크빌은 '특정 진영'에 속한 사람들과 "다르게" 사물을 볼 뿐 아니라 그들보다 "더 멀리 보려고" 했다. 그런 사람들이 "내일의 문제"에 관심을 집중했다면, 그는 "더 먼 미래의 일"에 대해 고민하고자 했다(DA, 15쪽).

토크빌은 완벽주의자였다. 그래서 자기 마음에 들게 글을 쓴다는 것은 너무 힘든 일이었다. 그는 1835년 밀과의 서신 교환이 시작되고 몇 달 지났을 때 밀에게 자신의 글쓰기 습관에 관해 들려주었다.

나는 글 쓰는 속도가 아주 느립니다. 내 마음에 들게 쓰는 것이 너무 힘듭니다. 완벽하지 않은 상태로 끝낸다는 것은 생각도 할 수 없습니다. 나는 평소 독자들이 글 쓰는 사람이 정말 최선을 다하도록 강박할 권리를

가지고 있다고 생각해왔는데, 나 자신이 이런 의무에 부끄럽지 않도록 애를 씁니다.[35]

토크빌은 2년 뒤인 1837년 6월 24일에도 밀에게 같은 내용의 편지를 보냈다.

사람들이 나에게 거는 기대가 크다는 것을 알기 때문에 더 신경이 쓰입니다. 글을 완벽하게 쓰고 싶은 욕심에서 아주 사소한 것까지 세심하게 다루고, 그러다 보니 일이 늦어질 수밖에 없습니다. (OC, VI, 325쪽)

따라서 토크빌이 좋은 글을 쓰기 위해 기울이는 노력은 비범할 수밖에 없었다. 그는《앙시앵 레짐과 프랑스 혁명》의 대단히 짧은 대목 하나를 쓰기 위해 1년 이상 노력을 기울였음을 자랑스럽게 밝혔다(앙시앵 레짐과 프랑스 혁명, 9쪽).

토크빌은 자신의 논점을 입증하기 위해 필요한 관련 문서를 모두, 그것도 반드시 원본으로 읽었다고 술회했다. 그리고 중요한 문제나 의심스러운 대목을 만나면 특정인의 증언에 만족하지 않고 가능하면 여러 사람의 말을 들어 종합적으로 판단했다고 밝혔다(DA, 14쪽). 이런 노력 끝에 토크빌은 관련 자료를 충분히 확보할 수 있었다. 독자들이 원한다면 책에 미처 인용하지 못한 또 다른 증거들을 얼마든지 더 제시할 용의가 있

---

35 당시 토크빌은 밀의 요청을 받아 그의 잡지에 글을 쓰게 되었는데, 관례에 따라 글쓴이의 이름이 실리지 않았다. 토크빌은 "내 이름이 안 나온다 하더라도, 마치 프랑스에서 내 이름으로 발표되는 글인 양 신경 써서 작업하고 있습니다"라고 1835년 12월 5일 밀에게 쓴 편지에서 말했다 (*Oeuvres complètes*, VI, 304쪽). 이 문헌은 이후 OC로 표기.

다고 자신할 정도였다(앙시앵 레짐과 프랑스 혁명, 9쪽).

토크빌은 당시 프랑스의 식민지였던 알제리에 대한 전문가였다. 그는 알제리 현지 사정을 파악하기 위해 두 번이나 아프리카를 다녀왔다.[36] '알제리 전문가' 토크빌은 연구 대상을 직접 눈으로 확인하는 것을 무엇보다 중요하게 여겼다. 그가 적잖이 관심을 기울였던 인도 문제에 관해 책을 쓸 준비를 하다 끝내 단념하게 된 것도 바로 이 때문이었다. 토크빌은 오래전부터 영국의 인도 경영에 관심이 있었다. 알제리 등 프랑스의 해외 식민지에 대한 정책을 온전히 수립하는 데 도움을 얻기 위해서라도 어떻게 영국 사람들이 소수의 인력만으로 그 거대한 인도 대륙을 효율적으로 관리하는지 알고 싶었다. 그는 1840년 가을부터 인도 사정을 공부하기 시작했다. 3년 동안 열심히 자료를 섭렵한 뒤 〈인도 노트〉를 작성했다. 토크빌은 장차 책도 쓸 생각이었다. 그가 생각하기엔 인도를 정확하게 파악하자면 현장을 직접 관찰하는 것이 필수적이었다. 그러나 그 당

---

36 토크빌은 일찍부터 알제리에 주목했다. 그는 프랑스가 지지부진한 국내외 상황을 타개하기 위해서는 알제리를 활용해야 한다고 주장했다. 1833년에는 케르고를레와 함께 알제리에 땅을 사서 정착하는 문제를 진지하게 검토했고, 이를 위해 아랍어를 배울까도 생각했다. 이슬람 경전인 코란도 공부했다. 그는 이 공부를 통해 이슬람교가 숙명론에 짓눌려 있다는 결론에 이르렀다. 토크빌은 이런 지식을 바탕으로 프랑스의 알제리 정책을 입안하고 싶었다. 그리고 1837년 알제리에 관한 첫 논문을 썼다(Richter 1963, 375쪽). 이런 전력 때문에 그는 의회에 들어가자마자 알제리 전문가 대접을 받았다. 1841년에는 보몽과 함께 3개월 일정의 알제리 현지 조사 계획을 세웠다. 그는 알제리로 떠나기 전에 관련 공문서들을 샅샅이 읽었고, 현지에 나가 있는 사람들과 연락을 주고받으며 정보를 수집했다. 그리하여 알제리에 대해 알아야 할 것 대부분을 미리 숙지한 상태로 여행을 떠났다. 그러나 아프리카에 도착하자마자 장염에 시달리는 등 건강이 좋지 않았다. 끝내 혈변을 동반한 이질 때문에 일정을 단축할 수밖에 없었다. 비록 첫 번째 알제리 여행은 한 달 남짓으로 끝났지만 그는 보고 들은 것을 수첩에 빼곡하게 기록했다. 글로 본 것과 직접 확인한 현실 사이의 괴리가 컸다. 토크빌은 1846년에 다시 알제리에 갔다. 이번에는 위험을 무릅쓰고 내륙 깊숙이 들어가 3개월 동안 현장을 관찰했다. 그는 이 여행을 바탕으로 그다음 해에 두 차례 장문의 보고서를 의회에 제출함으로써 프랑스의 알제리 정책에 큰 영향을 끼쳤다(Jardin 1988, 327~332쪽).

시 그는 인도를 방문할 처지가 못 되었다. 결국 그는 인도에 관한 집필을 포기했다. 그리하여 그가 책으로 내기 위해 준비했던 〈노트〉만 전해지게 되었다.[37]

토크빌의 글 쓰는 방식은 독특했다. 전체 틀과 기본 방향을 먼저 정하고 나면, 그다음부터는 생각이 이끄는 대로 써나갔다(Brogan, 346쪽). 토크빌은 여러 번 밀에게 글쓰기의 어려움에 대해 하소연했다. 원고를 생각하면 마치 가위눌린 듯 압박감을 느낀다고 했다. 머릿속에 아이디어는 넘치는데 그것을 어떻게 풀어낼지 아직 확실하지 않아 고민이라고 했다. 그러면서 자신의 글쓰기 습관을 들려주었다.

……아시다시피, 나는 결코 어떤 체계를 정해놓고, 또는, 맞든 틀리든, 특정한 결론을 도출하기 위해서 펜을 들지 않습니다. 나는 그저 생각이 자연스레 흘러가도록 내버려둡니다. 이리저리 논리가 이끄는 대로 따라가는 것이 더 좋기 때문입니다. 따라서 어떤 글을 끝내기 전에는 내가 정확히 어떤 결론에 이르게 될지, 또는 과연 무슨 결론이 나기나 할지 결코 알 수가 없습니다. 이런 불확실성이 대단히 고통스럽습니다. (OC, VI, 314쪽)

토크빌은 이런 식으로 늘 단숨에 우아하고 명쾌하게 초고를 썼다. 그런 다음에는 따로 더 다듬지 않았다(Grovan, 548쪽). 토크빌은 글을 쓸 때 '고전적 명료함'을 중시했다. 생각을 우아하고 명확하게 표현하는 데 역

---

37 이 〈노트〉는 비록 미완성이기는 하지만 대단히 "인상적인 작업"이라는 평가를 받고 있다. OC, XI, 145쪽 ; Selected, 359쪽 ; Bernard, 17~18쪽 ; Pitts 2001, x쪽 ; Pitts 2005, 219·222쪽 ; Jardin 1988, 338~339쪽 참조.

점을 두었다. 이것은 그의 집안의 정신적 유산이었다.

케르고를레는 친구가 기가 막히게 명료한 글을 쓴다고 평가했다. 그의 글 속에는 많은 생각들이 들어 있기 때문에 설렁설렁 읽어서는 그 깊은 맛을 잡아낼 수 없다고 했다. 케르고를레의 진단에 따르면, 토크빌의 문체는 《미국의 민주주의》 2권 이후 더욱 간결해졌다. 또한 엄격하면서도 융통성이 있고, 단순하면서도 복합적이었다. 그러면서 언제나 정곡을 찔렀다. 토크빌은 자신의 문체를 다듬고 개발하는 데 끝없는 노력을 기울였다. 그 결과 프랑스 문학사에서 찬란한 기념비를 세웠다(Grovan, 561쪽).

3. 주도면밀 또는 자유분방

밀과 토크빌이 살았던 19세기가 까마득한 옛날 같지만 그렇지 않다. 여러모로 오늘날 우리가 사는 모습과 닮았다. 200년 전 유럽 대륙에서는 생각 이상으로 지식인들 사이의 교유가 잦았다. 작은 해협을 사이에 두고 있는 영국과 프랑스는 이웃 나라의 동향을 소상하게 알고 있었다. 토크빌이 자기 나라 의사당에서 발언한 내용이 그다음 날 영국 신문에 소개될 정도였다. 영국의 조야朝野는 '유명 저자' 토크빌을 따뜻하게 반겼다. 장관 등 고위층 사람들이 그의 새 책에 대해 이야기를 나누는 모습도 인상적이다. 또 하나, 밀은 자신의 《논리학 체계》를 누가 그리 많이 사 보는지 놀랐다고 했다. 웬만큼 사는 사람들이라면 괜찮은 책 몇 권쯤은 서가에 꽂아두어야 하는 분위기여서 이 책에 대한 수요가 은근히 많았다. 밀과 토크빌 같은 사상가가 하늘에서 뚝 떨어진 것이 아님을 실감하게 된다.

두 사람의 삶을 되돌아보면 '아버지의 서재'가 특별한 의미로 다가온다. 밀은 큰 책상에 아버지와 마주 앉아 엄청난 공부를 했다. 아버지는 아들에게 지식도 가르쳤지만 무엇보다 '생각하는 법'을 가르쳐주었다. 그 덕분에 아들은 아버지를 넘어갈 수 있었다.

이에 비해 유소년 시절의 토크빌은 지극히 평범했다. 놀기 좋아하는 보통 소년이었다. 적어도 기록상으로는 그렇다. 밀은 열여섯 나이에 이론적인 논문을 썼고 신문 투고까지 했다. 그 열여섯 살 때 토크빌은 고등학교에 들어가 처음으로 학교 교육을 받게 되었다. 토크빌은 고등학교를 거쳐 법률 학교에 다녔지만 학교생활에서 두드러진 사국을 남긴 것 같지 않다. 그러나 그에게는 '아버지 서재'가 있었다. 그곳에서 그는 수많은 책을 섭렵하며 존재의 비밀에 눈떴다. 그때 얻은 "보편적 의심"이 일생 그를 괴롭혔지만, 바로 그 아픔 속에서 토크빌 특유의 통찰도 자랄 수 있었다.

밀은 분야를 안 가리고 많은 글을 썼다. 그는 청장년 시절의 대부분을 동인도회사의 직원으로 보냈다. 그런 가운데서도 33권에 달하는 전집을 이룰 정도의 글을 남겼다. 그가 사십대 후반에 삶이 얼마 안 남았다는 절박감에 '죽기 살기로' 글을 썼다는 대목은 비감스러우면서도 감동적이다. 밀은 글도 성실하게 썼다. 주제를 깊이 천착한 뒤 단숨에 초고를 썼다. 그런 다음 그 글을 묵혀두는 과정을 꼭 거쳤다. 그는 몇 년이고 수정과 윤색을 거듭했다.

밀에 비하면 토크빌의 저작 목록은 간략하다. 출판된 저서라고 해야 《미국의 민주주의》 1, 2권과 《앙시앵 레짐과 프랑스 혁명》, 그리고 《회상록》이 전부라고 할 수 있다. 기타 소소한 몇 권이 더 있지만 내세울 만한 것들은 아니다. 이처럼 토크빌의 저작은 몇 권 안 되는데다 주제도 역사와 정치에 집중돼 있다. 그러나 토크빌이 유럽 지성을 장악하는 데는 《미국의 민주주의》한 권으로 충분했다. 대단한 청년 밀이 '족탈불급'이라는 표현까지 써가며 동년배인 토크빌을 추앙한 것도 다 그럴 만한 이유가 있었던 것이다.

토크빌은 고통스럽게 글을 썼다. 그는 밀에게 자신은 완벽하지 않은 상태로 글을 끝내는 것은 생각도 할 수 없다고 털어놓았다.《앙시앵 레짐과 프랑스 혁명》의 대단히 짧은 대목 하나를 쓰기 위해 1년 이상 노력을 기울이고 한 문장을 20번이나 고쳐 쓴 사람이 토크빌이었다. 인도에 관한 책을 쓰려고 오래 준비했다가 현지 조사가 불가능하자 끝내 단념한 것도 그다운 일이었다. 밀은 정반대의 이유로 인도를 방문하지 않았다. 눈으로 보기보다는 책으로 읽는 것이 객관적인 시각을 확보하는 데 더 유익하다는 신념 때문이었다. 같은 사안에 대해 밀과 토크빌이 정반대 입장을 취한 것도 흥미롭다. 성실함이야 밀도 둘째가라면 서러운 사람 아니었던가.

밀이 체계를 잡고 주도면밀하게 글을 써나갔다면 토크빌은 생각의 흐름에 글을 맡기는 편이었다. 그는 밀에게 말했듯이 "어떤 체계를 정해놓고 쓰지" 않았고, "그저 생각이 자연스레 흘러가도록" 내버려두었다. 단숨에 우아하고 명쾌하게 초고를 쓴 뒤 그다지 많이 다듬지 않았다. 실제로 그의 대표작들은 초고가 완성된 뒤 얼마 안 있어 책으로 나왔다. 토크빌이 다른 사람의 책을 잘 안 읽고 잘 인용하지도 않았다는 것 또한 유념할 만하다.

밀의 글은 힘이 있다. 묵직한 저력이 뒷받침되어 흡인력이 강하다.《자유론》같은 책을 읽어보면 거장의 위력을 실감할 수 있다. 그러나 그의 글은 다소 메마른 느낌을 준다. 아리스토텔레스의 글을 '건초 씹는 맛'이라고 평하는 사람이 있는데, 밀의 글도 그와 비슷하다. 논리에 치중한 글

쓰기라서 그럴 것이다. 그의 영어 원본은 읽기가 쉽지 않다. 19세기 어법에다 법정의 판결문 같은 문체가 섞여서 그럴지도 모른다.

그에 비해 토크빌의 글은 명료하고 친근감이 있다. 주제별로 제목을 달아 짤막짤막하게 나눠 쓰기 때문에 독자 입장에서는 읽기가 편하다. 길게 죽 써 내려간 밀의 글과 대조된다. 물론 그의 프랑스어도 19세기의 궤적을 담고 있어 난해하다. 거기에다 멋까지 부린 흔적이 있어 외국인이 읽기는 만만치 않다. 토크빌의 글을 읽으면 밀이 기분 나쁘지 않게·꼬집었던 '프랑스인 기질'이 떠오른다. 수다스럽고 같은 말을 되풀이하기 때문이다.

잊지 말아야 할 것은 두 사람이 시대의 문제의식을 글에 담아내기 위해 애썼다는 점이다. 밀의 대표작들, 이를테면 《논리학 체계》, 《정치경제학 원리》, 《자유론》, 《대의정부론》 등은 당대의 모순과 부조리를 타개하기 위한 그의 고뇌의 산물이었다. 밀은 철학적으로 응답하는 데 그치지 않고, 당장 현실에 응용할 수 있는 대안도 많이 제시했다. 토크빌 역시 누가 보더라도 19세기 프랑스의 지식인이었다. 자신의 시대, 자신의 조국에 대한 나름의 해법을 제시한 그의 글에는 민주주의와 자유에 대한 생각, 조국 프랑스의 정치적 난맥상에 대한 안타까움 등이 생생하게 담겨 있다. 밀과 토크빌은 분명 참여형 지식인이었다.

토크빌은 엄정하게 글을 쓰기 위해 "여러 사람의 말을 듣고 종합"했다. "달리 보고 멀리 보는 것"을 철칙으로 삼았다. '다면성many-sidedness'이야말로 밀의 핵심 가치였다. 양쪽을 다 보고 편견을 배제하며, 새로 배울 것이 있으면 주저하지 않고 손을 내민 사람이 밀이었다. 이 시대를 사는 우리가 밀과 토크빌을 흠모하고 사랑해야 할 이유이다.

3부

우 정

자유를 향해
함   께
나 아 가 다[1]

1   3부는 *History of European Ideas*, 42(1)(2016), 55~72쪽에 실린 Byung-Hoon Suh, "Mill and Tocqueville : a friendship bruised"를 우리말로 옮기고 부분적으로 손본 것이다.

밀과 토크빌이 살았던 시대는 생각보다 더 '국제적'이었다. 식자들은 필요하거나 뜻이 있으면 국적을 가리지 않고 서로 교유했다. 직접 만나는 것이 쉬운 일은 아니어서 그 공백을 서신 교환으로 메웠다. 따라서 이 시대의 문인들이나 학자들의 서한집은 그 자체로 의미심장한 작품이 된다. 밀과 토크빌의 저작집이 상당 부분 편지로 채워진 것도 이런 연유에서이다.

밀은 배울 것이 있다 싶은 사람에게 정말 열심히 편지를 보냈다. 그러다가 생각이 통하면 우정을 이어나갔다. 그는 토크빌의 《미국의 민주주의》를 읽고 대단한 충격을 받았다. 그래서 즉각 토크빌을 만났고 그와 편지를 나누기 시작했다. 3부는 두 사람이 처음 만난 순간부터 그들의 우정의 씁쓸한 결말까지 추적해본다. 단순히 개인사를 들여다보려는 것이 아니다. 밀과 토크빌의 사상적 공분모 또는 충돌 지점까지 분석해 들어가는 것이 목적이다.

1. 밀월

1835년 초 《미국의 민주주의》가 출간되었을 때, 밀은 "사회사를 일반화할 뿐 아니라 생생하게 묘사하는 능력까지 갖춘" 그 책에 즉각 매료되었다(CW, XII, 259쪽). 《런던 평론》을 실질적으로 운영하던 밀은 그해 5

월 8일에 조지프 화이트Joseph White에게 "그 대단한 책"의 서평을 쓰지 않 겠느냐고 물어보는 한편, 저자 토크빌의 신상에 대해 여기저기 수소문했 다.[2]

밀은 그 무렵 토크빌이 런던에 와 있는 것을 모르고 있었다. 마침 두 사 람을 모두 아는 어떤 인물이 나선 덕분에 밀과 토크빌은 5월 26일에 런 던에서 처음 만났다.[3] 그 만남이 매우 유익했던지 두 사람은 사흘 뒤 다 시 만났다. 이번에는 하원 의원 로벅Roebuck도 자리를 같이했다.[4] 토크빌 은 '6월의 어느 목요일'에 밀에게 첫 번째 편지를 보내며《미국의 민주주 의》를 "가까운 친구의 저술"이라 치고 한번 읽어봐 달라고 부탁했다. 밀 은 6월 11일에 즉시 답장을 보냈다. 그날 이후 두 사상가 사이에 "매우 흥 미롭고 치밀한 서신 교환"[5]이 줄기차게 이루어졌다.[6] 밀과 토크빌은 그 편지들에서 다양한 주제를 놓고 허심탄회하게 의견을 피력했다. 때로는 심중의 깊은 말도 거침없이 털어놓았다.[7] 처음 만난 후 5년이 지난 어느

---

2 밀은《런던 평론》파리 통신원에게 "토크빌에 대해 아는 대로 말해줘요. 그 사람은 어떤 배경 을 가지고 있나요? 프랑스에서 그 사람에 대한 평은 어떤가요?"라고 물었다(CW, XII, 261쪽).
3 두 사람이 처음 만난 직후인 6월 5일 밀이 길베르Aristide Guilbert에게 보낸 편지에는 "그가 아주 마음에 듭니다. 할 수만 있다면 토크빌에게 우리 잡지에 글을 써달라고 부탁하고 싶습니다" 라는 글귀가 나온다(Brogan, 664쪽 참조).
4 6월 14일에는 토크빌이 잠시 프랑스에 다니러 가는 길에 두세 시간이나마 저녁 식사를 같이 하자고 밀에게 쪽지를 보내기도 했다.
5 John Robson, "Textual Introduction to *Essays on Politics and Society* Part I", CW, XVIII, lxxvi쪽.
6 두 사람은 첫해인 1835년에 열 통, 그다음 해에 아홉 통의 편지를 주고받았다. 1835년부터 1842년까지의 기간 동안 그들이 교환한 편지는 모두 스물여섯 통이었고, 그 후 17년 동안 그 들은 열 번 더 편지를 주고받았다. 토크빌이 스물한 통, 밀이 열다섯 통을 썼다(두 사람의 전집 에 실린 편지를 계산한 것이다. 중간에 유실된 것도 있을지 모른다). 파페H. O. Pappé는 특별히 1835~1840년의 기간을 "밀과 토크빌의 밀월 시기"라고 불렀다. Pappé 1964, 220·222쪽.
7 두 사람이 편지 교환을 시작하자마자 토크빌은 "나는 자유는 가슴으로 사랑하고 평등은 머리 로 사랑합니다"라고 고백한 뒤, "자유와 평등을 위해 그 어떤 희생도 마다하지 않을 것"이라고 자 신의 내면 깊은 곳을 진솔하게 보여주었다(OC, VI, 293~294쪽).

시점에 밀은 편지에 다음과 같이 썼다.

> 내가 선생에게 그리 자주 편지를 쓰지는 못했지만, 현재 살아 있는 유
> 럽 사람들 중에 선생보다 더 존경하는 사람이 없고, 선생과 나누는 이
> 우정보다 더 자랑스러워하는 것이 없다는 나의 말은 액면 그대로 믿어
> 도 됩니다. 나의 이 말을 입증할 방법은 딱 하나밖에 없습니다……그것
> 은 내가 쓰는 모든 글에 선생의 이름이 늘 같이한다는 사실입니다. (CW,
> XIII, 435쪽)

토크빌은 자기들 두 사람이 진정한 우정을 쌓기 시작했고 그것이 변함
없이 이어질 것이라고 확신했다. 또한 토크빌은 밀에게 영국인 중에서
그보다 더 기쁨을 주는 사람은 없다고 말했고, 자기 아내를 소개할 수 있
게 프랑스를 방문해달라고 조르기도 했다. 토크빌은 아내가 밀을 자신
의 가까운 친구로 여기고 있음을 보여주고 싶었다(OC, VI, 295~296·326·
304·313쪽).

그러나 이처럼 아름다웠던 우정은 오래가지 못했다. 두 사람의 밀월
관계는 1844년 갑자기 깨져버렸다. '이상한 단절étrange interruption'이 우정
에 금이 가게 만들었다.[8] 세월이 많이 흐른 뒤인 1856년에 토크빌이 애잔
하게 회고했듯이, 두 사람은 '편지를 주고받는 아름다운 습관을 잃어버
렸다'(OC, VI, 348쪽). 토크빌은 숨을 거두기 몇 달 전에 밀에게 마지막 편
지를 보냈다.

---

8 J.-P. Mayer, "Introduction", OC, VI, 16쪽.

선생이 매우 바쁘다는 걸 잘 알기 때문에 답장을 보내달라고 하지는 않겠습니다. 다만 선생이 나를 완전히 잊지는 않았으면 좋겠습니다. 이 순간 내가 바라는 것은 그것뿐입니다. (OC, VI, 351쪽)

그동안 이런 밀과 토크빌의 개인적인 관계에 관심을 기울이는 학자는 그리 많지 않았다. 그 얼마 안 되는 연구자들 대부분은 두 사람의 관계가 차갑게 식어버리게 된 계기로 밀의 1842년 편지를 주목한다. 밀은 그 편지에서 당시 심각한 국면으로 치닫던 국제 정세 속에서 토크빌이 영국에 대해 호선석 선동을 벌였다며 그를 거칠게 비판했는데, 학계의 통설은 "이 편지를 계기로 두 사람의 관계가 냉랭해지면서 서신 교환이 급격하게 줄어들었다"고 규정한다. 이를테면 보에쉬Roger Boesche는 "1843년 이후 두 사람의 서신 교환이 급속히 줄어들었다……1840~1842년에 밀과 토크빌이 영국과 프랑스의 정치적 분쟁을 둘러싸고 적잖이 험한 말을 주고받은 것이 아마도 가장 큰 이유일 것"이라고 해석했다.[9] 이처럼 밀과 토크빌의 관계를 연구하는 전문가들 대부분은 1840년대 초반의 국제 관계를 둘러싼 두 사람의 대립이 그들의 우정을 파국으로 이끌었다고 생각한다. 이런 견해는 상당히 설득력이 있다. "인간 삶의 중요한 몇몇 대목에 관한 확신과 감정을 서로 공유하는 것이 참된 우정의 필수 조건"이라는 밀의 평소 지론을 고려하면 특히 그렇다.[10] 그 무렵 밀은 유럽에서 또

---

9   Selected, 137·384쪽. 파페도 "이 일로 밀이 토크빌에 대한 존경심을 거둬들이면서 의도적으로 서신 교환을 중단했다"고 분석한다(Pappé 1964, 220~222쪽).

10   밀은 여러 곳에서 자신의 '우정론'을 펼쳤다. 그는 "확신과 감정의 공유"를 우정의 필수 조건으로 단정하는 한편, 가능하면 "지식과 지능, 고결한 정서라는 측면에서 자신보다 우수한 사람"과 사귈 것을 권했다. "지적, 도덕적으로 뛰어난 사람과 공명하고 친교를 나누면서 얻게 되는 기쁨과 이익"도 역설했다(자서전, 182~183·67쪽).

전쟁이 일어날까 봐 굉장히 염려하고 있었으므로 프랑스의 명예를 위해 전쟁도 불사해야 한다는 토크빌의 '비이성적 발상'을 용납하기 힘들었을 것이다.

그러나 이런 통설에는 여러 허점이 있다. 첫째, 이 통설은 '그 사건'이 있은 다음 해인 1843년에도 두 사상가가 다섯 통의 편지를 더 주고받았다는 사실을 설명하지 못한다. 밀이 1842년 편지에서 토크빌을 향해 날선 비판을 쏟아냈지만, 두 사람은 이 1843년 한 해 동안 1835~1836년 이후 가장 많은 편지를 교환했다. 편지의 내용도 뜨거운 우정을 짐작하게 한다. 특히 1843년 11월 3일의 편지를 주목할 필요가 있다. 그 편지에서 밀은 토크빌이 자신을 "지적, 사회적 진보를 향해 함께 걸어가는 동반자로 인정해준다면 더할 수 없이 큰 영광"이라고 썼다(CW, XIII, 612쪽). 전후 맥락으로 보아 의례적 수사修辭로 평가 절하할 수준이 아니다.

둘째, 밀이 《자서전》에서 토크빌에 관해 매우 우호적인 언급을 남긴 것도 통설에 대한 의문을 더한다. 밀은 자신의 지적 여정을 회고하는 그 책에서 두 사람의 결별을 짐작하게 하는 그 어떤 비판적 언사도 남기지 않았다. 밀이 벤담, 콩트 등 자신이 교유한 이런저런 거장들의 한계를 어김없이 지적했던 것과 대조적이다. 오히려 밀은 자신이 젊은 시절에 "토크빌의 《미국의 민주주의》를 공부한 뒤 정치철학적인 측면에서 의미심장한 변화를 겪게 되었다"고 진술했다. 밀 같은 사람이 동년배에게 그런 찬사를 보내는 것은 결코 흔한 일이 아니다(자서전, 156~158쪽).

마지막으로, 토크빌이 프랑스의 곤궁한 처지에 속이 상한 나머지 민족주의적 감정을 도발적으로 표출했을 때 밀이 이를 너그럽게 받아주었다는 사실도 염두에 두어야 한다. 밀은 영국 사람들에게 원색적인 비난을 받고 있던 토크빌을 변호하며 그와의 변함없는 우정을 재확인했다. 이런 점만 보더라도 밀이 토크빌의 '철없는' 주장에 격분해서 그에게 등을 돌렸다는 기존의 해석은 근거가 박약하다.

결국, 1840년대 초반에 밀과 토크빌이 국제 정세를 둘러싸고 불협화음을 내긴 했지만 그것 때문에 두 사람의 관계가 급속하게 냉각되었다고 단정하기에는 석연치 않은 점이 많다. 그렇다면 1844년 이후의 '이상한 단절'을 어떻게 설명해야 할까? 나는 국제 정세를 둘러싼 두 사람 사이의 이견에 덧붙여 두 가지 사실을 더 눈여겨봐야 한다고 생각한다. 하나는 프랑스의 정치인 프랑수아 기조에 대해 두 사람이 극명하게 엇갈리는 평가를 내렸다는 것이고, 다른 하나는 밀이 표방한 '선의의 제국주의'를 토크빌이 매우 냉소적으로 바라봤다는 것이다. 이런 논점들은 밀과 토크빌의 정치철학을 가로지르는 핵심 개념과 직접적으로 맞닿아 있다. 따라서 두 사람의 관계를 정확히 파악하기 위해서는 이 충돌 지점들을 유심히 살펴볼 필요가 있다. 그러나 이런 사상적인 접근만으로는 두 사람 사이의 '이상한 단절'을 해명하는 데 한계가 있다. 나는 두 사람이 보여준 생각의 차이 못지않게 밀의 개인적인 사정도 중요한 변수가 되었으리라 생각한다. 즉 그가 《런던-웨스트민스터 평론》에서 손을 떼게 된 것, 그리고 그의 아내 해리엇이 토크빌을 매우 부정적으로 평가했던 그간의 사정 또한 두 사람의 우정을 급속하게 냉각시킨 큰 변수로 작용했다는 것이 나의 최종 결론이다.

2. 밀의 통박

그동안 밀과 토크빌의 교유에 대한 학계의 시각은 크게 엇갈렸다.[11] 대체로 학자들 중에는 "우정 관계를 유지하는 데 토크빌이 더 적극적"이었고 밀은 "상대적으로 미온적"이었다고 생각하는 사람이 많다(Cairns, xvi 쪽 ; Brogan, 303쪽). 그러나 두 사람의 밀월 시기를 돌아보면 정반대의 결론에 이르게 된다. 토크빌이 아니라 밀이 오히려 두 사람의 관계를 발전시키는 데 더 관심이 많았다는 사실이 확연히 드러난다.

첫째, 밀은《미국의 민주주의》1권을 읽은 뒤 그 책의 저자에 대한 흠모의 마음이 컸다.《미국의 민주주의》가 출간된 직후인 1835년 2월에 시니어는 토크빌에게 영국인 중에는 그런 책을 읽어낼 만한 사람이 별로 없고, 익명으로 그 책의 서평을 쓸 사람[12]은 더구나 드물다고 했다(Senior, I, 2쪽). 그런데 밀은 토크빌을 위해 두 차례나 서평을 썼다. 그가 토크빌에 대해 "진정 존경하는 마음une véritable admiration"을 품지 않았다면 하기 힘든 일이었다(CW, XII, 309쪽 ; Winch, 40쪽). 사실 밀은 토크빌에 대한 노골적인 칭찬을 아끼지 않았다. 그는 1840년에《미국의 민주주의》2권을 읽고 나서 토크빌을 "정치철학의 지평을 바꿔버린 현존 최고 권위자"라고 극찬했다(CW, XIII, 434쪽). 그해 연말에는 "이 시대에 나와 생각이 같으면서 내가 즐겁게 따라갈 만한 뛰어난 사람을 선생 말고는 찾을 수 없습니다"라는 말까지 했다(CW, XIII, 458쪽).[13] 밀 같은 사람이 누구에게

---

11 이를테면 케언스John Cairns는 밀이 토크빌과 서신을 교환할 때 그가 콩트나 생시몽주의자들을 대할 때와는 모양새가 크게 달랐다고 주장한다. 토크빌에 대한 밀의 "낯가림과 의문 부호"가 없지 않았으나 처음 단계에서는 두 사람의 마음이 잘 통했다는 것이다(Cairns, xv~xvi쪽 참조). 그러나 랍슨John Robson은 달리 보았다. 밀과 토크빌의 관계가 "정중했지만 친밀하지는 않았다"고 본 것이다(Robson, 106쪽). Mayer, "Introduction", 19쪽 및 Mazlish, 272쪽도 랍슨과 같은 생각을 담고 있다.

12 당시에는 편집 관례상 필자들의 이름을 안 밝혔던 모양이다.

13 토크빌도 그냥 있지는 않았다. 그 역시 밀을 칭찬했는데, 다만 수위가 좀 달랐다. 1835년 토크빌은 자기 책을 논평한 사람들 중에서 아마도 밀이 그 책을 온전히 이해한 유일한 사람일 것이

그런 상찬을 또 할 수 있을까?

둘째, 밀이 토크빌과 관계를 맺고 싶어 한 배경에는 그를 《런던 평론》
의 필자로 확보하고 싶은 마음도 작용했다. 그때 밀은 급진주의 운동의
기관지 역할을 하는 그 잡지의 편집을 맡아 전력투구하고 있었다. 그런
밀의 입장에서 토크빌은 매우 중요하고 귀한 '손님'이었다.

밀 본인이 말했듯이, 그는 토크빌에게서 지적으로 큰 영향을 받았다.
이 점에 대해서는 많은 학자들이 공감한다.[14] 거기에다 밀은 자신의 잡
지를 위해서라도 토크빌과 긴밀한 관계를 유지할 필요가 있었다. 이런
점들을 종합하면 밀에게는 토크빌과의 우정을 확대 발전시킬 당위가 충
분했다. 그러나 1840년 프랑스의 국제적 위상이 흔들리면서[15] 상황이 급

라고 했다. 밀이 자신의 "생각과 숨은 의도까지 총체적으로 파악하고 그 세세한 내용까지 분명히
이해"하고 있고 바로 그런 이유에서 밀이 "아프게 비판한 것도 호의적인 서술 못지않게 자신에게
기쁨을 주었다"며 고마워했다(OC, VI, 302~303쪽). 토크빌은 밀의 1840년 서평에 대해서도 감
사한 마음을 전했다. 그는 "두 사람의 관점은 하나로 연결되어 있다"는 생각에서 밀의 그 서평과
자신의 책을 한데 묶어 보관하고 있다고 말했다(OC, VI, 331쪽). 밀이 두 번이나 서평을 쓰면서
토크빌을 "우리 시대의 몽테스키외"라고 극찬한 것에 비하면 조금 균형이 맞지 않는 느낌이다.

14 전문가들 사이에서 "밀의 정치적 견해 거의 전부가 토크빌의 소산이거나 아니면 적어도 밀
이 토크빌과 같은 생각을 하고 있었다"는 시각이 광범위하게 퍼져 있다. 밀에게 아내 해리엇과
아버지 제임스 밀 다음으로 큰 영향을 준 사람이 토크빌이라는 주장도 힘을 얻고 있다(Robson,
112쪽 ; Qualter, 881쪽 ; Mazlish, 270~274쪽 ; Jones, 154쪽). 그러나 파페는 밀과 토크빌의 관계
를 면밀히 분석한 끝에 이런 시각을 정면으로 반박했다. 파페는 밀과 토크빌이 민주주의, 중앙
집권화, 개별성 문제 등에 관해 대등하게 생각을 주고받는 입장이었지 일방적인 '선생-학생 관
계'는 아니었다고 역설한다(Pappé 1964, 229~231쪽). 이와 관련해, "밀과 토크빌의 생각이 매우
유사하다고 쉽게 단정해서는 안 된다"는 햄버거Joseph Hamburger의 경고도 주목할 만하다. 그는
밀이 토크빌의 주장 중 자기 생각과 일치하는 것만 집중 거론했기 때문에 밀이 쓴 두 개의 서평
이 토크빌의 핵심 명제를 거의 건드리지 못했다고 비판한다(Hamburger, 120~121·125쪽).

15 당시 오스만 제국이 쇠퇴하면서 동방문제가 불거졌다. 오스만 제국과 그 나라의 속국인 이
집트 사이에 분쟁이 일자 유럽 열강들이 갈라져 다툼을 벌이게 되었는데 이것이 '동방문제'였다.
영국이 오스만 제국 편을 든 반면에 프랑스는 이집트를 후원했다. 영국은 러시아와 손잡고 오스
트리아와 프로이센의 지원까지 끌어낸 다음 1840년 7월 15일에 이 국가들 간에 런던 조약을 맺
었다. 프랑스가 국제 사회에서 따돌림을 당한 순간이었다(Cairns, xviii쪽 ; Pitts 2005, 220쪽 참조).

변한다. 국가적 위기 국면을 맞아 토크빌은 자신의 생각을 절박하게, 그러나 듣기에 따라서는 도발적으로 표명하기 시작했고, 그에 따라 밀과 토크빌의 관계도 새로운 국면으로 접어들게 된다.

토크빌은 1839년 7월 2일 하원 의사당 발언대에 처음 서면서, 프랑스가 동방문제를 해결하는 과정에 다른 열강들과 대등하게 참여할 수 없다면 열강들을 상대로 적대적 노선을 취하는 것도 불사해야 한다고 주장했다. 18개월 후 토크빌은 또다시 발언 기회를 얻었는데 그 연설이 그의 의정 활동 중에서 가장 "전투적인 모습"을 띠었다는 평가를 듣게 된다(Drescher, 156쪽). 이때 그는 런던 조약을 가리키면서, 프랑스를 배제한 채 세계 질서를 재편하려는 영국과 러시아의 시도를 용납할 수 없다고 선언했다. "그런 일이 벌어지게 하느니 차라리 전쟁을 선택하는 편이 낫다"는 말까지 했다.[16]

토크빌은 두 번째 연설을 한 지 5개월 후 밀에게 편지를 보내, 영국 정부가 프랑스 국민을 무시하고 프랑스 국민의 민족적 자긍심을 심각하게 훼손했다고 비판했다.[17] 밀도 길게 답장을 썼다.[18] 그는 상황을 악화시킨 데에는 영국 정부의 책임이 크다는 사실에 동의했다. "문제의 원흉인 파

---

16 Alexis de Tocqueville, "Second discours sur la question d'Orient", *Écrits et discours politiques*, André Jardin (ed.), OC, III(Paris, 1985), 290쪽.
17 OC, VI, 330~331쪽. 밀은 토크빌의 그 편지를 받은 지 5일 후에 그 내용을 고스란히 폭스에게 전해주었다. "토크빌은 영국 정부가 프랑스 국민을 형편없이 무시했는데도 프랑스 정치인들이 그런 모욕적인 처사에 대해 아무런 항의도 하지 않음으로써 프랑스 국민의 민족적 자긍심에 큰 상처를 주었다고 분개하고 있습니다. 그가 볼 때, 현 국제 질서에서 민족적 자긍심이야말로 프랑스 국민의 감정과 의식을 한껏 고양시킬 수 있는 거의 유일한 매개체입니다."(CW, XIII, 454쪽).
18 그 편지는 토크빌이 1840년 서평에 만족했다고 하니 밀 자신도 매우 기뻤다는 말로 시작된다. 밀은《미국의 민주주의》2권이 1권에 비해 덜 대중적이라고 걱정하면서도 그 책이 한 시대를 개척하는 데 더 큰 공헌을 할 것이라고 덕담을 아끼지 않았다(CW, XIII, 457~458쪽).

머스턴[19]과 티에르[20]가 나란히 교수형을 당한다면, 나는 20마일이라도 걸어가서 그 장면을 보고 싶을 정도"라며 자신의 분노를 숨기지 않았다. 그런 다음 밀은 영국과 프랑스 사이의 '불행한 사태'에 관한 토크빌의 견해를 날카롭게 반박했다. 밀은 특히 프랑스의 언론인과 저명인사들이 영국에 대한 증오심을 부채질하고 전쟁을 선동하는 것을 통렬하게 비판했다(CW, XIII, 459~460쪽).

토크빌은 1841년 3월 18일 답장을 보내, 자신이 철저한 중립적 입장에 있다면서 프랑스의 대외 정책을 주도하는 두 정파, 즉 전쟁을 부추기는 혁명파나 '비겁한' 유화주의자를 모두 신랄하게 비판했다. 우선 그는 혁명파를 좋아할 수 없었다. 토크빌은 '소위 혁명 정신'에 대해 뿌리 깊은 증오심을 품고 있었기 때문에 수단과 목적 어느 측면에서든 혁명파와 손잡을 수가 없었다(Reader, 156·219~220쪽).

그러나 토크빌이 1841년 3월의 편지에서 더 문제 삼은 것은 집권 세력인 유화주의자들이었다(Selected, 150쪽). 그는 기조를 필두로 한 유화주의자들과는 세계관 자체가 달랐다. 그들과는 같은 하늘 아래서 살 수 없을 정도였다.[21] 유화주의자들은 외국과의 분쟁으로 인해 혁명이 재발하는 것을 두려워했다. 그래서 국내에서 정치적 소용돌이가 촉발되지 않도록 굴욕적 대외 협상도 마다하지 않았다. 그러나 토크빌은 민주주의 시

---

19 Henry Palmerston(1784~1865). 영국의 대표적인 보수파 정치인. 1840년에 외교 장관으로서 프랑스 고립 정책을 폈다.

20 Louis Adolphe Thiers(1797~1877). 19세기 프랑스의 대표적인 역사학자로 제3공화국 초대 대통령을 역임했다. 그는 동방문제가 불거졌을 때 총리로서 비현실적인 강경 노선을 주도하다가 뜻을 이루지 못하고 기조에게 자리를 넘겨주어야 했다.

21 5부에서 보겠지만, 토크빌은 프랑스 정치를 좀먹는 두 세력 '더러운 민주주의자'(즉 혁명파)와 '질서 옹호자'(즉 유화주의자) 중 후자를 더 싫어했다(Reader, 152~153쪽).

대에 혁명이 일어날 가능성은 희박하다고 생각했다. 따라서 유화주의자들이 어떤 명분을 내걸든 그것은 사실상 '철학의 빈곤', 더 직설적으로는 두려움의 산물에 불과하다고 비판했다(Lawlor, 58쪽 ; Selected, 156쪽). 토크빌은 런던 조약 때문에 프랑스 국민의 자존심이 짓밟혔는데도 프랑스 정부가 그 상처를 치유할 아무런 조치도 취하지 않았다는 것을 용납할 수 없었다. "프랑스와 같이 특이한 체질을 가진 민족이 자기 조국의 국제적 입지가 약화되고 조상들이 누렸던 영향력이 갈수록 상실되는 것을 목격하게 되면 매우 위험한 상황이 초래된다"고 우려했다.[22] 5부에서 다시 보겠지만, 토크빌은 개인과 마찬가지로 민족에게도 자긍심이 매우 중요한 역할을 한다고 보았다. 자긍심이 있어야 존재의 본질을 회복할 수 있다고 생각했기 때문이다. 그래서 토크빌은 민족 자존심의 회복을 위해 '적대적 선동'을 마다하지 않았다. 그는 민족의 대의 앞에 온 국민이 애국 단결할 수 있다면 1840년의 위기가 프랑스 국민에게 오히려 전화위복의 계기가 될 수 있다고 믿었다.[23]

밀은 16개월이나 지나서 답장을 보냈다. 1년 넘게 답장을 미루었다는 것도 문제지만 답장의 내용이 심상치 않았다. 그는 토크빌을 가혹할 정도로 나무랐다. 토크빌에게 "좀 더 성숙해지라"는 말까지 했다. 두 사람의 관계에 비추어볼 때 이것은 거의 '막말' 수준이었다. 밀은 편지 앞머리

---

22 토크빌은 7개월 전 루아예-콜라르에게 보낸 편지에서도 똑같은 논지를 폈다. 토크빌 자신도 민족적 자긍심이라는 것이 때로는 유치하고 허황되다는 사실을 모르지 않았다. 그러나 어리석고 무모한 것처럼 보일지라도 이 감정만이 프랑스 국민을 위대한 각성에 이르게 한다는 것이 그의 생각이었다. 토크빌은 다른 유럽 국가와 비교할 때 프랑스가 이 점에서 크게 유리하다고 주장했다(Selected, 144~145쪽).
23 그는 영국과 프랑스가 갈등을 벌이는 국면이 불행이면서 동시에 기회가 될 수 있다고 생각했다(Drescher, 159~160쪽).

에서는 토크빌의 입장을 이해하는 듯한 말을 했다. "민족적 자긍심은 프랑스 사람들의 애국심과 공공 정신을 고취할 수 있는 유일한 감정"이라는 토크빌의 말에 동감을 표했다. 거기까지였다. 그다음엔 밀의 비판이 시작되었다. 밀은 민족적 자긍심이 전부일 수는 없다고 했다. 아무리 그것이 소중하다고 해도 "자유와 진보, 심지어 물질적 번영에 대한 사랑"까지 다 팽개칠 수는 없다고 했다. 밀은 토크빌에게 "이 시대의 보다 고상하고 보다 교양 있는" 사람들처럼 행동할 것을 요구했다. 이 정도면 꾸지람이나 다름없었다.

……그러나 프랑스와 문명의 이름으로, 우리 후손들은 선생같이 고상하고 교양 있는 사람에게, 지금 이 시대를 휩쓸고 있는 천박하고 유치한 것이 아니라, 무엇이 진정 민족에게 영광이고 중요한 것인지 보다 나은 생각을 가르쳐줄 것을 요구하고 있습니다. 현재 유럽 대륙에서 스페인을 제외하고 그렇게 유치하고 저급한 감정에 휩쓸리는 나라가 또 어디 있습니까. 여기 영국에서는 어리석고 무식한 사람들조차 요란하고 시끌벅적하게 내세우는 것은 결코 중요하지 않다는 사실을 잘 알고 있습니다. 자기가 힘이 세다고 자랑하는 것 같지만, 외국인들 눈에 그런 것은 화가 난 나머지 자신의 약점만 보여주는 것이나 마찬가지입니다. (CW, XIII, 536~537쪽)

밀은 토크빌이 문명국가 시민들에게 어울리지 않는 '비교양적' 행동을 한다고 힐난했다. 마치 선생이 학생을 야단치듯 그렇게 옥박질렀다 (Ossewaarde, 172쪽 ; Pappé 1964, 223~224쪽 ; Varouxakis 2002, 143쪽). 예의를 갖춰 서로를 존중하는 사이에서는 있을 수 없는 일이었다.

지금까지 학자들은 바로 이 편지 때문에 밀과 토크빌의 관계가 단절되었다고 생각했다. 그러나 나는 그렇게 생각하지 않는다. 비록 밀이 심한 말을 했지만, 그것 때문에 두 사람의 우정이 결정적 파국을 맞은 것은 아니기 때문이다.

　토크빌은 밀의 비판에 아무런 대꾸도 하지 않았다. 그 정도 수모를 당하고도 별다른 반응을 보이지 않았다는 것은 이해가 안 되는 일이다.[24] 오히려 그는 아무 일도 없었던 것처럼 반년 후 밀에게 "친구로서 부탁을 좀 들어달라"고 아쉬운 소리를 했다. 당시 공해상의 선박 수색권 문제를 둘러싸고 난처한 입장에 처해 있던 그가 밀에게 구원의 손길을 요청한 것이다.[25] 토크빌은 그 편지의 말미에 "깊고 참된 우정"을 믿어달라고 썼다(OC, VI, 340쪽). 밀은 즉각 영국 신문에 토크빌을 변호하는 글을 쓴 다음 그 기사를 편지에 담아 보내주었다.[26] 토크빌도 답장을 보내 밀이 "우정의 증거물"을 보내준 것에 대해 고마워했다(OC, VI, 343쪽). 그해 중반

---

24 토크빌은 시니어가 비슷한 맥락에서 그를 험악하게 비난했을 때도 묵묵부답이었다. 영국의 경제학자 시니어는 토크빌보다 열다섯 살 위였지만 평생 토크빌과 마음을 주고받은 사람이다. 그런 시니어가 1841년 2월 27일 편지에서 밀 못지않게 토크빌을 혹독하게 힐난했다. "……영국 정치인들은 당신의 그 발언에 대해 참으로 황당해하고 있습니다……국제 사회에서 따돌림을 당하고 있다고 해서 전쟁 불사를 외친다는 것이……말이나 됩니까……여기 영국 의회에서는 당신의 그 발언에 대해 대꾸할 가치조차 없다고 생각하고 있습니다."(Senior, I, 22~24쪽).
25 영국과 프랑스는 상대국 선박이 흑인 노예무역에 이용되는지 확인할 필요가 있을 때 공해상에서의 선박 수색을 허용하는 조약을 체결한 상태였는데, 그 조약의 기한이 다 되자 영국이 1841년에 조약 연장을 요청했다. 토크빌은 주영 프랑스 대사인 기조가 의회의 승인 없이 독자적으로 조약 연장에 동의함으로써 법 절차상 하자를 범했기 때문에 그 조약이 효력을 잃었다고 주장했다. 그의 주목적은 조약 연장을 반대하는 것이 아니라 기조의 과오를 비판하는 것이었다. 그런데 영국의 브루엄 경Lord Brougham이 토크빌이 조약 연장을 반대한다고 비방함으로써 일이 커졌다.
26 밀은 한마디를 덧붙이는 것을 잊지 않았다. 토크빌이 "이런 불행한 외교 정책 문제들로 인해 영국 사람들 사이에서 '호전적 인사'로 분류되는 것"이 가슴 아프다고 했다(CW, XIII, 570쪽).

에 밀은 첫 저서인《논리학 체계》를 토크빌에게 보내주었고 이를 계기로 두 사람은 두 통의 편지를 더 주고받았다.

그 후 3년 이상 침묵을 지키다가 1847년 4월에 토크빌이 급하게 짧은 편지를 밀에게 보냈다. 이번에도 부탁하는 내용이었다. 하원 의원 토크빌은 프랑스의 해외 식민지 문제에 관한 의회 보고서를 쓰고 있었는데 영국의 인도 경영, 특히 동인도회사에 대해 알고 싶은 것이 많았다. 밀이 분명 답장을 보냈을 텐데 그 편지도, 그 편지에 대한 언급도 전해지지 않는다. 그리고 다시 두 사람 사이에 연락이 끊겼다.[27]

9년이 지나 1856년 6월에 토크빌이《앙시앵 레짐과 프랑스 혁명》을 밀에게 보냈다. 토크빌은 밀이 자기 책을 "진정한 우정의 증표"로 받아주길 희망했다. 밀은 외국 여행 때문에 반년이나 지나 감사의 답장을 보냈다. 그 편지에서 밀은《앙시앵 레짐과 프랑스 혁명》을 관통하는 "자유에 대한 고결한 사랑에 더할 수 없이 깊은 공감"을 표했다. 토크빌은 이를 받아 밀에 대한 존경의 마음을 직설적으로 털어놓았다. 그는 20년이 넘는 긴 세월 동안 "밀의 생각을 열렬히 흠모"해왔다면서 그 누구보다 "밀의 사상을 소중히 여긴다"고 고백했다. 토크빌은 두 사람 사이에 오랫동안 소식이 끊겼던 것을 아쉬워하며 이제 "다시 전처럼 재미있는 이야기를 길게 나눌 수 있기를 바란다"고 했다. 1859년 초, 이번에는 밀이《자유론》을 보내주었다. 그러나 토크빌은 이때 이미 병세가 너무 깊어 책을 읽을 수가 없었다. 토크빌은 숨을 거두기 두 달 전 밀에게 보낸 마지막 편지에서 "자유야말로 우리 두 사람이 손을 맞잡고 함께 걸어가야 할 영

---

27 토크빌은 1855년 9월 19일 시니어에게 편지를 보내 "우리 친구 존 밀이 최근에 매우 훌륭한 책을 냈다고 하는데 그게 사실인가요? 어찌 되었든 그에게 안부 좀 전해주시길 바랍니다"라고 썼다(Senior, II, 130쪽).

역"이라고 강조했다.[28]

3. 우정의 조건

이 대목에서 밀의 '우정론'을 상기해보는 것이 좋겠다. 밀은 "신념과 감정의 공유"가 우정의 버팀목이라고 거듭 말했다. 밀은 이십대 초반에 스털링John Sterling에게 쓴 편지에서 "강력한 공감대가 있어야 진정한 친구가 될 수 있다"고 역설했다. 여행의 동반자 또는 전쟁터의 전우들처럼, "공동의 목표를 위해 똑같이 분투하고 있다는 느낌을 공유"해야 친구라는 이름에 어울릴 수 있다고 했다. 밀이 생각하기엔 "좋아하고 싫어하는 것이 똑같다"는 것이 완벽한 우정의 필수 조건이었다. 밀은 훨씬 나중에 쓴 《자서전》에서도 참된 우정의 근본 요소로 "신념과 감정의 일치"를 꼽았다.

> 일단 인생의 중요한 문제에 대한 생각과 주관이 형성되고 나면, 속 깊은 사람들끼리 이런 문제에 대한 확신과 감정을 공유하는 것이 진정한 우정을 유지하는 데 빼놓을 수 없는 요소이다. (자서전, 182~183쪽)[29]

---

28 OC, VI, 348~349쪽 ; CW, XIII, 518쪽 ; OC, VI, 350~351쪽 ; OC, VI, 352쪽.
29 밀은 바로 이런 이유에서 콩트와의 교신을 "먼저 밀리했다". 그는 《자서전》에서 두 사람이 "각자에게 가장 소중한 감정과 근원적 소망에 관계된 문제에서 생각을 달리하면서 서로 등을 돌리게 되었다"고 썼다. 밀로서는 무엇보다도 콩트가 "자유와 개별성의 가치"를 소홀히 하고 "정신적 측면과 세속적 측면에서 극단적인 전제 체제를 꿈꾸는 것"을 용인할 수 없었다(자서전, 170쪽).

밀은 이런 '우정의 조건'을 충족시킬 만한 사람을 별로 만나지 못했다고 했다. 마음 깊이 가까이하고 싶은 사람은 더구나 적었다고 회고했다 (자서전, 183쪽). 그는 이십대 초반의 나이에 장차 자신이 외로움과 벗하며 살아갈 운명이라고 예견했다(CW, XII, 29~30쪽).[30]

친구들끼리 동일한 목표를 추구하는 것이 우정을 발전시키는 데 매우 중요하다는 밀의 평소 생각에 비추어본다면, 그가 토크빌의 과격한 언사에서 얼마나 큰 충격을 받았을지 미루어 짐작할 수 있다. 더구나 밀은 당시 유럽 정세가 일촉즉발의 국면으로 치닫는 것에 대해서 여간 걱정이 많지 않았다. 그는 영국과 프랑스 사이의 적대적 반감이 위험 수위에 근접하고 있음을 매우 염려했다. 그리고 "프랑스 국민이 영국에 대한 증오심을 새롭게 키우고 영국민은 영국민대로 프랑스에 대해 질투 어린 혐오감을 증폭시키는 것"을 근심 어린 눈으로 지켜보았다. 이런 맥락에서 밀은 전쟁을 선동하는 듯한 토크빌의 모습에 크게 실망하지 않을 수 없었다.[31]

이와 관련해 밀이 이른바 '프랑스인 기질French character'에 대해 매우 신경을 곤두세우고 있었음을 기억할 필요가 있다. 밀은 평소 프랑스를 무척 좋아해서 '프랑스 애호가'라는 평을 들을 정도였다. 그는 "기질이나 취향으로 말하면" 조국인 영국보다 프랑스에 더 끌린다고 공언하기도 했다.[32] 그만큼 그는 프랑스를 좋아했다. 다만 밀은 프랑스 사람들은 성

---

30 토크빌도 삼십대 중반에 자신을 "군중에게 둘러싸여 있지만 정신적 측면에서 마치 무인도에 혼자 떨어져 있는 외톨이 같다"고 묘사한 바 있다(Selected, 147쪽).

31 CW, XIII, 446쪽. 밀은 이런 문제의식을 담아 팸플릿을 만들거나 언론에 글을 쓸까 하다가 그런다고 상황이 바뀔 것 같지 않아 그만두었다(CW, XIII, 465쪽).

32 CW, XIII, 536쪽. 토크빌은 토크빌대로 영국을 무척 좋아했다. 토크빌은 지적인 측면에서 영국이 자신에게 '제2의 조국'이나 마찬가지라고 했다(Senior, I, 5쪽).

격상 "어린애 같은 데가 있어서"(CW, XIII, 457쪽) 사소한 문제로 격분했다가 또 쉽게 마음을 풀기도 한다고 생각했다. 밀은 그 '프랑스인 기질' 때문에 당시 유럽의 분란이 일거에 해결될 수도 있다고 은근히 기대했다(CW, XIII, 448쪽).[33]

따라서 밀은 프랑스에서 나타나는 일련의 현상들, 즉 전쟁을 부추기는 언동과 반영反英 감정의 분출 등이 여간 신경이 쓰이지 않았다. 그는 "보다 고상하고 교육도 많이 받아 사리 판단에 뛰어난 사람들"이 프랑스에서 일고 있는 이런 비이성적 광풍을 잠재우고[34] 문제를 평화적으로 해결하는 데 앞장서야 마땅하다고 생각했다. 그런데 토크빌은 "그토록 품위와 상식을 결여"하고 있는 프랑스 "정계와 언론계의 정신 나간 사람들"을 제어하기는커녕 오히려 그들의 선봉에 선 것처럼 보였다. 밀은 토크빌의 의회 연설에 크게 실망했다.[35] 토크빌이 영국 사람들에게 '호전파'로 치부되는 것도 밀에게는 괴로운 일이었다.[36]

---

33 이 점에 대해서는 토크빌도 생각이 다르지 않았던 모양이다. 그는 1840년 12월 밀에게 쓴 편지에서 자기 국민을 "쉽게 끓어오르는 민족"이라고 지칭했다(OC, VI, 330~331쪽 참조).

34 CW, XIII, 459쪽 ; CW, XIII, 571쪽. 토크빌이 1840년 8월 프랑스 언론의 "말도 안 되는 위험한 작태"를 비판한 것은 Selected, 145쪽 참조.

35 CW, XIII, 570쪽. 이 지점에서 밀의 태도의 미묘한 변화가 감지된다. 밀은 한때 토크빌을 "프랑스 문제의 최고 권위자"라고 칭찬했다(CW, XII, 272쪽). 그러나 두 사람 사이에서 파열음이 나던 1842년 초에 이르러서는 또 다른 프랑스 친구 데슈탈을 프랑스 정치 문제와 관련해 자신이 의지할 수 있는 "유일한 사람"이라고 불렀다(CW, XIII, 497쪽).

36 그러나 토크빌이 "형세가 불리한 상황에서 그런 전쟁을 도모하거나 부추기는 짓은 하지 말아야 한다"고 경고를 되풀이했다는 사실을 기억해야 한다(Selected, 142~143·145·180쪽). 드레셔Seymour Drescher는 토크빌이 프랑스가 감당할 수 없는 대외 분쟁을 야기하지 않는 범위 안에서 민족적 자긍심을 고취하려 했다고 주장한다(Drescher, 155~158쪽).

4. 통설의 한계

이 모든 상황을 종합해보면, 밀이 1842년에 쓴 편지가 두 사람의 관계를 냉각 국면에 몰아넣는 결정적 계기가 되었다는 그동안의 통설은 상당한 설득력이 있다. 그러나 이 일로 밀과 토크빌의 사이가 완전히 틀어졌다고 보기는 어렵다. 첫째, 그 해석으로는 밀과 토크빌이 다음 해인 1843년에 다섯 통의 편지를 주고받아 1837년 이래 가장 빈번하게 교신한 사실을 설명할 수가 없다. 밀이 토크빌에 대한 존경 어린 예찬을 지속한 사실은 더욱 설명할 수가 없다.[37] 밀은 1843년 브루엄 경과 다툼을 벌이는 토크빌을 돕기 위해 즉각 전후 사정을 해명하는 글을 영국의《모닝 크로니클》에 써 보내는 수고를 아끼지 않았다. 그리고 그해 말, 토크빌이 자신의 책《논리학 체계》를 칭찬하는 편지를 보내 오자 밀은 다음과 같은 답장을 보냈다.

선생과 같은 지성과 인품의 소유자에게 편지를 쓰는 것이 나에게는 대단히 큰 기쁨입니다. 선생에게 칭찬을 듣는 것은 더할 수 없는 행운입니다. 나는 여전히 선생에게 수많은 가르침과 지적 즐거움을 빚지고 있는데 언젠가 나도 같은 것을 돌려드릴 수 있기를 진심으로 열망합니다. 내가 선생으로부터 지적, 사회적 진보의 동역자라는 칭호를 받을 수 있다면 더할 수 없는 영광이 될 것입니다. (CW, XIII, 612쪽)

---

[37] 사실 문제의 그 1842년 편지에서도 밀은 토크빌에 대한 예찬을 멈추지 않았다. 밀은 토크빌의 편지가 "중요한 문제와 관련된 생각거리"를 제공해준다고 했다. 그는 그 어떤 월간 잡지보다 한 달에 한 번 토크빌의 편지를 읽는 것이 더 유익하다는 말도 했다(CW, XIII, 537쪽).

밀은 토크빌의 칭찬에 진심으로 즐거워했다. 1843년에도 밀이 여전히 토크빌의 '인정'을 받고 싶어 했다면, "책 출간을 계기로 두 사람이 유쾌하게 편지를 교환했지만, 그것만으로는 토크빌의 사리 판단에 대한 밀의 신뢰를 회복하기에 역부족이었다"는 파페의 진단(Pappé 1964, 224쪽)은 신빙성이 떨어진다.

그뿐만 아니다. 밀은《자서전》에서 자신이 만나 교유했던 여러 사상가들에 대해 날카로운 비판을 덧붙였으나 토크빌에 대해서는 아무런 부정적 언급도 하지 않았다. 오히려 그는 자신의 정치적 이상이 "순수 민주주의로부터 수정된 형태로 변화"한 것이 토크빌의《미국의 민주주의》를 "읽고, 아니 공부하고 나서"였다고 고백했다. 밀은 그 "대단한 책"이 민주주의의 장점과 함께 민주주의에 따라다니는 특별한 위험도 탁월하게 지적했기 때문에 이후 자신의 관점도 점점 같은 방향으로 변화해나갔다고 회고했다. 그는 또한 중앙 집권 문제에 관한 토크빌의 심층 분석에서도 많은 것을 배웠다고 말했다. 토크빌의 혜안 덕분에 지방 분권의 이점을 살림과 동시에 중앙 정부의 간섭이 갖는 긍정적 측면도 헤아릴 수 있었다고 했다. 밀은 자신이 양극단의 과오를 조심스럽게 피해 가며 각각의 장점만을 종합할 수 있었던 것이 토크빌의 가르침 때문이었다고 고마워했다(자서전, 156~158쪽). 밀이《자서전》의 초고를 완성한 것은 1854년 무렵으로, 두 사람이 연락을 끊고 지내던 시기였다. 밀이 토크빌의 '성숙하지 못한 시국관' 때문에 크게 실망했다는 통설과 달리 적어도 그의《자서전》은 토크빌에 대한 그 어떤 나쁜 감정도 담지 않았다. 오히려 토크빌에 대한 호의적인 평가만 기록했다.[38]

---

38 밀은 아버지 제임스 밀이 토크빌의 책을 높이 평가한 것이 자신을 크게 고무했다고 썼다(자

셋째, 밀이 1840년을 전후해 지인들과 나눈 편지를 조심스럽게 읽어봐도 통설에 대해 의문을 갖게 된다. 1840년 12월 30일, 밀은 토크빌에게 당시의 국제적 현안에 대한 그의 "깊은 속마음"을 알고 싶다면서 '다시 한 번 길고 자세하게' 편지를 달라고 요청했다(CW, XIII, 459~460쪽). 그런데 밀은 토크빌에게 그런 편지를 보내기 바로 일주일 전에 폭스에게 그 문제에 대한 토크빌의 입장을, 특히 그가 얼마나 깊이 울분을 느끼고 있는지를 소상하게 들려준 바 있다. 다시 말해서 밀은 토크빌에게 길고 자세하게 생각을 알려달라고 당부하기 전에 이미 토크빌의 생각을 훤히 파악하고 있었다. 그렇다면 밀이 토크빌의 1841년 편지 때문에 크게 심기가 상했다는 주장은 근거가 희박하다. 더구나 토크빌의 그 편지는 1840년에 쓴 그의 바로 전 편지와 내용이 별반 다르지도 않다.

밀은 그 무렵 스털링에게 토크빌이 자신의 1840년 서평을 크게 고마워한다면서, 그것은 자신에게도 영광스러운 일이라고 말했다. 밀은 토크빌과의 우호적 관계를 확신하고 있었다. 자신의 속마음을 있는 그대로 털어놓아도 그가 결코 상처 받지 않을 것이라고 굳게 믿고 있었다.

나는 전적으로 솔직하게 내 생각을 밝히는 것이 분명 그와 나 사이에 좋은 일이 될 것이라고 생각했습니다. 그가 나에 대해 개인적으로 좋은 감정을 가지고 있고, 프랑스에 대해, 그리고 프랑스-영국 관계에 대해 내가 어떤 입장을 견지하고 있는지 잘 알고 있기 때문에, 내가 무슨 말을 하더라도 그가 언짢아하지 않을 것이라고 확신했습니다. (CW, XIII, 462~463쪽)

서전, 164쪽).

밀은 토크빌이 자신에 대해 좋은 감정을 가지고 있다는 것을 의심하지 않았다. 또 자신이 프랑스에 대해 평소 어떤 생각을 갖고 있는지 토크빌도 잘 안다고 확신했다. 그는 토크빌과 가슴을 열고 진솔하게 대화하고 싶었다. 그의 시국관이 그의 철학적 뿌리와 어떻게 연결되는지 자세하게 알고 싶었다. 이런 정황을 종합해볼 때, 1841년 3월에 토크빌이 보낸 편지 때문에 밀이 마음이 상했다는 것은 앞뒤가 안 맞는다. 밀은 자신의 솔직한 의견 표명 때문에 토크빌이 상처 받을 일은 결코 없을 것이라고 굳게 믿었다. 그렇다면 거꾸로 밀 본인도 토크빌의 속마음을 스스럼없이 받아들였을 것이 분명하다. 이 점에서도 통설은 허점을 보인다.

한편, 밀의 편협한 민족주의적 편견 때문에 두 사람의 관계가 틀어졌다는 주장 역시 폐기되어야 옳다. 케언스는 밀의 〈프랑스 역사와 역사가에 대한 수상Essays on French History and Historians〉을 소개하면서 밀이 당시 국제 정세에 관해 영국 사람의 입장에서 편파적으로 대응했다고 주장했다. 그에 따르면, 밀은 토크빌이 그토록 강조했던 민족 자존심이나 프랑스 민족정신을 전혀 이해하지 못했다. 그가 프랑스 애호가라고 하지만 프랑스의 깊숙한 내면은 놓치고 있었다는 것이다. 따라서 케언스는 밀의 민족주의적 왜곡이 토크빌과의 우정을 파탄 낸 주범이라고 단정했다(Cairns, xviii~xx쪽). 그러나 이런 주장은 사실이 아니다. 밀은 '보편주의'를 신념으로 삼았기 때문에 "케케묵은 민족 적대감"을 누구보다 매섭게 비판한 사람이다(CW, XIII, 454쪽).

밀은 그 무렵 토크빌이 민족적 자긍심에 매우 예민하게 반응하는 것을 충분히 이해한다고 했다. 그리고 토크빌의 주장 속에 눈여겨볼 것이 분명히 있다고 강조했다(CW, XIII, 454쪽). 그는 스털링에게 보낸 편지에서 프랑스 사람들이 그런 반응을 보이는 것은 "전쟁을 원해서가 아니라 그들이 소중히 여기는 민족적 자존심이 무참할 정도로 훼손되었다고 느끼기 때문"이라고 했다. 만약 영국 사람들이 그런 일을 당했다면 프랑스 사람들 못지않은 행동을 했을 것이라는 말도 덧붙였다(CW, XIII, 446쪽). 밀은 프랑스 사람들이 동방에서 정치적 영향력을 회복하고 싶어 하는 것을 영국 쪽에서 문제 삼는 것은 부끄러운 행태라고 비판했다(CW, XIII, 454쪽). 밀은 자신의 이런 생각이 프랑스를 편들고 프랑스의 바람직하지 못한 행동을 감싸는 듯한 인상을 준다는 것을 잘 알고 있었지만 전혀 개의치 않았다(CW, XIII, 462쪽).

이와 관련해 바룩사키스Georgios Varouxakis는 밀이 영국중심주의에 빠져 토크빌을 비판했다는 해석을 거부하고 밀은 기본적으로 중립적인 입장에 서 있었다고 주장한다. 그에 따르면, 밀은 프랑스 사람들의 심경을 가능하면 이해하기 위해 노력하는 한편, 프랑스의 명예를 위해 영국-프랑스 전쟁도 불사해야 한다는 토크빌의 극단적인 선택에 대해서는 따끔한 비판을 아끼지 않았다. 바룩사키스는 밀이 이 문제에 대해 프랑스 사람과 대화할 때와 영국 사람과 대화할 때 각각 다른 태도를 취했다는 점을 주목한다. 즉, 밀은 토크빌 등 프랑스인들과 토론할 때는 프랑스의 행태에 대해 매우 비판적이었던 반면, 영국 사람들과 토론할 때는 거꾸로 영국 정부의 잘못을 신랄하게 꼬집었다는 것이다. 바룩사키스는 밀이 토크빌의 의회 연설이 몰고 올 파장을 최소화하고 그를 변호하기 위해 애썼다는 사실을 주지시킨다(Varouxakis 2002, 141·146~148쪽).

결국 밀이 영국중심주의의 단견에 갇혀서 토크빌을 비난했다는 것은 사실과 어긋나는 주장이다. 밀과 토크빌의 관계가 1840~1842년에 주고받은 서신 때문에 완전히 틀어졌다는 통설은 여러모로 근거가 취약하다.

5. 프랑수아 기조에 대한 상반된 평가

그렇다면 두 사람의 관계가 갑자기 냉랭해진 것은 어떻게 설명해야 할까? 여기에서 다시 한 번 밀의 우정관, 즉 "중요한 확신이나 감정의 공유"가 우정 관계를 유지, 발전시키는 데 긴요하다는 믿음을 주목할 필요가 있다. 밀과 토크빌은 기본적으로 생각이 상당히 비슷했지만, 차이가 없는 것은 아니었다.[39] 동방문제를 둘러싼 견해차는 그중 하나였을 뿐이다. 나는 그동안 간과돼온 두 가지 사실을 추가로 강조하고자 한다. 밀과 토크빌은 프랑스의 정치인 프랑수아 기조에 대해 극도로 상반된 평가를 내렸다. 더 중요한 것은, 밀의 공리주의 철학이 반영된 '선의의 제국주의론'에 대해 토크빌이 매우 비판적이었다는 점이다. 이런 문제는 밀이 말한 것처럼 국제 문제에 관한 두 사람의 '철학적 기초'에 바탕을 둔 것이기 때문에 세밀하게 검토해볼 필요가 있다.

토크빌은 식민 정책을 포함한 국제 정치는 근본적으로 자국의 이익을 중심으로 움직인다고 주장했다.[40] 그는 "인간성 전체를 위해 열정을 불태우기보다 자기 조국을 위해 애쓸 때 인류의 이익이 더 잘 촉진된다"고 생각했다. 그가 볼 때, '범세계적cosmopolitan' 시민은 그저 "멀리 동떨어져

---

39 롭슨은 밀과 토크빌이 생각은 물론 기질에서도 유사한 점이 많았다고 주장한다. 특히 철저하게 불편부당한 자세를 취했다는 점에서 두 사람이 놀라울 정도로 닮았다고 역설한다(Robson, 114쪽). 그러나 보에쉬는 두 사람이 당시의 국제 정세뿐 아니라 상업 사회의 등장에 대해서도 '지적, 개인적' 의견 차이를 보였다고 생각한다(Boesche 2005, 738쪽). 밀과 토크빌이 종교, 자유, 민주주의 등을 놓고 시각이 달랐다는 주장은 Hamburger 및 Kinzer 1978 참조.
40 토크빌은 대외 확장 정책이 프랑스 국내에 안정적인 자유주의 정치 질서를 확립하는 데 중요하다고 생각했다. 그러나 이런 입장은 모든 인간의 도덕적 평등을 강조하는 그의 기본 철학과 상충된다. 이에 대해서는 Pitts 2005, 189·234~235쪽 및 Veuglers, 351쪽 참조.

있고 불확실하며 냉랭한 관점" 위에서 움직일 뿐이다(Neidleman, 156쪽 ; Varouxakis 2007, 291쪽 참조).

밀의 생각은 달랐다. 그는 "앞선 시대의 편협하고 배타적인 애국주의"를 맹렬하게 비판했다(CW, XVI, 108~109쪽). 밀은 나라를 사랑하되 "더 큰 나라, 즉 세계"를 사랑하라고 촉구했다. 그는 이 "보편적 선에 대한 절대적 의무의 감정"을 단지 도덕이 아니라 하나의 "제대로 된 종교"로 간주해야 한다고 역설했다. 그는 이것을 '인성 종교'라고 불렀다.[41] 따라서 밀은 "외국인에게 무턱대고 반감을 가지거나 자기 나라에 이익이 되면 어떤 짓도 마다하지 않는" 행태를 민족주의와 연결시키는 것은 용납할 수 없었다.[42] 밀은 이런 점에서 토크빌과 생각이 크게 달랐는데 이것이 과연 그가 설정한 '우정의 조건'에 심히 어긋나는 것이었는지 따져볼 필요가 있다.

두 사람의 관계가 위태로운 상태로 치닫던 1840년 무렵, 밀과 토크빌은 당시 프랑스 루이 필리프 정권의 정신적 지주 역할을 하던 저명한 역사가 프랑수아 기조에 대해 극명하게 상반되는 평가를 내리고 있었다. 밀은 젊은 시절부터 《유럽 문명사*Histoire de la civilization en Europe*》를 쓴 기조를 "위대한 사상가요, 저술가"라고 부르며 대단히 존경했다.[43] 1844년에

---

41 John Stuart Mill, *Three Essays on Religion*, CW, X, 421~422쪽. 밀의 생각을 '코즈모폴리턴 애국주의'라고 부르는 Varouxakis 2007, 277~278쪽 및 '공리주의적 공화주의'라고 부르는 Claeys, 217쪽 참조.
42 CW, X, 135쪽. 밀은 "개인과 마찬가지로 국가도 기대 이하의 대접을 받는다면 자신에게 잘못이 없는지 스스로 돌아봐야 한다"라고 말했다("A Few Words on Non-intervention", CW, XXI, 112쪽). 그가 1842년 토크빌에게 "시끄럽게 허세를 부리는 것은 외국인의 눈에 오히려 약점으로 비칠 뿐"이라고 말한 것과 맥이 통하는 내용이 아닐 수 없다. 밀은 한 나라가 잘못을 저지르면 그 나라의 국민이 부끄러움을 느낄 수 있어야 한다고 강조했다(Varouxakis 2007, 281쪽).
43 CW, XIII, 427쪽. 밀은 일찍이 교육을 많이 받은 엘리트가 정부를 담당하는 것이 바람직

는 기조를 천문학에서 뉴턴의 앞길을 예비했던 케플러에 빗대어 "그의 분야에서 케플러, 또는 그 이상 가는 업적을 낸 사람"으로 높이 평가했다(CW, XX, 228쪽). 이런 까닭에 밀은 1835년 토크빌에게 보낸 편지에서 "영국에서 심지어 교육을 받은 사람들조차" 기조의 강좌에 관심이 없다면서 개탄을 금치 못했다(CW, XII, 271쪽). 그는 1840년에도 자기 나라를 "기조가 주영 프랑스 대사로 오기 전까지 기조의 강좌를 전혀 주목하지 않았던 어리석은 섬나라"라고 비판했다. 1835년에는 화이트에게 《미국의 민주주의》의 서평을 쓸 것을 권유하는 자리에서, 기조의 《근대사 강좌》를 아직 읽지 않았다면 반드시 읽어야 한다고 강력히 권고했다.[44]

기조에 대한 밀의 예찬은 영국-프랑스 갈등이 고조되던 1840년 무렵에 정점에 이르렀다. 그는 기조가 영국을 겁박劫迫하지 않은 것을 아주 좋게 평가했다. 특히 기조가 프랑스의 영향력을 키우기 위해서는 "쓸데없는 수사나 전쟁 같은 데 매달릴 것이 아니라"(토크빌과 대비되지 않는가?) 이웃 나라들과의 상업 활동을 확대하는 데 주력해야 한다고 자기 국민을 설득하는 것을 보고 크게 감명받았다(Ossewaarde, 173쪽 참조).

그는 기조를 "다른 누구도 할 수 없는 일을 함으로써 자신의 입지를 훌륭하게 다진 사람"으로 규정했다. 또한 그를 "보기 드물게 일관성을 유지하는 정치인"이라고 칭찬하면서 "광신도 따위"와는 확실하게 구분된다고 말했다. 밀은 토크빌의 1840년 12월 18일자 편지를 받은 직후 다시 기

하다고 생각했다. 그러나 기조에게서 '체계적 대립'의 중요성을 배우고 나서 그 생각을 바꾼 것으로 알려졌다(Mill, "The Spirit of the Age", CW, XXII, 227~316쪽 ; Mill, "Civilization", CW, XVIII, 117~147쪽). 밀이 상업 문명의 폐해를 치유해줄 문화 또는 정신 교양의 중요성을 강조한 데서도 기조의 영향이 두드러진다(Varouxakis 1999, 297~300·305~308쪽 참조).
44 CW, XII, 249쪽. 한편, 밀이 1820~1830년대에 기조의 영향을 받아 그 시각 위에서 토크빌의 《미국의 민주주의》를 읽었다는 주장은 Varouxakis 1999, 294쪽 참조.

조를 "가장 고상한 수단으로 가장 고귀한 목적을 달성한 사람"이라고 칭송했다. "현존 정치인 중 그 누구보다 훌륭한 인물"이라는 표현도 동원했다. 밀은 역사 앞에 우뚝 선 이 프랑스 사람에게 걸맞은 좋은 말을 찾을 수가 없다고 안타까워할 정도로 그에 대한 칭찬을 아끼지 않았다(CW, XIII, 452·454쪽).

5년 후에도 밀은 〈기조의 수상隨想과 역사 강좌〉라는 글을 쓰면서 다시 한 번 기조가 "문명 세계에 위대한 공헌을 했다"고 찬양했다. 그는 당시의 유럽이 평화를 누릴 수 있는 것은 전적으로 "프랑스의 외교 장관"(기조) 덕분이라고 말했다. 그러면서 "현실의 요구 또는 정치의 유혹" 때문에 기조가 그의《근대사 강좌》를 마무리하지 못하는 것을 대단히 아쉬워했다.[45]

밀과 마찬가지로 토크빌도 '역사가 기조'를 존경했다. 그는 보몽과 함께 1828~1829년에 기조의 역사 강좌를 열심히 들었다. 당시의 그의 노트를 보면 젊은 시절의 토크빌이 얼마나 기조에게 '큰 빚'을 졌는지 잘 알 수 있다(Richter 2004, 63쪽). 토크빌이 기조에게 진 가장 큰 빚은 역시 그가 기조의 문제의식을 이어받아 민주주의를 '사회 상태état social'로 개념 규정한 것이라고 할 수 있다.[46] 두 사람은 '혁명을 끝내는 일'[47]과 자

---

45 CW, XX, 259쪽. 그러나 밀이 기조에 대해 좋은 말만 한 것은 아니다. 그는 이미 1837년에, "장대한 생각과 엄정한 중립성"을 자랑하는 기조가 "심각한 정치적 잘못"을 저지르고 만 것을 엄정하게 비판했다(CW, XX, 185~186쪽). 후일 밀은 자신이 기조를 평가할 때 오랜 시간 동안 "대단한 존경과 심각한 실망" 사이를 왔다 갔다 했다고 술회하기도 했다(CW, XIII, 654·714쪽).
46 Varouxakis 2007, 294쪽 및 Richter 2004, 63쪽. 아울러 기조의 사회학적 방법론을 토크빌이 물려받았다는 주장은 Craiutu 1999, 468·475쪽 참조.
47 당시 프랑스 지성계에서는 1789년 대혁명의 여세를 몰아 민주주의의 확장을 요구하는 세력과 그 민주주의의 축소를 희망하는 세력이 서로 다투고 있었다. 토크빌과 기조는 후자를 대변했는데, 이들은 '거리로 나온' 민주주의를 제도권 안에 묶어두는, 즉 '혁명을 끝내는' 과제에 매달

유와 종교의 조화에 대해서도 같은 인식을 하고 있었다(Craiutu 1999, 468쪽). 그래서 토크빌을 글자 그대로 기조의 '학생'으로 보는 사람도 있다(Varouxakis 1999, 294쪽). 이런저런 이유에서 기조는 새로운 세계에 대한 자신과 토크빌의 시각이 많은 점에서 놀라울 정도로 유사했다고 회고한 바 있다.[48]

그러나 토크빌은 '정치인 기조'는 극단적으로 혐오했다. 그가 1835년부터 1848년 사이에 지인들에게 보낸 편지와 그의 《회상록》을 보면 그가 얼마나 기조를 싫어했는지 명확히 알 수 있다. 토크빌의 눈에 기조는 원칙을 농락하고 자유와 민주주의를 겉치레로만 읊고 다니는 사람으로 비쳤다. 권력을 유지하기 위해 의원들을 타락시켰고 정치 개혁도 방해했다. 토크빌은 한마디로 기조의 생각과 감정 그 자체를 싫어했다(Craiutu 1999, 466쪽 ; Zunz·Kahn, 21쪽). 기조를 증오했다(Selected, 154쪽). 밀과는 정반대였다.

1836년 토크빌은 자신이 "그저 침대에서 안락하게 잠을 자고 싶은 생각에 자유와 법질서를 헐값에 팔아치우는 질서 옹호자들"과 한통속인 것처럼 혼동되는 일이 절대 없어야 한다고 역설했다(Reader, 153쪽). 그로서는 소시민적 물질주의에 빠져 '위대함'에 등을 돌리는 인간들과 손잡는다는 것은 있을 수 없는 일이었다(Recollections, 5쪽 ; Selected, 376쪽 ; Craiutu 2005, 614쪽). 1841년 토크빌은 유화주의자들이 프랑스 국민을 물질적 향락과 하찮은 쾌락에 빠져들도록 몰아간다며 울분을 터뜨렸다. 그는 그런 인간들이 애용하는 "퀴퀴한 민주주의적 부르주아 수프 냄비"

렸다.
48 기조가 1861년에 프랑스 학술원에서 한 말이다. Craiutu 1999, 469쪽 참조.

에 신물이 났다(Selected, 143쪽). 토크빌이 볼 때, 이 유화주의자와 '질서 옹호자' 세력의 중심인물이 바로 기조였다(Recollections, 73쪽).

이처럼 밀과 토크빌은 기조라는 인물에 대해 극명하게 엇갈린 생각을 하고 있었다. 생각이 다르다는 것은 '철학적 기초'가 대립한다는 말이다. 밀이 자신과 토크빌을 갈라놓은 이 철학의 차이를 받아들일 수 있었을까?

6. '선의의 제국주의'에 대한 토크빌의 비판

밀은 영국의 인도 식민 정책에서 중요한 역할을 수행했다. 토크빌 또한 프랑스의 알제리 경영에 깊숙이 관여했다. 두 사람은 이 점에서도 서로 닮았다.[49] 그러나 토크빌은 영국의 식민 정책을 '위선'이라는 이름으로 비웃었다. 밀이 그토록 애착을 보였던 동인도회사가 해체돼야 마땅하다고 생각했다. 밀이 토크빌의 이런 주장을 들었다면 어떤 반응을 보였을지 짐작이 가고도 남는다.

밀은 오래전부터 '선의의 제국주의benevolent imperialism'의 대표적인 주창자로 이름이 높았다.[50] 이론과 실천 양면에서 그랬다. 밀은 영국이 인

---

49 1830년대에 밀은 호주로 이주하는 문제를 심각하게 검토했다(Bell 2010, 39쪽). 토크빌도 1833년 무렵 알제리에 땅을 사서 정착하는 것에 대해 잠시 고민했다(Pitts 2005, 204쪽). 두 사람이 거의 같은 시기에 식민지 땅으로 건너가 살 생각을 했다니 묘한 인연이다.
50 '선의의 제국주의'는 제국주의 국가가 본국의 이익이 아니라 식민지의 발전을 위해 '선의의' 식민 정책을 펴는 것을 말한다. 이타적 봉사를 강조한다는 점에서 전통적인 식민주의와 전혀 다른 발상 위에 서 있다. 선의의 제국주의는 그동안 자유 제국주의liberal imperialism, 관대한 제국주의tolerant imperialism, 또는 후견 제국주의paternal imperialism 같은 이름으로 불리기도 했다. Bell 2009 ; Tunick 2006 ; Pitts 2005 참조.

도의 발전을 위해 봉사해야 한다고 역설한 아버지의 뒤를 이어,[51] 그 역시 제국주의 국가가 문명 발전이 뒤처진 국가에 선의의 개입을 해야 할 당위 또는 의무를 강조했다.[52] 밀은 "자유 국가의 시민이 야만적, 또는 준準야만적 사람들을 이상적으로 지배하는 것이 쉽지 않다"는 것을 인정하면서도, "선진 국가의 지도자들이 그런 의무를 도외시한다는 것은 최고 도덕률에 대해 태만히 하는 범죄 행위나 다름없다"고 선언한다(대의정부론, 318쪽). 그는 식민지에서 제국의 정부가 해야 할 일은 오직 문명의 발전을 도모하는 것뿐이며 식민지 주민들의 희생을 대가로 그 어떤 이익도 추구해서는 안 된다고 역설했다(CW, III, 963쪽 ; CW, XXI, 111쪽). 밀은 동인도회사 해체론에 맞서 제출한 〈동인도회사를 위한 청원서Petition of the East-India Company〉에서도 동인도회사가 인도 사람들의 이익을 도모하는 것을 "제1의무"로 삼고 노력한 것을 "가장 영예롭고 자랑스러운 일"로 꼽았다(CW, XXX, 82쪽). 결국 밀이 옹호한 제국주의는 "자국이 아니라 식민지의 이익을 우선으로 하는 것"이고 "자기 욕심을 채우기 위한 것이 아니라 원치 않지만 어쩔 수 없이 나서는 것"이다.[53]

그러나 토크빌은 밀과는 완전히 다른 생각을 갖고 있었다. 식민지를 개척하는 것은 오직 제국의 이익을 위해서지 그 밖의 다른 목적이 있을

---

51 《자서전》, 27·29쪽. 제임스 밀이 데이비드 리카도에게 보낸 편지를 보면 그가 동인도회사 일에 헌신하느라 휴가를 쓰는 것도 꺼리는 대목이 나온다(Pitts 2005, 125쪽 참조).
52 밀을 "다른 나라에 대한 간섭을 정당화하기 위해 공리주의 이론을 원용한 최초 사상가"로 규정하는 시각에 대해서는 Souffrant, 4쪽 및 Habibi, 193·196쪽 참조. 클레이스Gregory Claeys는 후견주의paternalism가 개인의 자유를 침해하기보다 오히려 증진한다고 주장하면서 밀을 무조건적 자유방임주의자가 아니라 후견주의자로 보는 것이 더 정확하다고 말한다(Claeys, 98·122쪽).
53 Tunick, 591쪽 ; Bell 2009, 67·168쪽. 정반대되는 시각도 있다. 밀이 1830년대와 1840년대 초반에 걸쳐 체계적 식민주의를 주장한 것은 무엇보다 영국 국내의 인구 과잉 등 '사회 문제'를 해소할 수 있으리라는 기대 때문이었다는 주장에 대해서는 Bell 2010, 43·45쪽 참조.

수 없다고 생각한 것이다. 토크빌은 의회에 제출할 알제리 식민지에 관한 보고서를 쓰면서 프랑스의 알제리 지배가 인류애에 부응하는지, 또는 알제리 사람들의 이익에 도움이 되는지 전혀 고려하지 않았다. 그는 오직 프랑스의 국익만 문제 삼았다(Todorov, 197쪽 참조). 밀이 말하는 선의의 제국주의 개념은 그에게는 일고의 가치도 없는 것이었다.[54] 급기야 토크빌은 영국식 선의의 제국주의에 대해 모진 말을 쏟아냈다. 그는 1840년대 초반에 작성한 〈인도 노트〉[55]에서 '영국 정치의 이중성과 위선'에 대해 다음과 같이 냉소적으로 비판했다.

　나는 영국 사람들이 자기들은 원칙에 목숨을 건다거나 식민지 주민들의 이익을 위해 봉사한다고, 또는 자기들이 정복한 나라의 발전을 위해 애쓴다고 끊임없이 합리화하는 행태를 도저히 참고 볼 수가 없다. 그들은 자기들의 지배에 항거하는 종족을 무참하게 모욕했고, 폭력을 쓰지 않고는 그 어떤 절차도 확립할 수 없었다. 더 가관인 것은, 그들이 식민지 주민이나 유럽 사람들을 상대할 때만 이런 식으로 말하는 것이 아니라 자기들끼리 이야기할 때도 그런다는 점이다. 식민지 총독이나 고위 관리, 심지어 자기 부하들에게도 그 같은 말잔치를 펴고 있는 것이다.[56]

토크빌이 보기에 영국은 지난 한 세기 동안 인도 사람들의 발전을 위해

---

54 그러나 토크빌의 생각을 "식민지는 문명을 전파하는 인도주의의 도구여야 한다"는 입장에서 읽는 사람도 있다. Boesche 2005, 745쪽 ; Bernard, 27·30쪽 ; Welch, 256·242쪽 참조.
55 2부 참조.
56 Tocqueville, "L'Inde", *Écrits et discours politiques*, André Jardin (ed.), OC, III(Paris, 1985), 505쪽 ; Pitts 2005, 223쪽 참조.

제대로 한 것이 없었다. 영국의 문화나 제도의 수준에 비추어본다면 인도 사회에 크게 기여해야 마땅한데 그렇게 하지 못했다(Selected, 359쪽). 그는 영국 사람들이 원칙에 따라 행동하고 식민지의 이익과 주권을 위해 노력한다고 말하는 것을 듣고 실소를 금치 못했다. 자기들끼리 있는 자리에서까지 그런 말을 한다는 것에 아연할 수밖에 없었다.[57]

토크빌은 밀이 오랜 기간 공들인 선의의 제국주의론만 일축한 것이 아니라 동인도회사의 해체도 주장했다. 그 회사는 밀이 아버지의 뒤를 이어 35년이라는 긴 세월 동안 근무한 곳이었다. 그런 개인적 인연을 떠나 밀은 동인도회사에 대단히 큰 철학적 의미를 부여하고 있었다. 그는 식민지 건설 작업은 인간성의 진보를 위한 각오가 굳건하고 통찰력과 넓은 시야로 무장한 '철학적 입법자philosophical legislator'가 전담해야 한다고 생각했다(CW, III, 963쪽). 그가 생각하기에는 동인도회사가 바로 그런 조직이었다. 밀은 그 회사가 일종의 영구 대리인으로서 인도를 대단히 훌륭하게 통치했다고 확신했다. 따라서 그는 동인도회사를 없애고 영국 정부가 직접 인도 통치에 나서려는 시도에 강력하게 반대했다. 근시안적 판단으로 이런 특별한 조직을 해체해버리면 인도와 영국 모두에게 심각한 손실이 될 것이라고 경고했다. 밀은 동인도회사 '해체 반대 투쟁'의 선두에서 분투했다.[58]

---

57 토크빌은 《미국의 민주주의》에서도 앵글로 아메리칸을 비아냥댔다. "인간성을 내세우며 어쩌면 그렇게 철저하게 사람들을 박멸할 수가 있을까."(DA, 325쪽). 그가 1831년 12월에 어머니에게 보낸 편지도 같은 내용을 담고 있다. "미국인들은 그 누구보다도 인간적이고 온순하며 법과 질서를 존중합니다. 피 흘리는 것을 결코 좋아하지 않습니다. 그런데도 어찌 그렇게 무서울 정도로 파괴적인 행동을 할 수 있는지 모르겠습니다……."(Selected, 71쪽).
58 그러나 밀의 저항에도 불구하고 그 회사는 1858년에 문을 닫을 수밖에 없었다. 밀은 인도 경영이 "영국의 2류, 3류 정치꾼들에 의해 엉망이 되는 것"을 바라봐야 했다. 이 "잘못된 변화

밀과는 정반대로, 토크빌은 1857년 편지에서 인도처럼 광대한 지역을 경영하는 일은 특정 회사가 아니라 의회와 국민 전체가 맡아야 한다고 주장했다(Selected, 360쪽). 토크빌은 '세포이 봉기'[59]의 와중에 영국 정치인(해더턴)에게 쓴 편지에서, 동인도회사가 토착 정부 노릇이나 하는 등 역할이 애매했다면서 차라리 해체되는 것이 정답이라고 주장했다. 그는 동인도회사 대신 의회가 직접 통치하면 인도를 잘 지배해서 문명사회로 이끌게 될 것이라고 장담했다.[60]

7. 또 다른 변수들

젊은 시절에 밀은 토크빌에 대한 존경의 마음을 숨기지 않았다. 그리고 토크빌과의 우정을 매우 소중히 여겼다. 밀과 토크빌이 처음 만난 1835년 이후 몇 년간은 '밀월'이라는 표현이 어울릴 만큼 두 사람의 관계가 우호적이고 친밀했다. 그러나 1844년 이후 '이상한 단절'이 두 사상가를 갈라놓았다. 지금까지 대부분의 학자들은 밀이 토크빌의 호전적이고 미성숙한 언동에 실망한 나머지 그에게 등을 돌렸다고 생각했다. 그러나 두

가 초래하게 될 어리석고 불행한 결과"에 대한 밀의 비판은 《자서전》, 197쪽 및 《대의정부론》, 326~327쪽 참조. 이와 관련해 클레이스는 "밀의 주장은 설득력이 떨어진다. 그렇다고 단지 그가 그 회사의 녹을 먹었다는 이유만으로 동인도회사가 인도의 발전을 위해 진정 노력했다는 그의 신념을 폄하해서는 안 된다"라고 말했다(Claeys, 99·101쪽).

59 동인도회사가 고용한 인도인 용병, 즉 세포이가 1857년에 동인도회사의 폭압에 저항해 일으킨 봉기.

60 Selected, 359~360쪽. 토크빌은 동인도회사가 "인도 물정에 대해 완전히 무지했거나 기껏해야 매우 피상적인 지식"만 가지고 있었다며 신랄하게 비난하기도 했다. Tocqueville, *Ignorance des Anglais sur l'Inde*, OC, III, 504쪽.

사람을 둘러싼 여러 정황을 종합해보면 이런 통설은 설득력이 떨어진다.

나는 밀과 토크빌이 당시 국제 정세에 대한 이견 때문에 충돌했지만 그런 인식의 차이만으로는 '이상한 단절'을 설명할 수 없다고 보고 두 사람 사이의 또 다른 견해차 두 가지를 추가로 주목했다. 두 사상가는 프랑스의 정치인 기조에 대해, 그리고 밀이 표방한 '선의의 제국주의'에 대해 완전히 상반된 평가를 내리고 있었다. 이 두 가지에 대한 견해는 두 사람에게, 특히 밀에게, 생각의 근본을 가로지르는 중요한 문제가 아닐 수 없었다. "확신과 감정의 공유"를 우정의 필수 조건으로 간주하는 밀로서는 토크빌과의 근본적인 충돌을 그냥 넘기기가 어려웠을 것이다. 그러나 엄밀히 따져보면 이런 해석도 썩 만족스럽지는 않다. 우선 두 사람이 기조에 대해 직접 생각을 주고받은 기록이 없다. 물론 그들은 서로의 생각을 알고는 있었을 것이다. 그러나 그 개연성만으로 기조 문제가 우정의 걸림돌이 되었다고 확언하기는 어렵다.

문제의 심각성을 놓고 보자면 선의의 제국주의에 대한 토크빌의 비판이 더 관심을 끈다. 선의의 제국주의는 공리주의 등 밀 사상의 핵심과 밀접히 닿아 있다. 동인도회사를 없애자는 토크빌의 주장은 밀의 평생에 걸친 활동, 나아가 아버지 제임스 밀의 인생 여정까지 부정하는 것으로 들렸을 수도 있다. 그러나 두 사람이 선의의 제국주의나 동인도회사 문제를 놓고 직접 설전을 벌였다는 기록 역시 발견되지 않는다. 그저 지나가는 말로 한두 마디씩 던진 흔적은 있다. 이를테면 토크빌은 1843년에 밀에게, 정치인이 자기 나라의 명예나 정의를 제쳐두고 다른 보상을 찾는다면 그것은 "미친 짓"이나 다름없다고 썼다(OC, VI, 343쪽). 자기 나라가 아니라 식민지의 이익을 위한 정책을 펴야 한다는 밀의 주장과 정면으로 부딪칠 수 있는 발언이었다. 그러나 이에 대해 밀은 아무 반응을 보이지 않았다. 그해 10월에 토크빌은 밀에게 보낸 편지에서 〈인도 노트〉 작업을 하는 도중 제임스 밀의 "인도에 관한 훌륭한 저작"을 열심히 읽었다고 말했다(OC, VI, 346쪽). 토크빌로서는 동인도회사의 긍정적 역할을 높이 평가한 제임스 밀의 생각에 전적으로 동의하기는 어려웠을 텐데 그런 칭찬을 했다. 아들 밀도 뭔가 할 말이 있었을 법한데 이번에도 별 반응을 안 보였던 것 같다. 밀의 《자서전》도 토크빌 이야기를 하는 자리에서 이런 문제에 대해 아무런 언급이 없다.

결국 밀과 토크빌은 국제 정세, 프랑수아 기조, 선의의 제국주의 등을 둘러싸고 "확신과 감정을 공유"하기는커녕 예리한 철학적 파열음을 냈다. 콩트의 사례에 비추어본다면 밀이 토크빌과의 절교를 선언했다 해도 놀랍지 않았을 것이다. 그러나 거듭 말하지만, 이런 생각의 차이 때문에 두 사람이 결별의 수순을 밟게 되었다고 단정하기에는 무리가 있다. 결정적인 불쏘시개가 몇 개 더 필요하다. 마지막 변수로 밀의 개인적인 사정을 살펴보기로 하자.

첫째, 밀이 《런던 평론》의 편집 책임을 맡아 고군분투한 것이 토크빌과의 밀월을 촉진하는 큰 동인 중 하나였다면, 반대로 그가 잡지 편집에서 손을 뗀 것은 토크빌에 대한 그의 관심이 식어버리는 계기가 됐을 수도 있다. 밀은 잡지의 창간호를 만드는 데 온 힘을 기울이던 1835년에 '떠오르는 태양' 토크빌을 영국 독자들에게 알리고 싶은 마음이 간절했다.[61] 토크빌을 필자로 확보하는 것이 잡지의 성가聲價를 올리는 데 도움이 되리라 생각했기 때문이다. 그래서 그해 5월 두 사람이 처음 만났을

---

61 밀은 토크빌의 잡지 합류가 프랑스 독자들을 확보하는 데 크게 도움이 될 것이라고 굳게 믿어 상당한 액수의 투자를 결행했다(Packe, 202쪽).

때, 밀은 토크빌에게 《런던 평론》에 글을 써달라고 청했다. 그 직후 토크빌은 밀에게 첫 편지를 보내면서 잡지가 구체적으로 원하는 것이 무엇인지 물었고, 밀은 답장에서 자신의 편집 방향과 정책을 자세히 소개했다 (CW, XII, 265~266쪽). 토크빌은 고심 끝에 〈프랑스의 정치·사회 상태〉라는 글을 썼고, 밀이 직접 영어로 번역한 그 글은 1836년 4월 《런던-웨스트민스터 평론》에 실렸다.

토크빌의 글은 반응이 좋았다. 이에 고무된 밀은 토크빌에게 앞으로도 계속 잡지에 글을 써달라고 했다. 토크빌의 사정에 맞춰 마감 시간을 늦추는 등 모든 편의를 봐주겠다고 했다. 토크빌을 붙들기 위해 최대한 성의를 보인 셈이다. 그러나 당시 토크빌은 《미국의 민주주의》 2권을 완성하는 데 온 힘을 쏟고 있었기 때문에 밀의 기대에 부응할 수가 없었다. 밀에게 두 번째 글을 써주기로 약속했지만 기한을 몇 번 연기하다가 결국 끝을 보지 못했다.

밀과 토크빌의 서신 교환이 시작되고 첫 두 해 동안에는 잡지 편집과 토크빌의 투고에 관한 이야기가 편지에 빠짐없이 등장했다. 그 무렵 밀은 편집자로서 잡지의 성공을 위해 막대한 희생을 감수하고 있었기 때문에 유명인 토크빌을 필자로 확보하는 것이 그에게 여간 중요한 일이 아니었다. 그러다가 1840년 잡지에서 손을 떼게 되면서 그에게 개인적으로 큰 변화가 생겼다. 이제 그는 더 이상 급진파 의원들의 정치 활동에 도움을 주는 등 "현실 정치에 깊숙이 관여"하지 않아도 되었다. 아울러 필자들을 확보하기 위해 이 사람 저 사람과 개인적 관계를 맺을 필요도 더 이상 없었다. 밀은 과거에 하던 대로, 그리고 글 쓰고 생각하는 것이 본업인 사람에게 어울리게, "소수의 한정된 사람"만 접촉하며 살게 된 것을 무척 다행스러워했다.[62]

밀이 잡지 편집 일을 그만둔 것은 1840년으로, 토크빌과의 관계가 냉랭해지기 4년 전이었다. 따라서 그 일을 두 사람이 적조하게 된 직접적 원인으로 치부하는 것은 무리가 있다. 그러나 밀이 '유력한 필자' 토크빌에게 열정적으로 접근했던 것을 눈여겨본다면 그가 잡지 편집에 더 이상 관여하지 않게 된 것은 범상히 넘길 일이 아니다. 그것이 토크빌에 대한 그의 관심이 식게 된 한 원인遠因으로 작용했다고 봐도 크게 무리는 없을 것이다.[63]

둘째, 밀의 아내 해리엇을 주목할 필요가 있다. 앞에서 보았듯이, 해리엇이 밀에게 끼친 영향은 보통이 아니다. 따라서 토크빌에 대한 그녀의 태도가 밀-토크빌의 관계에 또 하나의 결정적인 변수가 되었을 가능성이 있다. 해리엇이 밀 주변의 어떤 사람에 대해 부정적 평가를 내리면 밀이 머지않아 그 사람과의 접촉을 줄이게 된 사례가 한둘이 아니기 때문이다.[64]

---

62 밀은 잡지에 쏟던 시간을 온전히 자신의 일, 특히 《논리학 체계》를 완성하는 데 쓸 수 있게 되었다고 회고했다(자서전, 175~177쪽).

63 두 사람의 관계를 밀의 '필요' 측면에서 바라보는 사람들은 밀과 토크빌 사이의 '지적知的 균형추'가 움직인 것을 주목하기도 한다. 밀이 '커지면서' 토크빌에게 흥미를 잃게 됐다는 것이다. 이를테면 밀이 토크빌 책의 서평을 쓰던 무렵에는 밀이 아직 "지식인들 사이에서 유명 인사가 되기 전"이었고 "공부하는 단계"에 있었기 때문에 한 살 연상의 토크빌이 밀을 내려다보는 입장이었지만, 1843년 《논리학 체계》가 출간된 이후 두 사람이 같은 눈높이에서 서로를 바라보게 되었다는 주장이 제기되기도 한다(Mélonio, 361쪽 ; Mayer 1954, 14~16쪽). 달리 말해, 밀이 토크빌과 학문적으로 대등해지고 아쉬운 말을 해야 하는 편집자의 처지에서도 벗어나면서 더 이상 그에게 '구애'할 이유가 없어졌다는 것이다. 그러나 밀을 이렇게 '일차원적'으로 독해해도 되는지는 의문이다.

64 해리엇은 콩트를 별로 좋아하지 않았다. 밀은 《자서전》에서 중요한 문제에 대한 생각의 차이로 두 사람의 교신이 뜸해졌다고 했는데, 이 변화에 해리엇의 판단이 작용했을 가능성이 크다. 1부에서 보았듯이, 그녀는 콩트에 대해 "편파적이고 편견에 가득 차" 있다면서 "이런 무미건조하고 형편없는 사람은 상대할 가치조차 없다"고 혹평한 바 있다(Hayek, 114쪽).

자세한 내막은 알 수 없지만 무엇인가 유쾌하지 못한 일 때문에 해리엇은 밀이 가깝게 지낸 거의 모든 사람들을 미워하게 되었다. 그녀는 스털링이 자신들 두 사람의 '비정상적인 관계'를 둘러싸고 나돈 험담을 생각 없이 받아들였다고 그를 "어리석고 나약한 남자"라고 비판했다. 스털링뿐이 아니었다. 그녀는 히스테리가 심해지면서 밀이 좋아하거나 존경하는 사람들을 예외 없이 공격했다(Packe, 338쪽 ; Kamm, 80쪽). 1849년 어느 날, 해리엇은 밀에게 "유치한 도덕률과 한심한 지적 수준에서 벗어나지 못한 인간들을 깡그리 경멸"하라고 말했다(Hayek, 158쪽). 무슨 연유에서인지 토크빌이 그런 '인간'의 리스트에 포함됐다. 그녀는 밀에게 보낸 편지에서 토크빌을 무섭게 공격했다.

토크빌은 스털링, 로밀리Romilly, 칼라일, 오스틴과 똑같은 족속이에요. 상류 계급gentility class의 좋은 가문 출신이지만 도덕적으로 나약하고, 지적으로 편협하고, 소심하고, 자만심이 하늘을 찌르고, 남 험담하기나 좋아하는 그런 인간들이지요. 그런 작자들보다는 웬만한 강아지가 더 낫다고 할 수도 있어요. (Hayek, 156쪽)

해리엇은 토크빌에 대해 안 좋은 인상을 갖고 있었던 것이 분명하다.[65] 그녀는 토크빌을 스털링, 칼라일과 한통속으로 규정하면서 "멍청한 감

---

65 Zunz·Kahn, 29쪽 참조. 밀과 토크빌의 '밀월' 기간 동안에는 그녀가 그리 부정적으로 개입한 것 같지 않은데 어느 순간부터 기류가 바뀐 듯하다. 파페는 그녀가 토크빌에게 일종의 질투심을 품고 있었고 그것이 나쁜 인상으로 이어진 것 같다고 추측한다(Pappé 1964, 221~222쪽). 밀과 토크빌이 처음 만났을 때 토크빌의 위상이 상대적으로 압도적이었던 만큼 그런 불균형이 해리엇을 불편하게 만들었는지도 모른다. 결정적으로 토크빌의 폐쇄적 시국관과 보수적 여성관이 해리엇의 마음을 더욱 차갑게 만들었을 것으로 보인다.

성적 이기주의자"로 매도했다. 헛된 자만심에 젖어 겸손함이나 진정한 탁월함과 너무나 거리가 멀다는 것이 그녀의 평가였다(Hayek, 153쪽). 밀로서는 그녀의 '교시'를 따르지 않을 수 없었다(Kamm, 80쪽). 밀은 자신이나 자신의 우상(즉, 아버지와 아내)을 실망시키는 사람은 누구든 침묵 또는 등을 돌리는 방법으로 '처벌'하곤 했다(Pappé 1964, 221쪽). 토크빌도 예외가 아니었을 것이다. 밀과 토크빌의 우정이 짧고 뜨거운 밀월 기간을 뒤로하고 하루아침에 '이상한 단절'로 내리막길을 걷게 된 데는 여러 요인이 복합적으로 작용한 것 같다. 시국관을 가로지르는 철학의 차이에다 해리엇의 입김 같은 밀의 개인적 변수가 한데 얽히면서 두 사상가의 아름다운 교환交驩은 씁쓸한 결말로 이어지고 말았다. "자유를 향해 같이 손잡고 나가자"는, 토크빌이 마지막 편지에 쓴 말이 짙은 여운을 남긴다.

4부

정치 이론

정치의 부활을 기획하다

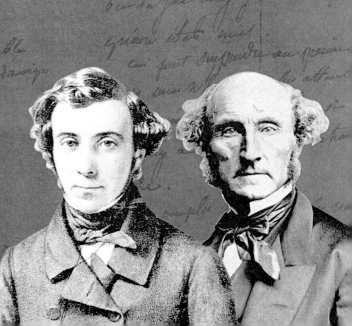

"존재가 의식을 규정한다"라고 했던가. 민주주의를 바라보는 두 사람의 시선이 엇갈리는 지점에 그들의 출신 성분이 자리 잡고 있었다. 국경과 역사도 시각차에 한몫했을 것이다. 토크빌은 가슴과 머리가 따로 놀고 있었다. 민주주의를 받아들이기 위해 애썼지만 민주주의와 본질적으로 화해하기는 힘들었다. 밀은 그런 토크빌을 냉철하게 읽어냈다. 그리고 자신이 토크빌보다는 민주주의에 상대적으로 더 우호적이라고 썼다. 그러나 밀도 민주주의를 마냥 좋아할 수는 없었다. 대중 민주주의의 진군 앞에서 자유가 위태롭다는 생각에서는 밀과 토크빌이 다르지 않았다. 민주주의의 순치라는 대의를 위해 두 사람은 뜻을 같이했다.

정치에 대한 두 사람의 생각도 비슷했다. 두 사람은 정치를 수단이나 과정으로만 보지 않았다. 정치는 사람을 발전시키고 완성시키는 합목적적인 가치를 지닌다고 생각했다. 밀은 정치를 권력 놀음으로 치부하는 세태를 비판하며 도덕 정치를 주창했다. 인간의 자기 발전을 지향하는 큰 정치를 꿈꾸었다. 토크빌은 위대한 정치를 갈구했다. 인간으로서, 인간이기에 감당할 수밖에 없는 존재론적 번민으로부터 벗어날 출구를 정치에서 찾았다. 그는 물질적 탐닉이나 세속적 안락이 아니라 존재 가치의 구현이 정치의 목적이라고 생각했다.

참여의 중요성에 이르면 밀과 토크빌의 목소리는 구분되지 않는다. 두 사람 모두 참여가 사람을 만든다고 생각했다. 토크빌은《미국의 민주주의》에서 정치 참여가 민주주의를 살리고 자유를 지켜주는 유일한 방파

제라고 역설했다. 밀의《자유론》과《대의정부론》은 참여 민주주의의 전범이 되고 있다.

밀과 토크빌은 대중 민주주의가 도래하기 이전인 19세기의 사람이었다. 그들이 살던 시대에 선거권이 막 확대되기 시작했으나, 아직 일반 유권자의 한 표 한 표가 나라의 운명을 좌우할 정도는 아니었다. 그런데도 두 사람은 정치가의 '대중 친화적 능력'의 중요성을 간파했다. 지성과 인품만으로는 대중 정치가로 성공할 수 없음을 강조했다.

밀과 토크빌 사이에는 여러 단애斷崖가 가로막고 있었지만 정치 그 자체에 대한 두 사람의 생각과 포부는 놀라울 정도로 유사했다. 그들은 정치가 사람을 바꾸고 역사를 진전시키는 데 큰 역할을 한다고 생각했다. 그만큼 정치가에 대한 그들의 기대치도 높았다. 4부는 두 사람의 정치 이론을 살펴본다. 문명을 드높인 두 사상가가 이론을 접고 행동으로 나서게 된 단초를 이 4부에서 읽을 수 있을 것이다.

1. 좋은 정치

공리주의 철학자 밀은 사람들이 공리주의를 오해하고 편견을 가지고 있다고 안타까워했다. 쾌락과 고통, 효용만으로 밀의 철학을 재단하면 보다 큰 것을 놓칠 수가 있다. 밀은 인간의 발전과 완성을 추구했다. 그것이 그의 궁극적 가치였다. 그는 정치 또한 이런 문제의식을 가지고 바라보았다. 정치를 통해 인간을 발전시키는 것이 소싯적부터 그의 꿈이었다. 참여 민주주의자 밀의 지향점도 이런 정치론에 터를 두고 있었다. 그는 참여가 사람을 변화시킨다고 굳게 믿었다. 그는 현실 정치에 실망해서 좌절하기보다 정치의 가능성에 더 기대를 걸었다. 밀은 참여와 동시에 크고 멋진 정치가의 역할도 주목했다. 세상의 진보를 앞당길 수 있는 정치가는 어떤 모습일까.

(1) 진보를 촉진하는 정부

밀은 "좋은 정치"를 추구했다. 그는 인간을 최대한 발전시키는 정치를 "좋은 정치, 이상적인 정치"라고 불렀다. 그의 철학에 비추어보면 당연한 귀결이다. 밀은 인간이 추구해야 할 궁극적 가치에 대해 고민한 철학자이다. 그는 "우리 삶에서 인간이 이를 수 있는 최선의 상태에 최대한 가깝게 각자를 끌어올리는 것"보다 더 중요하거나 더 좋은 것은 없다고 선언한다. 반대로, 이것을 못하게 가로막는 것보다 더 나쁜 것은 없다고 주장한다(자유론, 34쪽). 사람을 최대한 '끌어올리는 것', 즉 자기 발전이 우리 삶의 궁극적 가치가 되어야 한다는 것이다. 밀은 자기 발전을 지적, 도덕적, 감성적 세 차원에서 접근했다. 이 세 차원에서 어느 하나도 부족함 없이 최대한 발전을 이루는 것이 우리 삶이 지향해야 할 궁극적 목표라는 것이 밀 철학의 근본이 된다.

밀의 정치 이론은 바로 이런 '발전 철학' 위에 서 있다. 그의 성숙한 정치적 견해를 담고 있는 《대의정부론》의 핵심 논지가 특히 그렇다. 밀은 사회가 한 차원 더 높이 발전하기 위해서는 정부의 역할이 중요하다고 보았다. 정부가 사회의 발전을 도울 수도 있고 방해할 수도 있기 때문이다. 그러면서 밀은 진보를 제일 잘 촉진하는 정부가 "가장 좋고 가장 훌륭한 정부"라고 말한다(대의정부론, 32쪽). 진보란 무엇인가? 밀은 인간성 humanity을 증진할 수 있을 때 진보가 일어난다고 했다(대의정부론, 26쪽).

결국 밀은 인간성을 증진시키는 것, 다시 말해 자기 발전을 잘 촉진할 수 있는가가 좋은 정부를 판가름하는 준거가 된다고 주장한다. 이처럼 밀은 정치의 존재 이유를 인간의 발전에서 찾았다. 인간이 국가라는 공동체 안에서 살아야 훌륭하고 완전한 삶을 누릴 수 있다는 아리스토텔레스의 발상과 연결되는 대목이라 하겠다.

밀은 《대의정부론》에서 바람직한 정치의 모습을 그리며 "좋은 정부"라는 말 외에 "이상적인 정치 체제"라는 표현도 즐겨 썼다. 좋은 정부가 주로 정부의 목표와 존재 이유에 관련된 개념이라면, 이상적인 정치 체제는 그런 좋은 정부를 구현하기 위한 정치 체제 운용 방법을 염두에 둔 표현이다. 밀은 사회의 당면 문제를 효율적으로 해결할 수 있는 정부, "즉각, 그리고 앞으로도 유익한 결과를 최대한 많이 낳는 정부"를 가장 이상적인 정부로 규정한다.

어떤 형태의 정부가 "가장 이상적ideally best"이라고 할 수 있을까? 밀은 두 가지 조건을 제시한다. 첫째, 주권, 즉 최고 권력이 국가 구성원 전체에게 귀속되어야 한다. 둘째, 모든 시민이 가끔씩은 지방 또는 전국 차원에서 공공의 임무를 수행하며 정부의 일에 직접 참여할 수 있어야 한다. 밀은 이런 두 조건을 충족해야 가장 이상적인 정부라는 이름에 전혀 부끄럽지 않을 것이라고 생각했다(대의정부론, 59~60쪽).

이런 논의 끝에 밀은 대의 정부가 "가장 완벽한 정체의 이상적 유형"이라고 주장한다. 사람들은 흔히 대의제를 직접민주주의 대신에 차선책으로 받아들일 수밖에 없다고 본다. 그러나 밀은 그렇게 생각하지 않는다. 밀은 직접민주주의에 대해 미련이 없었다. 오히려 그것의 부작용을 더 염려했다. 생각과 취향이 다른 사람들이 모여 직접민주주의를 추구하게 되면 "다수가 소수를 지배"하는 것이 불가피해진다고 주장했다. 밀이 대중 민주주의의 대두와 관련해서 가장 염려한 현상이 바로 이것이었다. 반면에 대의 정부를 통하면 "모든 인민에 의한 모든 인민의 정부"가 가능해진다. 그래서 "가장 이상적인 최선의 정부 형태는 이런저런 종류의 대의 체제 가운데서 발견된다"는 것이 밀의 생각이었다(대의정부론, 50쪽).

(2) 참여의 미학

밀은 "모든 인민이 참여하는 정부"를 꿈꾸었다. 그는 시민 누구나 어느 정도까지는 정부의 일에 참여할 수 있어야 그 정부가 이상적인 정부라는 이름에 부합된다고 했다. 밀은 왜 참여를 이토록 강조한 것일까? 왜 밀이 참여 민주주의자로 불리는 것일까? 밀은 참여가 사람들의 생각과 의식을 바꿔나가는 데 매우 중요한 역할을 한다고 생각했다. 참여의 교육적 기능을 주목한 것이다. 그래서 밀은 민주 사회의 각 층위에서 시민들의 참여를 늘려나갈 방안을 생각하는 데 골몰했다.

밀은 참여가 두 차원에서 사람들의 정신을 윤택하게 만들어준다고 생각했다. 첫째, 참여는 사람들의 마음을 크고 넓게 만들어준다. 공공 문제에 관심을 갖고 참여하다 보면 사람이 달라진다. 밀의 관찰에 따르면, 대부분의 사람들은 일상적 삶의 과정에서 원초적, 이기적 욕구를 충족시키는 데 급급하다. 하는 일이라고는 모두 지루하게 반복되는 것뿐이다. 이런 까닭에 자신의 생각이나 감정을 크게 키우기가 어렵다. 참여는 이런 문제들을 한꺼번에 해결해준다.

공공을 위해 무엇인가 일을 하게 되면 이런 모든 결핍들을 한꺼번에 해소할 수 있다. 기회가 되어서 상당한 수준의 공적 의무를 수행한다면, 그 사람은 곧 양식과 교양을 갖춘 사람이 될 수 있다……가장 주목해야 할 점은 시민 개개인이 드물게라도 공공 기능에 참여하면 도덕적 측면에서 긍정적 변화가 생긴다는 사실이다……공공 영역이 완전히 소멸된 곳에서는 개인의 사적 도덕도 황폐해지고 만다. (대의정부론, 72~74쪽)

참여를 늘려나가면 사람들의 사고가 바뀐다. 자신이 사회의 한 구성원이라는 소속감을 가지면서 사회 전체의 이익이 곧 자기 자신에게도 이익이 된다는 생각을 품게 된다. 자기중심적 세계관을 떨쳐버리는 것, 다시 말해 크고 넓은 마음의 소유자로 바뀌는 것, 이것이 밀이 생각하는 참여의 일차적 효과이다.[1]

둘째, 참여는 사람들의 지적 수준도 높여준다. 흔히 보통 사람들의 참여를 억제해야 하는 이유로 그들의 낮은 지적 수준을 꼽는다. 그러나 밀은 오히려, 그렇기 때문에 참여를 늘려야 한다고 주장한다. 참여가 사람들의 지력을 높여준다는 것이다.

보통 사람들이 공공 문제를 다루는 데 서툴다는 것은 두말할 나위가 없다. 그러나 일단 공적인 영역에 들어와 일을 다루게 되면 그들의 생각이 깊어지고 정신 또한 일상적으로 반복되는 똑같은 일에서 벗어나게 된다. 하층 계급 사람도 공공 문제에 관여함으로써 자부심이 커지고 안목

---

1 밀은 《대의정부론》에서 이런 말도 한다. "사람이 자신을 사회적 관계 속에 밀착시키면서 이웃들에게……그 어떤 해도 끼치지 않게 되면, 타인을 향한 친밀감과 유대감이 깊어지고 사회 전체의 이익에 대한 관심이 커지는데, 이것이야말로 사회적 개선의 가장 중요한 징표가 아니겠는가?"(대의정부론, 162쪽).

이 높아진다. 지적 수준이 높은 사람이 말하는 것을 보고 들으며 그 자신
의 지식도 넓어진다.[2]

밀은 사람들이 참여 과정을 통해 "지혜와 정신 훈련의 수혜자"가 될 수
있다고 확신했다. 참여가 최하위 계층 사람들에게까지 지성과 심성을 길
러주는 효과를 발휘한다고 굳게 믿었다. 육체노동자들도 지적으로 더 뛰
어난 사람들과 교류함으로써 당장 자신과 관계없어 보이는 일, 또는 멀
리서 일어나는 일들이 실제로는 자기 개인의 이익에 영향을 끼친다는 사
실을 깨닫게 된다.

따라서 밀은 참여를 본질적으로 인간의 발전이라는 문제와 연결시켜
바라보았다. 참여를 통해 "사람들이 자기중심적 편협한 이해타산의 울
타리에서 벗어나 공동의 이익에 관심을 기울이고 이웃과 서로 화합할 수
있게 자신의 행동을 습관적으로 변화시켜나가기" 때문에 참여는 일종의
국민 교육의 장이나 마찬가지다. 이런 습관과 능력을 배양하지 않으면
자유로운 정치 제도를 제대로 유지 보존하기 어렵다. 그래서 밀은 아무
리 미미한 수준의 참여라도 인간 발전에 유용하다고 역설했다. "어떤 곳
이든, 사회의 일반적 진보 수준이 허용하는 한도 안에서 참여가 최대한
확대되어야 마땅하다"고 주장했다(대의정부론, 74쪽).

밀은 참여를 늘리기 위한 구체적 방안에 대해서도 부심했다. 그는 우
선 지역 차원의 정치 참여를 강조했다. 중앙 무대는 몰라도 적어도 지역
에서 일어나는 문제는 지역 주민이 직접 처리하도록 권고했다. 배심원

---

2 밀이 1835년 토크빌의 《미국의 민주주의》 1권을 읽고 쓴 서평에서 토크빌의 원문을 인용한
것이다. CW, XVIII, 89쪽.

역할을 수행하는 것, 지방 자치 기관을 활성화하는 것, 그리고 사회단체나 자선 기관에 자발적으로 관여하는 것 등은 이러한 맥락에서 중요하다. 더 주목해야 할 점은, 밀이 산업 현장에서 노동자의 경영 참여를 늘려나가야 할 당위성을 역설했다는 것이다. 밀은 자본주의식 임금 노동을 통해서는 사람이 참된 행복을 느낄 수가 없다고 생각했다. 인간은 자신의 노동에 자부심을 느낄 때 비로소 인간으로서의 존재 이유를 확인할 수 있게 된다.[3] 이 조건을 충족시키기 위해서는 노동자의 자율 경영이 필수적이다. 노동자가 작업 현장의 경영에 적극 참여함으로써 비로소 자신의 삶에서 자부심과 책임감을 느끼게 되는 것이다.[4] 밀은 사회주의를 향해 가는 과도기의 체제로 생산자조합공동체의 설립을 제안했다. 모든 노동자가 형편껏 노동, 자본, 기술을 투자해서 조합의 공동 소유주가 되게 하자는 것이다. 밀은 이것이 실현되면 노동자들이 생산 과정과 결과물에 대해 주체적 흥미를 느끼면서 자기 삶의 주인이 될 것이라고 자신했다.[5]

숙련 민주주의

이처럼 밀은 참여를 사람을 변화시키는 '교육의 장'으로 받아들였다.

---

3 밀에게 노동이란 현실 속에서 자아를 실현하는 매개체였다. 인간의 "객관적 삶을 표출"시키는 것이 곧 노동이었다. 밀은 노동이 각자의 능력을 쏟아붓게 하기 때문에 일을 하는 것이 즐겁다고 했다. 노동이야말로 진정한 의미의 여가 활동leisure이라고 했다(CW, XII, 347쪽).

4 밀은 1845년의 〈노동자들의 요구〉라는 글에서 자신의 유토피아를 그리고 있다. 노동자가 단순히 임금 노동자의 상태에 머무르지 않고 타인과의 협력을 통해 자기 노동의 주체가 되는 사회가 곧 존 스튜어트 밀의 유토피아다. "언제가 될지 확실히 모르지만, 노동하는 사람과 그 노동을 받아먹고 사는 사람 사이의 점점 넓어져가는 간격을 메우는 것이 우리의 가장 소중한 희망이다. 이것은 결국 노동자가 단순히 임금 노동자, 즉 생산 그 자체에 대해 아무런 애착을 갖지 못하고 그저 돈에 팔려 온 생산 도구에 지나지 않는 신세를 벗어나, 생산 과정에서 동업자의 위치에 올라갈 수 있어야 한다는 것을 뜻한다."(CW, IV, 382쪽).

5 *Principles of Political Economy*, 456~458쪽.

밀은 아버지와 마찬가지로[6] 사회의 미래가 전적으로 교육의 힘에 달려 있다고 생각했다. 교육은 사람들의 마음속에 자신의 행복과 사회의 공동 선이 뗄 수 없는 관계에 있음을 각인해준다. 밀은 그렇게 교육의 힘에 희망을 걸었다. 그러나 이상과 현실은 달랐다. 사람들의 사고방식을 근본적으로 바꾸는 것은 쉬운 일이 아니었다.

1848년 이후 유럽에 반동의 물결이 거세게 밀려들고, 급기야 1851년 12월 루이 나폴레옹이 쿠데타를 일으키는 등 역사가 뒷걸음친 것도 결국 인류의 지적, 도덕적 상태가 별로 개선되지 못한 탓이었다(자서전, 189~190쪽). 앞으로도 사정이 크게 달라질 것 같지 않았다. 밀은 특히 노동자 대중의 상태에 크게 낙담했다. 그들이 무지와 야만성, 이기심의 덫을 벗어나지 못한 채 다수의 힘을 휘두를까 봐 걱정이 많았다. 밀은 대중을 빠른 시간 안에 변화시킬 수 있으리라는 낙관적 전망을 포기해야 했다. 그는 과거보다 "훨씬 덜한 민주주의자"로 바뀌었다(자서전, 184쪽).

밀은 "오늘날처럼 형편없이 불완전"한 교육으로는 대중의 지적 수준을 하루아침에 끌어올릴 수 없다고 생각했다. 여러 대에 걸쳐 교양을 줄곧 쌓아 올려야 했다(자서전, 184~185쪽).[7] 밀이 지식인 계급의 역할을 특별히 강조한 이유가 여기에 있다. 그는 계급 이익을 극복하지 못하면 대의민주주의가 성공할 수 없다고 생각했다. 특히 노동자 대중이 다수의 힘으로 자신들의 당파적 이익을 관철할까 봐 두려움이 컸다. 밀은 교육

---

6 제임스 밀은 이성의 힘을 절대적으로 신뢰했다. 모든 국민이 글을 읽을 수 있고 어떤 종류의 사상이든 자유롭게 유포할 수 있다면 선거를 통해 모든 것을 이룰 수 있을 것이라고 낙관했다 (자서전, 91쪽).
7 밀은 보통 교육의 도입을 적극 주장했다. 보통 선거보다 보통 교육의 전면 실시가 더 시급하다고 역설했다.

을 많이 받은 사람은 다를 것이라고 믿었다. 그들은 지성과 교양의 힘으로 전체 이익에 집중할 수 있을 것이라고 기대했다.[8] 따라서 밀은 식자 계급이 정부 안에서 더 큰 역할을 해야 한다고 역설했다. "신념을 가진 한 사람이 이해관계에만 관심 있는 99명과 맞먹는 사회 권력"을 가져야 한다고 보았다(대의정부론, 21쪽).

밀은 사회의 당면 과제를 해결하고 유익한 결과를 최대한 많이 낳는 정부가 "이상적인 정부"라고 했다. 어떻게 해야 정부의 효율을 이렇게 증진할 수 있을까? 밀은 《대의정부론》에서 "한편으로는 온전한 민주적 지배를 실현하고 다른 한편으로는 능숙한 전문가의 능력을 최대한 발휘" 하게 하는 숙련 민주주의skilled democracy를 꿈꾸었다. 지적 전문성을 갖춘 유능한 사람들이 정부 업무를 맡아 처리해야 최대한 효율을 얻을 수 있다는 말이다. 그래서 밀은 인민의 자기 결정권이라는 큰 전제와 양립할 수 있는 한도 안에서 전문가의 역할을 최대한 늘릴 것을 주장했다(대의정부론, 120쪽). 고도의 능력을 요하는 업무는 그에 적합한 기술을 갖춘 사람이 담당해야 하며, 이를 위해서라도 높은 지성을 갖춘 소수파가 대의 기구 안에서 자기 목소리를 충분히 낼 수 있어야 한다는 것이었다.

밀은 숙련 민주주의의 발전을 위한 일련의 정책을 내놓았는데, 그중에는 자칫 민주주의의 근간을 뒤흔든다는 오해를 받을 만한 것도 있다. 이를테면 밀은 국회의원 등 국민의 대표가 유권자의 뜻에 맹종하기보다 필요하다 싶으면 때로 민심을 '거역'하는 것이 바람직하다고 했다. 또 그는

---

8 밀은 젊어서부터 지성이 뛰어난 사람에게 일종의 '환상'을 가지고 있었다. 그가 1835년 《미국의 민주주의》 서평에서 "교양이 높은 사람들끼리 의견 일치를 보이면……대중은 그들의 권위와 뛰어난 지혜를 존중하는 마음에서 그들의 지배도 기꺼이 받아들일 것"이라고 주장한 것도 이런 배경에서였다(CW, XVIII, 74쪽).

당시 영국 정치의 현실에 비추어볼 때 교육 수준이 높은 사람에게 투표권을 더 많이 부여하는 것이 옳다면서 차등투표론을 제기하기도 했다.[9]

(3) 위대한 정치가

밀은 참여 민주주의 이론가였지만 사람의 생각이 단기간에 바뀌지 않는 현실을 인정했다. 그래서 비범한 재능을 가진 정치가가 있다면 역사의 발전을 앞당길 수 있다고 생각했다. 그는 그런 예외적 인물의 예로 샤를마뉴[10]나 표트르 대제[11]를 들었다. 페르시아가 그리스를 침공했을 때 나라를 지킨 테미스토클레스[12]나 빌렘 1세[13]와 윌리엄 3세[14]도 밀이 칭찬한 정치가에 속한다. 밀은 이런 인물들이 역사의 행운이라 할 정도로

---

9 바로 이런 이유에서 밀을 비민주적 엘리트주의자라고 비판하는 사람들이 있다. 철학자에게 권력을 맡기는 플라톤을 연상시킨다는 것이다. 그러나 밀이 《자유론》에서 "천재는 오직 자유의 공기 속에서만 자유롭게 숨을 쉴 수 있다"(자유론, 124쪽)라고 말한 뒤, "이러한 자유의 중요성이 탁월한 정신적 능력을 갖춘 소수의 사람에게만 적용되는 것도 결코 아니다"(자유론, 129쪽)라고 역설한 것을 기억해야 한다. 평범한 보통 사람들도(평범하기 때문에 더욱) 개별성을 고양해 자기 발전을 도모해야 한다는 것을 강조한 밀이었다. 이에 대해서는 서병훈, 〈국민에 대한 거역? : 존 스튜어트 밀의 민주적 플라톤주의〉, 《정치사상연구》 15권 1호(2009) 참조.
10 샤를마뉴(742~814)는 카를 대제라고도 부른다. 프랑크 왕국의 왕으로서 광대한 영토를 정복해 서유럽의 정치적, 종교적 통일을 달성했다. 로마 고전 문화의 부활을 장려해 카롤링거 르네상스를 이룩했다.
11 러시아의 황제 표트르 1세(1672~1725)를 말한다. 로마노프 왕조의 제4대 황제인 그는 절대주의 왕정을 확립하고 러시아의 관습과 풍속을 일대 개혁했다.
12 테미스토클레스(기원전 528?~462?)는 고대 아테네의 장군이자 정치가로, 아테네가 기원전 480년에 살라미스 해전에서 페르시아를 격파하는 데 큰 공을 세웠다.
13 빌렘 1세(1533~1584)는 네덜란드 연방공화국의 초대 총독으로 에스파냐의 지배에서 벗어나기 위한 네덜란드 독립 전쟁(80년 전쟁)을 일으켰다.
14 윌리엄 3세(1650~1702)는 네덜란드 총독인 동시에 영국 왕이었다. 그는 의회가 제출한 '권리 선언'을 승인하고 명예혁명을 도왔다.

매우 희귀하다고 말하면서도(대의정부론, 84~85쪽) 여러 사례를 들어 그런 인물들이 나타날 가능성을 검토했다.

이를테면 그는《자유론》에서 세 사람을 거론하며 비교 평가했다.

> 알키비아데스[15]보다는 존 녹스[16]가 되는 것이 더 낫고, 이들 두 사람보다는 페리클레스[17]가 되는 것이 더 낫다. 그러나 현대에는 페리클레스 같은 사람도 존 녹스가 가진 장점을 지녀야 훌륭한 사람이 될 수 있다. (자유론, 121쪽)[18]

밀은 동시대의 인물로는 미국의 링컨을 매우 존경했다. 그의 죽음을 소크라테스의 죽음에 비견할 정도였다. 프랑스의 언론인 카렐[19]도 높이 평가했다. 밀이 젊은 시절에 언론을 통해 정치 활동을 도모할 때 그의 영향이 컸다(Packe, 218쪽). 밀은 1835년 9월 20일 토크빌에게 보낸 편지에서 자신이 카렐을 "토크빌 다음으로" 프랑스 문제 전문가로 친다고 말했

---

15 아테네의 정치가, 군인(기원전 450?~404)인데 펠로폰네소스 전쟁에서 조국을 배신하고 스파르타를 도왔다.

16 스코틀랜드의 종교 개혁자, 역사가(1514~1572)로 청교도주의와 장로교를 개척했다. 그 어떤 어려움에도 진리를 포기하지 않아 "용기 있는 영웅"이라는 평가를 받는다.

17 아테네의 정치가(기원전 495?~429). 아테네 민주주의의 완결자로 불린다. 스파르타와의 전쟁에서 목숨을 잃은 전몰자들을 추도하는 자리에서 "민주주의란 다수에게 더 혜택을 주는 정치"라는 유명한 말을 남겼다.

18 밀이 볼 때 알키비아데스가 자의적 열정과 욕심이 넘치는 인물인 반면, 녹스는 엄격하게 절제하며 진리에 헌신하는 종교인이었다. 여기서 밀은 페리클레스를 여러 덕을 함께 지닌 이상적인 사람으로 평가하면서 녹스의 덕목도 겸비할 것을 요구하고 있다.

19 카렐Armand Carrel(1800~1836)은 프랑스의 언론인, 문필가다. 1830년 자유주의 경향의 유력 신문《르 나시오날Le national》을 맡아 정치적 영향력을 키웠다. 경쟁 관계의 한 언론인과 결투를 벌이다 36세의 나이에 죽음을 맞고 말았다.

다. 그리고 1년 후 그의 갑작스러운 죽음을 애도하면서 역시 토크빌에게 "카렐은 선생과 더불어 내가 유일하게 존경하는 프랑스 사람"이라고 칭송했다(CW, XII, 272 309쪽).

영국에서는 두 사람을 주목했다. 밀은 휘그당을 제치고 급진주의 정당을 만들기 위해 오랫동안 마땅한 지도자를 물색하고 있었다. 그는 급진주의자가 수상이 되면 개혁은 순풍을 달 것이라고 생각했다. 이런 밀의 눈에 더럼 백작이 들어왔다.[20] 그는 휘그파였지만 천성적으로 토리에 가까웠다. 개혁 의회 시절에 관직에서 물러난 뒤 무당파 노선을 견지했다. 이런 입장을 취하는 것은 매우 위험할 수도 있었지만, 각 정파의 불만 세력들을 규합하는 데는 효과적이었다. 1834년 10월, 그가 글래스고에서 연설할 때 무려 12만이 넘는 청중이 운집했다.

밀은 수많은 청중을 불러 모을 수 있는 더럼 백작의 힘을 주목했다. 새 정당을 만들자면 어떤 깃발이든 높이 드는 것 자체가 중요했다. 그래야 모든 사람들이 그 정당의 정강을 읽을 수 있기 때문이다. 밀은 더럼 백작이 완벽한 기술과 최상의 정신으로 그 일을 해냈다면서 그를 매우 중요한 인물로 평가했다. 그를 "탁월한 용기와 애국심, 그리고 폭넓은 식견과 관대한 마음의 소유자"라고 칭찬했다(대의정부론, 311쪽). 그래서 그에게 급진주의 신당에 합류해줄 것을 정중하게 청했다. 그러나 백작은 그것이 어떤 정당이고 누가 중심인물인지 알지 못한다면서 부정적인 반응을 보

---

20 더럼 백작John George Lambton, Earl of Durham(1792~1840)은 휘그당 소속으로 하원 의원과 장관, 대사 등 고위직을 지냈다. 1837년 캐나다에서 자치권과 민주화를 요구하는 시위가 일어나자 영국령 북아메리카 총독에 임명되었으나, 사태 수습에 나선 지 5개월 만에 본국 정부와 충돌하면서 자리에서 물러났다. 더럼 백작은 캐나다의 통일 정부 수립과 책임 정치 체제의 확립을 권고한 '더럼 보고서'를 제출함으로써 영국의 해외 식민지 정책에 큰 반향을 불러일으켰다.

였다. 밀 쪽에서 다시 연락을 꾀했지만 소용이 없었다(Packe, 226~227쪽). 그러다가 얼마 후 더럼 백작이 갑자기 죽음을 맞고 말았다. 그가 죽자 원내 정당을 꿈꾸던 철학적 급진주의자들도 뿔뿔이 흩어졌다.

밀은 글래드스턴[21]을 아주 좋게 봤다. 그를 "양심에 따라 행동하고 공공의 이익을 자신의 진정한 실천 원리로 삼고 있는 정치가"라고 평가했다. 그의 진실함, 강력한 지성, 탁월한 행정 능력에 찬사를 아끼지 않았다. "훌륭한 정치가에 대한 존경의 마음을 표하기 위해" 그에게 자신의 책을 보내기도 했다. 글래드스턴이 정치 2선으로 물러난 1866년에는 어떤 식사 자리에서 그의 건강을 위해 건배하다가 눈물을 쏟을 뻔했다. 그 정도로 밀은 그에게 각별한 호의를 갖고 있었다.

밀이 볼 때 개혁 정당을 이끌고 나갈 인물로 글래드스턴만 한 인물이 없었다. 밀은 자유주의자와 노동 계급을 한데 묶어 진보적 정치 세력을 결성하고 싶었다. "완벽한 개혁을 급속도로 진전"시킬 결사체를 꿈꾸었다. 그래서 밀은 그에게 큰 기대를 걸었다. 밀보다 3년 연하의 글래드스턴은 경험, 지명도, 능력을 두루 갖춘 정치가였다. 무엇보다 그는 진보적 역사 전개에 대해 확신을 가지고 있었다. 1866년 4월 보수파의 공격에 맞서 "미래를 거역하지 말라. 시간은 우리 편이다"라고 일갈하기도 했다. 밀은 이런 그의 모습에 진한 감동을 느꼈다. 밀은 "새로운 정치가" 글래드스턴과 함께 참된 개혁 정당을 만들고 싶었다. 자신이 이론적 틀을 제공하고 글래드스턴이 앞장서면 진정한 의미의 급진 정당을 만들 수 있을

---

21 William Gladstone(1809~1898). 영국의 정치가로 의원, 장관, 수상을 지냈다. 원래 보수당 원이었으나 자유당으로 당적을 옮겨 당대표 자리까지 올랐다. 윈스턴 처칠과 함께 영국의 대표적인 정치가로 손꼽힌다.

것 같았다.[22]

그러나 1866년과 1867년의 의회 상황은 녹록하지 않았다. 글래드스턴도 힘에 부쳤다. 개혁 법안Reform Bill을 둘러싼 논쟁이 가열되면서 상당수 급진주의자들이 글래드스턴을 거슬러 토리 정부안에 찬성표를 던졌다.[23] 밀도 글래드스턴의 법안이 마음에 안 들었지만 끝까지 그의 편을 들었다. 중요한 국면마다 당의 뜻과 어긋나게 그를 지지했다. 글래드스턴의 필요에 맞춰 자신의 '정치적 옷'을 잘랐다(Kinzer 2007, 200쪽).

글래드스턴도 밀이 "언제나 우호적이고 관대했다"며 고마워했다. 그는 밀을 "철학자지만 결코 괴팍스럽지 않고, 은둔자 같은 고상한 사람이면서 동시에 정치 문제에서 매우 예리하고 현실적인 접근을 도모할 줄 아는 사람"이었다고 회고했다(Packe, 455~456쪽). 그는 밀을 참으로 이성적인 사람, 곧 "이성주의의 성자聖者Saint of rationalism"라고 불렀다. 밀의 대명사처럼 된 이 "이성주의의 성자"라는 말이 글래드스턴의 작품임을 기억하는 것이 좋겠다.

밀이 높이 평가한 역사적 인물들을 모아보면 그가 염두에 둔 위대한 정치가의 모습을 그릴 수 있다. 밀은 아버지와 함께 젊은 시절부터 정치 현장에 깊숙이 개입했다. 그는 동인도회사에 근무하는 준準공인 신분이

---

22 자유당을 급진 정당으로 변화시키기 위해서는 노동 계급의 합세가 필요했다. 밀은 1866년 한 원외 집회에서 토지와 자본이 영국 사회의 진보를 가로막고 있음을 지적한 뒤, 노동자들이 들어와야 자유당이 역동적 도구로 작동할 수 있다고 역설했다. 밀은 글래드스턴이 노동자들의 소망에 우호적이며 가난한 사람들의 이익을 위해 노력할 것이라고 약속했다.
23 글래드스턴은 1866년에 자유당의 러셀John Russell 총리를 도와 노동자의 선거권을 확대하는 선거법 개정안을 제출했지만 자유당 동료들의 이탈로 뜻을 이루지 못했다. 아이러니컬하게도 그 뒤를 이어 등장한 디즈레일리Benjamin Disraeli의 보수당 정권이 자유당 의원들의 지지에 힘입어 선거법 개정 법안을 통과시켰다.

어서 직접 정치 활동에 나설 수는 없었지만, 그 대신에 시사 잡지 경영, 언론 투고 등을 통해 급진주의 정치 운동의 이론 형성에 앞장섰다. 원내에 진출한 뜻 맞는 정치가들을 후원, 격려하는 일도 열심히 했다. 그러나 밀 부자의 노력은 기대만큼 큰 결실을 맺지 못했다. 밀은 이 무렵을 회상하며 위대한 정치 지도자의 역할에 대해 역설했다. 1832년 선거법이 개정되자 부분적인 성과에 도취되어 개혁 열기가 급격히 가라앉았다. 밀은 현상 유지파가 득세하는 현실을 개탄하며 시국의 흐름을 역전시킬 "유능한 지도자"의 등장을 갈망했다. 어떤 사람이 위대한 정치가일까?

밀은 1836년 〈문명론〉이라는 글에서 그 나름의 '영웅론'을 제시했다. 그가 염두에 둔 영웅적 인물은 "가치 있는 일을 위해 고통스럽고 힘든 일을 마다하지 않는 사람"이다. 영웅은 피동적이지 않고 능동적이다. 고통을 참고 견디기보다 먼저 고통을 찾아 나선다. 그러나 밀의 시대를 살아가던 대다수 세련된 신사들에게는 도덕적 나약함이 만연해 있었다. 그들은 귀찮고 힘든 일이면 아예 쳐다보지도 않았다. 밀은 현대 상업 사회가 사람들을 "무기력하고 비겁하게" 만드는 것을 크게 걱정했다. 영웅적 인물을 배출할 토양이 메말라간다는 것이었다(CW, XVIII, 131~132쪽).

밀은 위대한 정치가란 "전통에 부응할 뿐 아니라 필요할 때 그것을 부술 수도 있는 사람"이라고 규정했다(대의정부론, 96~97쪽). 그는 그런 위대한 인물을 동경했다. 그리고 1849년 해리엇에게 보낸 편지에서 "나는 시대를 훨씬 앞서가며 인간 사회의 진보를 위해 위대한 공헌을 한 사람을 언제나 깊이 존경합니다"(Hayek, 143쪽)라고 썼다.

그는 위대한 정치가가 갖춰야 할 조건을 구체적으로 밝히기도 했다. 우선 철학적 소양을 갖춰야 했다(자서전, 159쪽). 밀이라면 당연히 그런 조건을 내걸었을 것이다. 또한 그는 선의와 공익에 대한 헌신도 기대했다. 이 역시 공리주의자에게는 당연한 요구 사항이었다. 그러나 이런 조건을 갖추는 것만으로는 이상적 정치가가 될 수 없다(Kinzer et al., 68쪽). 밀은 훌륭한 지도자가 갖춰야 할 또 다른 덕목으로 강인하고 담대한 품성을 꼽았다. 다른 사람들에게 앞장서라고 다그치는 것이 아니라 그들이 따라오도록 길을 보여주는 솔선수범도 강조했다(자서전, 160쪽).

한편, 밀은 정치가라면 반드시 현실적인 판단 능력을 갖춰야 한다고 역설했다. 그는 "모든 것을 획득할 수 없을 때 최선의 것을 얻기 위해 중요하지 않은 것을 희생시키는 기술"을 중요한 정치 기술로 꼽았다(자서전, 76쪽). 눈앞의 어려움, 한계, 우발적 상황 등을 모두 현실적으로 면밀하게 파악해서 궁극적 목표를 달성할 수 있는 사람이 최고 정치가라는 것이다(Kinzer et al., 68쪽).

마지막으로 밀은 대중 친화적 능력popular talents을 강조했다. 아무리 철학적 소양이 풍부하고 인품이 뛰어나도 "다른 사람으로 하여금 자기 생각을 받아들이게 하는 요령"이 없으면 정치를 할 수 없다. 밀은 정치가가 이런 능력을 갖추어야 "자기를 기꺼이 따르는 수많은 젊은이들과 평범한 대중에게 자신의 뜻을 고취할 수 있고, 그들의 가슴속에 진보적 생각을 최대한 심어줄 수 있으며, 하원 의사당을 교실 삼아 대중의 마음을 교화하고 그들에게 강력한 충격"을 줄 수 있다고 생각했다(자서전, 76·159~160쪽).

밀은 1830년대 급진주의 운동을 전개하던 무렵, 휘그당을 완전히 장악해서 자기 뜻대로 이끌고 나가든지, 아니면 아예 휘그당을 배제한 채 새로운 급진주의 개혁당을 이끌든지 할 만한 사람을 찾았다. 그러나 그런 인물은 나타나지 않았다. 밀이 보기에는 자기 아버지가 바로 그런 사람이었지만 그는 의원이 아니었다. 이래저래 밀은 자신이 기대했던 강력한 지도자를 만나지 못했다. 결국 개혁 운동이 지지부진해지면서 교양이 높은 급진주의 정치가들도 그저 휘그당의 좌파 세력 정도로 묻히고 말았다. 밀이 보기엔 위대한 정치가의 부재가 급진주의 운동을 좌절시킨 것이었다(자서전, 160쪽).

2. 위대한 정치

토크빌은 일평생 '흔들리는 삶'을 살았다. 그는 이 고질병을 이겨내기 위해 파스칼을 읽었고 그로부터 '위대함'이라는 도피처를 찾았다. 토크빌은 정치가 이 '위대함'을 구현해줄 최상의 기제라고 생각했다. 정치를 통해 존재의 질곡을 걷어내고 싶어 했다. 그에게 위대한 정치에 대한 꿈은 그만큼 절박했다. 이처럼 토크빌의 정치 이론에는 존재론이 깊숙하게 깔려 있다. 그가 민주주의의 도래를 착잡한 눈으로 바라보고 자유의 상실을 우려한 것도 위대함에 대한 존재론적 강박 때문이었다. 그래서 그는 정치를 신성시하다시피 했다. 위대한 정치를 의사당 안에서 구현해낼 위대한 정치가를 대망했다. 그런 만큼 큰 정치가에 대한 요구도 많았다.

그에게 정치란 무엇이었을까? 그는 어떤 정치를 꿈꾸었던가? 위대한 정치를 향한 그의 소망을 살펴본다.

(1) '흔들리는 마음'

열여섯 살의 토크빌은 아버지의 서재에서 "보편적 의심"의 바다에 빠졌다. 이 "젊은 시절의 한 사건"은 그의 인생에 깊은 자국을 남겼고, 그의 정치 이론에서도 결정적 의미를 지니게 된다.

그 일이 있기 전까지 소년 토크빌은 집안의 전통에 따라 가톨릭을 충실히 받아들였다. 이 세상에 분명한 진리가 있다고 믿었다. 조심스럽게 세상을 들여다보면 진리를 찾을 수 있다고 생각했다. 그러나 '의심'의 물결에 휩쓸린 뒤 모든 것이 달라졌다. 현실에 부딪쳐보니 온통 설명되지 않는 의심만 가득했다. 진리를 잃은 뒤 그는 극도의 혼란을 겪어야 했다.[24] 토크빌의 인생에서 제일 불행한 순간이었다.[25]

젊은 날의 정신적 위기는 토크빌에게 평생 지울 수 없는 상처를 안겼다. 그때 이후 그는 "늘 마음이 불안정했다"(Selected, 324쪽).[26] "막연하게 마음이 흔들리고 이랬다저랬다 방향 없이 욕구가 치솟는 만성 고질병"이 생겼다. 심지어 매사가 잘 풀려 마음이 평온을 누려야 마땅한 상황에서도 이 병은 늘 토크빌을 무섭게 뒤흔들었다.

저더러 이런 의기소침에 빠지지 말고 싸워 이기라고 하시는데 저도 정말 그렇게 하고 싶습니다. 그러나 불행하게도 이 고질병은 정말 오래된 것이라 완전히 극복하기가 쉽지 않습니다……이 병적인 슬픔은 평생 저를 괴롭혀왔습니다.[27]

---

24 토크빌은 "인간의 삶을 비참하게 만드는 것 세 가지"로 병, 죽음, 의심에 빠지는 것을 꼽았다(Selected, 64쪽).

25 이는 토크빌이 1831년에 스토펠의 동생에게 해준 얘기다. 당시 사춘기를 맞아 힘든 시간을 보내고 있던 이 십대 소년에게 토크빌이 자신의 경험을 이야기해준 것이다. 토크빌은 소년에게 "이 세상은 참 알 수가 없다……인생이란 특별히 멋있지도 않고 그렇다고 아주 나쁘지도 않다……그저 최선을 다해 사는 것이 우리가 해야 할 일이다"라고 격려의 말을 해주었다(Selected, 62~64쪽).

26 1856년 친구 보몽에게 털어놓은 사실이다.

27 1856년 토크빌이 "거의 절대적으로 신뢰하는" 여인 스웨친에게 보낸 편지의 내용이다(Se-

토크빌은 "이런 혼란은 너무나 자주 있는 일이라서 새삼 놀랍지도 않다"고 했다.[28] 토크빌은 육체적 열정을 발산함으로써 젊은 날의 위기를 일단 극복할 수 있었다. 그러나 그가 "보편적 의심"의 늪에서 빠져나올 수 있었던 것은 결정적으로 파스칼 덕분이었다. 그는 파스칼의 글을 읽고 길을 찾았다. 다른 사람의 글을 잘 인용하지 않은 걸로 유명한 토크빌이지만, 파스칼과 루소의 글은 매일 읽다시피 했다. 특히 파스칼은 창조주와 인간의 관계에 대한 문제에서 그에게 깊은 영향을 주었다. 파스칼은 "아무 영문도 없이 왔다가 어디론지 모르게 사라지는" 인간적 실존을 부각한다. "우연한 존재"인 인간은 이런 상황 앞에서 끊임없이 흔들린다. 인간은 고독을 이기기 위해서 다른 사람에게 인정을 받고 싶어 한다. 파스칼은 타인으로부터 높은 평가를 받는 것, 즉 명예와 영광이 인간적 비극을 이기는 해독제라고 생각했다(Lawlor, 4~5·73·113·83~84쪽).

파스칼의 존재론은 토크빌에게 깊은 감명을 주었다. 인생은 덧없는 것이다. 인간의 삶이 허무하면 허무할수록 그것을 메울 무엇인가를 찾아야 한다. 토크빌은 이 비감悲感을 이겨내기 위해 성공에 집착하게 되었다. 토크빌이 '위대함'에 관심을 집중한 것은 이런 배경에서였다. 그는 위대한 성공, 그리고 그에 뒤따르는 세상의 갈채를 통해 마음의 병을 이기고 싶었다. 위대함이 그에게는 인간적 존재 상황을 극복하는 해독제였다.

---

lected, 325쪽).

28 Selected, 348쪽. 토크빌은 그에 앞서 1840년에 형 에두아르에게 쓴 편지에서도 "마음이 불안하고 자꾸 조바심이 생기는" 증세에 대해 이야기한다. "나는 때로 이유 없이 불행한 느낌이 들어……나는 이런 기질이 나의 행동에 심각하게 해를 끼칠 수 있다는 것을 분명히 자각하고 있어." 토크빌은 그 편지에서 자신이 "생생한 감동을 거듭 갈구한" 아버지의 모습을 닮았다는 말도 한다(Selected, 147~148쪽). 그의 심리 상태가 가족력과 관련 있다고 친다면 어머니의 영향이 더 컸다고 봐야 할 것이다.

토크빌의 정치사상 한가운데에는 위대함이 자리 잡고 있다.

'위대함'

따라서 토크빌의 저작 곳곳에서 위대함la grandeur에 대한 예찬이 넘쳐
난다. 토크빌은 1789년 프랑스 대혁명을 일컬으면서 "진정 위대한"이
라는 표현을 썼다. "자질구레한 흥분이 아니라 강력한 확신"이 그 혁명
의 출발점이었기 때문이다.[29] 또한 토크빌은 1836년에 당시 프랑스의 정
치 세력들을 비판하면서 도덕과 종교, 질서와 자유, 법 앞의 평등을 함께
추구해야 "위대함과 행복"이 가능하다고 주장했다. 특히 자유가 없으면
"도덕적, 정치적 위대함"도 존재할 수 없다고 역설했다(Reader, 152쪽). 토
크빌이 위대함을 이야기하면서 종교를 꼭 언급했다는 점도 주목할 필요
가 있다. 그는 1853년에 쓴 글에서 자유주의적 감정과 종교적 감정이 함
께 조화를 이루어야 인간의 "진정한 위대함"이 실현될 수 있다고 확언했
다.[30] 토크빌은 이처럼 '위대한'이라는 말을 참 좋아했다. 그의 눈에는 프
랑스가 알제리에서 식민지를 건설하는 것도 '위대한' 과업이었다.[31]

그러나 토크빌은 위대함이라는 이 중요한 단어의 뜻을 정확하게 규정
하지 않았다. 그것의 철학적 의미를 본격적으로 논구하지도 않았다. 결국

---

29 토크빌은 1789년 대혁명이 "모든 인간의 존엄과 평등, 그리고 자유"를 기치로 내건 것을 매
우 높이 평가했다. 그리고 1789년의 혁명에 비해 1793년의 혁명은 사회적, 정치적 질서를 폭력
으로 무너뜨린 폭거라면서 둘을 엄격하게 대비시켰다(Pitts 2005, 230쪽).
30 토크빌은 자신의 30년 정치 인생이 자유와 종교를 함께 일구어내는 데 초점을 맞추고 있었
다는 말도 덧붙였다(Selected, 294~295쪽).
31 토크빌은 1837년 8월 두 번째 〈알제리 서한〉에서 "……시간과 노력, 재능, 그리고 정의가 함
께 어우러지면 우리는 아프리카 해안에 프랑스의 영광을 기념하는 위대한 탑을 세울 수 있을 것"
이라고 주장했다(Tocqueville 2001, 24쪽).

그가 여기저기서 산발적으로 언급한 것을 찾아 그 말의 뜻을 유추할 수밖에 없다. 토크빌은 위대함의 구성 요소를 다음과 같이 열거했다.

"현명한 판단, 진리에 대한 열린 자세, 공평무사 또는 인간적 진실성, 인간적 특수 상황을 파악하는 능력, 고양된 영성靈性 또는 깊은 영혼, 정치적 열정, 용기, 그리고 중요한 정치적 사안에 대해 기꺼이 책임을 지는 능력."[32]

토크빌이 귀족정의 상대적 강점을 강조하는 대목도 위대함에 대한 그의 관점을 이해하는 데 도움이 된다. 즉, "인간 정신을 고상하게 하는 것……물질적 이익에 대해 일종의 경멸감을 품는 것, 근본적 문제에 대해 확신을 가지고 위대한 헌신을 준비하는 것……역사에 훌륭한 흔적을 남기도록 시도하는 것"이 그가 지향하는 위대함의 기본 요소라고 봐도 될 듯하다(DA, 234쪽).

공공선에 대한 헌신도 토크빌이 추구하는 위대함의 중요한 기둥이다. 자신의 사적 이해관계를 접고 공적 문제에 적극 참여하는 것은 토크빌에게 매우 의미 있는 일로 다가온다. 그는 자신이 특별한 도덕주의자는 아니지만 공공선에 어긋나는 일은 결코 할 수 없다고 했다. 본능이 그것을 가로막는다고 했다. 진정 사심 없이 공공선을 사랑하는 것이 존경의 대상이 될 수 있는 그날을 토크빌은 기다렸다(Selected, 146쪽).

이런 언급들을 보면 위대함은 결국 그가 그토록 치열하게 맞서 싸웠던 물질적 개인주의와 정확히 반대되는 모습을 하고 있다. 토크빌은 평등 사회가 물질을 숭상하고 개인주의를 부추긴다고 비판했다. 민주주의에 대한 그의 근본적인 고민도 여기에서 비롯되었다. 토크빌이 추구한 위대

---

32 루이 필리프 왕을 비판하면서 그가 결여하고 있는 덕목을 모은 것이다. Lawlor, 113쪽 참조.

함은 이 평등 사회의 저급함을 뒤엎는 것이었다. 물질, 즉 신체적 즐거움 이나 일시적 흥분이 아니라 고상하고 정신적이고 역사에 남는 가치가 위대함의 본질이 되는 것이다. 그가 마음에 품은 위대한 가치들은 개인주의의 성에 갇혀서는 성취될 수가 없다. 공공의 영역에 적극적으로 참여하고 봉사할 때 비로소 인간의 의미 있는 삶이 가능해진다. 토크빌은 이런 위대한 삶이 인간 존재의 우연성을 어느 정도 경감해줄 수 있을 것으로 기대했다(Lawlor, 113쪽). 그에게 위대함은 죽고 사는 문제였다.

토크빌은《플루타르코스 영웅전》에 나오는 영웅들을 선망의 눈으로 바라보았다. 역사에 길이 남을 업적들을 남겼기 때문이다. 젊은 시절의 토크빌은 영웅주의에 깊이 매료되었다. 야심이라고는 찾아볼 수 없는 프랑스 정치 사회의 현실에 절망한 나머지 차라리 돈키호테가 되는 것이 낫겠다고 생각하기도 했다(Selected, 125쪽). 토크빌은 무미건조한 삶을 박차고 나가 뜨거운 열정에 몸을 던지고 싶어 했다. 모험도 불사했다. 비록 위험이 따르기는 했지만, 모험은 삶을 윤택하게 하는 양념과 같은 존재라고 생각했기 때문이다. 그가 장기간 미국을 탐사하고 아프리카를 두 번이나 '탐험'한 것도 이런 연유에서였다(Recollections, 106쪽).

토크빌이 강조한 '인간적 위대함'은 아리스토텔레스가 말한 '인간적 좋은 삶'과 다르다. 토크빌이 말한 그 위대함에 대한 열망과 동경은 인간 본성에 내재한다. 오직 인간만이 무엇이, 누가 중요한지 판단한다. 위대함은 인간이 중요하다고 판단함으로써 결정되는 것이다. 따라서 사람마다 위대하다고 간주하는 바가 달라 서로 충돌할 수 있다. 위대함이란 아리스토텔레스가 말하는 "좋음"만큼 반드시 일관되고 통일될 이유가 없는 것이다(Mansfield 2010A, 8~9쪽). 이런 위대함은 덕이 없어도 성립 가능하다. 나폴레옹은 덕이 없어도 인간이 얼마나 위대할 수 있는지 보여

주는 좋은 사례이다.[33]

이와 관련해 토크빌의 사상 속에 두 종류의 "인류학적 인간"이 들어 있음을 주목해야 한다. "귀족적 인간"과 "민주적 인간"이 그것이다. 귀족적 인간은 과거 귀족주의 시대의 인간상을 압축한 것이다. 그는 스스로 위대함, 탁월함이라는 고상한 목표를 설정하고 그 이상의 성취를 위해 분투한다. 이에 반해 민주주의 시대를 사는 민주적 인간은 무엇보다 평등과 물질을 추구한다. 위대함에 등을 돌리고 탁월함이라는 이상을 배척한다.

토크빌의 "인류학적 인간"은 결국 민주주의에 대한 그의 고민과 연결되어 있다. 민주주의 시대를 살면서 그는 머리와 가슴이 분열되는 증세를 보였다. 머리로는 민주주의를 받아들였으나 가슴은 여전히 과거 시대를 그리워한 것이다.[34] 두 종류의 인간형을 놓고도 그의 마음속에 분명 긴장이 존재했다. 정의를 기준으로 본다면 인간은 모두 똑같다. 인간관계는 평등해야 한다. 그러나 위대함의 관점에 서면 평등이 일차적 관심이 아니다. 각 개인의 영혼, 각자의 색깔과 크기, 즉 위대함의 정도와 질이 가장 중요한 문제가 된다. 이 두 관점은 불일치하고 때로 서로 모순된다. 토크빌은 위대함을 이룰 수 있는 인간 능력이 민주주의 사회에서 심각하게 훼손될 수 있음을 크게 걱정했다(Manent 2006, 114~117쪽).[35]

---

33 토크빌은 나폴레옹을 위대한 정치가라고 칭송했다. 비록 자유를 짓밟기는 했지만, 위대한 품성과 웅대한 구상으로 프랑스 국민에게 자부심을 불어넣어 주었기 때문이다(Senior, I, 113~114쪽 ; Ossewaarde, 64쪽).
34 토크빌은 1841년 자신의 "내면 깊숙한 곳에 자리한 본능"에 대해 털어놓았다. "이성적으로 나는 민주적 정치 체제를 선호한다. 그러나 본능적으로는 귀족 체제에 더 끌린다. 다시 말해 나는 군중을 경멸하고 또 두려워한다. 나는 자유와 법을 열정적으로 사랑한다. 그리고 권리를 존중한다. 그러나 민주주의에 대해서는 그렇지 않다. 이것이 내 가슴 깊은 곳에서 나오는 솔직한 고백이다."(Reader, 219쪽).
35 토크빌은 자유를 놓고도 똑같이 고민했다. 그는 자유를 근대적 자유와 귀족적 자유 둘로 구

(2) 정치의 역할

그래서 정치가 중요하다. 토크빌은 위대함을 성취하는 데 정치 이상 가는 것이 없다고 생각했다. '위대한 정치'를 통해 "수많은 국민이 보내는 갈채"를 받는 것이 인간적 고독을 이기는 첩경이라고 보았다.

> 정치적 성공을 통해 얻는 행복을 능가하는 것은 없습니다. 문제가 되는 현안의 중요성이 크면 클수록 그 일을 해내는 과정의 흥분이 정당화됩니다. 자신의 뜻에 동조하는 지지자가 많을수록 그 흥분은 두 배, 세 배 커집니다. (Senior, II, 207쪽 ; Aluis, 90쪽 참조)

토크빌은 파스칼의 존재론을 받아들였지만, 그의 반反정치적 관점은 완강하게 비판했다. 파스칼은 현세에 관심이 없었다. 정치를 "광인이 점거한 정신병원" 같은 것으로 치부하면서 극단적 거부감을 나타냈다. 그러나 토크빌은 파스칼과 달리 정치의 가능성을 믿었다. 끝없이 흔들리는 인간 삶을 치유해줄 가장 강력한 해독제가 바로 정치라고 생각했다. 위대한 정치를 통해 인간 존재를 규정하는 비참한 불안 상태를 어느 정도 극복할 수 있으리라 기대했다(Lawlor, 8·83·5쪽). 그는 이 세계를 지키고 개혁하는 데 관심을 쏟았다. 오직 인간의 삶에 관해서만 흥미를 느꼈다. 그것만이 심각한 공부의 대상이 된다고 생각했다. 토크빌은 1833년에 친구 스토펠에게 자신이 정치 세계에 널려 있는 배설물까지 사랑한다고

분한 뒤 전자를 정당한 자유로, 후자를 자유의 잘못된 개념으로 규정한다. 그러나 정당한 근대적 자유가 나쁜 효과를 내는 데 반해 잘못된 귀족적 자유가 개인성의 발전에 더 도움이 된다면서 후자를 긍정적으로 평가한다(Kelly, 61~62쪽 참조).

말했다. 그 냄새를 즐기기 위해 땅바닥에 바짝 얼굴을 대고 엎드리는 것도 불사한다고 했다(Selected, 81쪽). 반면, 비정치적 삶은 그 어떤 형태이든 그의 관심을 끌지 못했다. 아예 기억의 대상이 아니었다.[36] 정치적 무관심을 조장하는 당시 집권 세력을 그래서 그는 더 증오했다(Lawlor, 78·82·114쪽).

토크빌은 정치가 사람들의 상상력을 확대시키고 개명된 관념을 갖게 한다고 생각했다. 그는 시민들의 상호 유대를 강화하면서 그들이 공공 문제에 적극적으로 관심을 갖도록 유도하는 정치의 위력을 특히 강조했다(Craiutu 2005, 612~613쪽). 토크빌은 도덕 세계와 정치 세계가 따로 떨어질 수 있는 것이 아니라고 생각했다. 그는 늘 이 두 세계를 함께 추구했다. 그뿐만 아니다. 토크빌의 눈에 정치는 종교와도 맞닿아 있었다. 정치는 인간이 영적으로 성장해서 궁극적으로 영원한 세계에 이를 수 있게 하는 발판이 되기 때문이다(Ossewaarde, 7쪽). 토크빌은 정치철학이 인간의 총체적 본성 위에 터를 잡아야 한다고 생각했다. 그러한 정치철학 속에서는 정치와 도덕, 종교가 결코 서로 떨어질 수 없다는 것이 그의 신념이었다(Mayer 1960, 100쪽).

토크빌은 위대한 정치의 제1요건으로 공공선에 헌신할 것을 요구한다. "일반 이익을 위해 사적 이해관계를 희생시키는 것이 고대 공화국을 움직인 기본 원리였다. 그래야만 '덕이 있다'고 말할 수 있었다. 그것이 어렵다면 최소한 사적 이익과 일반 이익을 조화시킬 수 있어야 한다." 이것은 그가 1831년 미국 여행 중에 기록한 수첩에 나오는 내용이

---

36 토크빌은 1846년 친구 코르셀이 "정치 영역 바깥에서 만족을 얻을 수 있다"면서 그저 "영원한 고요 속에서 만물에 대해 명상하는 것을 원한다"고 하자 그를 한 대 때려주고 싶다고 했다. 정치가 아니면 "위대하고 훌륭한 것"을 추구할 수 없다고 생각했기 때문이다(Mayer 1960, 100쪽).

다(Reader, 51쪽). 세월이 흘러도 그의 생각은 바뀌지 않았다. 그는 정계를 떠난 뒤 쓴 《회상록》에서도 특정 계급이 아니라 모든 사람의 이익을 위해 노력하는 것이 위대한 정치의 요체라고 주장했다(Recollections, 41쪽).

토크빌은 정치 세계에서는 기술이 그리 중요하지 않다고 생각했다. 말을 번드레하게 잘하는 것, 사람을 잘 다루는 것, 이런 것보다는 인품이 훨씬 중요하다고 보았다. 어떤 사람이 훌륭한 정치가인가? 토크빌은 사심 없는 헌신을 강조했다. 그것이 정치의 근본이라고 생각했다. 그 바탕 위에 용기가 있어야 한다. 조국의 구원과 파멸을 좌우하는 도덕 문제에 관한 한 망설임 없이 바른 선택을 할 수 있어야 하는 것이다(Recollections, 85쪽).

토크빌은 사람들이 자기 지배를 할 수 있는 여건을 만드는 것이 정치의 목적이라고 생각했다. 따라서 정부는 국민이 스스로 자신을 지배하는 데 필요한 덕목을 갖출 수 있게 도와줘야 한다. 그것이 곧 위대한 국민을 만드는 길이다(Ossewaarde, 97쪽). 토크빌은 그런 정치가 의사당 안에서 실현되는 것을 보고 싶어 했다. 의사당 안에서 국가의 이익을 위해 심각하고 진지한 토론이 벌어지는 장관을 고대했다. 이것이 그가 꿈꾸는 위대한 정치였다. 그는 1841년 루아예-콜라르에게, 의회에서 싸움이 벌어지는 장관을 보면 흥분을 참을 수 없다고 말했다. 아무리 사소한 일이라도 의회에서 다툼이 벌어지는 것을 보는 일은 언제나 즐겁다고 했다(Recollections, 10~11쪽 ; Selected, 157쪽).

토크빌이 소망한 위대한 정치는 그를 절망으로 몰아넣었던 시대 상황의 반명제나 마찬가지였다. 당시 7월 왕정하의 프랑스 사회는 민주주의의 부정적 측면에 무방비로 노출되어 있었다. 모두가 평등한 사회에서는 사람들이 물질적 욕구에 집착하고 육체적 즐거움에 몰두한다(DA,

436~437쪽 ; 앙시앵 레짐과 프랑스 혁명, 7쪽). 토크빌은 이 물질주의에 수반되는 "개인주의individualisme"가 평등 사회를 치명적 타락으로 몰아넣는다고 생각했다.[37] 평등 사회에서는 고매한 야심을 품는 사람이 드물다. 그저 "자기 침대에서 편안하게 잠드는" 것에나 관심을 둘 뿐이다(Senior, II, 207~208쪽). 토크빌은 1841년에 밀에게 쓴 편지에서 "……프랑스 사람들의 정신이 저급해지며……일신의 안락과 사소한 것들에 탐닉하느라 위대한 그 무엇을 버리고 있다"라고 안타까움을 표했다(Tocqueville 1954, 335쪽).[38]

토크빌을 더욱 실망시킨 것은 이 체제가 정치 사체를 고사시키고 있다는 점이었다. 기조를 중심으로 한 집권 세력은 혁명에 대한 두려움 때문에 정치적 무관심을 조장했다. 투표권자의 수도 급격하게 축소했다.[39] 의

---

37 토크빌은 "개인주의"를 "자신에게만 모든 감정을 집중하면서 동료와 사회로부터 떠나 자신만의 성에 안주하는 잘못된 판단"이라고 규정한다(DA, 482쪽). 그것은 오늘날 흔히 말하는 자기중심적 개인주의나 이기주의와는 성격이 다르다. 토크빌에 따르면 그의 선조 시대에는 "집단적 개인주의"만 있었지 "개인주의"라는 것은 없었다. 그때에는 신분 질서, 계급, 조합 등 어떤 집단에도 속하지 않는, 절대적으로 혼자라고 생각될 수 있는 개인은 존재하지 않았다. 문제는 이런 낡은 유대가 더 이상 개인들을 결합시키지 못하는 곳에서는 각자가 자신의 특수 이익에만 전적으로 몰두하게 된다는 것이다. 토크빌은 사람들이 협소한 "개인주의" 속으로 칩거해 모든 공적 미덕이 질식당하게 되면 전제주의가 등장하기 쉽다고 경고한다. 그가 공적 세계와 단절된 채 폐쇄적인 사적 영역에 몰입하는 이런 상태의 삶을 예민하게 비판하는 이유가 여기에 있다(앙시앵 레짐과 프랑스 혁명, 113·7쪽 ; Krouse, 209~210쪽).
38 토크빌은 이런 이유에서 "고상한 관념과 정신적 기쁨을 추구하는" 귀족 사회에 대한 미련을 지우지 못했다. 그에 따르면, 귀족 사회는 웅대하고 고귀한 목표를 추구하며 명예를 소중히 여긴다. 하찮은 쾌락을 멀리하며 진리에 큰 가치를 부여한다. 사소한 즐거움을 경멸하기 때문에 비굴한 생각과 거리가 멀다(DA, 436쪽). 왜 이렇게 민주주의 사회와 귀족 사회는 다를까? 토크빌은 '조건의 평등'이 근본 원인이라고 생각한다. 사람들 사이에서 차이가 희미해지면 명예, 곧 고상한 야심도 약해지고 만다는 것이다(DA, 598~599·601~602쪽). 그래서 토크빌은 "귀족주의를 잃어버린 것은 불행"이라고 말한다(Senior, II, 83·85쪽).
39 당시 프랑스 인구가 3,500만 명이었는데 유권자 수는 20만 명에 불과했다. 이 유권자 수는 1848년 혁명 직후 950만으로 대거 늘어났다(Richter 2006, 249~250쪽 ; Mayer 1960, 47~48쪽).

회에서 진정한 열정에 바탕을 둔 토론을 일절 말살해버렸다.

　이런 정치 상황에서 가장 심각하게 부족한 것은 정치적 삶 그 자체이
다……정치적 삶을 도저히 기대할 수 없었고……인민들은 정치에서 배
제되었다……의회에서 토론이 사라져버렸다. (Richter 2006, 249쪽 재인용)

　정치적 신념과 포부가 소멸되자 공공 정신도 사라졌다(Recollections, 78
쪽). 사람들이 사적 이익에 맹목적으로 빠져들었다(Senior, I, 133~135·37
쪽). 현실 정치에서 위대함의 싹은 보이지 않았다. 토크빌의 소망은 꺾일
수밖에 없었다. 그는 "사소한 쩨쩨함"이 시대정신이 되고 있다고 크게 개
탄했다. 토크빌은 "강렬한 증오심, 뜨거운 사랑, 위대한 희망, 그리고 강
력한 확신"을 보고 싶었다(Selected, 376쪽). 사람들이 "자신과 인간 자체
에 대해 보다 크고 장대한 생각을 품도록" 자극을 주고 싶었다(DA, 604
쪽). 위대함이 없으면 자유도 누릴 수 없다는 사실을 깨우쳐주고 싶었다
(Mansfield 2010A, 8쪽).

(3) 참여는 자유다

　토크빌은 정치적 삶이 세상 모든 곳으로 퍼져나가기를 희망했다. 사람
들이 정치적 권리를 광범위하게 행사할 수 있는 날이 올 것을 믿었다. 그
러면 국민의 다수가 자기 문제를 스스로 해결하는 것이 가능할 것이다.
토크빌은 시민들이 공공 생활을 기피하는 것은 옳지 않다고 생각했다.
그는 능력이 닿는 한 적극적으로 공공 생활에 참여해야 한다고 1836년
스토펠에게 말했다(Selected, 113~114쪽). 그에게 참여는 각별한 의미로

다가왔다. 참여를 자유의 수호신으로 여겼기 때문이다.

토크빌은 자유를 "스스로에 대해 주인이 되는 감정"이라고 규정하면서, 자신에 대해 주인이 되지 못하는 것을 "도저히 참을 수 없는"일이라고 생각했다. 그가 마음에 둔 이런 자유는 "편협한 개인주의와 물질에 대한 욕심을 부추기며, 공공 문제에 대한 관심을 희석시키는" 평등 사회에서는 존립 자체가 힘들다. 그러나 참여가 늘어나면 상황은 달라진다. 토크빌은 참여가 평등 사회의 고질을 치유할 수 있다고 확신했다(앙시앵 레짐과 프랑스 혁명, 168·8쪽).

토크빌은 민주주의가 '평등제일주의'에 빠져 자유를 부정한다고 생각했다. 평등을 추구하는 사회에서는 자유가 아니라 평등이 일차적 목표가 된다. 노예 상태에 빠지더라도 평등 없이는 못 산다(DA, 52쪽). 토크빌은 민주주의가 오히려 자유를 제약하는 이런 상황에 경악했다. 그런데 그가 미국의 사례를 통해, 참여가 늘어나면 민주주의가 낳는 그런 해악을 방지할 수 있음을 깨닫게 되었다. 참여가 자유를 지켜준다고 생각하게 된 것이다.

토크빌이 미국 민주주의의 현장을 직접 관찰해보니, 지역 단위의 공동체와 각종 중간 집단의 활발한 활동이 자유 시민으로 하여금 자기 사회에 대한 애착심과 소속감을 갖게 한다는 것을 알 수 있었다. 공공 문제에의 참여를 통해 시민들이 자기중심적 시각에서 벗어나 주변 동료나 이웃들과 협력하는 것이었다(DA, 264~302쪽).

토크빌은 특히 타운이 자유 시민들의 힘의 원천이 된다고 생각했다. 초등학교가 아이들 교육에서 중요한 만큼이나 타운 제도가 자유에 중요하다고 보았다. 사람들은 타운을 통해 자유를 일상적인 것으로 체험하고 음미하고 습관적으로 향유하게 된다(DA, 57~58쪽). 타운을 통해 자유의 소중함을 깊이 자각하게 되는 것이다.

평등 사회에서 사람들은 남을 잘 인정하지 않는 만큼이나 자신도 믿지 못한다. 그래서 자기 의견을 내기보다 남 뒤로 숨으려 한다. 다중의 생각으로 자기 생각을 대신하려 한다. 그러나 정치에 참여하게 되면 사람들이 자신감을 회복할 수 있다. 개개인이 일종의 자존심과 책임감을 느끼게 된다. 그 결과 군중 속에 숨어 매몰되는 것을 피할 수 있게 된다(DA, 233·302쪽).

이런 관찰을 통해 토크빌은 "인민들로 하여금 자기 조국의 운명에 대해 관심을 갖게 하는 가장 강력한, 아마도 유일한 방법은 정부 일에 참여시키는 것"이라는 결론을 이끌어냈다(DA, 226쪽). 평등 사회의 가장 큰 고질인 물질적 개인주의가 참여를 통해 극복된다는 것이다. 토크빌은 《미국의 민주주의》로부터 20년이 지난 뒤에 쓴 《앙시앵 레짐과 프랑스 혁명》에서도 참여, 곧 자유가 물질적 개인주의의 해독제임을 환기했다. 민주주의의 진군 앞에서 머뭇거렸던 토크빌이 참여의 소중함을 주장한 것이다. 토크빌이 밀에 앞서 참여 민주주의를 설파했다는 사실을 기억해야 할 것이다.

(4) 정치가의 조건

그러나 토크빌이 예찬한 이 참여의 아름다움이 '보통 사람들'에까지 확대 적용되는지는 의문이다. 이를테면 그는 보통선거권의 도입에 대체적으로 소극적이었다.[40] 그는 참여의 당위를 확신했지만 대중이 주도하

---

40 토크빌은 원칙적으로 선거권의 확대에 동의했지만 일정한 수준을 넘는 '과속'은 경계했다.

는 사회에 대해 여전히 두려움을 갖고 있었던 것이다. 그 대신에 그는 전문가, 즉 정치가의 역할과 소임에 대해 자주 언급했다.

토크빌은 정치의 의미를 강조한 것과 비례해서 정치가의 중요성도 부각했다. 정치가는 단순히 정부의 중대 업무에 관한 실무적 지식만 갖춘 사람이 아니다. 정치가는 철학적 탐구에도 흥미를 느끼는 사람이다. 국가 공동체의 생활을 규제하는 기술적 지식과 능력에 더하여 인간의 감정과 본능과 열정, 종교와 도덕 등 인간 삶과 관련된 다양한 영역에 대한 통찰력을 갖춰야 좋은 정치가가 될 수 있다(Mayer 1960, 87~88쪽). 따라서 정치가는 진정 인간을 위하는 일에 누구보다 많이 기여할 수 있다. 토크빌은 정치가를 철학자와 세상 속의 인간을 합쳐놓은 행복한 존재로 규정했다. 아니, 그가 보기에는 정치가가 철학자보다 더 소중한 존재였다(Ossewaarde, 61~63쪽 참조).[41]

다만 정치가는 그 역할에 비례해서 특별한 자질을 갖춰야 한다. 토크빌은 정치가가 갖춰야 할 자질을 세 가지로 정리했다. 첫째, 올바른 지성을 갖춰야 한다. 그는 《미국의 민주주의》에서 정치 지도자의 덕목으로 "자신과 인간에 대해 고상하고 차원 높은 생각을 품고, 웅대하고 고귀한 목표를 추구하며, 명예를 소중히 여길 것"을 요구했다. 하찮은 쾌락을 멀리하고 진리에 큰 가치를 부여해야 위대한 정치가가 될 수 있다고 본 것이다(DA, 436쪽). 물질적 개인주의에 빠지기 쉬운 민주주의 사회를 염두

특히 여성의 참정권 문제는 그의 관심에서 벗어나 있었다(Gannett 참조). 이 점에서 그는 밀과 달랐다.

41 다시 보겠지만, 토크빌은 '공허한 이론'을 좋아하지 않았다. 그 연장선에서 그는 철학자가 사람들이 좋게 여기는 것을 비웃고 외면한다고 비판했다. 토크빌은 철학을 저평가하고 그 대신에 정치의 중요성을 역설했다(Mansfield 2010A, 9쪽).

에 둔 발언이 아닐 수 없다. 토크빌은 정치적 신념을 특히 중시했다. 신념과 포부가 없으면 하찮은 이해관계에도 흔들리기 마련이기 때문이다. 머리가 빈 사람은 어떤 정치 체제, 심지어 독재 정부가 들어서도 개의치 않는다. 토크빌은 이 점을 매우 우려했다(Recollections, 78쪽). 그래서 무릇 정치 지도자라면 건실한 지성을 바탕으로 올바른 신념을 지녀야 한다고 강조했다.

둘째, 국가와 민족을 위해 헌신할 수 있어야 한다. 토크빌은 《회상록》에서 정치가는 자신의 사사로운 이익이 아니라 조국의 부강과 영광에 전념할 수 있어야 한다고 힘주어 말했다(Selected, 81쪽). 이 공의에 대한 헌신은 토크빌이 자신에게도 엄격하게 요구했던 덕목인 만큼 그에게는 특별한 의미가 있다. 그는 자신이 직접 정치 현장에서 맞닥뜨렸던 프랑스 정치가들을 이 멸사봉공의 기준으로 가감 없이 평가했다. 이를테면 정당을 이끄는 데 반드시 필요한 자질을 두루 겸비했다면서 팔루Frédéric-Alfred-Pierre Falloux(1811~1886)를 매우 칭찬했다. 토크빌은 그가 불굴의 확신과 단단한 지성, 그리고 무엇보다 대의를 위해 사사로운 이익을 멀리하는 정직함을 지녔다고 보았다(Recollections, 217쪽). 토크빌은 또 열정적이면서 동시에 사심 없고 진실하다는 이유로 오란Duvergier de Hauranne(1798~1881)을 진심으로 존경했고 그에게 매우 친근감을 느꼈다. 자기에게 이익이 되는 일에만 정신을 쏟는 세태 속에서 그는 매우 보기 드문 사람이었다(Recollections, 21쪽). 그 밖에 토크빌은 랑쥐네Victor Lanjuinais(1802~1869)가 개인적인 고려와 이해관계를 물리치고 공공선에 헌신하는 데 누구보다 뛰어났다고, 그리고 바로Odilon Barrot(1791~1873)가 공공의 이익을 위해 부심했다고 각각 좋게 평가했다(Recollections, 196~197쪽).

셋째, 사람을 끌어모으는 능력이 있어야 한다. 토크빌이 지성과 인품은 물론이고 대중을 흡인할 수 있는 '현실적 능력'을 정치가의 요건으로 적시했다는 것을 기억해야 한다. 토크빌은 정치 지도자가 반드시 "사람들을 한데 묶고 그들을 하나의 집단으로 이끄는 기술"을 갖추어야 한다고 강조했다. 그는 이런 기술 중 대표적인 것으로 말하는 능력을 꼽았다.[42] 정당 지도자가 웅변 같은 "기본 자질"로 무장돼 있어야 한다고 생각했다. 대중 앞에서 말을 잘하는 것이 위대한 정치가가 되기 위한 필수 조건이라는 것이다. 그러나 토크빌은 "정확하게, 빈틈없이, 때로 심오하게 연설할 줄 안다 하더라도, 늘 냉랭하고 따라서 파괴력이 없는" 사람은 결코 큰 정치가가 될 수 없다고 보았다(Recollections, 81~82쪽). 마치 자신의 정치 역정을 돌아본 듯한 회한 어린 결론이다.

토크빌은 1830년 체제 이후 "헛된 욕심, 이기심, 소심한 기질"이 시대 정신이 되어버린 것에 절망했다(Recollections, 5쪽). 시대가 어려울수록 정치가에 대한 소망이 클 수밖에 없다. 그는 진정 위대한 지도자의 등장을 기다렸다. 그러나 토크빌이 볼 때 당시의 프랑스 정치가들이야말로 문제의 근원이었다.

내가 그동안 만난 프랑스의 모든 정치 지도자들은 한결같이 지도자의 자격이라고는 없는 사람들이었다. 인격이나 지성, 덕성이 한참 모자랐다. 나는 여러 측면에서 부족하고 나약한 사람이다. 그러나 인류의 이익을 위해 사심 없이 헌신하는 마음은 가지고 있다. 프랑스의 지도자들 중에서 이런 자질을 갖춘 사람을 찾아보기가 참으로 힘들다. (Recollections, 83쪽)

---

42 토크빌은 정치 세계에서는 '기술'이 그다지 중요하지 않다면서 '말을 번드레하게 잘하는 것, 사람을 잘 다루는 것'보다 인품이 훨씬 중요하다고 보았다. 그러나 이런 '표피적' 기술과 구분되는 '진정한 정치 기술', 특히 사람의 마음을 흔들 수 있는 웅변술의 가치를 매우 소중하게 평가했다.

3. 동어반복 문제의식

서구 문명의 진전에 반비례해서 정치에 대한 관심과 기대는 쪼그라들고 있다. 오크숏Michael Oakeshott의 개념 구분을 따라 말하자면, 정치를 통해 삶의 근본을 바꿀 수 있다고 믿는 "신념의 정치politics of faith"가 뒤로 밀리면서 정치의 역할을 최소화하는 "회의懷疑의 정치politics of scepticism"가 주류가 된 지 오래이다. 정치를 "사회적 자원의 권위적 배분authorita-tive allocation of values for a society"차원 정도로 규정하는 '기술적, 행태론적' 시각[43]이 정치학 교과서의 첫머리에 나오는 것도 그런 시류와 무관하지 않다. 개인의 이익을 지키고 사회 질서를 잡아주는 차원으로 정치를 한정하면 그러한 정치 속에는 인간 삶의 본질에 대한 고뇌가 설 자리는 없다.[44] 현대 사회는 정치를 그렇게 보고 있다. 그러면서도 정치를 끊임없이 욕하고 저주한다. 이는 정치에 대한 기대가 아직 살아 있다는 반증이다.

밀과 토크빌의 사상에서는 "신념의 정치"의 색채가 짙다. 그들은 정치를 존재의 근본과 결부시켰다. 따라서 그들은 정치에 큰 의미를 부여했다. 그들 자신이 그런 정치의 구현을 위해 현장에 뛰어들기도 했다. 이론과 실천 양 측면에서 두 사람은 매우 닮았다.

밀은 "각자를 최선의 상태로 끌어올리는 정치, 즉 인간을 최대한 발전

---

43 미국의 정치학자 이스턴David Easton (1917~2014)의 주장이다.
44 정치가 인간 존재의 본질과 깊숙하게 맞닿아 있어야 한다는 '신념의 정치'가 초래할 수 있는 부정적 양상도 간과해서는 안 된다. 정상을 이탈한 '정치 과잉'이 인간의 삶을 얼마나 황폐하게 만들었는지는 히틀러가 잘 보여준다. 두 차원의 정치가 적절히 균형을 이루어야 한다는 오크숏의 말이 맞는다.

시키는 정치"를 "좋은 정치"라고 불렀다. 그의 공리주의 철학은 자기 발전이 우리 삶의 궁극적 가치가 되어야 한다고 주장했는데, 그의 "좋은 정치"도 공리주의 철학의 연장선상에 있다.

토크빌은 정치를 '존재의 아픔'과 연결시켰다. 인간은 "아무 영문도 모르고 왔다가 어디론지 모르게 사라지는 우연한 존재"이다. 따라서 외로울 수밖에 없다. 토크빌은 그런 존재론적 고독을 이기게 해주는 해독제를 정치에서 찾았다. 그는 "위대한 정치"를 통해 사람들이 "자신과 인간 자체에 대해 보다 크고 장대한 생각을 품을 것"을 기대했다. 사람들이 고상하고 항구적인 가치에 뜨겁게 몰두할 것을 촉구했다. 사적 이해관계를 접고 공공선에 헌신하기를 갈망했다. 국가의 이익을 위해 의사당 안에서 심각하고 진지한 토론을 벌이는 것이 그가 꿈꾸는 위대한 정치의 본령이었다.

이렇게 보면 밀의 좋은 정치와 토크빌의 위대한 정치는 동일한 지점을 응시하고 있다. 밀은 인간의 자기 발전을 삶의 푯대로 삼았고 토크빌은 위대함의 구현을 통해 존재의 번민을 털고 싶어 했다. 인간을 크고 윤택한 존재로 만들고자 하는 두 사람의 열망은 정치에 대한 기대와 포부로 이어졌다.

이런 논리에 비추어볼 때 밀과 토크빌이 참여의 미학에 대해 한목소리를 낸 것은 당연한 일이다. "인간성의 증진"을 진보의 기준으로 삼은 밀은 "모든 인민이 참여하는 정부"를 꿈꾸었다. 참여는 사람들의 마음을 크고 넓게 만들어주고 지적 수준도 높여주기 때문에 "어떤 곳에서든 참여가 최대한 확대되어야 마땅하다"고 생각했다. 그러나 참여 민주주의자밀은 동시에 숙련 민주주의를 추구했다. 민주적 지배와 함께 전문가의역할도 강조했다. 인민이 주권을 가지되, 유능한 지도자의 발언권도 존

중되어야 한다는 입장이었다.[45]

밀이 《미국의 민주주의》에 대한 논평을 쓰면서 공감했듯이, 토크빌은 정치의 장에 모든 사람이 참여해야 할 당위성을 누구보다 먼저 강조한 사상가이다. 토크빌은 참여가 평등 사회의 고질인 물질적 개인주의에서 벗어나게 해주는 특효약이라고 믿었다. 한마디로, 참여 없이는 자유도 없다는 것이 토크빌 사상의 정수라고 할 수 있다. 그러나 토크빌은 대중의 정치적 능력에 대해서는 그리 높이 평가하지 않았다. 그는 보통선거권의 도입에 소극적이었고, 혁명과 공화주의를 매우 두려워했다. 평등시대의 도래에 대해 본능적 두려움을 갖고 있었다. 이 점에서도 두 사람은 유사하다. 밀이 토크빌의 책을 읽고 "생각이 바뀌었다"고 한 것도 바로 이 대목에서였다.

밀이 정치 지도자가 갖추어야 할 덕목으로 "대중 친화적인 능력"을 요구한 것은 주목할 만하다. 밀은 그 능력을 발휘해 "다른 사람으로 하여금 자기 생각을 받아들이게 하는 요령"을 적시했는데, 오늘날의 표현으로 소통을 중시한 발상이라고 하겠다. 토크빌도 그랬다. 토크빌은 정치가가 갖춰야 하는 필수 조건으로 올바른 지성과 신념, 조국의 발전을 위한 헌신에 덧붙여 "사람들을 한데 묶고 그들을 하나의 집단으로 이끄는 기술"을 꼽았다.

밀의 대표작인 《자유론》과 《대의정부론》에서는 토크빌의 체취가 물

---

45 5부에서 다시 보겠지만, 이런 점에서 밀의 민주주의관 역시 복합적으로 해석되고 있다. 밀은 플라톤의 말을 빌려 데모스demos가 주도하는 민주주의가 "고상한 정신과 잘 어울리지 못한다"고 비판한 바 있다(대의정부론, 329쪽). 밀이 보통선거권의 전면 도입에 소극적이었던 것을 지적하며 그가 의사당 안에서 민주주의를 무조건 지지하지는 않았다고 간주하는 견해도 있다(Zimmer, 7쪽 참조).

씬 풍긴다. 다수의 횡포에 대한 두려움, 참여의 중요성에 대한 강조 등은 그대로 토크빌의 《미국의 민주주의》를 연상시킨다. 그래서 토크빌을 밀의 선생으로 간주하는 사람들이 많다. 그러나 밀과 토크빌의 관계, 특히 그들의 사상적 주고받음을 단편적인 시각으로 정리하는 것은 바람직하지 않다. 이를테면 밀이 자신의 경험을 바탕으로 사회가 개인에게 가하는 교묘한 압력에 예민하게 반응했다면, 토크빌은 가족, 이웃, 교회 등 사회 제도, 특히 자발적 사회 조직이 민주주의의 극단적 경향을 완화하고, 중앙 정부의 강제력에 맞서 개인을 지키는 튼튼한 장벽이 된다고 주장했다. 그러나 자발적 사회 조직이 민주주의의 폐단을 완화해준다는 토크빌의 생각은 밀에게 끔찍한 악몽이 될 수 있다. 반면에 개인이 어떤 것에도 방해받지 않는 자유로운 원자가 되어야 한다는 밀의 생각은 토크빌에게 끔찍한 악몽이 될 것이다(Turner 2016, 98~99쪽). 두 사람의 생각 사이에서 발견되는 이런저런 틈에 대해서는 3부에서 자세히 검토한 바 있다.[46]

---

46   밀과 토크빌이 민주주의와 자유에 대해 생각이 엇갈렸다는 것에 대해서는 서병훈, 〈민주주의 : 밀과 토크빌〉,《한국정치연구》24권 1호(2015) 및 〈자유 : 밀과 토크빌〉,《정치사상연구》21권 2호(2015) 참조.

5부

정치 활동

행 동 하 다

밀은 진보적 자유주의를 외치며 도덕 정치를 추구했다. 토크빌은 새로운 자유주의를 표방하며 위대한 정치를 꿈꾸었다. 두 사람은 자신의 정치적 이상을 담아 역사에 남을 명작들을 썼다. 오늘날 우리가 누리고 있는 자유민주주의 철학의 상당 부분은 그들의 이론 작업에 빚지고 있다. 밀과 토크빌은 글쓰기에 그치지 않았다. 자신의 정치적 이상을 실생활에 구현하고 싶은 일념에 정치 현장에 몸을 던지기까지 했다. 둘 다 하원 의원을 지냈는데, 특히 토크빌의 정치 이력이 화려하다. 인상적인 것은, 두 사상가가 정치 무대에서 보여준 모습이 그들의 평소 생활과 다르지 않았다는 점이다. 그들의 정치 활동은 그들이 추구한 정치 이론과 정확히 일치하는 것이었다. 그러나 그 결과는 그리 화려하지 못하다. 밀은 3년, 토크빌은 13년 동안 정치 세계에서 분투했지만 역사는 그들의 활약을 주목하지 않았다. 시대를 앞서간 사상가로서의 명성, 특히 그들의 저작이 드리운 빛에 비하면 '정치인' 밀과 토크빌의 존재감은 상대적으로 초라한 것이 사실이다. 왜 그랬을까? 그들은 왜 정치를 했고, 왜 그 이름에 걸맞은 정치적 성과를 이루지 못했을까? 글과 정치 사이에서 고뇌는 없었을까? 이 시대의 지식인들에게 밀과 토크빌은 어떤 의미로 다가올까?

1. 정치 현장의 지식인

밀은 성실하게 살아가는 지식인의 본보기였다. 그의 사상도 그랬지만, 그의 생활 또한 진지하기 이를 데 없었다. 밀은 또한 참여파 지식인이었다. 늘 현실을 염두에 두고 이론 공부를 했다. 밀은 십대 중후반에 벌써 정치 문제에 관심을 갖기 시작해 이후 20년 가까이 영국 사회를 급진주의 철학으로 개혁하는 일에 온몸을 던지다시피 했다. 원외에 머물러 있었지만 의사당의 현역 정치인들을 끌어모으고 그들에게 방향을 제시하는 역할을 했다. 급진적 개혁을 주장하는 글을 줄기차게 투고했고 잡지 편집과 경영에도 나섰다. 조지프 햄버거가 말했듯이, 밀은 "정치 참여 지식인intellectuals in politics"의 귀감이었다.

그러나 1840~1850년대에 와서는 밀의 정치 활동이 한결 뜸해졌다. 원인은 여러 가지였다. 우선 그가 크게 기대를 걸었던 급진주의 운동이 급격히 쇠락의 길로 접어들어서, 당장 그가 나서서 할 일이 많지 않았다. 반면에 그 자신은 문필가로서 명성을 크게 떨치게 되고 동인도회사에서도 승진을 거듭하면서 한층 바쁘게 살아야 했다. 특히 주목해야 할 것은 해리엇이라는 변수였다. 그들은 주변 사람들로부터 불편한 시선을 받는 것에 반발해 사회 활동을 대폭 줄였다. 자연히 그동안 가깝게 지냈던 정치인들과의 관계가 소원해졌다.

그런 밀이 1865년에 하원 의원 선거에 나가 당선되었다. 그가 본격적으로 정치에 뛰어든 것은 이런 변수들이 정리된 덕분이었다. 그는 동인도회사를 퇴직했고 해리엇은 세상을 떠났다. 이런 변화를 맞아 밀은 자신에게 "보다 익숙한 일"을 포기하고 직업 정치인으로 전환했다. 밀이 선거에 나가게 된 과정과 선거 운동을 하는 모습, 이후 3년에 걸친 그의 의정 활동은 인간 존 스튜어트 밀의 진면목을 유감없이 보여준다는 점에서 처음부터 끝까지 여간 흥미롭지 않다. 오늘날 정치가 정도를 벗어나고 정치인들이 원칙을 유린할 때마다 밀의 정치 외도는 통쾌한 추억으로 다시 살아난다.

(1) 강렬한 열정

밀은 어려서부터 "남달리 뛰어나려는 야심과 욕망"이 컸다. 또한 집요하게 파고드는 성격이어서 어른도 당돌하게 비판하곤 했다. 더 중요한 것은 그가 "인류의 복리를 추구하는 데 더할 수 없이 강한 열정"(자서전, 94쪽)을 품고 있었다는 사실이다. 공리주의 철학을 흡수한데다 아버지의 영향까지 겹쳐 그는 사회 문제에 관심이 아주 많았다.

아버지는 원래 아들을 변호사로 만들 생각이었다. 그는 무지의 혼돈에 빠져 있는 영국 법체계를 끔찍이 싫어했지만, 그래도 법률가라는 직업이 아들에게 무난할 것 같았다. 그런데 아들은 어릴 때부터 정치에 뜻이 있었다. 훌륭한 의회 지도자가 되는 것이 아들의 꿈이었다(Harris, 208쪽). 밀은 프랑스 유학에서 돌아온 십대 중반에 프랑스 혁명에 관해 읽으면서 이 나라에서는 이미 민주주의가 전 국민의 신조가 되어 있다는 사실에 유쾌한 충격을 받았다. 사실 밀은 어려서부터 민주주의 투사를 동경했다. 열여섯 살 무렵에 그는 장차 자신이 영국판 지롱드[1]당원으로 활약하는

---

[1] 1789년 프랑스 혁명기의 온건 공화파. 지롱드 주 출신이 중심이 돼서 1791년 10월부터 1792년 9월까지 입법 의회를 장악했다. 왕정 폐지와 공화정 실현을 주장했지만, 민중 봉기와 혁명의 격화를 두려워했다는 점에서 자코뱅파와 결정적으로 달랐다. 지롱드파는 1793년 5, 6월 민중 봉기로 정권에서 추방되었다.

모습을 마음속에 그리고 있었다. 성공하든 실패하든 온건 공화파의 일원으로 민주주의를 위해 투쟁하는 것이 소년 밀이 마음으로 그려볼 수 있는 최고의 영예였다(자서전, 59~60쪽). 이런 청운의 꿈 때문에 밀은 돈과 명예를 안겨주는 전문 직업에 별로 미련이 없었고, 아버지의 바람을 거슬러 변호사가 되지 않은 것을 전혀 후회하지 않았다(자서전, 74~75쪽).

밀은 "사회에서 일어나는 모든 일에 깊은 관심을 기울이며 사건들의 추이를 예민하게 주시"했다(자서전, 189쪽). 예를 들면 1830년 프랑스에서 7월 혁명이 일어나자 그는 즉각 동료 몇 사람과 함께 파리로 출동해, 여러 주 동안 혁명의 현장에 머물며 새 체제의 성격을 면밀하게 조사하는 열정을 보였다(Packe, 101쪽).

밀은 미국의 남북전쟁에 대해서도 "매우 강렬한 감정을 느끼며 주시"했다. 그는 "악의 세력"이 승리를 거둬 전 세계 진보의 적들에게 용기를 주게 될까 봐 노심초사했다. 그리고 영국의 상류 계급은 물론 심지어 자타가 공인하는 자유주의자들까지 열광적으로 노예 소유주를 편드는 것을 보고 크게 실망했다. 그들이 툭하면 내세우는 자유주의적 견해라는 것이 얼마나 보잘것없는지 실감했다. 밀은 이런 비뚤어진 여론에 저항하는 극소수 사람 가운데 끼는 것이 자신의 "당연한 의무"라고 생각했다(자서전, 210~211쪽).

밀은 동인도회사의 일에 만족했다. 소관 업무가 어느 정도 지적이면서도 지나친 부담을 주지 않았기 때문이다. 오히려 그는 회사 일을 하면서 자신의 정신노동을 위한 휴식을 얻을 수 있었다. 문제는 동인도회사에 근무하느라 다른 공직에 나설 수 없다는 것이었다. 특히 하원 의원 선거에 출마할 수 없다는 것은 그가 무심히 넘길 수 없는 부분이었다(자서전, 74~75쪽).[2]

그런 가운데서도 밀은 정치에 대한 꿈을 키워갔다. 당장 정치 현장에 발을 디딜 수는 없었지만 글이라는 매개체를 통해 간접적으로나마 정치에 관여했다. 밀은 정치에 관한 이론적인 글은 물론이고, 격동기 시국 현안에 대한 신문 논설과 잡지 기사도 열심히 썼다.

(2) 급진주의 정치 운동

밀은 아버지를 도와서 급진주의[3] 개혁 운동에 힘을 쏟았다. 정치 일선에 나서지는 못했지만 사실상 정치 활동을 한 것이나 마찬가지였다. 아버지 제임스 밀은 1820년대 이후 급진주의 개혁 운동을 주도하면서 휘그당을 일차 공격 대상으로 삼았다. 어정쩡한 입장의 휘그당을 제치고 보다 급진적인 개혁 세력이 주도권을 잡게 하기 위해서였다. 그는 영국 정치 체제가 토리, 휘그 가릴 것 없이 철저하게 귀족 중심으로 움직인다고 보았다.[4] 휘그당도 대중의 지지를 얻어 다수당이 되기 위해서 민주주

---

2 이것은 그의 아버지도 마찬가지였다. 제임스 밀은 동인도회사에 묶여 선거에 나설 수 없는 것을 굉장히 아쉬워했다(Kinzer et al., 15~16쪽).
3 급진주의radicalism는 18세기 이후 선거권 확대 등 정치 개혁을 주도한 사상운동이다. radicalism은 원래 '뿌리, 근본'이라는 뜻의 라틴어 radix에서 유래한 말로, 사회 질서의 근본을 바꾼다는 의미를 담고 있다. 이 말을 급진주의로 옮기면 '성급한 과격 행동'을 연상시킨다는 문제가 있지만 이 책에서는 통념에 따라 그냥 급진주의로 쓴다. 급진주의자들은 크게 두 부류로 나뉜다. 민주적 급진주의자popular radical는 노동자 등 저소득 계층의 경제적 보호와 참정권 확보를 위해 시위와 같은 불법적 실력 행사를 마다하지 않았다. 차티스트 운동, 반反곡물법 동맹 등이 민주적 급진파의 작품이었다. 다른 한쪽에는 벤담의 공리주의 철학을 추종하는 철학적 급진주의자philosophical radical가 있었다. 이들은 저술, 강연, 의회 진출을 통해서 정치 개혁을 달성하려 했는데, 밀 부자가 그 중심에 있었다. 급진주의자들은 휘그당이 19세기 중후반 자유당으로 탈바꿈하는 데 기여했다. 또 그들 중 일부는 노동조합과 손잡고 노동당의 기틀을 닦게 된다. 이 책에서는 밀이 속한 철학적 급진주의를 중심으로 논의를 진행한다.
4 17세기 중반이 지나면서 영국 정치는 보수적 성향의 토리당(자본가, 지주 대표)과 상대적으

의 원칙을 따르는 것처럼 가장하고 있을 뿐, 실상은 보수당이나 다를 바 없었다(자서전, 82쪽).

아들 밀도 아버지의 뜻을 충실히 따랐다. 그는 열여섯 살에 첫 번째 논쟁적 글을 발표했는데 귀족 사회를 공격하는 내용이었다. 거기서 그는 부자가 가난한 사람보다 도덕적으로 우월하다는 편견을 비판하면서, 영국 사회를 지배하던 귀족과 부자 계급이 반드시 척결돼야 하는 악의 세력이라고 주장했다(자서전, 66·141쪽). 밀은 1837년 토크빌에게 보낸 편지에서 급진주의자들의 궁극 목표가 귀족주의 잔재를 완벽하게 일소하고 새로운 정치 시대를 여는 것이라고 밝혔다. 그는 처음엔 휘그당이 보다 진보적인 노선을 걷도록 압박하다가, 그것이 여의치 않자 아예 개혁당(즉, 급진주의자)이 주도권을 잡도록 힘을 보탰다.

밀은 1830년대 내내 다른 급진주의자들과 함께 비밀 투표 실시, 선거권의 점진적 확대, 의회 회기 단축, 의원 급여 지급, 세습 상원 폐지 등을 주장했다(Burns 1987, 209·214쪽). 한결같이 대중의 정치적 영향력 확대를 지향하는 이슈들이었다. 밀은 《자서전》에서 이 시절의 자신이 투철한 "급진주의자요, 민주주의자"였다고 회상했다(자서전, 141쪽).

새로운 급진주의

밀은 《런던-웨스트민스터 평론》의 책임 편집을 맡고 있는 동안 현실 정치에도 깊숙이 개입했다. 의사당 안팎의 교양 있는 급진주의자들을 고무, 격려해서 그들이 정권을 잡든지 아니면 최소한 휘그당을 이끌고 나

로 진보적인 휘그당(산업가, 소시민 대표)의 쌍두마차에 의해 움직였다. 그러나 제임스 밀 등 급진주의자들은 두 정파가 무늬만 다를 뿐 모두 귀족 세력을 대변한다고 비판했다.

갈 정도의 위치에 올라설 수 있도록 열심히 노력했다. 밀은 적절한 수단을 쓰면 능히 그 목표를 달성할 수 있다고 생각했다.

그러나 그것은 가망 없는 소망이었다. 현실은 그의 뜻대로 움직여주지 않았다. 더구나 밀과 급진파 동지들 사이에는 넘을 수 없는 큰 벽이 있었다. 밀은 급진주의의 핵심 이념을 외면했고 동지들은 그의 '배신'을 용납할 수 없었다.

우선 밀은 급진주의 운동의 사상적 모태인 벤담의 생각과 거리를 두기 시작했다. 밀은 십대 나이에 처음 벤담의 책을 읽은 이래 그의 사상에 심취했다. 최선의 종교를 얻은 기분이었고, 그래서 그 스스로 "사람이 달라졌다"고 토로할 정도였다. 그러나 스무 살 무렵 정신적 위기를 겪고 나서 밀은 이성 중심적 벤담주의의 한계를 절감했다. 밀은 벤담에 대한 비판적 성찰을 조금씩 글로 옮겼다.

밀은 1833년 벤담 철학을 비판적으로 재조명하는 글을 썼지만 그것을 발표하지는 않았다. 아버지가 살아 있는 동안에는 내놓고 벤담을 비판할 수 없었다. 1834년에 밀은 애덤 세지윅[5]의 공격에 맞서 공리주의를 옹호하는 반박문을 썼는데, 거기서 옛 동지들과는 다른 자신의 생각을 일부 선보였다. 그러나 역시 아버지 때문에 자신의 생각을 전부 밝힐 수는 없었다. 그것은 너무 고통스러운 일이었다(자서전, 162~163쪽). 그러나 그는 이미 이때 마음속으로 반反벤담주의의 선봉을 자처하고 있었다.[6]

---

5 Adam Sedgwick(1785~1873). 영국의 지질학자로 창조론을 믿었다. 그 밑에서 지질학을 배운 다윈이 나중에 진화론을 발표했다.
6 밀은 벤담과 관련해서 자기 인생을 세 단계로 구분했다. 즉, 벤담의 사상에 열광했던 십대, 반동의 시기였던 이십대 이후, 젊은 시절보다 훨씬 더 벤담주의에 빠져들었던 인생 후반기가 바로 그것이다(자서전, 183~184쪽).

1836년 아버지가 세상을 뜬 뒤 밀은 묵혀두었던 1833년 원고를 다시 손봐《런던-웨스트민스터 평론》에 발표했다. 이어서 1840년에는 벤담과 적대적 관계에 있던 콜리지[7]를 높이 평가하는 논문도 같은 잡지에 썼다. '신성불가침'의 벤담을 비판한다는 것은 그의 친구들 눈에는 사상적 결별을 알리는 최후 통고나 마찬가지였다(Packe, 221쪽).

밀은 아버지의 정치 이론에서도 비판 거리를 찾았다. 아버지는 자기 이익에 관한 한 각자가 최선의 판단자라고 보았다. 국민을 위한다는 그 어떤 지도자에 대해서도 회의의 눈길을 보냈다. 이 점에서는 벤담도 같은 생각이었다. 두 사람은 지도자의 역할에 크게 기대를 걸지 않았다. 그 대신에 정치적 견제와 균형의 원리를 제창했다. 그러나 밀은 권력이 사심 없이 행사될 수 있다고 생각했다. 오히려 능력 있는 지도자가 역사를 이끌고 가야 한다고 믿었다. 밀은 아버지의 정치 이론이 엄밀히 말해서 "다수 대중에 대한 사랑이라기보다 소수에 대한 증오"에 바탕을 두고 있다고 비판했다(Packe, 101~102쪽).

구체적으로 세 가지 쟁점에서 밀은 정통 급진주의자들과 의견을 달리했다. 첫째, 밀은 더 이상 무기명 비밀 투표ballot에 집착하지 않았다. 밀이 급진주의 운동을 처음 전개할 무렵에는 비밀 투표를 관철하는 것이 급진주의 운동의 지상 과제였다. 비밀 투표가 보장돼야 보통 사람들이 권력자의 눈치를 보지 않고 자신의 의지대로 투표할 수 있다고 보았기 때문이다. 따라서 급진주의자들은 다른 그 무엇보다 비밀투표제를 확보하는 데 온 힘을 집중했다. 급진주의자란 곧 "무기명 비밀 투표의 절대적 필요

---

7 Samuel Coleridge(1772~1834). 영국의 시인, 비평가. 워즈워스와 함께 낭만주의 문학을 꽃피웠고 직관에 바탕을 둔 초월주의transcendentalism를 주장했다. 경험주의에 바탕을 둔 공리주의를 비판했다.

성에 공감하는 사람"이라고 여겨질 정도였다(Burns, 213쪽 참조).

처음에는 밀도 정통 급진주의자들과 같은 생각이었다. 그러나 시간이 가면서 생각이 바뀌었다. 그는 비밀 투표가 능사가 아니고 경우에 따라서는 공개 투표가 더 바람직할 수 있다는 주장을 펴기 시작했다. 밀이 생각하기에 투표란 개인의 사사로운 이익이 아니라 국가나 지역 공동체의 공익을 구현하기 위한 정치 활동이었다. 이처럼 투표가 공익을 놓고 의견을 표출하는 행위라면 각자가 떳떳하게 공개적으로 의견을 밝혀야 마땅하다는 것이 밀의 논리였다. 또한 그는 상황에 따라 다른 투표 방식을 취해야 한다고 보았다. 유권자들이 대표를 뽑을 때는 비밀 투표가 필수적이다. 그러나 의원이 의사당 안에서 유권자들을 대표해 투표할 때는 그 선택을 공개해야 한다. 그때 비밀 투표를 하게 되면 유권자에 대한 대표의 책임성이 훼손된다(Burns, 204쪽). 그의 성숙한 정치사상을 담은《대의정부론》도 무기명 비밀 투표에 반대하는 입장을 분명히 했다(대의정부론, 200~202쪽).

둘째, 밀은 정치 지도자, 특히 대표 문제에서 기존 급진주의 노선과 서서히 멀어지기 시작했다. 밀은 정통 급진주의자들과 달리 정치 지도자의 역할을 강조했다. 그리고 그 입장의 연장선상에서 대표의 자율성을 확대하고자 했다. 밀은 1831년 〈시대의 정신The Spirit of the Age〉이라는 글에서 어느 사회에서든 가장 유능한 사람fittest persons이 세속적 권력과 도덕적 영향력을 견고하게 행사하는 것이 민주 정치의 가장 중요한 과제가 된다고 주장했다(CW, XXII, 246~247쪽). 유능한 사람, 즉 정치적 대표가 정치의 일선을 담당해야 한다는 말인데, 이런 발상은 지도자의 존재에 대해 미심쩍어하는 정통 급진주의 대의 정부 이론과 정면 배치되는 것이었다(Burns, 204쪽).

구체적으로 밀은 1832년의 글에서 대표가 서약pledges을 할 필요가 없다고 주장했고, 이 때문에 다른 급진주의자들과 정면으로 충돌하게 되었다. 당시 급진주의자들은 소수 지배자가 권력을 남용하지 못하도록 견제하고 제한하는 데 온 신경을 집중했다. 따라서 대표가 유권자들의 생각을 의사당에 그대로 옮기기로 서약하는 것이 민주주의 정치 이론의 당연한 귀결이라고 보았다(Burns, 204~205쪽 참조). 그러나 밀은 대표의 자율성을 강조했다. 대표가 유권자의 지시에 얽매이지 않고 독자적인 판단에 따라 움직여야 대의민주주의의 본령을 살릴 수 있다고 믿었다. 이런 서약 부용론은 그의 《대의정부론》을 관통하는 기본 사상이 된다.[8]

　셋째, 밀은 일반 급진주의자들과 달리 선거권 확대에 대해 신중했다. 밀 역시 처음에는 중산층과 노동자 대중의 연대를 주장했다. 그러나 그는 "가난하고 무례한" 노동자들의 "현재의 도덕적, 지적 수준"에 대해 걱정이 많았다. 보통선거권의 확립으로 자칫 노동자 계급의 배타적 지배가 초래되는 상황을 무엇보다 두려워했다. 의회가 오직 다수파의 목소리만 반영하는 체제에다 민주주의라고 이름을 붙일 수는 없다는 것이 밀의 확신이었다.[9] 그래서 밀은 선거권이 확대되기 전에 "여러 중요한 일들이 먼저 해결되어야 한다"고 주장했다. '다행히도' 여러 정황상 보통선거제를 빠른 시일 안에 실시하는 것은 불가능했다. 그래서 밀은 다른 급진주의자들과 행보를 같이할 수 있었다(Burns, 209·214쪽).

8　《대의정부론》 12장은 "의원들이 반드시 서약을 해야 하는가"라는 제목으로 서약 반대론을 개진한다. 서병훈, 〈국민에 대한 거역?: 존 스튜어트 밀의 민주적 플라톤주의〉 참조.
9　밀은 사람들이 공의가 아니라 자신이 속한 계급의 당파적 이익을 좇아 정치적 행동을 하는 계급 입법class legislation을 차단하지 않으면 대의민주주의가 온전히 작동할 수 없다고 역설했다. 그는 계급 입법의 위험을 경고하면서 다수파(노동자)뿐만 아니라 소수파(자본가)의 전횡도 염려했다(대의정부론, 131~132쪽).

밀이 노동자 대중의 이익을 백안시한 것은 결코 아니었다. 그는 노동자 등 교육을 많이 받지 못한 저소득 계층이 장차 민주 사회의 동등한 일원으로서 권리를 누리게 될 날을 고대했다.[10] 다만 그런 날이 오기까지의 과도기 동안에 중산층이 정치의 주도권을 잡는 것이 현실적 대안이라고 생각했다.

그래서 밀은 〈개혁 정당의 재조직〉이라는 글에서 "현실적이고 현명한 정치가"라면 "신사 계급 바로 아래 있는 재능과 교양을 갖춘 사람들", 즉 중산층의 지지를 확보하는 것이 급진주의의 사회적 기초가 된다는 사실을 알아야 한다고 강조했다. 그는 중산층이 노동자들의 이익을 구현하는 데 앞장서야 한다고 보았다. 그래서 급진주의자들이 "노동자 계급의 머리 역할"을 하지 않는 잘못을 신랄하게 비판했다. 대중에게 기반을 두지 않는 급진 정당은 별 볼일 없다는 극언까지 불사했다(Burns, 208·213~214쪽).

밀은 그 어느 때보다 더 분명하게 정통 급진주의자들과 거리를 두었다. 1838년 1월에는 퐁블랑크Albany Fonblanque가 자신을 "그로트 일파"로 규정한 것에 대해 거세게 항의했다.

왜 나를 그로트, 로벅 등과 한통속으로 분류하는 겁니까?……내가 주장하는 급진주의가 지금 모든 측면에서 그들의 생각과 완전히 동떨어진 것임을 모른단 말입니까? '그들도' 이미 1829년부터 이 점을 잘 알고 있습니다. 그때 이후로 차이가 점점 더 커지고 있습니다. 내가《런던-웨스트민스터 평론》에 몸담고 있는 것은 오직 그들이 표방하는 급진주의보

---

10 밀이 사회주의 이념의 점진적 구현을 추구하는 '자유사회주의자'였다는 사실을 기억하라. 서병훈,《자유의 본질과 유토피아》, 3부 참조.

다 훨씬 가치 있는 생각을 가진 필자들을 한데 끌어모으기 위해서입니다. (Packe, 221쪽)

밀은 이제 새로운 급진주의를 제창했다. 그는 1836년 11월 불워에게 보낸 편지에서 "이 잡지(《런던-웨스트민스터 평론》)는 그냥 급진주의가 아니라 새로운 급진주의new-radicalism를 지향해야 합니다——악의 세력과 타협하지 않고 그것의 뿌리를 도려내야 진정한 급진주의라 할 수 있습니다"라고 말했다(Burns, 212~213쪽).

밀의 새로운 급진주의는 두 측면에서 정통 급진주의와 구별된다. 우선 주류 급진파가 갑자기 세력이 커지면서 폐쇄적, 배타적 노선으로 치달은 것을 시정하기 위해 노력했다. 이를테면 주류는 기관지인 《런던-웨스트민스터 평론》을 자신들의 핵심 도그마를 더욱 강화하는 도구로 만들고자 했지만 밀은 생각이 달랐다. 그는 급진주의 진영 내의 견해차를 극복해 통일성을 강화하는 한편, 다소 모호했던 급진주의 이념을 하나의 잠재적 정치 무기로 전환시키는 방편으로 《런던-웨스트민스터 평론》을 활용했다. 밀은 이것을 "지금과 전혀 다르게 진정한 문학, 사회 비평 잡지"로 만들겠다고 공언했다. 그의 과거 동료들은 격분했다(Packe, 212~214쪽).

둘째, 밀은 철학적 급진주의가 신파-구파로 나뉘어 다투는 것을 조정하는 한편, 휘그파, 심지어 온건 보수주의자들까지 포괄하는 광범위한 연대를 추진했다. 그가 《런던 평론》에 처음으로 투고한 글은 두 파로 나뉜 급진주의자들을 아우를 목적에서 쓴 것이었다. 그는 휘그파를 격분시키지 않고 오히려 끌어들이는 것이 개혁 신당에게는 최선의 전략이라며 휘그파를 포용할 것을 강력하게 주장했다(Packe, 212쪽). 결정적으로 밀은 보수주의자 중에서도 괜찮은 사람과는 손을 잡아야 한다고 역설했다. 보수주의자라고 다 배척하지는 않은 것이다. 그는 "자칭 보수주의 정당"과 기성 질서에 맞서 꿋꿋하게 싸우는 "보다 진정한 보수주의 정신"을 분명히 구별했다. 그리고 개혁주의자들도 콜리지 같은 보수주의자에게서 배울 것이 많다고 말했다. 급진주의 동료들을 비판하는 가운데 "나는 그들보다는 차라리 토리와 더 가깝다"라는 말까지 했다(Packe, 221쪽 ; Burns, 212~213쪽). 여러 정황을 종합할 때 이 무렵 밀의 사상에서 보수주의 색채가 최고조에 이르렀다(Burns, 216쪽).

동지들과의 부분적 갈등에도 불구하고 밀은 급진주의 개혁 운동에 매진했다. 그러나 성과는 미미했다. 개정 선거법에 힘입어 다수의 철학적 급진주의자가 의회 진출에 성공했지만 자신들의 주장을 구체화하는 데는 실패했다. 경륜이 부족했고 결속력이 약했다. 활동도 활발하지 못했다.[11]

밀은 이때를 되돌아보며 자신의 기대가 너무 컸음을 인정했다. 선거법 개정이 일단락되면서 사람들의 흥분이 가라앉고 반동의 시기가 올 수밖에 없었다. 현상유지파가 권력을 장악하자 개혁 운동이 먹혀들지 않았던 것이다(자서전, 158~159쪽). 밀의 기대와 달리 대중의 의식 상태는 크게 달라지지 않았다. 사람들의 사고방식이 완전히 바뀌지 않는 한, 사회의 운명이 근본적으로 달라지리라고 기대할 수 없었다. 밀은 인류의 가까운 장래에 대해 낙관할 수 없었다(자서전, 189~190쪽).

---

11 급진파는 1835년 선거에서 아일랜드 쪽을 빼고도 70~80명의 의원을 확보함으로써 위세가 절정에 달했다. 그러나 1837년 선거에서는 거의 궤멸되다시피 했다. 겨우 9명만 살아남았다. 휘그파도 심각한 타격을 입었다. 이런 상황에서 밀이 동료들과 다른 의견을 보이는 것은 그들에게 배반이나 마찬가지였다(Packe, 191~195·213~215·221쪽).

언론 활동

밀은 급진주의 정치가들의 원내 활동을 측면 지원하는 한편, 언론을 통해 급진주의 이론을 체계적으로 확립, 전파하는 데 실력을 십분 발휘했다. 특히 벤담과 아버지를 도와 급진주의 성향의 잡지 발간을 주도했다.

벤담은 당시 막강한 영향력을 발휘하던 자유당의 《에든버러 평론》과 보수당의 《계간 평론*Quarterly Review*》에 맞서 급진파 나름의 기관지를 만들 필요성을 느꼈다. 그리하여 1823년 자비로 《웨스트민스터 평론》을 발간하기로 하고 제임스 밀에게 주필을 맡아달라고 부탁했다. 그러나 동인도회사에서 일하고 있던 제임스 밀로서는 그 청을 받아들일 수가 없었다. 《웨스트민스터 평론》은 얼마 못 가 힘을 잃고 말았다. 그러다가 1830년대에 급진주의 노선의 시사 잡지를 창간할 필요성이 다시 대두되었다.[12] 급진파가 정치적 승리를 거두고 있던 시점이었지만 그 추동력을 이어갈 강력한 지도력을 구할 수가 없었다. 지지부진한 상황을 타개하고 사상적 대오를 가다듬는 데 권위 있는 잡지보다 나은 무기가 없어 보였다. 더구나 그런 시사 잡지의 발간은 직장에 매여 있는 밀 부자가 급진 운동을 도울 수 있는 안성맞춤의 방법이었다(Packe, 191~195쪽).

밀은 1834년부터 1840년까지 사실상 이 잡지의 주필 노릇을 하며 전력을 기울였다. 그는 《런던-웨스트민스터 평론》을 진두지휘하며 무엇보다 철학적 급진주의가 벤담주의의 한 파당에 불과하다는 비난을 받지 않도록 애썼다. 물론 벤담과 아버지가 남겨준 소중한 자산, 즉 미사여구와 막연한 일반론을 경멸하고 표현의 정확함과 의미의 명확함을 강조하는

---

12 그리하여 창간된 것이 《런던 평론》이었고, 이것은 얼마 후 《런던-웨스트민스터 평론》으로 이름을 바꾸었다.

정신은 계승했다. 다른 한편으로 밀은 급진주의자들의 사색에 보다 넓은 기반을 제공하고 보다 자유롭고 온화한 성격을 입히고 싶었다. 벤담 철학의 기본적 가치를 살리되 그보다 나은 더 완전한 급진주의 철학이 존재할 수 있음을 밝히는 것이 큰 목적이었다.

밀은 짧지 않은 기간 동안 잡지 만드는 일에 전념했다. 자신의 저술에 투자할 시간을 잡지에 전부 쏟아부었다. 보수를 받지 않고 수많은 원고를 썼음은 물론이고 자기 돈도 1,500파운드나 잡지에 끌어다 썼다. 이런 출혈 때문에 그는 급진파 친구들의 불만을 잠재우고 자신의 오랜 소신을 견지할 수 있었다(Packe, 218쪽).

그러나 잡지를 통해 급진주의 운동에 새로운 힘을 불어넣고자 한 그의 의도는 완전한 실패로 끝나고 말았다. 무엇보다 시기가 좋지 않았다. 선거법 개정의 열기가 식으면서 토리당이 맹렬히 세력을 규합했다. 반면, 밀 쪽에는 인물도 부족했다. 원내 급진주의자 중에 정당을 조직하고 지도할 만한 능력을 가진 사람이 없었다. 그들을 향한 밀의 권고와 호소는 아무 응답도 얻지 못했다. 급진주의 정당을 새로 만들려는 포부가 사라지자 밀은 잡지 만드는 데 힘을 쏟을 의욕도 잃고 말았다. 그는 잡지에서 손을 뗐다. 이제 원고 청탁을 위해 굳이 사람들과 접촉해야 할 필요도 없어졌다. 밀은 그동안 미루었던 저술 활동에 집중했다(자서전, 172~176쪽).

(3) 하원 출마

동인도회사를 그만두고 저술가로서의 조용한 은퇴 생활을 꿈꾸던 밀에게 "성미에 맞지 않는 직업"으로 전환하는 사건이 일어난다. 1865년

그가 하원 의원으로 의사당에 발을 딛게 된 것이다.[13]

사실 밀은 마음만 먹으면 오래전에 '금배지'를 달 수도 있었다. 그가 아일랜드 사람들을 이해하는 입장에서 아일랜드 토지 문제에 관한 글을 많이 발표하자, 1851년 아일랜드 대중당이 그에게 아일랜드 선거구 출마를 제안했다. 당시 상황에서는 밀이 수락만 했으면 손쉽게 당선되었을 것이다. 그러나 그가 아직 직장(동인도회사)에 매여 있던 때라 공직 출마는 생각할 수 없는 일이었다.

그런데 1865년 초에 이번에는 웨스트민스터의 몇몇 유권자들이 그를 찾아와 출마를 권유했다. 런던의 심장부에 있는 웨스트민스터 지역구는 자유주의자들의 메카였다. 두 명의 의원을 뽑는 이곳에서 보수파는 1852년 이후 한 명의 당선자도 내지 못했다. 문제는 자유주의자 진영 내부의 분열이었다. 1830년대 초부터 주류로 행세해온 웨스트민스터개혁협회에 대항해서 1852년에 보다 진보적인 자유주의자 집단이 등장했다. 그러나 이 비주류 세력은 잇달아 선거에 실패했다. 1857년과 1859년 선거에서는 후보를 내지도 못했다. 승산 없는 선거에 자기 돈 쓰며 출마하려는 사람이 없었던 것이다. 1865년 선거를 앞두고 현역 의원인 셸리Shelley가 연임 도전에 나선 가운데 그동안 이 지역구를 호령해온 자유당 터줏대감이 노환으로 은퇴하는 변수가 생겼다. 그러자 그 빈자리를 노리고 명문가의 후손인 30세의 그로브너Grosvenor가 출사표를 던졌다. 비주류도 후보 물색에 나섰다. 여러 사람 중에서 세 명을 추려 의사를 타진했는데 두 명은 거부하고 밀만 남았다.

밀은 출마 요청을 받고 여러 가지를 생각해보았다. 이미 1858년에 직

---

13 이에 대해서는 그의 《자서전》, 218~222쪽에 자세하게 기록되어 있다.

장을 정리한 터라 14년 전과 같은 걸림돌은 없었다. 밀은 평소, 선거구에 기반이 없고 그저 거수기 노릇이나 하는 것에 결코 만족할 수 없는 사람은 어디에서도 선출될 가능성이 희박하다고 생각하고 있었다. 나아가, 국가의 공무를 맡으려 출마하는 후보자가 단 한 푼이라도 자기 돈을 써서는 안 된다는 것이 그의 소신이었다. 후보자가 선거 비용을 부담하게 되면 그것은 의석을 돈으로 매수하는 것이나 마찬가지다. 돈을 써서라도 당선되려 하는 사람은 그 자리를 이용해 사욕을 채우려 한다고 의심받는 것이 당연하다. 따라서 선거 비용은 국가나 지방 정부가 부담하든지 유지들의 후원금으로 충당해야 한다는 것이 밀의 주장이었다. 그는 선거운동 또한 후보자 본인이 아니라 무보수 자원봉사자가 전담해야 한다고 생각했다. 그러니 아무도 자기 같은 사람을 의회에 보내려 하지 않을 것이라고 확신했다.

더 근본적인 문제가 남아 있었다. 그가 생각하기에 정치는 아무나 하는 것이 아니었다. "정치란 남더러 선두에 서라고 권고하는 대신, 자기가 앞장서서 남더러 따라오라고 하는 사람만이 할 수 있는 일"이었다. 밀이 보기에 자신은 "주의 깊은 관찰자나 분석가"이지 행동가는 아니었다.

그는 개혁을 해나가기 위해서는 단계에 따라 적합한 사람이 필요하다고 생각했다. 첫 단계에서는 개혁 작업에 힘을 불어넣고 꿈을 꾸게 해주는 전략가가 있어야 하고, 두 번째 단계에서는 효용과 실천 가능성에 비추어 최선의 수단을 찾아내는 과학자가 필요하다. 마지막 단계에서는 설득력과 집행력을 가지고 실행하는 전문가가 필요하다. 밀은 해리엇이 첫 번째와 세 번째 단계에 걸맞은 능력을 구비한 기술자인 반면, 자신은 중요하기는 하나 그리 멋들어지지는 않은 과학자에 지나지 않는다고 평가했다(Kinzer et al., 18~19쪽).

모든 것을 따져볼 때, 밀은 자신이 의회에 나가는 것이 과연 국가를 위해 봉사하는 최선의 길인지에 대해 확실한 믿음이 없었다. 그냥 문필가로 남는 것이 자신에게 가장 맞는 일 같았다. 저술가로 활동하면서 자유주의의 가치를 최대한 고양하는 데 전념하는 것이 자신이 사회에 최대한 기여하는 길인 것처럼 보였다(자서전, 160쪽).

그런데 두 가지가 걸렸다. 밀은 오래전부터 "진정 진보적인 자유당advanced liberal party"을 출범시키는 일에 큰 관심을 기울이고 있었다. 진보적 자유주의를 정치 현장에서 추동해나갈 정치 세력의 존재가 절실했다. 그는 "하원 말고 다른 데서는 그런 정당을 만드는 것이 불가능하다"고 생각했다. 그것은 그의 오래된 지론이었다. 밀이 생각하기엔 자신이 하원에 들어가면 그 일을 할 수 있을 것 같았다. 적어도 그런 목적이라면 정치에 몸담을 만했다. 이는 1866년 8월에 그가 곰페르츠Theodor Gomperz에게 밝힌 바이다(CW, XVI, 1197쪽).

또 하나는 유권자들의 간절한 부탁이었다. 자신을 추천한 사람들을 만나본 밀은 마음이 크게 흔들렸다. 그들은 자신의 입장을 너무나 잘 알고 있었다. 밀은 사회의 일원으로서 동포 시민의 부름을 마냥 외면하는 것은 옳지 않다고 생각하게 되었고, 자신의 사적인 소망을 뒤로할 수밖에 없었다.

1865년 3월 7일, 밀은 자신의 소견을 적은 공개장을 보내 그들을 시험해보았다. 거기에는 '나는 의원이 되고 싶은 생각이 전혀 없다, 선거를 위해 돈을 쓸 수도 없다, 설령 당선된다 하더라도 지역구의 이익을 위해 노력할 수는 없다, 여성도 남성과 똑같은 선거권을 가져야 한다' 등등의 내용이 포함되어 있었다. 나아가 그는 유권자들에게 최선의 선택지를 제공하기 위해 자기 외에 여러 다른 후보자도 경쟁에 나설 것을 제안했다.

칼라일이 비꼬았듯이, "이런 정강을 가지고는 전지전능한 하나님이라도 당선될 수 없을 정도"였다. 그러나 놀랍게도 밀의 지지자들은 밀의 전제 조건을 다 들어주었다.[14]

밀은 웨스트민스터 유권자들의 자발적 결의에 크게 고무되었다. 동료 시민들의 요구에 부응할 의무감도 느꼈다. 사실 밀은 젊어서부터 현실 정치에 직접 나서는 것을 마음에 품고 살았다. 또한 청년 시절 급진주의 개혁 운동을 전개하고 급진파를 지원하기 위해 잡지 만드는 일에 온 힘을 쏟아부었던 일이 그에게 생생한 추억으로 남아 있었다. 밀은 결코 정치에 무관심하지 않았다. 그러나 그가 의원 경력에 욕심이 나서 출마를 결심한 게 아니었다는 것도 분명하다. 새삼 명성을 좇을 필요 없이 그는 이미 저명인사였다. 그는 정치 개혁가로서 자기 이론을 현실에 투영하고 싶었을 뿐이었다. 선거 운동 과정에서 유권자들을 교육해 개혁의 열망을 확산시키는 것도 그의 희망 사항 중 하나였다(Kinzer et al., 5쪽).

밀은 선거 역사상 전무후무한 신기원을 이루며 선거전에 나섰다. 그는 처음부터 여느 후보자처럼 행동하지 않았다. 자신이 직접 유권자에게 지지를 호소하지 않겠다고 말한 바를 그대로 실천했다. 자유주의 성향의

---

14 이런 일이 3월 23일자 《데일리 뉴스》를 통해 알려지자 밀은 전국적 유명 인사가 됐고, 그가 쓴 책들에 대한 주문이 쇄도했다. 밀은 자신의 저서들을 노동자들이 보다 쉽게 구입할 수 있도록 대중용 보급판으로 찍는 문제를 놓고 출판사와 협상했다. 출판사가 미온적인 반응을 보이자 그는 자기 인세를 절반으로 깎아 책값을 내리게 했다. 그러자 책이 무섭게 팔려 나가기 시작했다. 《자유론》1,000부가 발매 첫 주에 매진됐고, 《정치경제학 원리》는 5년 동안 1만 부를 더 찍었다. 보급판이 유통되는데도 불구하고 정가 도서의 판매고가 줄지 않아 출판사도 놀랐다. 1870년에 한 노동자가 《논리학 체계》도 보급판을 찍자고 제안했지만 밀은 별로 수요가 없을 것 같다고 거절했다. 그 대신에 그에게 자신의 저서 전부를 여러 질 선물했다. 한 질은 그가 읽고 나머지는 주변 동료들이 나눠 보게 했다. 2년 후 그 노동자가 동료들과 함께 책을 열심히 잘 읽고 있다는 소식을 전했다. 몇 권은 너무 어려워 읽기 힘들다는 말과 함께(Packe, 448쪽).

유권자를 두고 같은 정파의 그로브너와 쟁탈전을 벌이는 상황이라 손을 놓고 있을 처지가 아니었지만 그는 선거 운동을 전혀 하지 않았다. 자신의 사진을 돌리는 것도 막판까지 반대했다. 다른 후보들이 치열하게 선거 운동을 하는 동안 밀은 아비뇽에 머무르고 있다가 투표일을 열흘 남기고서야 집으로 돌아왔다. 그것도 선거 운동을 위해서가 아니라 이미 약속돼 있던 다른 모임에 참석하기 위해서였다. 참다못해 그의 후원회가 그에게 압력을 넣었다. 결국 밀은 유권자 앞에서 네 차례 연설을 했다 (Kinzer et al., 57쪽).

7월 3일 첫 유세에서 밀은 선거 출마가 자신에게 영예가 아니라 무거운 짐만 안긴다고 말했다. 이틀 뒤의 유세에서는 자신의 깊은 속내를 그대로 드러냈다. 밀은 정치가로서 정직하게 처신할 것을 약속했다. 승리보다 진리를 더 귀하게 추구하겠다고 선언했다. 밀은 진보적 자유주의에 대한 신념을 재차 천명하면서 "위대한 정치high politics"[15]를 구현할 것을 다짐했다(Kinzer et al., 76쪽).

밀은 노동자들 앞에서도 연설했다. 당시 노동자들에게는 아직 투표권이 없었지만, 그들이 적어도 자신의 대표에 관해 알 권리는 누려야 한다는 생각에서 그들 앞에 섰다. 밀이 한창 자신의 정치 신념을 소개하고 있을 때 장내로 칠판이 하나 들어왔다. 거기에는 밀이 어디엔가 쓴 한 구절이 적혀 있었다. "대부분의 하층 계급 사람들이 비록 습관적으로 거짓말

---

15 오늘날 국제 정치학에서는 high politics를 안보 문제에 대한 결정 등 국가의 존립에 직접적 영향을 미치는 정치 행위로 규정하지만 당시에 밀은 이런 의미로 이 말을 사용한 것 같지 않다. 그는 유세장에서 '정직과 진리'를 강조했다. 그의 발언을 종합하면 이 말은 그의 평생의 소신인 진보적 자유주의를 구현할 수 있는 '수준 높은 고급 정치', 특히 당시 기성 정치가들의 권력 놀음과 대비되는 도덕 정치를 뜻한 것으로 보인다. 나는 이 책에서 high politics를 토크빌의 포부를 염두에 두면서 '위대한 정치'라고 부른다.

을 하지만, 거짓말하는 것을 부끄러워한다." 반대편 사람들은 그가 과연 그런 말을 했는지 다그쳤다. 노동자를 거짓말쟁이라고 비판한 것을 노동자들 앞에서 확인해달라는 것이었다. 밀은 조금도 망설임 없이 "했다 I did!"라고 시인했다. 그러자 노동자 청중들이 일제히 기립 박수를 보냈다. 발을 구르고 손뼉을 치며 휘파람을 불었다. 반대편이 기대한 것과 정반대의 상황이 펼쳐진 것이다. 집회를 주도한 노동자 지도부의 한 사람이 말했듯이, 노동자들은 아첨꾼이 아니라 진정한 친구를 원했던 것이다 (Packe, 450~451쪽).[16]

선거를 앞두고 자유 진영의 분열을 막기 위해 현역 의원 셸리가 후보에서 사퇴했다. 그리하여 밀을 포함한 자유 진영 후보 두 사람과 보수파 후보 한 사람이 3파전을 벌였다. 7월 12일에 두 명의 의원을 뽑는 투표가 실시되었다. 집계 결과 자유당 후보 두 사람이 나란히 당선되었다. 밀은 5표 차이로 2위를 했다.[17]

(4) 의정 활동―진보적 자유주의

하원 의원 밀은 의회에 진출한 뒤 철저하게 자신의 원칙대로 행동했다. 상대 진영 인사들까지 그의 의정 활동을 후하게 평가했다. 그가 원내에 들어가 맨 처음 한 일은 아일랜드 출신 의원이 제안한 법률안에 찬성

---

16 이 일화는 노동자 등 교육을 많이 받지 못한 저소득 계층에 대한 밀의 생각을 압축적으로 보여준다. 밀은 노동자들이 성숙한 시민으로 성장하는 것에 관심이 많았다. 특히 보통 교육을 앞당기는 데 애를 많이 썼다. 그러나 '현 시점'에 그들이 보여주는 지적, 도덕적 수준에는 실망이 컸다. 그래서 밀은 보통선거제를 조속히 도입하는 것에 소극적이었고, 엘리트의 정치적 발언권을 상대적으로 더 강화하는 것이 불가피하다고 역설하기도 했다.
17 세 후보의 득표수는 그로브너 4,544표, 밀 4,539표, 스미스 3,832표였다(Kinzer et al., 76쪽).

투표를 한 것이었다. 밀은 당명을 거슬러 자기 소신을 지켰다. 밀의 첫 번째 원내 발언은 축산업을 하는 지주들이 부당한 배상금을 요구하는 것을 비판하는 내용이었다. 지주 계급에 대한 그의 반감이 그대로 반영된 것이었다. 두 번째 연설에서는 그는 영국 정부의 그릇된 아일랜드 통치 방법을 통렬하게 비판했다. 당시 영국 사람들은 아일랜드 독립 투쟁 단체인 페니언Fenian Brotherhood의 위협에 극도로 예민해 있었다. 이런 상황에서 밀이 거칠게 정부를 공격하자 여론이 크게 악화되었다. 이 일로 한동안 밀은 의회 안에서 '굴러 들어온 돌' 신세가 되었다. 그러나 이듬해인 1866년 4월 글래드스턴의 선거법 개정안에 대한 밀의 연설은 매우 호평을 받았다. 그에 따라 밀의 원내 발언권도 커졌다. 그 후에도 아슬아슬한 국면이 있었지만 그는 결정적인 실수는 범하지 않았다.

종합적으로 볼 때, 밀은 의사당 안팎에서 상당한 힘을 발휘했다. 자유당이 근소한 차이의 다수파여서 밀 같은 독립적 성향의 의원이 큰 영향력을 행사할 수 있던 시절이었다. 밀은 자기 주변에 정치적으로 두드러지지 않은 의원 10여 명을 모으기 시작했다. 그는 하원 의원으로서 진보적 자유주의를 옹호하는 데 모든 것을 걸었다. 진보적 자유주의란 무엇인가?

밀은 1865년 7월 5일 웨스트민스터 유권자들을 상대로 한 두 번째 연설에서 자신을 "진보적 자유주의를 위한 후보자"라고 규정했다. 그리고 진보적 자유주의의 성격을 다음과 같이 에둘러 풀이했다. 첫째, "위대한 자유주의 정치 지도자" 글래드스턴은 "인민을 신뢰하는 사람을 자유주의자, 불신하는 사람을 토리"라고 구분했는데, 밀은 그의 견해에 공감하면서도 보다 거시적인 관점에서 자신의 생각을 덧붙여 "자유주의자는 정부 운영의 원리를 미래에서 찾는 반면에 토리는 과거에서 찾는다"고 말했다. 과거에는 다수 대중이 세속적인 문제에서는 세습 부자를, 정신적인 문제에서는 교회를 따라야 했다. 자유주의자는 그런 과거와 단절하고 미래를 지향한다. 물론 자유주의자도 아직 완전한 정부 모델을 확립하지는 못했다. 그러나 윤곽은 희미하지만 적어도 방향은 확실히 안다. 종속이 아니라 해방으로 나아가야 하는 것이다. 더 많은 자유, 평등의 확대, 각자가 자신의 삶에 더 책임을 지는 것, 이것이 자유주의자가 지향하는 미래이다. 밀은 자신의 정치 신념이 바로 그러한 미래를 위한 것이라고 말했다.

둘째, 사회와 정치 질서는 진보한다. 이 진보에 힘입어 우리는 어렴풋하게나마 무엇이 진리인지 깨닫게 된다. 부지런히 공부하고 과거를 유심히 살펴보며 지속적으로 실험하다 보면 우리는 어느 정도 미래를 내다볼 수 있다. 우리는 아직 진리를 확실히 모르고 현실 속에 진리를 구체화하지 못하고 있지만 이제 무엇이 진리인지 선포할 수는 있게 되었다. 적어도 일이 어떤 방향으로 진행되는지, 우리가 어떤 경향을 추구해야 마땅한지 정도는 알 수 있다. 밀은 이런 의미에서 자신을 진보적 자유주의자라고 불렀다(CW, XXVIII, 22~23쪽).

밀이 유세장에서 풀어낸 말로는 진보적 자유주의를 명쾌하게 설명하기 어렵다. 그의 글들을 종합해서 단서를 찾아야 할 텐데 일단 밀이 말하는 진보적 자유주의의 성격은 복합적이다. 첫째, 진보적 자유주의는 기존 질서에 안주하는 휘그파 자유주의자들과는 선을 긋는다. 밀은 이들 "비뚤어진 자유주의자"들을 비판하는 것이 자신의 "당연한 의무"라고 생각했다(자서전, 210~211쪽). 둘째, 진보적 자유주의는 대중의 정치 참여보다 지도자의 역할을 더 강조하는 숙련 민주주의를 지향했다. 이 점에서 정통 급진주의와 달랐다. 셋째, 진보적 자유주의는 비록 점진적이기는 하지만 사회주의적 요소를 도입해서 노동자 등 사회적 약자들을 포용하려 했다. 더 줄여 말하면, 숙련 민주주의와 자유사회주의가 밀이 강조한 진보적 자유주의의 양대 기둥이라고 할 수 있다.

밀은 의사당에서 현상 유지에 관심이 많은 기득권 자유주의자들을 맹렬하게 공격했다. 그는 자유당의 그 누구보다도 더 자유주의적인 행보를 했다. 다른 사람도 잘할 수 있는 일에는 관여하지 않고 아무도 떠맡으려 하지 않는 일을 찾아 나섰다. 시대를 앞서가는 자유주의자들도 감히 다루려 하지 않는 문제들을 주로 제기했다. 밀은 《자서전》에서 자신이 펼친 원내 활동으로 선거 개혁, 여성 참정권, 아일랜드·자메이카 문제만 집중 거론했다.[18]

선거 개혁

밀은 보수당 정부의 선거법 처리 방침에 맞서 1867년 가을부터 진보적 자유주의자들의 대안을 마련했다. 그는 특히 선거 부패를 예방하는 데 노력을 집중했다. 보수당 의원들은 자신들에게 유리한 기존 질서를 유지하는 데만 관심이 있었다. 자유당도 현실 안주에 빠져 진보에 대한 뚜렷한 관념을 갖고 있지 않았다. 밀이 "제대로 된 정당"이라면 반드시 갖추어야 한다고 주장한 원칙의 틀을 아직 확립하지 못하고 있었다. 밀이 볼 때, 원칙 없는 정치는 부자들의 이익에나 멋지게 봉사할 뿐, 사회적·도덕적 개선은 달성할 수가 없었다. 자유당을 급진 개혁의 동력으로 삼자면 "원칙을 지키는 정치"가 반드시 전제돼야 했다. 또한 그런 정치를 위해

---

18 밀이 의사당 안에서 주안점을 둔 것으로 자유당의 급진화, 글래드스턴의 지도력 강화, 노동 세력의 흡수 세 가지를 꼽은 Kinzer 1992, 80~112쪽도 참조.

서는 이상과 신념을 지닌 지식인이 정치에 뛰어들고 진보적 자유당에 노동 계급이 참여해야 했다. 이를 위한 선결 조건은 선거 비용을 획기적으로 줄이는 것이었다. 선거 비용이 많이 드는 체제에서는 돈 많은 보수파가 유리할 수밖에 없다. 밀은 과도한 선거 비용이 뇌물이나 마찬가지라고 비판했다.

밀은 선거 비용을 줄이기 위해 각 후보자가 유급 직원 한 사람만을 둘 수 있게 하고, 선거 운동원에게 보수를 주지 못하게 했다. 그리고 고소가 있든 없든 규정이 잘 지켜졌는지 사후에 모든 선거구를 조사할 것을 촉구했다. 나아가 중앙 의회의 부패가 지방 의회로 확산되는 것을 막기 위해 지방 선거에도 동일한 규정이 적용되어야 한다고 역설했다.

그러나 밀의 모든 노력은 수포로 돌아갔다(Kinzer et al., 107~112쪽). 여러 중요한 국면에서 많은 급진주의자들이 토리 정부안에 찬성표를 던졌다. 반면에 밀은 언제나 글래드스턴을 지지했다. 밀은 대세에 영합하는 다수 정치인들과 달랐다. 정치적 이해타산이 아니라 정치적 이상을 더 중시했다. 자칭 "진보적 자유주의의 수호자"답게 이념에 따라 행동했다(Kinzer et al., 12쪽).

여성의 권리

밀은 자신의 의정 활동을 돌아보면서 가장 의미 있는 기여로 여성의 참정권 확보를 위해 노력한 것을 꼽았다. 밀은 지역구 유권자들의 출마 요구를 수락할 때부터 이미 여성의 투표권 쟁취를 위해 분투할 것임을 공언했다. 1866년에 그는 상당수 여성 명사들이 서명한 여성 참정권 청원서를 의회에 제출했다. 아무도 그 청원이 받아들여질 것이라고 기대할 수 없는 상황이었으나, 밀이 눈부신 토론을 펼친 덕분에 찬성표가 73표나 나왔다. 그 이전에는 찬성하는 의원이 기껏 30명 정도에 불과했다. 이에 밀 자신도 크게 놀라고 고무되었다(자서전, 235쪽 ; Fawcett, 66쪽).

또한 밀은 이듬해인 1867년 5월에 선거법 개정안에서 'man'이라는 단어를 'person'으로 바꿀 것을 요구했다. man이라는 표현이 선거권을 남자에게 한정하는 것으로 해석될 수 있기 때문이었다. 밀은 호주戶主 등 남자 선거인에게 요구되는 자격을 갖추었다면 여자도 똑같이 참정권을 누려야 한다고 역설했다. 남성의 선거권이 크게 확대되는 시점에 여성 참정권을 요구하지 않는 것은 숫제 그 권리를 포기하는 것이나 다름없다고 생각했다. 밀은 자신이 "문명국가 최초로 여성 참정권 문제에 대해 의회 단상에서 연설한 것"에 큰 자부심을 느꼈다. 그것이 자신이 하원 의원 자격으로 봉사한 일 가운데 "참으로 중요한 유일한 일"이라고 회고할 정도였다.

밀은《대의정부론》에서 어느 누구도 단지 피부색 때문에 차별받아서는 안 되듯이 "우연히 여자로 태어났다는 이유" 하나 때문에 평등한 보호와 정당한 권리를 누리지 못하는 일은 없어야 한다고 강조했다. 그런 세태는 "반反이성, 벌거숭이 불의의 극치"라고 주장했다. 그는 여자들에게 투표권을 주면 그들도 점차 정치를 배우고 개인적인 책임감도 느끼게 될 것이라고 확신했다. 8년 뒤《여성의 종속》은 그런 밀의 앞선 생각을 더 뜨겁게 담아냈다. 밀은 죽을 때 전 재산의 반에 가까운 6,000파운드를 여성 교육을 위해 기부했다. 이 중 3,000파운드는 여성에게 학위를 주는 최초의 대학에 주고, 나머지 3,000파운드는 여학생 전용 장학금으로 써 달라고 했다(Packe, 484쪽 참조).

세계에서 가장 먼저 여성 참정권을 인정한 나라는 뉴질랜드로 1893년의 일이었다. 영국에서는 1928년이 돼서야 여성이 남성과 동등한 참정권을 부여받았다. 그 권리가 확정되던 날, 영국의 여권 운동가들이 런던 템스 강변에 있는 존 스튜어트 밀 동상을 찾아가 꽃을 바쳤다. 남성우월주의가 팽배해 있던 시대에 밀은 여성이 남성과 동등한 대우를 받아야 할 이유를 당당하게 역설했다. 그렇게 시류를 거스른 탓에 그는 온갖 조롱과 멸시를 감내해야만 했다. 이 때문에 여권 운동가들이 고마운 마음을 담아 밀에게 꽃을 바친 것이었다.

아일랜드 문제

밀은 일찍부터 아일랜드 문제[19]의 해결에 관심이 많았다. 스무 살도 되기 전인 1825년에 아일랜드에 관한 첫 글을 발표한 이후 해리엇과 함께 사실상 은둔 생활을 하는 중에도 아일랜드 사태에 관해 지속적으로 문제를 제기했다.[20] 밀은 오래전부터 아일랜드 문제는 영국 사람들의 잘못에서 비롯됐다고 생각하고 있었다.[21] 1850년대 초에 아일랜드 대중당이 밀에게 출마를 제안한 것도 이런 배경 때문이었다.

밀이 하원에 들어가 처음 참여한 투표도 아일랜드에 유리한 법률안에 찬성표를 던진 것이었다. 아일랜드 출신의 의원이 내놓은 이 법률안에

---

19 아일랜드는 700년이라는 긴 세월 동안 영국의 침탈을 받아오다가 20세기에 들어서야 반쪽짜리 독립을 얻은 나라이다. 17세기에 크롬웰이 아일랜드인들의 토지를 몰수하면서 그들은 영국인 지주의 소작농으로 전락했다. 그 유명한 '아일랜드의 빈곤'이 시작된 것이다. 1840년대에는 감자 기근 때문에 100만 명이나 죽는 참사가 일어났다. 가난을 견디지 못한 또 다른 100만 명은 살 길을 찾아 아일랜드를 떠났다. 그 후에도 아일랜드의 인구는 계속 줄어, 19세기 중반에 700만이었던 인구가 한때 300만 명을 밑돌기도 했다. 이런 비극 앞에서 아일랜드 사람들의 반영反英 투쟁이 19세기에 갑자기 고조되면서 영국은 골머리를 앓게 된다.

20 밀은 1846년 10월부터 1847년 1월까지 《모닝 크로니클》에 아일랜드 문제에 관한 43편의 논설을 연속적으로 투고했다(Kinzer 2007, 185쪽).

21 밀의 전집(CW) 6권에는 〈아일랜드〉(1825), 〈아일랜드 문제를 어떻게 풀어야 하나?〉(1848), 〈잉글랜드와 아일랜드〉(1868)라는 세 편의 글이 실려 있다.

찬성한 사람은 밀을 빼면 잉글랜드와 스코틀랜드 출신 의원을 통틀어 네 명에 불과했다(자서전, 223~224쪽).

그의 두 번째 원내 연설도 아일랜드에 관한 것이었다. 밀이 그 연설을 하게 된 배경은 이랬다. 아일랜드 독립을 위한 비밀 결사 조직인 페니언이 영국민에 대한 무차별 공격을 선언하자 영국 정부는 그 조직의 기관지 발행 중지, 인신보호법 정지 기간 연장, 상당수 지도부 인사 구금 등 강경 대책을 쏟아냈다. 1867년에 페니언이 주동한 폭동이 일어났지만 영국 정부는 이를 금세 진압하고 주모자 두 명에게 사형을 선고했다. 피고들이 항소했으나 기각되었고, 형 집행 연기 신청도 기각되었다. 사형 집행대가 만들어지고 시체를 담을 관이 제작되었다.

사태가 이 지경에 이르자 밀은 사형수들의 구명을 위한 의원 대표단의 선두에 나섰다. 그는 자유당, 보수당을 가리지 않고 영국 전 지역의 50명 의원으로 대표단을 결성한 뒤 5월 25일에 향의차 총리를 방문했다. 그들을 처형하는 것은 정의에 반할 뿐 아니라 그들을 영웅과 순교자로 만드는 역효과만 낼 것이라며, 여왕 생일을 구실로 관대한 처분을 내릴 것을 촉구했다. 그러나 소득이 없었다. 밀은 그날 저녁 한 집회에서 디즈레일리 개혁 법안에 대해 연설할 예정이었지만 원래의 주제를 제쳐두고 아일랜드 문제를 꺼냈다. 그는 만원 청중 앞에서 영국 정부의 소행을 강력히 성토했다. "아일랜드 사람들이 영국 정부의 통치에 만족하지 않는데도 우리에게 아일랜드를 거느릴 권리가 있을까요? 여러분의 이런 뜨거운 반응이 그들의 마음을 적셔줄 것입니다. 다시 묻습니다. 아일랜드 사람들이 우리 정부가 하는 일에 동의할까요?"(Packe, 462~463쪽).

이런 상황에서 밀은 두 번째 원내 연설의 기회를 맞았다. 그는 아일랜드 인신보호법 정지 기간을 연장하려는 영국 정부의 방침을 비판했다.

비판의 수위가 그리 높지 않았지만, 당시 페니언의 유혈 투쟁에 대한 영국인들의 분노가 극심한 상황이라 밀의 연설은 역풍을 불러왔다. 영국인들 사이에서 페니언이 공격하는 대상을 공격하는 것은 곧 페니언을 변호하는 것이나 마찬가지라는 인식이 퍼져 있었기 때문이다. 밀은 악화된 여론을 살피며 한동안 발언을 자제해야 했다(자서전, 224쪽).

상황이 더 나빠지면서 완전 분리 독립을 요구하는 아일랜드 사람들의 목소리가 거세졌다. 독립 요구를 저지하자면 아일랜드의 토지, 사회적 관계에 대한 근본 개혁이 필요했다. 밀은 1868년 회기가 시작되기 전에 《잉글랜드와 아일랜드》라는 팸플릿을 발표했다. 여기서 그는 우선, 분리 독립은 양쪽 모두에 이익이 아님을 분명히 했다. 이어서 아일랜드의 토지 문제를 해결할 방안으로, 국가가 적절히 산정한 지대地代로 현재의 소작인에게 영구 토지 보호권을 부여하자고 제안했다. 밀은 "우리 편을 자극하는 대신에 반대자를 달래고 설득"하는 방향으로 문제를 풀어가려고 했다. 그러나 의회 개혁이라는 큰 이슈에 묻혀 그의 노력은 별 성과를 거두지 못했다. 아일랜드 사람들 말고는 밀의 제안에 관심을 갖는 사람이 별로 없었다. 밀은 아일랜드에 충분히 공평한 조치를 취하지 않으면 그곳 사람들을 무마할 방도가 없다는 생각에 최선을 다해 노력했다(자서전, 227~229쪽).

밀은 신문과 잡지에 아일랜드 문제의 해결을 위한 글을 연속해서 쓰는 한편, '농지소유권개혁연합'을 적극 지원했다. 거기서 연설도 하고 연합 헌장의 초안도 작성해주었다. 1873년 초에 쓴 그의 최후 논문 두 편도 그 연합을 위한 것이었다. 그는 그 연합에 500파운드를 기부하기도 했다. 정녕 물심양면으로 아일랜드 문제 해결을 위해 노력한 것이다.[22]

자메이카 사태

1866년에 밀은 전국적 이목을 끄는 정치 무대의 전면에 나서게 되었다. '자메이카 사태'에 직면해 지성인의 양심을 걸고 시류와 맞서 싸웠기 때문이다(Packe, 464~472쪽). 1865년 10월에 영국의 식민지인 중앙아메리카의 자메이카에서 원주민들이 소규모 시위 끝에 영국 경비대와 충돌하면서 양쪽에서 여러 명이 목숨을 잃었다. 그러자 현지 식민 정부는 시위를 계획적 반란으로 왜곡, 과장하면서 수백 명에 이르는 무고한 원주민을 살육했다. 재물 파괴와 여자들에게 매질을 하는 등의 가혹 행위가 잇달았다. 상식을 초월하는 관권 남용에도 영국 국민들은 침묵했다. 오히려 흑인 노예의 존재를 옹호하는 사람들을 중심으로 박수갈채가 터지기도 했다. 그러자 일부 뜻있는 민간인들이 '자메이카위원회'를 만들어 진상 조사에 나섰다.

밀은 해외 체류 중에 이 소식을 듣고 즉시 자메이카위원회 입회를 신청했다. 귀국 후에는 그 위원회의 활동에 적극 가담했다. 밀은 흑인을 공정하게 대우해야 한다는 당위를 주장하는 데 그치지 않고 보다 근본적인 문제를 제기했다. 영국 속령 자메이카, 나아가 대영제국이 법치 아래 있

---

22   그러나 밀이 《대의정부론》에서 아일랜드 문제에 대해 언급한 부분은 그의 이런 《자서전》 내용과 조금 상충한다. "……따라서 이제 과거의 기억과 종교 문제를 제외한다면, 이 두 민족을 갈라놓을 것이 거의 없다시피 하다. 사실 세계 어디를 봐도 이 두 민족처럼 서로 완전하게 짝이 맞는 경우는 또 없다. 아일랜드 사람들 사이에 마침내 똑같은 정의가 적용되고, 그들 자신이 대등한 배려를 받고 있다는 자의식이 빠르게 확산되면서 중요한 변화가 일어나고 있는 것이다. 영국은 그들 입장에서 가장 가까운 이웃일 뿐만 아니라, 세계에서 가장 문명이 발달하고 가장 강대한 나라이며, 나아가 가장 부유하고 가장 자유로운 나라이다. 이런 나라를 그저 하나의 외국이 아니라 같은 국가로 삼으면 그들에게 분명 큰 혜택이 돌아간다. 아일랜드 사람들이 수가 적고 상대적으로 덜 부유한 쪽이 느낄 수밖에 없는 악감정을 떨쳐내고 이런 혜택을 긍정적으로 받아들이기 시작한 것이다."(대의정부론, 292~293쪽).

는가, 아니면 군부 독재 아래 있는가? 권력자가 지명한 군사법원 장교 두세 명의 독단에 영국 국민의 생명과 신체를 내맡겨도 되는 것인가? 밀은 자메이카 총독이 법질서를 무시한 채 가혹한 탄압을 자행한 것을 법치주의에 대한 도전으로 규정하면서 엄중한 처벌을 요구했다.

자메이카위원회는 에어Edward Eyre 총독과 주요 간부를 고발했다. 그러나 위원장이 법정 투쟁에 소극적 태도를 보이는 바람에 밀이 그 자리를 대신 맡게 되었다. 밀은 에어 총독을 살인죄로 처벌해야 한다고 주장했다. 1866년의 의회 연설을 통해 이런 뜻을 펴는 한편[23] 법률상 가능한 모든 수단을 강구했다. 위원회는 에어 총독을 형사 재판소에 고소했지만 토리당 우세 지역에 있는 재판소는 소송을 기각했다. 위원회는 여기저기 재판소를 찾아다닌 끝에 한 법정에서 소기의 성과를 얻었다. 그러나 다음 단계인 중앙형사재판소 배심원들이 소송을 기각하고 공판 회부를 방해했다. 밀은 2년 이상 투쟁을 이끌었지만 결국 실패하고 말았다.

그는 무엇보다 영국 국민 일반의 민족주의 정서에 부딪혔다. 해외 주둔 영국 공무원들을 흑인과 혼혈인들에 대한 권력 남용을 이유로 형사 고발한다는 것이 특히 영국 중류 계급 사람들의 반감을 불러일으켰다. 일부 보수층 인사들이 오히려 에어를 영웅 대접[24]하는 가운데 "반민족주의자" 밀에게 암살 협박문과 더러운 욕설 편지가 쏟아졌다. 그의 선거구에서 특히 반발이 거셌다. 이 사태는 그의 정치 행로에도 큰 타격을 주었다. 그러나 밀은 흔들리지 않았다. 학대받는 사람들을 위해 정의의 심판을 추구하는 영국인도 존재한다는 것을 보여줌으로써 영국의 품위를 보

---

23 밀은 이 연설이 자신의 의회 연설 중 가장 좋은 것이었다고 술회했다(자서전, 231쪽).
24 '에어 후원회'가 결성됐는데, 칼라일이 위원장을 맡았다.

전하고자 했다. 밀은 비록 에어 총독을 처벌하지는 못했지만 유사 사건을 방지하는 경고 효과는 거뒀다고 자위했다(자서전, 229~232쪽).[25]

노동자 계급 후원

거듭 말하지만, 밀은 노동자 계급의 정치 참여에 대해 복합적인 입장을 견지했다. 그는 한편으로는 평등 시대에 보통선거권이 도입되면 '다수의 횡포'가 만연할까 봐 걱정했고, 다른 한편으로는 노동자들을 교육해 하루빨리 성숙한 시민으로 발전시킬 방도를 찾았다. 보통 교육 실시, 다각적 참여 기회의 확대 등이 그것이다. 밀이 대중을 백안시한 보수주의자 또는 대중의 정치 참여를 독려한 민주주의자로 상반된 평가를 받는 이유가 여기에 있다.

밀은 《대의정부론》 등의 저술에서 준비 안 된 노동자 대중의 과잉 참여를 억제하는 방안을 진지하게 모색했다. 그러나 의사당 안에서는 달랐다. 1866년 4월의 원내 연설이 보여주듯이, 그는 노동자들의 투표권 확

---

25 밀의 '선의의 제국주의론'에 대한 평가가 엇갈리듯이(3부 참조), 그가 자메이카 사태에서 고군분투한 것에 대해서도 달리 생각하는 사람이 있다. 밀은 에어 총독을 처벌해야 하는 이유로 "법치주의의 능멸"을 꼽았다. 에어가 계엄법을 함부로 발동하는 등 법치주의의 기본을 유린한 혐의를 부각했다. 법의 지배가 인간 사회의 초석임에도 불구하고 그런 에어를 처벌하기는커녕 오히려 옹호하려 드는 영국인들의 왜곡된 민족주의를 아프게 비판했다. 그러나 밀의 '선의의 제국주의론'에 냉소적인 시선을 보내는 평자들은 그가 식민 지배라는 죄악의 근본은 그냥 둔 채 지엽말단적인 문제만 시비의 대상으로 삼았다고 비판한다. 에어 총독을 비롯한 몇 명의 현장 책임자를 처벌하는 데 초점을 맞춤으로써 사건을 개인 차원으로 축소했고, 결과적으로 식민 지배 자체가 문제의 근원이라는 사실을 의도적으로 희석해 '탈정치화'를 유도했다는 것이다. 그러나 콘 Margaret Kohn은 그런 주장에 동의하지 않는다. 밀은 식민지 체제라는 근본적으로 잘못된 체제 system of misrule가 자메이카 사태의 뿌리라는 사실을 누구보다 분명히 인식하고 있었고, 자메이카 흑인들이 영국 본토 사람들과 똑같은 법적 권리를 누려야 한다고 강조함으로써 오히려 인종 차이를 부각하려 드는 에어 지지자들의 음모에 맞서 싸웠다는 것이다(Pitts 2005, 151·154쪽 ; Kohn, 215~217쪽 ; Kinzer et al., 214쪽).

대를 위해 분투했다. 밀은 노동자 계급의 참정권을 보장하는 쪽으로 선거법을 개정하는 것에 두려움을 느끼는 사람들을 향해, 노동자의 투표권이 확대된다고 해서 노동자가 의회를 장악할 수 있는 것은 아님을 힘주어 말했다. 그저 노동자의 목소리가 의사당 안에서 대변될 기회를 갖는 것뿐이라고 설득했다. 또한 밀은 참정권을 허용하면 노동자들을 공부시키는 효과를 낳게 된다고 역설했다. 의사당 안에서 일어나는 토론이야말로 국민 교육을 위한 최선, 최고의 무대라고 강조했다. 노동자 대표가 의사당 안으로 들어오는 것이 대중을 교육하는 가장 중요한 계기가 된다고 주장했다. 밀은 이렇게 몇 년만 지나면 온 세상에 학교가 무료로 활짝 열리게 될 것이고, 그로부터 한 세대 안에 영국은 교육받은 국민의 나라가 될 것이라고 확신했다(Kinzer et al., 91·93쪽).

노동자들도 밀의 진심을 알고 있었다. 토리당이 집권한 후, 노동자들이 런던 하이드 파크에서 집회를 열려다 경찰의 제지를 받아 그 과정에서 울타리가 파괴되고 노동자들이 경찰에게 구타당하는 사건이 벌어졌다. 분격한 노동자들이 다시 집회를 열려 했고, 정부는 사태가 악화되는 것을 막기 위해 군대를 동원했다. 의회에서 노동자 편에 서 있던 밀은 정부의 처사를 비판하는 한편, 불상사가 생기지 않도록 노동자들을 달랬다. 밀은 완강히 덤벼드는 노동자들을 강력한 논리로 주저앉힌 뒤 집회를 실내인 농업회관에서 열도록 유도했다. 밀이 아니었다면 사태가 어떻게 흘러갔을지 알 수 없다. 얼마 후 토리당 정부는 공원에서의 대중 집회를 금지하는 법안을 제출했다. 그러나 밀은 진보적 자유주의자들을 규합해 그 법안을 폐기시키는 데 성공했다(자서전, 225~227쪽 ; Packe, 458~460쪽).

밀은 개인적으로도 여러 노동 운동 지도자들을 도왔다. 선거에 출마한 노동자들에게 후원금을 보내기도 했다. 이런 행동은 그의 정치적 장래에 불리하게 작용하게 된다.

(5) 낙선

이처럼 밀은 자신의 이름과 논리에 걸맞게 의정 활동을 열심히, 훌륭하게 수행했다.[26] 그에게 비판적인 사람들도 그의 기여를 인정할 정도였다. 그러나 그는 의사당에 들어간 지 3년 만에 치러진 1868년 11월의 선거에서 낙선하고 말았다. 3년 전과 똑같은 후보들이 출마했는데 보수당 후보가 7,648표를 얻어 1위를 하고 밀은 3위로 밀려났다.[27]

자유당의 본거지인 웨스트민스터에서 1841년 이후 처음으로 보수당 후보가 당선되고 유명 정치인 밀이 낙선한 이 사건을 어떻게 설명해야 할까?(Kinzer et al., 3쪽). 밀이 1868년 선거에서 재선에 실패하게 된 데에는 여러 원인이 복합적으로 작용했다. 첫째, 시기적으로 금권 부정 선거가 절정에 달한 때였다. 상대 후보는 온갖 수단을 다 동원하는데 밀은 자신의 원칙을 결코 굽히지 않았다. '기적'은 두 번 일어나지 않았다. 둘째, 토리당이 전국에 걸쳐 사생결단의 기세로 선거 운동을 벌였다. 정치 구도가 3년 전과 확연히 달라진 것이다.

셋째, 밀 개인에 대한 반감이 최고조에 이르렀다. 처음에 밀에게 호의

---

26 지역구를 둔 유명 의원으로서 밀은 각계각층 사람들과의 편지 왕래에 많은 시간을 들여야 했다. 사람들은 일신상의 일을 포함한 온갖 세상 문제에 대해 하소연하는 편지를 써 보냈다. 체벌 폐지 문제에 대해 열네 살 소년이 보낸 편지에도 그는 성실히 답변해주었다. 가끔 순진한 청년들이 말단 공무원 자리 하나 얻어달라고 청탁하는 일도 있었는데, 밀은 언제나 똑같은 내용의 답변을 보냈다. "내가 출마할 때 내세운 원칙에 어긋나는 일은 할 수 없다"는 것이었다(자서전, 237쪽).

27 밀은 6,284표를 얻어 2위로 당선된 다른 자유당 후보보다 300표가 적었다.

를 가졌던 사람이나 무관심했던 사람이 그의 재선을 맹렬히 반대하게 되었다. 그를 낙선시키려는 노력이 3년 전에 비해 한층 강해진 것이다. 밀이 지주 계급 등 보수파의 핵심에 무차별 공격을 퍼붓자 그들 역시 감정적으로 대응했다.[28] 지난 3년 동안 밀이 보여준 일련의 행태도 보수파 유권자들을 크게 자극했다. 자메이카 사태에서 보수당 사람들이 밀의 '반민족적' 언동에 분개했음은 앞에서 설명한 바이다.

넷째, 밀의 정치사상에 대한 보수파의 오해 또는 기대가 역작용을 낳은 측면도 있다. 밀의 글 속에는 민주주의를 부정적으로 평가하는 내용이 들어 있다. 일부 보수당 사람들은 이것을 보고 밀을 민주주의 반대파로 돌려세울 수 있다는 희망을 가졌다. 그러나 그것은 그들의 희망 사항에 지나지 않았다. 밀은 민주주의를 비판하는 보수당 사람들의 주장 중 사리에 닿는 부분에 대해서는 충분히 귀를 기울였다. 그들의 지적에 일부 공감하기도 했다. 그러나 밀은 민주주의를 둘러싼 찬반을 엄정하게 지켜본 뒤, 주저 없이 민주주의의 손을 들어주었다. 다만 민주주의의 취약한 측면inconveniences을 보완해주는 조치(이를테면 복수투표제)를 제안하는 것을 잊지 않았다. 이런 것이 오해를 불러일으켰다. 밀을 잘못 알고 지지했던 보수파가 결국 밀의 진면모를 알고 지지를 철회하게 된 것이다.

다섯째, 밀이 노동자 계급 출신 후보들에게 후원금을 보낸 것도 문제가 됐다. 밀은 처음에 공언한 대로 자신의 선거 비용으로 자기 돈은 한 푼도 쓰지 않았다. 그 대신에 자격 있는 다른 후보자의 선거 비용을 도와

---

28 밀이 《대의정부론》에서 보수당을 "세상에서 가장 어리석은 집단"이라고 비판한 대목이 문제가 되기도 했다. 그런데 보수파의 항의에 대한 밀의 대꾸가 재미있다. "내가 보수당 사람들이 전부 어리석다고 말한 것은 아니다. 나는 다만 어리석은 사람은 일반적으로 보수당 사람이라는 것을 말하고 싶었을 뿐이다. 내가 보기에 그것은 너무나 분명한 사실이다."(Packe, 454쪽).

줄 의무가 있다고 생각했다. 밀은 거의 모든 노동 계급 후보자에게 후원금을 보냈다.[29] 그런데 브래들로의 경우가 문제가 됐다. 그는 신성모독적인 글을 발표한 경력이 있는 급진 무신론자였다. 밀은 그의 연설을 듣고 그가 유능한 사람이라고 판단했다. 단지 반종교적 신념을 가졌다는 이유로 그가 배척돼서는 안 된다고 생각했다. 그래서 그에게 10파운드의 후원금을 보냈다. 그런데 브래들로의 지역구에는 밀의 친구도 출마한 상태였다. 당연히 밀에게 비난이 쏟아졌다. 당장 밀 자신의 후원회에서도 밀에게 무신론자라는 낙인이 찍힌 데 따른 파장을 염려할 정도였다.

밀 본인의 선거를 생각하면 해서는 안 될 일이었다. 이 선거에서 그의 주된 관심은 자신의 재선이 아니라 노동자를 대변하는 후보들을 원내에 진입시키는 데 있었다. 그래서 밀은 전혀 알지도 못하는 사람들에게 돈과 지지 서한을 보냈다. 다른 사람의 선거에 함부로 개입한다고 그의 당 안에서부터 반발이 일었고, 지지 세력의 이탈이 줄을 이었다. 보수 성향의 유권자들이 반발했음은 더 말할 것도 없다.

여섯째, 일반 자유주의자들도 밀에게 등을 돌리고 있었다. 밀 본인이 자초한 일이었다. 그의 의정 활동에는 전통적인 지지자들도 받아들이기

---

29 밀은 자신을 중산층으로 여겼는데 1866~1870년 무렵 그의 연 소득은 2,000~2,500파운드 정도였다. 밀은 그중 1,000파운드를 80개 기관, 단체에 후원금으로 보냈다. 수입에 비해 기부금의 규모도 만만찮았지만 그보다는 그가 후원금을 보낸 단체의 다양함이 더 눈에 띈다. 여성유권자협회가 당연히 가장 중요한 후원 대상이었고 그 외에도 기독교자선기금, 아일랜드노동자도서관운동 등 많은 기관에 그의 손길이 닿았다. 그는 재정난을 겪는 자유주의 성향의 잡지도 지속적으로 도왔는데, 《이그재미너Examiner》의 폐간을 막기 위해 500파운드를 후원한 것이 그 예가 되겠다. 밀은 길거리에서 즉흥적으로 후원금을 낼 때도 자주 있었는데, 그 모든 지출 내역을 수첩에 세세하게 기록했다. 그가 세상을 떠났을 때 그의 유언에 따라 총재산 1만 4,000파운드 중 절반이 각종 사회 기관에 기탁되었다. 앞에서 보았듯이, 그중 6,000파운드는 여성 교육을 위한 몫이었다(Packe, 484쪽).

어려운 것이 있었다. 그는 늘 자유당 사람들이 관심을 갖지 않는 문제만 골라서 논전의 일선에 섰다. 또 그들과 방향이 다른 주장을 펴는 경우가 많았다. 그러니 전통적 자유주의자들의 지지도 놓칠 수밖에 없었다. 집토끼, 산토끼 다 놓쳐버린 셈이었다.

마지막으로, 지난 3년 사이에 후보자들의 입지가 근본적으로 바뀌었다. 1865년 선거 때는 밀이 전국적 지명도가 높은 거물인 데 비해 나머지 두 사람은 무명에 가까웠다. 밀이 당선되지 않으면 이상할 정도였다. 그러나 1868년에는 상황이 역전되었다. 다른 후보들의 인지도가 급상승한 반면에 밀은 더 이상 명성의 효과를 기대할 수 없었다. 오히려 그는 극단적이고 오만하다는 인상을 주었고, 이것이 감표 요인이 되었다(Kinzer et al., 3·15쪽).

밀은 예상 밖의 낙선에 어느 정도 충격을 받았다. 그러나 그는 유권자들이 자신을 선택하지 않은 것에 조금도 부끄러움을 느끼지 않았다. 부끄러울 이유가 없다고 생각했다. 지지자들과 동료 의원들이 전해준 절절한 유감의 말을 듣자 그의 모든 아쉬움이 사라졌다(자서전, 239~242쪽).

선거 결과가 알려진 후 여러 지방 선거구에서 밀에게 다음 선거에 출마해달라는 요청이 밀려들었다. 그러나 밀은 모두 거절했다. 자신의 소신대로 당선될 수도 있었겠지만 야인으로 돌아가고픈 마음이 더 컸다. 자신을 위해 모든 것을 희생해온 의붓딸 헬렌에 대한 미안함도 크게 작용했다. 그는 헬렌과 아비뇽에서 "오묘한 자유와 휴식"을 즐기고 싶었다. 정치인으로서의 밀의 삶은 여기서 끝났다. 그는 프랑스로 건너간 뒤 영국에는 거의 발길을 끊다시피 했다.

(6) 정치인 밀

현실 정치의 벽

밀은 평생 이론과 실천에 대해 고민했던 사람이다. 그는 스무 살이 되기 전부터 정치에 관여했다. 정치 개혁을 촉진할 생각으로 언론 활동도 열심히 했다. "정치적 야심에 불타는 이상주의적, 교조적doctrinaire 정치인"으로 묘사될 정도였다(Hamburger, 111~112쪽 참조).

그러나 젊은 시절의 밀의 정치 활동은 1840년 급진주의 개혁 세력의 몰락과 함께 종지부를 찍었다. 이후 20여 년 동안 그는 현실 정치와 거리를 두었다. 이 무렵 밀은 부적 행동이 아니라 글이 세상을 바꾸는 원동력이라는 믿음을 피력하기 시작했다. 그리고 1841년 "자유주의 사회의 진보는 이제 무엇을 하느냐가 아니라 무엇을 말하고 쓰느냐에 달려 있다 depend upon what is said & written, & no longer upon what is done"라고 선언했다(CW, XIII, 483쪽). 그의 처녀작인《논리학 체계》는 지성에 바탕을 둔 사변적 능력이 사회의 도덕적, 정치적 상태를 결정하는 기본적인 힘이라고 주장했다(CW, VIII, 926쪽). 밀의 두 번째 작품인《정치경제학 원리》도 이런 관점을 이어갔다. 이제 밀은 현장 정치를 멀리하고 이론 작업에 집중하기 시작한 것이다(Kinzer 2007, 184쪽). 밀은《논리학 체계》를 한창 쓰고 있던 1839년 9월에 이미 그런 생각을 굳혔다. 그는 스털링에게 편지를 보내 "정당 지도자는 내가 갈 길이 아니라는 생각이 굳게 든다"고 털어놓았다. 이제부터는 "때때로 정책 조언을 해주는 것" 이상은 생각하지 않겠다고 말했다(CW, XIII, 406쪽).

그랬던 밀이 갑자기 방향을 바꿔 1865년에 정치 활동을 재개했다. 그가 20여 년간 다져온 신념, 즉 "행동보다 글이 더 중요하다"는 믿음을 뒤로하고 정계에 투신한 이유를 분명히 알 수는 없다. 그의 진술에 비추어 본다면 "웨스트민스터 유권자들의 간곡한 요청을 외면하는 것이 동료 시민으로서 도리가 아니다"라는 생각이 그를 정계로 이끈 가장 중요한 동력이었던 것 같다.

밀은 정계에 투신하면서 많이 망설였다. 정치에 몸담는 것이 사회를 위한 최선의 길인지, 특히 과연 정치가 자기 체질에 맞는 일인지에 대해 고민이 많았다. 개인적인 희생도 만만치 않았다. 밀 개인의 입장에서는 정치를 하는 것이 큰 득이 되지 못했다. 의원이 된다고 해서 달리 얻을 것도 없었고, 그저 자신이 하고 싶은 일만 방해받을 뿐이었다. 더구나 밀은 막 동인도회사에서 풀려나 자유를 만끽하려던 참이었다. 그는 이런 개인적인 즐거움을 희생하고 정치에 나섰다. 어렵게 출마를 결심한 후 그는 애써 긍정적인 생각을 했다. 그러면서 선거 과정에 대한 호기심이 생겼고, 여러 사람과 접촉하며 새로운 경험을 쌓는 것이 자신의 정치적 견해를 더욱 넓혀줄 것이라는 생각도 갖게 되었다(자서전, 222쪽).

밀은 비록 3년이라는 짧은 기간이었지만 하원 의원 역할을 소신껏 잘 해냈다. 사람들은 그가 현실을 모르는 백면서생일 것이라고 생각했지만 사실은 그렇지 않았다.[30] 밀은 30년 이상 동인도회사에 다니면서 매일 정부의 실무를 다루었기 때문에 행정 업무를 처리하는 능력이 상당히 뛰어났다. 그가 1865년 유세 현장에서 자기 같은 학자는 현실 정치의 구체

---

30 밀이 의사당 안에서 정치적 신축성을 보였다는 톰슨Dennis Thompson의 지적이 흥미를 끈다. 밀이 통상 알려진 것보다 더 '정치적'이었다는 것이다. 그는 소속 정당인 자유당의 편에 서서 단기적이고 심지어 사소하기까지 한 정치적 이득을 얻기 위해 타협하는 것도 마다하지 않았다. 밀은 재야 시절에는 온건 개혁 방안에 냉소적이었지만 의사당에 들어간 뒤에는 점진적 개혁 노선도 후하게 평가했다. 이런 사실들을 종합해보면 밀은 "세상 물정 모르는 이상주의자"가 아니었다(Thompson, 166~168·194쪽).

적인 사정은 잘 모를 것이라는 선입관을 자신 있게 통박할 수 있었던 것도 이런 배경 덕분이었다(CW, XXVIII, 19~20쪽).

그러나 밀의 3년간의 의정 활동과 그의 재선 실패를 종합하며 많은 사람들이 밀을 "현실 정치에서 실패한 철학자"로 규정한다. 그의 정치 참여를 "철학자가 정치를 잘할 수 없다는 것을 보여주는 좋은 사례"로 지목하기도 한다.[31] '정치인 밀'이 부정적인 평가를 받는 것은 여러 원인이 함께 작용한 결과였을 것이다. 우선 밀 본인이 말했듯이, 그는 냉정한 이론가였지 열정적인 행동파가 아니었다. 급진주의 운동을 전개할 때도 그는 외부에서 원격 조종하는 논쟁가였을 뿐, 현장에 직접 뛰어든 것은 아니었다. 의회 내부 활동을 세밀하게 관찰해본 적도 없었다(Kinzer et al., 20쪽). 그런 밀이 20여 년의 침묵을 깨고 갑자기 정계에 뛰어들었다. 그는 하루아침에 이론가에서 행동가로 전환해야 했다. 그것은 결코 쉬운 일이 아니었다. 밀은 위대한 정치인이 갖추어야 할 구체적인 조건을 여럿 제시했다. 그에 비추어보면 '정치인 밀'의 실제 모습에는 아쉬운 점이 많았다. 세 가지만 살펴보자.

연설 능력

지금도 그렇지만, 밀이 정치 활동을 한 19세기 중후반에는 정치가에

---

31 그러나 포셋Millicent Fawcett의 생각은 다르다. 1873년 밀이 세상을 뜬 직후 스펜서 등 밀을 가까운 거리에서 관찰했던 사람들이 그의 생애와 저작을 회고, 평가하는 책《존 스튜어트 밀—생애와 저작*John Stuart Mill : His Life and Works*》을 펴냈다. 이 책에서 젊은 여권 운동가 포셋은 밀을 "실패한 정치인"으로 단정하는 세평을 단호하게 반박했다. 그런 관점은 대체로 밀이 주장한 개혁 방안에 위협을 느낀 사람들 사이에서 유포된다면서, "그가 아니라면 비례대표제 등 의회 개혁 방안과 여성 참정권 운동이 그만큼 관심을 끌 수 있었겠느냐?"고 반문했다(Fawcett, 62·64쪽 ; Zimmer, 9쪽).

게 연설 능력이 특히 중요했다. 그것은 성공하는 정치가의 필수 요건이나 마찬가지였다. 이 점에서 밀은 정치가에 적격이 아니었다. 청년 시절에 밀은 토론회에서 상당한 능력을 발휘했다. 청중으로 하여금 자기 말을 경청하게 하는 힘이 있었다. 그러나 그는 유창한 연설과는 거리가 멀었다. 하원 의사당에서는 상황이 더 안 좋았다. 우선 석고상처럼 차가운 그의 인상 때문에 사람들이 그에게 거리감을 느꼈다. 연설자에게는 치명적인 하자였다(Schapiro, 81쪽). 사상가답게 그는 말하기에 앞서 자기 생각을 충분히 다듬어야 했다. 그런 습관이 몸에 밴 탓에 대중 앞에서 연설할 때 머뭇거리는 일이 잦았다.

의사당에서 처음 연설할 때 특히 그랬다. "……완벽하게 정제된 문장들을 엄청나게 빠른 속도로 뱉어내는데……그 내용을 다 외워서 하는 듯……뒷짐을 지고 몸을 좌우로 흔들며……마치 학생이 수업 시간에 발표하는 듯한 모습……그러다가 말문이 막히면 눈을 감고 2~3분간 정지된 상태……." 그의 첫 연설은 실패작이었다. 사람들을 지루하게 만들었고 목소리가 작아 잘 들리지 않았다. 말하는 태도도 반감을 불러일으켰다. 너무 반응이 안 좋아 그는 당분간 조용히 지냈다. 그러나 그다음 연설부터는 많이 좋아졌다. 단어 하나하나에 강렬한 감정을 담았고 청중이 자신의 말을 어떻게 받아들이는지 매우 예민하게 헤아렸다. 듣는 사람들의 거부감도 줄었다. 그러나 밀의 연설 자체는 여전히 문제가 많았다. 대중의 마음을 휘어잡는 수준에는 이르지 못했다(Packe, 452~453쪽).

도덕주의자

밀은 진정한 진보적 자유주의 정당을 만드는 것을 정치적 소임으로 삼았다. 그가 원내로 들어가려 한 제1목적이 거기에 있었다. 따라서 그는 의사당에서 도덕적 원칙을 세우는 일에 가장 큰 의미를 두었다. 실용적 이익, 특히 자신의 개인적인 이익은 염두에 두지도 않았다.

문제는 밀이 때로 현실을 거슬러 극단으로 치닫는 것처럼 보였다는 것이다. 보수파 사람들은 물론 자유당 성향의 유권자들도 우려할 정도였다. 밀은 자유당을 통해 완전한 개혁을 이루기를 소망했다. 노동자 계급의 권리를 실현하고 아일랜드 농민의 토지 소유권을 보장하고자 했다. 보편적 휴머니즘의 이름으로 자메이카 총독을 처벌하려 했다.

밀은 이 과정에서 도덕적 원칙을 고수했다. 원칙에 관한 한 양보나 타협은 생각할 수도 없었다.[32] 의사당 안에서 자신의 평소 이론보다 훨씬 더 과격한 노선을 추구했다. 밀의 이런 모습은 사상가로서의 순진성이 두드러진 탓이었다고 볼 수 있지만, 이 때문에 현실을 모르는 이론가라는 그의 부정적 인상이 강화된 것도 사실이다.[33] 그가 조금만 더 중도 성향을 보이고 조금만 덜 극단적인 자세를 취했더라면 선거 결과는 달라졌을지도 모른다. 적어도 자유당 후보 중에서는 그가 1등을 차지했을 수도 있다. 그러나 그는 그렇게 할 수 없었다. 그랬다면 그는 더 이상 도덕주의자moralist가 아니었을 것이다. 존 스튜어트 밀도 아니었을 것이다(Kinzer

---

32 영국의 《타임스》는 밀의 죽음을 전하는 기사에서 "사상가 밀"은 유례가 드문 진솔함과 겸손함, 그리고 가장 적대적인 비판자들조차 넉넉하게 포용하는 인품 때문에 거의 모든 진영 사람들로부터 존경과 사랑을 받았지만, "정치인 밀"은 편협한 당파 논리에 빠져 정치적 적대자들과의 타협을 일체 거부하는 바람에 심지어 가장 가까운 친구들도 등을 돌리게 되었다고 비판적으로 평가했다(Kinzer 2007, 180쪽).

33 밀이 처음 정치에 나섰을 때 그를 지지하는 사람들은 밀이 서재 안에서의 모습을 벗어나 보통 정치인들처럼 행동하리라 예상했다. 그러나 그는 말과 행동이 다르지 않았다. 이론을 그대로 실천하고자 했다. 현실 정치인들과 달리 대중의 인기를 잃는 것을 두려워하지 않았고, 개인적 야심이나 이해관계를 하찮게 여겼다. 이런 그의 모습을 보고 양심적인 정치인이라고 좋게 평가한 사람도 있었지만 대다수는 그를 비현실적인 정치인으로 단정했다(Fawcett, 62~65쪽).

et al., 15·20~21·295~296쪽).

〈고르기아스〉를 읽는 즐거움

문제는 공부였다. '행동하는 지식인'이면 으레 그렇듯이 밀은 공부와 정치의 갈림길에서 고민했다. 1865년 첫 선거를 앞두고 그는 아비뇽에 머물면서 그로트가 쓴 《플라톤》에 대한 논평을 준비하고 있었다. 그 시기에 그는 헤어Thomas Hare에게 보낸 편지에서 플라톤을 읽는 즐거움을 생생하게 표현했다.

> 내가 선거에 나서는 것이 내가 추구해온 대의를 얼마나 더 증진시킬 수 있을지 확신이 안 섭니다. 아비뇽의 이 아름다운 5월에 〈고르기아스〉와 〈테아이테토스〉를 읽는 즐거움을 어떻게 말로 표현할 수 있을까요. 하원에 들어가 재미도 없는 연설을 장시간 듣는 것과는 비교가 안 되지요. (Kinzer et al., 292쪽)

그 예측은 적중했다. 정치 투신 1년이 지나 밀은 역시 자신에게는 공부가 더 맞는다는 것을 확인할 수 있었다. 그는 1866년 8월 곰페르츠에게 이렇게 말했다.

> 잘 알아듣지도 못하는 정치인들에게 내 생각을 풀어서 들려주는 피곤한 일에 비하면 조용하게 연구에 정진하는 것이 정신 건강에 얼마나 좋은지 모릅니다. 내가 정치를 그만두고 그 좋은 공부로 다시 돌아갈 수 있을지 걱정입니다. (CW, XVI, 1196쪽)

밀은 3년 동안 의사당 경험을 한 끝에 정치가 자기 '취향과 기질'에 맞지 않는다는 것을 재확인한다. 재선에 실패한 뒤 그는 케언스에게 감회를 털어놓았다.

진보적 자유주의의 패배가 마음 아프기는 하나, 내 취향과 기질에 딱 맞는 유일한 일거리로 다시 돌아갈 수 있어서 자유롭고 홀가분한 기분입니다. 사실 기쁨의 감정이 더 큽니다. 나는 의사당 밖에 있더라도 진보적 자유주의를 위한 일은 변함없이 활발하게 전개할 것입니다. (Packe, 475쪽)

2. '정치의 길'

토크빌은 당대의 기준으로나 지금의 기준으로나 정치가의 '틀'이 아니다. 그는 정치를 감당하기에는 심신이 너무 여린 사람이었던 것처럼 보인다. 그러나 본인은 그렇게 생각하지 않았던 모양이다. 그는 적어도 정계에서 은퇴할 때까지는 자신의 '분수'를 몰랐던 것 같다. 정치 말고 다른 직업은 생각해보지도 않았다. 그는 큰 정치인이 되고 싶었다. 어려서부터 그런 꿈을 키웠다. 토크빌은 왜 그렇게 정치에 나서고 싶어 했을까? 그가 살았던 19세기 프랑스 사회는 도무지 위대함과는 거리가 멀었다. 정치는 존재이유를 상실했고, 정치하는 사람들은 시정잡배와 다를 바 없었다. 토크빌은 분노했다. 조국 프랑스의 영락이 그의 가슴을 뜨겁게 했다. 그는 자신이 직접 위대한 정치를 꽃피우고 싶었다. 정치를 통해 프랑스에 위대함을 부활시키고 싶었다. 토크빌이 일찍부터 정계 입신의 뜻을 다진 데는 이런 배경이 크게 작용했다.

토크빌은 정치 현장에서 청춘을 다 보낸 뒤 그 길이 자신의 길이 아님을 깨달았다. 젊은 시절의 토크빌은 정치를 위해 글을 썼다. 나이 들어서 토크빌은 뒤늦게 글을 통해 위대함을 구현할 수 있다는 가능성을 발견했다. 그러나 그것이 그에게 충분한 위안이 되지는 못했다.

(1) 정계 입문

정치적 열정

집안 분위기 탓이었을 것이다. 토크빌은 어려서부터 정치에 뛰어드는 것이 자신의 운명이라고 생각했다. 스물네 살 때는 평생 친구 보몽에게 "정치의 길을 갈 것"[34]을 다짐했다. 그리고 그 다짐대로 살았다. 보몽은 가족의 성화에 등 떠밀려 마지못해 의회에 진출했지만 토크빌은 달랐다. 그 스스로 의원이 되기를 열망했다(Senior, II, 264~265쪽). 토크빌은 사적인 삶보다 공공 영역에서 더 행복해했다(Senior, I, 125쪽). "군중들 틈에서 나오는 소음"이 그에게는 가장 아름다운 음악처럼 들렸다(Selected, 146쪽). 정치는 과연 그의 운명이었다.

토크빌은 야심도 컸다. 유명 정치가가 되고 싶었다(Boesche, 278쪽). 오랜 세월 동안 옆에서 그를 지켜본 보몽의 증언처럼, 토크빌은 "야심만만했고 권력을 원했다". 토크빌은 1837년 루아예-콜라르에게, 자신이 의회에 들어가서 어떤 큰일을 할 수 있을지 모르지만 "어떻게 하든 정치 무대에 진출하고 싶다"고 밝혔다(Selected, 119쪽). 1841년에도 그에게 보낸 편지에서 권력을 잡고 싶은 마음을 숨기지 않았다. 단, "명예롭게 획득할

---

34 "c'est l'homme politique qu'il faut faire en nous"(Gannett, 210쪽 참조).

수만 있다면"이라는 전제를 달았다(Reader, 160쪽).

토크빌은 "이리저리 덧없이 흔들리는 인생"에 대해 번뇌가 깊었고, 그럴수록 위대한 일을 찾았다. 위대한 일에 열정적으로 매달림으로써 존재의 그늘을 망각하고 싶었다. 토크빌은 나이를 먹고 생각이 깊어지고 사회적 지위가 높아질수록 더 열정을 추구했다. 좋은 열정은 물론이고 나쁜 열정도 물리칠 수가 없었다. 그는 세상이 온통 나약함으로 물들고 있다고 봤고, 그럴수록 더욱 열정을 붙들고 살았다. 그는 자신이 해야 할 일이 무엇인지 잘 알고 있었고, 그 일을 하다가 끝내 상처를 받게 되는 것을 두려워하지 않았다. 그가 정말 두려워한 것은 더 이상 열정을 가지고 그 일에 매달릴 수 없게 되는 것이었다. 토크빌은 1841년에 친구 앙페르에게 "열정 없이 무슨 일을 할 수 있겠어?"라는 말로 자신의 심회를 밝혔다(Selected, 152~153쪽). 그래서 토크빌은 이성의 차가움을 좋아하지 않았다. 이성은 언제나 자신을 우리 속에 가두어놓고 꼼짝 못하게 한다고 토로했다. 그러나 그 이성은 그가 "창살 뒤에서 이를 가는 것"까지 막지는 못했다. 1841년에 그가 루아예-콜라르에게 한 말이다(Selected, 157쪽).

따라서 토크빌은 열정을 잃어버린 당시 세태와 어울릴 수가 없었다. 그는 1834년에 케르고를레에게 이렇게 말했다.

내가 장차 어떤 사람이 될지 나도 알 수 없어. 그러나 한 가지는 분명해. 나는 중국으로 가거나, 군대에 몸담거나, 위험하고 대가도 시원찮을 모험에 일생을 걸지언정, 우리 주변의 잘난 척하는 사람들처럼 '감자' 같은 인생을 살면서 자신을 저주하는 일은 없을 거야. (Selected, 93쪽)

그는 6년 뒤 보몽에게도 비슷한 말을 했다. 그는 위대한 사건을 열망했기 때문에 위기 상황이 닥치면 오히려 마음 깊은 곳에서 일종의 충족감이 샘솟는 것을 느꼈다. 반면에 열정을 잃어버린 "저 하찮은 민주적, 부르주아적 수프 냄비에는 신물을 낼 수밖에 없었다"(Selected, 143쪽).

정치에 발을 들이면서 토크빌은 각오를 단단히 했다. 정치가로서 어떤 길을 가야 하는지에 대해 그는 추호도 망설임이 없었다. 그는 군중이 만들고 지켜주는 그 길을 밝은 햇빛 아래 주저 없이 걸어갈 것을 다짐했다. 앞길이 험난할 수 있지만, 그는 그 어떤 고초도 피하지 않을 생각이었다. 의심이 무섭지, 위험은 안중에도 없었다(Recollections, 85쪽). 더구나 그는 아직 한창 나이였다. 아이가 없어서 생활에 부대낄 일도 적었다. 결정적으로 토크빌에게는 아내가 있었다. 그는 아내가 "깊은 통찰력과 강인한 정신"으로 자신을 헌신적으로 도울 것이라고 확신했다(Recollections, 84쪽).

1837년 낙선

토크빌은 법률 행정가로 사회생활을 시작했으나 그의 눈길은 정치판을 쫓아다녔다. 정계 진출을 꿈꾸던 토크빌에게 1834년에 첫 번째 기회가 왔다. 프랑스 각 도에는 도지사를 견제하기 위해 도의회conseils-général가 있었는데, 도의원이 선출직으로 바뀐 것이었다. 토크빌도 출마가 가능했지만, 이때는 그가 《미국의 민주주의》 1권을 집필하고 있어서 다른 마음을 품을 여지가 없었다.

1830년 7월 혁명의 여파로 하원 의원 선거에 출마할 수 있는 연령이 30세로 하향 조정되면서 토크빌도 1835년 이후 출마 자격을 얻었다. 그러나 그해 1월에 출판된 《미국의 민주주의》 1권이 획기적 성공을 거두는 바람에 그는 정계 진출과 연구 작업의 계속이라는 선택지를 놓고 고민해야 했다. 그러던 중 1836년 10월에 도의원의 3분의 1을 뽑는 선거가 다가오자 토크빌은 다시 선거 출마 쪽으로 마음이 기울었다. 도의원이 되면 장차 하원 의원 선거에서 큰 디딤돌이 될 것 같아서였다. 토크빌은 현지 조사를 하면서 지역구 선택을 위한 고심을 거듭했다. 그리고 출마 선언문을 기초하면서 본격적으로 선거 준비에 들어갔다. 그러나 유력 후원자가 갑자기 사망하는 악재를 만나 출마를 포기하고 말았다.

다시 중앙 정치 무대로 방향을 튼 토크빌에게 1837년 11월에 기회가 왔다. 당시에는 하원 의원 입후보자들이 여러 선거구에서 동시에 출마할 수가 있었다. 《미국의 민주주의》로 전국적 지명도가 높아진 토크빌에게는 베르사유나 파리 등 대도시가 매력적인 후보지였다. 그런 곳에서 정치에 입문하는 것이 큰물로 가는 지름길이었기 때문이다. 토크빌은 베르사유의 한 지역 신문에 알제리에 관한 논문 두 편을 발표하고 그 신문사의 주식도 매입하는 등 그곳에 지역적 연고가 있었다. 그런가 하면 파리 근교의 제10구역(생제르맹)에서는 《미국의 민주주의》의 명성에 힘입어 그의 지지 세력이 만만찮았다. 그러나 그는 향리인 발로뉴 한 곳만 선택했다. 선조들의 터전인 토크빌이 속한 지역구에서 정치 생활을 시작하는 것이 여러모로 의미가 있어 보였다. 원래 이 지역은 큰형 이폴리트의 처남이 공을 들인 곳이었는데 그가 건강 문제로 꿈을 접으면서 토크빌이 대타로 나서게 되었다.

토크빌은 1837년 봄부터 분주하게 움직였다. 그는 파리에서의 명성을 이곳으로 확산시키는 전략을 폈다. 그 어떤 정당이나 정부에 기대지 않고 혼자 힘으로 선거 운동을 했다. 당시 총리로 있던 사촌 몰레Louis-Mathieu Molé가 도움을 주고 싶어 했으나 토크빌은 완강히 거절했다. 권력자에게 손을 내밀었다는 말은 절대 듣고 싶지 않았다. 토크빌은 자신을

'저술가 겸 농민'으로 묘사했다. 그러나 농민이 주민의 대부분을 차지하는 이 지역에서 그의 인지도는 낮았다. 부패한 지방 토호와 맞서기 위해서는 시골 유권자들의 싸늘한 시선을 극복해야 했는데 그것은 쉽지 않은 일이었다. 반면에 토크빌의 전국적 지명도에 호감을 가지고 있던 법조인, 사업가 등 전문직 종사자들은 그를 적극 지지했다. 그러나 그들은 상대적으로 소수였다.

다행스럽게도 토크빌에게는 유능한 선거 참모가 있었다. 발로뉴의 변호사인 클라모르강Paul Clamorgan은 선거와 관련된 정보와 동향을 알려주는 등 큰 도움이 되었다. 출마자들은 일종의 선거 공보인 회람장 제작에 공을 들였다. 가장 강력한 후보인 현역 의원 르 마루아Comte Polydor Le Marois가 지역의 가축 산업 문제에 집중한 반면, 토크빌은 '큰 정치'에 초점을 맞추었다. 그는 1830년에 새로 수립된 정치 체제를 존중한다는 뜻을 분명히 밝힌 다음, 일체의 혁명 움직임을 방지하고 자유를 수호할 것을 다짐했다. 그리고 1830년 체제의 틀 속에서 프랑스를 진보의 길로 인도하자고 주장했다. 토론의 수준을 한껏 끌어올린 셈이었다.

토크빌은 선거 운동을 매우 즐겼다.[35] 유권자의 집을 찾아가거나 대중 연설을 하지는 않았지만 자기를 찾아오는 사람은 누구나 기꺼이 만났다. 진지한 편지에는 모두 성실히 답장을 보냈다. 상대 후보 측의 동향을 예민하게 관찰하다가 필요하면 그쪽 사람들을 비난하는 사적 회람을 돌렸다. 그의 선거 운동은 그를 비방한 셰르부르 부군수를 꾸중하는 것으로 시작되어 그의 마지막 홍보물을 제때 배달하지 않은 발로뉴 우체국장을

---

[35] 토크빌은 아버지가 건강을 염려하자, "저는 소란스러운 것이 체질에 맞나 봅니다. 오랜 시간 책상 앞에 앉아 있거나 사람들과 저녁 먹으러 나가거나 사교 모임에 참석하는 것만 아니라면 아무 문제 없습니다"라고 대답했다(Brogan, 336쪽).

비난하는 것으로 마감되었다.

지역구의 선거인이라야 628명에 불과했다. 토크빌은 1차 투표를 통과하고 결선까지 나갔지만 현역 의원에게 247대 220으로 패했다. 역시 그의 집안 배경이 문제가 됐다. 토크빌은 시니어에게 자신이 개인적으로 인기가 없어서가 아니라 귀족gentilhomme 출신이어서 진 거라고 패인을 분석했다(Senior, I, 102쪽). 실제로 시골 사람들의 반감이 만만찮았다. 토크빌을 마치 '아메리카인들이 유색인종을 대하듯' 경원했다. 거기에다 지방 행정 관리들이 토크빌의 발목을 잡았는데, 그를 돕겠다던 사촌마저 상대편을 후원했다. 토호들의 금품 공세로 발로뉴의 술집이 흥청거렸다. 토크빌을 지지하는 농민들조차 반쯤 취한 채 "귀족 출신은 절대 안 돼"라고 소리치며 투표장으로 몰려갔다.

투표 결과를 보고 "반추 동물이 사상가를 눌렀다"는 평가가 나왔다. 토크빌은 일반 유권자들에게 강력한 인상을 심는 데 성공했다. "졌지만 이긴 선거"였다. 토크빌은 낙선 소식에 놀랐지만 크게 상심하지는 않았다. 자기가 식자와 신망받는 유권자로부터 뜨거운 지지를 받은 것에 매우 만족해했다. 토크빌은 친구 보몽 역시 낙선한 것이 마음 아팠지만 새로 당선된 하원 의원들의 면면을 보고 서로 위안했다. "이제 다시 서재로 돌아갈 수 있어 다행"이라는 말도 나누었다(Brogan, 335~336쪽).

선거가 마무리된 후, 토크빌의 지지자들은 그와 지역 주민 사이의 연결 고리 삼아 일종의 '지구당'을 만들고자 했다. 그리고 토크빌로 하여금 치안재판관이나 세금징수원을 지명하고 지역 내 학교의 운영 개선에 힘쓰며 공공 도서관에 책을 기증하는 등 당시의 지역구 의원들이 하던 일을 따라 하게 했다. 그러나 토크빌은 거절했다. 자신의 정치철학과 맞지 않는다고 생각했기 때문이었다. 그러면서도 그는 공적인 부탁이나 개인적인 취업 청탁 같은 것이 들어오면 외면하지 않았다. 자신의 영향력이 통하는 중앙 부서를 이용해서 민원을 해결해주었다. 이런 일들은 그 자신이 《회상록》에서 강력히 비판한 관행이었다. 그러나 그도 현실을 무시할 수가 없었다. 당시의 선거 풍토에서 이런 민원을 마냥 외면하는 것은 지역 주민들의 적대감을 사는 지름길이었다(Jardin 1988, 291~293쪽).

승승장구

그 이후 토크빌의 정치 행로는 순탄했다. 일단 1839년 3월에 다시 선거에 출마해 손쉽게 승리를 거두었다. 전국적 지명도에 힘입어 700명 남짓한 선거인들 사이에서 그의 인지도가 크게 상승했다. 또한 이 무렵에 그가 발로뉴에 땅을 사들이면서 지역구 사람들이 그를 영구 거주자로 인식하게 되었다. 주민들과의 개인적 친분도 두터워졌다. 이렇게 선거 분위기가 반전되면서 토크빌은 2년 전보다 훨씬 강력한 후보가 되었다. 선거 연설이나 회람도 매우 유려해졌다. 그는 1차 투표에서 318대 240으로 현역 의원을 누르고 바로 당선되었다. 이번에는 '사상가'의 승리였다. 결과가 공표되자 수많은 지지자들이 그를 둘러싸고 숙소로 행진했다. 토크빌은 발코니에서 애국심을 강조하고 정부나 모든 정파로부터 독립할 것을 약속하는 내용의 연설을 했다. "반대자들의 이름을 다 잊어버리겠다"는 말도 했다(Brogan, 338~339쪽).

드디어 하원에 입성한 토크빌은 이후 모든 선거에서 쉽게 승리를 거두었다. 1842년 7월의 선거는 더 일방적인 승리로 끝났다. 그의 지지 기반은 확고했다. 지식인 엘리트뿐만 아니라 상당수의 부농도 그를 지지했다. 토크빌의 이름값이 선거를 좌우한 것이나 마찬가지였다. 유권자들은 아카데미 회원이 된 토크빌에 대해 자부심이 컸다. 선거 결과는 당시의 시골 상황에 비추어 예외적이었다. 등록된 741명의 유권자 중 87퍼센트가 투표했고 토크빌은 465표를 획득했다. 차점자 르 마루아는 177표를 얻는 데 그쳤다. 1846년 8월의 선거에서는 토크빌이 격차를 더 벌리며 3선에 성공했다. 선거 초반에 정부쪽에서 발로뉴 시장을 대항마로 내세워 지원하기 위해 잠시 개입했지만 곧 포기하고 말았다. 관권 개입이 힘들어지자 토크빌이 선거에 대해 걱정할 일이 없었다.

그러나 1848년 2월 혁명 직후 치러진 선거에서는 유권자 수가 대폭 늘어나고 광역 투표가 실시되는 등 여러 변수가 생겼다. 그동안 발로뉴 군郡 단위에서 선거가 치러졌다면, 이제는 콩탕탱 도道 단위에서 16명의 의원을 뽑는 것으로 선거 방식이 바뀌었다. 이런 변화는 사실 토크빌이 원하던 바였다. 지명도가 높은 그로서는 도 단위 투표가 불리하지 않았다. 그러나 선거 초반에는 승리를 확신할 수 없었다. 게다가 토크빌은 2월 혁명의 충격으로 의사당 정치에 환멸을 느낀 나머지 야인으로 돌아가고 싶은 마음이 없지 않았다. 그런데 승리를 지나치게 열망하지 않는 이런 태도가 오히려 큰 장점으로 작용했다. 다른 후보자들은 이곳저곳 가리지 않고 돌아다니며 지지를 호소했지만 토크빌은 거주지가 있는 곳 외에는 찾지 않았다. 그들이 유권자의 환심을 사기 위해 1792년 혁명 시기에 통용되던 '시민Citoyen'이라는 호칭을 남발했지만 그는 우직하게 '여러분Messieurs'이라는 표현을 사용했다.

그는 "유권자들에게 표 달라고 구걸하지 않겠다"고 공언했다. 자신은 그저 조국의 부름에 응할 뿐이라고 했다. 토크빌은 "나는 조용하고 평온하던 시절에 여러분에게 국민의 대표로 뽑아달라고 부탁했었다. 그런데 이제 많은 위험이 도사리고 있는 이 난국에 와서 대표가 되기를 거절한다는 것은 나 자신의 명예가 허용하지 않는다"라고 출마 이유를 밝히는 것으로 선거 운동을 시작했다.

토크빌은 2월 혁명 과정에서 혁명의 진전을 막기 위해 몸을 던졌다. 그는 당시 통용되던 의미에서의 공화주의자도 아니었다. 다만 그 나름의 공화국을 추구하고 있었다. 그는 주민들에게 "나와 같은 의미로 공화국이라는 말을 사용한다면, 바로 그 공화국을 위해 나의 영혼을 바치겠다는 약속을 믿어도 좋다"라고 선언했다. 공화국에 대한 '충성 서약'을 되뇌고 다니던 다른 후보자들의 눈에 토크빌의 이런 행태는 좋은 먹잇감이었다.[36] 당장 유세 현장에서 그의 정치 노선을 문제 삼았다. 토크빌의 반혁명주의 행적을 성토하며 "정체를 밝힐 것"을 요구했다. 토크빌은 거리낌 없이 '반혁명주의자'를 자처했다. 2월 혁명 와중에 '진압 운동'에 가담했고 혁명이 싫어서 '잔치 집회banquets'를 반대했다고 당당히 밝혔다.[37]

유권자들은 그의 충정에 감동했다. 청중은 웃음을 터뜨리고 환호했다. 그를 반혁명주의자로 몰아세우던 측만 우습게 되었다. 이 일로 토크빌의 승리는 보장된 것이나 마찬가지였다. 투표가 끝난 뒤 그는 결과도 보지 않고 파리로 직행했다. 한 사람이 여러 후보자를 고를 수 있는 이 선거에서 그는 90퍼센트가 넘는 압도적 득표율로 다시 당선되었다. 16명중 3등이었다. 장관급 인사 두 사람만이 그보다 앞섰다. 당초 그는 5위

---

[36] 1789년 혁명을 거치며 프랑스에서 공화국은 급진 민주주의, 특히 사회주의와 밀접하게 연결되어 있었다. 토크빌로서는 받아들일 수 없는 발상이었다. 그는 "체계적이고 온건하고 보수적인, 그리고 철저하게 헌정 질서를 지키는" 공화국을 만들고 싶었다(Recollections, 192쪽).

[37] 1847년부터 야당은 대중 집회를 제한하는 법망을 피하기 위해, 선거권 확대를 촉구하는 집회를 잔치처럼 꾸며 전국에 걸쳐 개최했다. 급진 공화파가 주도한 이러한 집회는 1848년 2월 혁명의 도화선이 됐다. 토크빌의 주변 사람들도 대부분 이 집회에 동참했지만 토크빌은 끝까지 냉담한 자세를 취했다. '민주주의의 폭발'이 가져올 후유증에 대한 두려움과 티에르 등 주도 세력에 대한 반감 때문이었다(Recollections, 18·90~91쪽 ; Jardin 1988, 412쪽).

이상 할 것으로 기대하지 않았었는데, 정당이나 정부 쪽 지지 없이 독자 출마한 입장에서는 큰 성공이었다(Recollections, 89~91쪽 ; Jardin 1988, 411~414쪽).

1848년 12월, 대통령 선거에서 나폴레옹 3세[38]가 74퍼센트의 지지를 얻어 당선되었다. 6월 봉기를 무참히 진압한 보수 공화파 카베냐크Louis-Eugène Cavaignac는 물론 온건 공화파 라마르틴[39], 급진 공화파 르드뤼-롤랭Alexandre-Auguste Ledru-Rollin 등 쟁쟁한 후보들을 모두 물리친 것이다. 토크빌은 고향에서 카베냐크를 위해 선거 운동을 했다. 그러나 공화국의 상징적 인물이었던 카베냐크에게 여론은 완전히 등을 돌렸다. 토크빌도 이를 잘 알고 있었지만 그렇게까지 큰 격차로 질 것이라고는 예상하지 못했다.

이 무렵 토크빌은 공직에서 물러나고 입법 의회 선거에도 출마하지 않는 방향으로 생각을 가다듬고 있었다. 그러나 결국엔 정치를 계속하기로 마음을 정했다(Jardin 1988, 422쪽). 1949년 5월, 새 헌법에 따라 입법 의회 의원들을 뽑는 선거가 실시되었다. 토크빌은 선거 운동 기간 동안 한 번도 지역구를 찾지 않았다. 유권자들의 질문에 대해서도 의회 발언과 투표 기록으로 답변을 대신했다. 과거와 다를 바 없다는 이유로 선거 공보도 발행하지 않았다.

그럼에도 토크빌은 득표율 87퍼센트가 넘는 8만 2,404표를 얻어 다

---

38 나폴레옹의 조카인 루이 나폴레옹 보나파르트(1808~1873)를 말한다. 1848년 12월 대통령 선거에서 당선되었고, 1851년 12월에 쿠데타를 일으켜 공화국 체제를 붕괴시켰다. 1년 뒤 제2제국을 선포하고 황제의 자리에 올랐으나 1870년 프로이센과의 전쟁에서 패한 뒤 폐위당했다. 이후 제3공화정이 들어섰다.

39 Alphonse de Lamartine(1790~1869). 프랑스의 유명 작가, 정치가.

시 재선에 성공했다(Recollections, 91쪽). 압도적 1위였다. 전국적으로 보수파가 승리를 거둔 선거였기에 토크빌의 당선은 돋보였다.[40] 이제 토크빌은 그의 지역에서 누구도 넘보기 힘든 위상을 확립했다(Jardin 1988, 425~426쪽). 그해 8월에는 도의회 의장에도 선출되었다.

정계 은퇴

입법 의회가 새로 출범하면서 내각도 개편을 피할 수 없었다. 토크빌은 새 내각에서 장관이 되었다. 1849년 6월 나폴레옹 체제에서 바로가 내각을 맡으면서 토크빌의 동료들이 대거 입각했다. 토크빌은 교육 장관을 희망했으나 줄다리기 끝에 외교 장관으로 결정되었다. 장관 시절에 그는 당시 현안이던 교황청과의 갈등을 원칙대로 처리했다. 나폴레옹이 인사권에 개입하지 못하게 선을 분명히 긋기도 했다.[41] 우파가 의

---

40 이 선거에서 정통주의자를 포함한 보수파가 450석 이상을 얻어 제1당이 되었다. 급진 산악파는 200석 가까이 확보해 세를 유지했다. 그러나 직전 제헌 의회에서 다수당을 차지했던 온건 공화파는 형편없이 몰락했다. 모두 750개의 의석 중 80석도 못 건졌다. 토크빌은 이 온건 공화파와 가까웠다(Jardin 1988, 428쪽).

41 토크빌은 《회상록》에서 자신이 공익에 부합하는 한 대통령을 최대한 도왔지만 그 선을 넘으면 단호하게 거부했다고 밝혔다. 나폴레옹이 부적격자를 주요 공관의 책임자로 보낼 것을 요구하면 토크빌은 직접 나폴레옹과 대면해서 그의 뜻을 따를 수 없는 실무적, 도덕적, 정치적 이유를 설명했다. 여차하면 장관 자리에서 물러날 것이라는 뜻도 내비쳤다. 다행히 나폴레옹은 토크빌이 사심 없이 일을 처리하는데다 자신에게 불충할 의도가 없다는 것을 잘 알았기에 더 이상 문제를 키우지 않았다(Recollections, 226쪽). 1부에서 언급한 것처럼 토크빌은 외교 장관으로 있으면서 보몽을 빈 대사로 보냈다. 보몽은 1848년 런던 대사 시절에 나폴레옹을 신랄하게 공격했는데, 나폴레옹은 대통령이 된 뒤 당시 전략적으로 매우 중요한 자리였던 빈 대사로 보몽을 먼저 추천했다. 나폴레옹은 외교 장관 토크빌에게 "나와 보몽 사이에 기분 나쁜 과거가 있었지만, 그가 당신의 친구라는 이유만으로 그를 빈 대사로 추천한다"고 말했다. 토크빌은 그 자리에 보몽 이상의 적임자가 없다고 생각했기 때문에 매우 기쁜 마음으로 그 제안을 수락했다(Recollections, 227쪽). 그러나 불과 얼마 뒤 보몽은 토크빌이 장관에서 물러났다는 소식을 듣고 자신도 대사직을 사임했다(Selected, 234쪽). 토크빌은 보몽 말고도 코르셀을 이탈리아 대사로 임명하는 등 가

회를 장악한 시기였지만 토크빌의 외교부는 전임자 때에 비해 좌파 노선을 견지했다는 평가를 받았다. 10월 31일 내각이 해산되자, 그는 나폴레옹의 만류에도 불구하고 4개월 만에 장관직을 그만두었다(Jardin 1988, 428~429쪽).

당시 헌법은 대통령의 재선을 금지하고 있었다. 2월 혁명 이후 새 헌법을 제정하는 과정에서 토크빌의 주장으로 만들게 된 조항이었다. 그러나 이것이 프랑스 헌정사에 큰 상처를 남기게 된다. 재선의 길이 막힌 나폴레옹은 1851년 5월 토크빌을 불러 상담했다. 토크빌은 쿠데타나 불법적인 방법으로 권력을 유지하려 해서는 안 되고 승산도 없다면서, 차라리 헌법 개정으로 정면 돌파할 것을 권고했다. 재선이 가능하게 헌법을 고치자는 것이었다.[42] 나폴레옹이 그의 제안을 받아들였다. 의원 233명이 헌법 개정을 발의했고 토크빌을 포함한 기초소위원회가 구성되었다. 토크빌은 헌법 개정 취지 설명자로 나서서 헌법의 전면 개정을 다룰 헌법의회의 구성을 제안했다. 그러나 의결 요건인 '재적 의원 4분의 3의 찬성'(즉, 543표)에 100표가 모자라 토크빌의 제안은 부결되고 말았다(Jardin 1988, 458~461쪽).

합법적인 방법으로 권력을 연장할 길이 막힌 나폴레옹은 1851년 12월

까운 동료 여럿을 챙겼지만 자신의 원칙에 어긋나는 일은 하지 않았다고 생각했다(Mayer 1960, 53쪽).

42 토크빌은 처음부터 나폴레옹이 대통령을 4년만 하고 물러날 사람이 아니라고 굳게 믿었다. 그래서 나폴레옹에게 자신의 생각을 분명히 밝혔다. 즉, '헌정 질서 내에서는 동료들과 힘을 합쳐 최대한 열심히 보좌하겠지만, 대통령이 공화국을 무너뜨리려 한다면 결코 도울 수 없다, 헌법 45조가 대통령의 중임을 금지하고 있지만 그것은 헌법 개정으로 돌파할 수 있다, 우리가 돕겠다, 나아가, 대통령이 사심 없이 나라를 잘 다스리기만 하면 헌법 조항과 상관없이 재선에 나설 수도 있다'고 밝힌 것이다. 그러나 이런 설득은 결국 무용지물이 되고 말았다(Recollections, 225쪽).

2일 쿠데타를 일으켰고, 토크빌을 비롯한 의원들을 불법 감금하는 등 헌정 질서를 유린했다.[43] 토크빌은 이 탈법을 결코 용서할 수 없었다. 나폴레옹의 폭거에 대한 항거의 표시로 의원직을 내던졌다. 그의 13년 정치 이력에 종지부를 찍었다.[44] 토크빌은 그냥 물러나지 않았다. 쿠데타 이후 관영 매체가 나폴레옹의 입장에서 사실을 호도하자 진상을 밝히는 글을 영국의 일간 신문《타임스*Times*》에 익명으로 발표했다. 마침 파리에 와 있던 역사가 그로트의 아내를 통해 비밀리에 추진한 일이었다.[45]

(2) 정치 노선

산이 높아서 그런가, 토크빌의 정치사상은 한눈에 잘 들어오지 않는다. 그의 정치 노선을 한마디로 압축하기가 쉽지 않다. 널리 알려진 대로 토크빌은 대표적인 자유주의자이다. 그러나 자유주의도 자유주의 나름이다. 그에게는 '보수주의적 자유주의자', '귀족적 자유주의자', '자유주

---

43 토크빌은 동료 의원들과 함께 하룻밤 구금되었다.

44 1851년 도의회 의장으로 세 번째 선출되었던 토크빌은 쿠데타 이후 그 자리에서도 물러났다. 1852년 3월 소규모 회의를 주재하던 중, 지방 의원들도 새 체제에 충성 서약을 해야 한다는 사실을 알고 그 자리에서 사임해버렸다. 7월의 선거에도 출마하지 않았다(Jardin 1988, 465쪽). 토크빌은 쿠데타 직후인 12월 14일 지역구의 한 유력 인사에게 편지를 보내 소회를 밝혔다. "사회주의 세력이 출몰하자마자 철권통치가 임박했음을 예견할 수 있었습니다. 그 둘은 맞물려 있었습니다······사람들은 그 순간 사회주의에 대한 두려움 때문에 과거의 안녕을 되찾는 데 모든 것을 걸었습니다."(Jardin 1988, 461쪽).

45 토크빌의 제보에 힘입어《타임스》는 1851년 12월 11일에 두 가지 중요한 사실을 보도했다. 첫째, 우파와 중도파 의원 거의 전원을 포함한 218명이 한 공회당에서 나폴레옹을 비판하는 회동을 가졌다. 신문은 이 회동의 참석자 명단을 공개했다. 둘째, 고등 법원 비밀회의가 권력 남용 혐의로 대통령 나폴레옹에 대한 해임 결정을 내렸다. 판사들은 비밀경찰이 도착하기 전에 그 판결문을 빼돌렸다(Jardin 1988, 465~466쪽).

의적 보수주의자' 등 여러 이름이 따라 붙는다. 심지어 그를 '급진 공화주의자'로 분류하는 학자도 있다. 토크빌의 사상이 이처럼 '이상한 자유주의'로 흐르다 보니 그것을 적극적으로 규정하기보다 차라리 무엇과 다른지 찾아보는 것이 더 효율적이라는 주장도 제기된다(Lawlor, 4쪽).

토크빌 본인은 자신의 글이 모호하게 비치는 것이 싫지 않았던 모양이다. 그는 1835년 2월 《미국의 민주주의》 1권 출간 직후에 친구에게 쓴 편지에서 "……이것은 나를 제대로 이해하지 못한 탓이다. 그들은 그저 내 글의 한쪽 측면만 읽고 자신에게 당장 유리한 주장들만 부각하려 든다"라고 말했다(Selected, 99~100쪽). 토크빌은 흑백 이분법을 거부하고 모든 정치적 전통을 포용하자면 이런 오해가 불가피하다고 여겼다. 제대로 된 자유주의라면 다의적이고 모호할 수밖에 없다고 생각했다(Craiutu 2005, 601~603쪽 ; Lawlor, 4쪽).[46]

토크빌은 1789년 혁명 정신을 실천하는 것이 자신의 확고한 지향점이라면서 그 구체적인 내용을 다음과 같이 밝히기도 했다. 우선 모든 사람에게 정치권력을 나누어 주어야 한다. 선거권을 전향적으로 확대하고 빠른 시간 안에 지방 자치를 실시해야 한다. 모든 사람에게 물질적, 교육적, 도덕적 혜택을 점진적으로 꾸준히 늘려가야 한다. 태만을 부추길까 봐 염려되기는 하지만 가난한 사람들을 위한 초보 수준의 복지 정책이 마련되어야 한다. 그래서 가난한 사람은 무상 교육, 무상 의료의 혜택을 받을

---

46 이런 오해 또는 혼란은 민주주의를 바라보는 토크빌의 시각에 대한 상반된 평가에서 비롯되는 바 크다. 토크빌의 민주주의관에 대해서는 밀이 가장 근접해서 관찰한 사람일지 모른다. 밀은 《미국의 민주주의》 1, 2권을 자세히 읽고 쓴 두 차례의 논평에서 토크빌이 민주주의를 아프게 비판하지만 그것은 분명 호의에서 출발한 것이라고 규정했다. 밀 본인도 비슷한 오해를 샀기 때문에 그 사정을 누구보다 잘 알았을 것 같다(서병훈, 〈민주주의 : 밀과 토크빌〉 참조).

수 있어야 한다. 그들에게 법률 자문, 노동자 은행, 상호 부조와 같은 제도적 지원 체제가 제공되어야 한다. 급속 도시화로 인해 고통 받는 소규모 독립 농가를 지원해주어야 한다. 토크빌은 이 밖에도 교도 행정 개혁, 프랑스 식민지에서의 노예제 폐지 등을 주장했다. 그는 1847년 "시간은 내가 옳다는 것을 증명해줄 것"이라고 자신했다(Selected, 136·187쪽).

토크빌은 정치 현장에 들어간 뒤 어느 정파에도 얽매이지 않는 '독립파'가 되고자 했다.[47] 그가 자신을 '젊은 좌파'로 설정한 것도 같은 배경에서였다. 동시에 토크빌은 '새로운 자유주의'를 꿈꾸었다. 당시 프랑스 정치를 양분하고 있던 '더러운 민주주의자'와 '질서 옹호자'를 모두 배척한 터전 위에서 새로운 정치 지평을 여는 것이 그의 포부였다. '하원 의원 토크빌'의 정치 노선을 구체적으로 살펴보자.

청년 좌파

토크빌은 1839년 의사당에 들어가서 자신의 좌석을 고를 때부터 고심을 거듭했다. 좌석의 위치가 의원의 정치적 성향을 상징적으로 나타내주기 때문이었다. 당시 7월 왕정 체제에서 의사당 오른쪽에는 정통주의자 légitimiste들이 앉았고 우중간에는 이론주의자doctrinaire들이 자리를 잡았다. 좌중간은 티에르파와 기타 군소 정파, 왼쪽은 바로의 왕조 좌파gauche dynastique 차지였다. 토크빌은 정통주의자로 분류되는 것을 극력 꺼렸기

---

[47] 토크빌은 막 정치에 발을 들일 무렵인 1837년에 헨리 리브에게 이렇게 자신의 소신을 밝혔다. "사람들은 나를 이런저런 정파로 묶어보려 하지만 나에게는 오직 하나의 주장과 열정이 있을 뿐입니다……자유와 인간의 존엄을 사랑하는 것이 나의 전부라고 할 수 있습니다. 이런저런 정부 형태라는 것도 내 눈에는 단지 이 신성하고 정당한 열정을 충족하기 위한 과정이자 도구일 뿐입니다."(Selected, 115쪽).

때문에[48] 그들을 피해 좌중간을 선호했다. 그러나 그쪽은 이미 만원이라 동료 코르셀과 더불어 임시로 오른쪽 자리를 예약했다. 본의 아니게 정통주의자들 옆으로 가게 된 것이다. 그러자 지역구의 반응이 좋지 못했다. 지역 주민들 마음에는 '왼쪽'만 먹혀들었다. 얼마 후 좌중간에 자리가 생겨 토크빌은 그쪽으로 옮겨 갈 수 있었다(Jardin 1988, 298~299쪽 ; Reader, 18쪽).

토크빌은 좌중간에 자리 잡았지만 기존 어느 정파에도 소속되고 싶지 않았다. 그는 이미 선거 과정에서부터 모든 기성 정파와 거리를 두었다. 일종의 '녹불장군'을 자처했다. 굳이 따지자면 그는 좌파 쪽이었다. 지역구 유권자들을 의식해서라도 자기 이름 앞에 늘 '왼쪽'을 붙이고 다녔다. 그런데 이 '좌파'의 성격이 모호했다. 통상적으로 사회주의자들을 좌파라고 지칭한다. 당시 프랑스 정치 지형에서도 좌파를 그런 의미로 사용하는 사람들이 있었다. 그러나 그 언저리에는 여러 정파가 몰려 있었다.[49] 토크빌은 집권 세력을 비판하는 우파 정치가들을 좌파로 일컬은

---

48 정통주의자란 부르봉 왕조의 장자가 왕권을 계승해야 한다고 주장하는 왕당파를 일컫는 말이다. 이들은 1830년 7월 혁명 이후 부르봉 왕조를 대체한 7월 왕정의 정통성을 인정하지 않았다. 샤를 10세의 동생인 루이 필리프가 왕좌에 오른 것을 용납할 수 없었기 때문이다. 정통주의자는 루이 필리프를 옹위한 오를레앙주의자, 나폴레옹주의자와 더불어 프랑스 3대 우익 정파에 속했는데 우파 성향이 가장 강해 극우파ultras로 불렸다. 토크빌의 집안에서는 그의 아버지와 형들이 정통주의를 고수했다. 그래서 토크빌이 하위 공직을 맡아 7월 왕정에 충성 서약을 한 것을 크게 못마땅해했다. 그가 미국으로 떠난 것을 그런 당시 상황으로부터의 일종의 도피로 보는 사람도 있다.

49 1830년과 1848년 두 차례 정치적 격변을 거치면서 프랑스 사회는 좌파와 우파 양대 산맥으로 양분되었다. 우파는 루이 필리프 쪽의 오를레앙 자유주의자들이 이끌고 있었다. 이들은 '저항파'로 불렸지만 실제로는 보수적 성향을 띠었고, 집권 세력으로서 시대적 영향력도 가장 컸다. 집권 세력에 반대하는 좌파 진영은 '운동파'로 불렸고 그 속에는 다양한 정파가 자리 잡고 있었다. 티에르가 이끄는 보다 온건한 '중도 좌파centre gauche'와 바로의 '왕조 좌파gauche dynastique', 그리고 공화파 등 스펙트럼이 다양했다(de Dijn, 131~135쪽 참조).

듯하다. 그리고 이런 의미에서 자신을 좌파로 규정했다. 토크빌은 좌파 중에서 보다 온건한 쪽이었다(Reader, 21쪽).

토크빌은 '청년 좌파' 정당을 만들어 '정말 무언가 새로운 일을 도모'하고 싶었다. 청년 좌파의 성격이 무엇이었는지 분명하지는 않지만, 그가 1841년에 정치적 대부인 루아예-콜라르에게 한 말을 통해 미루어 짐작할 수는 있다. 토크빌은 '자유주의적이면서 혁명적이지 않은' 정당만이 자기에게 맞는다고 생각했다(Reader, 160쪽).

그는 정부 쪽은 물론 반정부 연합 세력에도 환멸을 느낀 60명 정도의 신진 의원들을 끌어모으고 싶었다. 프랑스의 미래가 그들에게 달려 있다고 생각했다. 기조에게 반대하고 티에르와도 못 어울리는 자유주의 성향 의원들의 지도자로 우뚝 서는 것이 그의 포부였다. 토크빌은 우선 "말도 안 되는 헛소리를 하는 '사회당'을 온 힘을 다해 제어"하는 것을 일차 목표로 삼았다(OC, XV, 1쪽 ; Recollections, 128쪽 ; Jardin 1988, 299쪽). 사회당의 지도자 라마르틴을 넘고 싶었던 것이다. 라마르틴은 1838년 1월에 의회 연설을 통해 퇴행적 과거 지향 세력과 그 반대편의 체제 전복 도모 세력을 동시에 비판하며, 당시 의회 안에 그 어느 쪽도 지지하지 않는 굉장한 다수의 사회당 세력이 존재한다고 선언했다. 자신을 사회당의 수장으로 내세운 것이다. 토크빌은 사회당을 집중 비판함으로써 자신의 정치적 존재감을 드러내려 했다. 라마르틴과 거리를 두면서 독자적인 세력을 이루는 것을 꿈꾸었다.[50]

---

50 토크빌과 마찬가지로 라마르틴 역시 기본적으로 자유주의자였다. 억압 정치를 펴는 다수 여당, 좌파를 지배하는 자코뱅, 그리고 나폴레옹 추종자들을 모두 배척했다. 또 토크빌과 마찬가지로 왕조의 필요성을 인식하면서도 민주주의를 향한 진보를 추구했다. 라마르틴은 토크빌도 사회당에 합류할 것을 기대했다. 그러나 토크빌의 생각은 달랐다. 그는 의회에 첫발을 딛는 순

그러나 토크빌과 그의 동료들은 하나의 정당으로 활동하기에는 너무 소수였다. 독자적인 색채를 띤다고 했지만 바로가 이끄는 왕조 좌파의 울타리를 완전히 벗어난 것도 아니었다(Reader, 21쪽).

새로운 자유주의

토크빌은 정치에 입문하기 전 자신을 '새로운 종류의 자유주의자'라고 불렀다. 그의 정치 노선, 특히 '청년 좌파'의 지향점은 이 '새로운 자유주의'를 통해 보다 선명히 드러난다.

토크빌은 1836년 7월 오랜 친구 스토펠에게 보낸 편지에서 자신을 새로운 종류의 자유주의자로 규정했다. 그는 당시 갈라져 대립하고 있던 '두 부류'의 프랑스 정치 세력, 즉 도덕과 종교와 질서를 숭상하는 '질서 옹호자'들과 자유와 법 앞에서의 평등을 더 중시하는 '더러운 민주주의자'들을 한꺼번에 비판한 뒤 이렇게 선언했다.

······따라서 내가 새로운 종류의 자유주의자libéral d'une espèce nouvelle임을 사람들이 분명하게 인식하지 못할 이유가 없다고 생각해.[51]

간부터 라마르틴과 조심스럽게 거리를 두었다. 그가 의사당 좌석을 고를 때 오른쪽을 기피한 것도 라마르틴이 오른쪽에 자리를 잡고 있어서였다. 1839년부터 1843년까지의 기간 동안 두 사람은 중도 노선에서 점차 좌파 쪽으로 이동하는 등 유사한 정치적 행보를 보였다(바로의 '빈 머리'에 무언가 새로운 아이디어를 집어넣는 것이 그들의 목적이었다). 그러나 두 사람은 정치적으로 연합하지 않았다. 토크빌은 자기보다 15세 연상에 훨씬 강력한 문명文名의 소유자인 라마르틴의 영향력 속에 함몰될 것을 우려했다. 성격도 서로 맞지 않았다. 토크빌은 그를 겉멋 들고 변덕스럽고 믿을 수 없는 사람으로 치부했다. 라마르틴의 엄청난 야망도 부담스러웠다(Jardin 1988, 299~300쪽).

51 Alexis de Tocqueville, *Lettres choisies·Souvenirs*(Paris : Gallimard, 2003), 354쪽.

이 편지에서 토크빌은 그 '두 부류'와 자신의 차이점을 분명하게 부각했다. 첫째, 그는 자신이 '질서 옹호자'들과 한통속으로 분류되는 것을 결코 원치 않았다. 둘째, 그는 자신이 '이 시대의 더러운 민주주의자'들과 혼동되는 것은 말도 안 된다고 역설했다. 결국 질서 옹호자와 더러운 민주주의자를 비판하고 극복하는 것이 자신과 같은 새로운 종류의 자유주의자에게 주어진 사명이라는 것이 그 편지의 요지였다.[52]

새로운 자유주의자란 무슨 뜻일까? 그는 무슨 생각으로 이런 표현을 쓴 것일까? 새로운 자유주의자가 되기 위해서는 '어느 정치 집단도 따르지 않고 어느 누구에게도 도움을 받지 않아야' 한다(Craiutu 2005, 603쪽). 토크빌은 기존의 자유주의자들과 어떤 점에서 선을 긋고 싶었던 것일까? 그가 새로운 자유주의를 꿈꾸게 된 정치적 배경과 철학적 포부는 어떤 것이었을까?

토크빌이 지향한 새로운 종류의 자유주의를 파악하기 위해서는 기존 자유주의가 보여준 한계, 특히 질서 옹호자와 더러운 민주주의자의 철학적 오류와 정치적 실패를 규명해야 한다.

질서 옹호자 비판

토크빌은 혁명 좌파에게 더러운 민주주의자라는 과격한 표현을 사용한 반면, 또 다른 극복 대상인 중도 우파 세력에는 질서 옹호자amis de

---

52 토크빌은 1841년 루아예-콜라르에게 보낸 편지에서도 두 부류를 구별했다. "제가 이 시대 정치인 그 누구하고든……손잡고 일한다는 것은 생각도 할 수 없을 만큼 끔찍한 일입니다…… 어떤 부류는 과장되고 소심한 모양새로 평화를 되뇌지만 그들이 질서를 강조하는 이면에는 많은 경우 두려움이 작용하고 있습니다. 다른 쪽에서는 민족적 자긍심과 자유에 대한 선호를 주장하는데(이것들 자체야 제가 아주 소중히 여기는 것입니다), 문제는 그런 것이 어리석게도 무정부적 열정과 뒤섞여 있다는 것입니다. 이는 제가 동의할 수 없는 부분입니다."(Reader, 160쪽).

l'ordre라는 뜨뜻미지근한 이름을 붙였다. 얼핏 보면 후자에 상대적으로 더 호의적인 것 같지만, 실제로는 그 반대였다. 그는 질서 옹호자에게 훨씬 깊은 적대감을 느꼈다. 이들을 척결하는 것이 그의 정치적 목표였다 해도 과언이 아닐 정도다. 그는 특히 질서 옹호자의 상징적 인물인 기조에게 비판을 집중했다. 그가 주도한 대내외 정책이 '위대한 정치'를 잠식한 근본 원인이라고 생각했기 때문이다.

기조는 7월 왕정의 근간이 된 오를레앙 자유주의[53]의 대변인이었다. 그리고 그런 정치 이념의 출발점이 바로 이론주의자들이었다. 이론주의자들은 기본적으로 왕당파였지만 부르봉 왕조 복고 시기(1814~1830)에 왕권과 혁명의 타협을 모색했다. 그들은 루아예-콜라르, 기조 등 소수의 학자 출신 정치가들로 이루어졌지만 자유주의적 중도 정치를 내걸며 강한 영향력을 행사했다. '이론주의자'란 원래 반대파에서 루아예-콜라르의 정치 노선을 비꼬기 위해 사용한 말이었다. 그가 이론주의자로 불리던 16세기 프랑스의 한 기독교 종파에 대해 글을 쓴 것이 발단이 되었다. 루아예-콜라르 등 이론주의자들은 입헌군주제를 지지했으나 '다수의 폭정'에 대한 두려움으로 선거권을 엄격하게 제한할 것을 주장했다. 왕정 복고 당시 이론주의자들은 야당 쪽이었다. 그러나 왕당파로 대표되는 우파는 물론 공화주의자, '공상적 사회주의자' 등 좌파와도 대립했다. 샤를 10세의 반동 정치에 반발해 1830년 7월 혁명이 일어난 뒤 이론주의자는 오를레앙주의자에 흡수되면서 새 정권의 중추가 되었다.

기조는 평등 민주주의에 맞서 '이성理性 주권'의 기치를 들었다. 이성

---

53 1830년 7월 혁명으로 왕위에 올라 1848년 2월까지 군림한 루이 필리프(1773~1850)의 출신지 '오를레앙'에서 따온 명칭이다.

적 능력을 갖춘 사람만이 정치에 참여할 수 있다는 논리였다. 자유와 질서를 화해시키는 것이 그가 말하는 중도 정치의 지향점이었다(Craiutu 1999, 457·462~463쪽 ; Richter 2004, 30·69~72쪽). 기조는 특히 공화파의 인민주권론을 정면 비판했다. 사람마다 능력이 다르다면서 보통선거권 확대에 반대했다. 프랑스 같은 부르주아 사회는 부르주아 체제로 가는 것이 타당하다는 명분 아래 중산층이 실권을 장악하도록 했다. 그의 오를레앙 자유주의가 엘리트주의적, 현실 안주적 색채를 띤 것은 이런 배경에서였다(de Dijn, 131~135쪽).

토크빌은 기조가 부패 정치를 조장하면서 정치 개혁을 거부한 것에 크게 분노했다. 그러나 그가 기조의 오를레앙 자유주의를 배척한 보다 근본적인 이유는 철학의 차이에 있었다. 기조의 중도 정치가 부르주아 질서를 조장하고 성원했는데, 토크빌로서는 무엇보다 이것을 견딜 수 없었다(Craiutu 2005, 614쪽). 토크빌은 프랑스 정치가 물질 중심의 소시민주의로 추락하고 대외 관계에서도 현상 유지를 명목으로 굴욕적 후퇴를 거듭하는 것에 격분했다. 그가 '위대한 정치'의 기치를 높이 든 것은 바로 이 '질서 옹호자'를 퇴출하기 위해서였다.[54]

더러운 민주주의자 비판

토크빌은 1836년 스토펠에게 쓴 편지에서 또 다른 '악의 축'을 배격했다. "이 시대의 대부분의 더러운 민주주의자들"[55]과 자신을 혼동하지 말

---

54 '역사가 기조'에 관한 한 밀과 토크빌의 평가는 다르지 않았다. 둘 다 그를 높이 칭송했다. 그러나 '정치가 기조'에 대해서는 두 사람이 매우 상반된 평가를 내렸다. 토크빌이 기조를 '부패와 타락의 원흉'으로 질타한 반면에 밀은 그가 프랑스 중심의 국수주의적 세계관을 뿌리치는 용기를 보여주었다고 찬사를 아끼지 않았다. 이에 대해서는 3부 참조.

라고 했다. 그는 '급진적, 혁명적 이론'을 좇는 사람들을 '더러운 민주주의자들les sales démocrates'이라고 불렀다. 이때 그가 염두에 둔 사람들은 급진 민주주주의자, 혁명파, 사회주의자 등 그가 심각하게 문제 삼았던 '평등의 사도'들이었다.[56]

토크빌은 그 편지에서 친구가 자신에 대해 '급진적인, 그리고 심지어 혁명적인 이론에 끌리고 있다고 생각하는 것은 잘못'이라고 지적했다. 더러운 민주주의자들과 달리 자신은 언제나 본능적으로 자유를 사랑한다고 했다. 토크빌은 자기의 모든 사상이 '자유가 없으면 그 어떤 도덕적, 정치적 위내함도 성취 불가능하다'는 사실 위에 서 있음을 인지시켰다(Reader, 152~153쪽).

그는 더러운 민주주의자들 중에서 혁명파와 사회주의자를 특히 더 경계했다. 혁명파는 토크빌에게 경멸의 대상 그 자체였다. 그가 민주주의자 앞에 '더러운'이라는 극단적 수식어를 붙일 때 혁명파가 그의 머릿속에 들어 있었다. 토크빌은 1836년 '프랑스 전체를 통틀어 자신만큼 덜 혁명적이고, 소위 혁명적 정신에 대해 자신만큼 깊은 증오심을 품은 사람은 또 없을 것'이라고 확언했다(Reader, 156~157쪽). 그는 혁명파를 '폭력적이고 생각이 모자라고 언제나 이성보다 격정에 휩쓸리는 세력'으로 묘사했다(Reader, 252쪽). 1848년 혁명 이후 의회에 진출한 '산악파'에 대해서는 '비열한 악당'이라는 모욕적인 낙인을 찍기도 했다(Recollections, 101~102쪽). 토크빌은 민주주의의 힘으로 더러운 민주주의자들의 민중

---

55 '더러운 민주주의자'라는 표현은 이 편지의 초안에만 나오고 전집에 수록된 편지에는 그냥 '이 시대의 대부분의 민주주의자'라고 돼 있다. 토크빌의 글들을 영어로 번역해 엮은 책인 *The Tocqueville Reader : A Life in Letters and Politics*에는 "dirty democrats"라고 돼 있다(Reader, 153쪽).
56 '이상적 민주주의라는 신기루를 좇는 사람들'도 이 범주에 포함될 것이다(Selected, 98~99쪽).

선동démagogie을 분쇄하는 것이 자신에게 "그 무엇보다도 중요한, 단 하나의 목표"라고 공언했다(Mayer 1960, 50쪽).

반면, 사회주의에 대한 토크빌의 평가는 이중적이었다. 그는 민주 혁명의 다음 단계로 사회주의가 등장하는 것은 불가피하다고 생각했다. 지나간 역사를 통해 점차 권력을 확대해온 인민의 눈으로 볼 때, 재산에 바탕을 둔 특권은 평등을 저해하는 가장 큰 장애물일 수밖에 없기 때문이었다(Mansfield 2010A, 6쪽).

문제는 사회주의가 뜨거운 열정에 불을 붙이고, 질투심을 부채질하고, 마침내 계급 간 전쟁을 조장한다는 것이었다. 사회주의자들은 근대 사회를 구성하는 근본 구조를 급격하게 변화시키려 들겠지만, 토크빌은 근본 구조가 그 같은 방식으로 폐지, 대체되리라고 생각하지 않았다(Recollections, 74~76쪽).

더 큰 문제는 사회주의가 자유를 심각하게 제약한다는 것이었다. 토크빌은 1848년 의회 연설에서, 사회주의자들이 다양한 형태의 정치 운동을 펼치지만, 인간의 이성과 개인의 자유를 심각하게 불신한다는 점에서 공통적이라고 지적했다. 사회주의가 개인을 제한하고 억누르고 규제한다는 것이다. 토크빌은 사회주의가 새로운 형태의 노예제에 지나지 않는다고 통박했다(Reader, 250쪽). 따라서 그는 사회주의와 하나가 될 수 없었다.

나는 기본적으로 민주주의자이다. 이것이 내가 사회주의자와 같이할 수 없는 이유이다. 민주주의와 사회주의는 같이 갈 수 없다. 이 둘을 한꺼번에 가지는 것은 불가능하다. (Reader, 250쪽)

이런 맥락에서 토크빌은 좌파(즉, 우파 안에서 집권 세력에 반대하는 세력)에 대해서도 불만이 많았다. 자유주의에 대한 진정성이 부족하고 아직도 혁명 노선에 훨씬 가깝다고 생각했기 때문이다. 그는 1842년 9월 왕조 좌파의 지도자 바로에게 보낸 편지에서 당시 반대 정파가 '기존 질서를 근본적으로 변혁해야 한다는 강박감'에 사로잡혀 있다고 분석했다. 그는 프랑스에서 자유로운 정치 질서의 발전이 느린 이유를 여기에서 찾았다. 프랑스 국민은 일반의 예상 이상으로 자유를 사랑하지만 그와 동시에 자유를 외치는 정당에 두려움을 느꼈다. 좌파가 자유를 내세우며 변혁을 도모하기 때문이었다. 해결책은 좌파 사람들이 '온건하고 합리적이고 자유주의적인' 노선으로 전환하는 것이었다. 토크빌은 좌파가 "자유 그 자체를 사랑하고, 마음이 내키지 않더라도 주위 사람의 독립성과 권리를 진정 존중하며, 정부의 권력을 견제하고 점진적·합리적으로 행정을 분권화"하는 중요한 문제에 진심으로 동조할 것을 요구했다. 그렇지 않으면 좌파가 새로운 혁명파로 전락하든지 아니면 전제 정치로 나아갈 수밖에 없다는 것이 토크빌의 진단이었다(Reader, 218~219쪽).

질서 속에 규율이 있는 자유

'질서 옹호자'와 '더러운 민주주의자'를 배제한 '새로운 종류의 자유주의자'는 구체적으로 어떤 노선을 걸을 것인가? 토크빌은 1836년에 스토펠에게 한쪽은 '도덕과 종교와 질서', 다른 쪽은 '자유와 법 앞에서의 평등'을 내세우며 서로 갈라져 싸우는 것에 충격을 받았다고 썼다. 양쪽이 하나로 합쳐져야만 '위대함과 행복'이 가능하다고 믿었기 때문이었다. 그는 도덕과 종교와 질서, 그리고 자유와 평등이 반드시 서로 연계되어야 한다는 것을 보여주고 싶었다. 그리고 그러한 연계의 성취를 '이 시대의 가장 아름다운 과업'으로 꼽았다(Reader, 153쪽).

토크빌은 자유와 법 앞의 평등은 물론이고, 언뜻 자유주의와 성질이 다른 것으로 비칠 수 있는 도덕과 종교와 질서도 강조했다. "……이 모든 것들이……반드시 동시에 함께 연계되어야 한다"고 역설했다.

'새로운 자유'에 관한 토크빌의 속마음은 과거 '좋았던 시절'에 대한 회상에서 선명하게 드러난다.

> 나는 최상의 유년 시절을 보냈다. 그 당시 프랑스 사회는 자유를 되찾으면서 번영과 위대함도 함께 되찾은 것처럼 보였다. 나는 질서 속에 규율이 있는 자유liberté modérée, régulière의 관념을 체감할 수 있었다. 다시 말해 종교적 믿음과 습속, 그리고 법에 의해 통제되는 그런 자유를 누리는 기쁨에 가슴 벅찼다. 그 자유는 내 모든 삶을 지탱하는 열정이 되었다. 그 당시 나는 이런 자유를 잃는다면 그 무엇으로도 보상받을 수 없을 것이라고 생각했다. 이제 나는 다시는 그와 같은 자유를 누릴 수 없으리라는 것을 분명히 깨닫는다.[57]

토크빌은 '질서 속에 규율이 있는 자유'를 말했다. 종교와 습속과 법에 의해 통제되는 자유가 진정 큰 기쁨을 준다고 했다. 더러운 민주주의자들이 운위하는 평등제일주의적인 '멋대로의 자유'가 아니다. 소시민적 안락을 제일로 치는 질서 옹호자들의 현실 안주는 더욱 아니다. 결국 토크빌의 '새로운 자유주의'는 여러 다양한 관념과 요소들이 현명하게 균형을 이루는 자유를 지향한다. 어느 한 생각이나 이해관계가 압도적

---

57 A. Tocqueville, *Souvenirs*, J.-P. Mayer (ed), *Oeuvres Complètes*(Gallimard, 1964), Tome XII, 86쪽.

인 위상을 누리게 해서는 안 되는 것이다(Craiutu 2005, 626쪽). 그는 전통적 가치를 놓치지 않으면서 질서정연한 변화를 선호했다. 특히 민주주의 시대에는 질서와 규율이 자유의 토대가 되어야 한다고 믿었다(Frohnen, 92~93쪽 ; Mayer, 99쪽 ; Kelly, 31쪽). 그러나 이런 다중적 성격이 그의 새로운 자유주의를 복잡하게 만들었다. '정치인 토크빌'의 족적이 기대만큼 뚜렷하지 않은 것도 '새로운 자유주의'의 이런 불투명한 성격과 무관하지 않다.

(3) 의정 활동

토크빌은 의회에 몸담고 있는 동안 주로 대외 문제 전문가로 활동했다. 그의 기본적인 문제의식은 역시 프랑스의 '영광과 명예'였다. 그는 단지 일신을 위해서만 위대함을 동경하고 타인의 평가에 강박적으로 집착한 것이 아니었다. 조국 프랑스의 명예와 국가적 위신에 대해서도 똑같이 예민했다.

그가 의회에 들어가 처음 한 일은 프랑스 식민지에서 노예제를 폐지할 것을 주장한 것이었다. 그 전에 이미 도덕·정치과학원에서 이러한 소신을 뜨겁게 펼쳤던 그는 그 여세를 몰아 의회에 들어오자마자 노예제 문제 소위원회의 발제를 맡았다. 그는 아직도 노예제를 고집하는 것은 시대의 흐름에 역행하는 일이라고 보았다. 프랑스의 식민지를 유지하기 위해서라도 불가피한 상황이 닥치기 전에 노예제를 먼저 폐지하는 것이 바람직하다고 주장했다(Pitts 2001, xxx쪽). 그는 평등과 자유가 프랑스 대혁명 이래 프랑스 고유의 감정이고 가치임을 상기시킨 뒤, 노예제가 프랑스 혁명의 정신에 배치된다는 점을 강조했다. 프랑스의 영광을 위해서라도 노예제를 없애야 한다는 것이었다(Tocqueville 2001, 207쪽).

토크빌은 그해 여름 내내 보고서를 쓰는 데 집중했다. 가을에 나온 보고서는 여러모로 토크빌의 장점을 잘 보여주는 것이었다. 우선 그는 시니어에게서 영국 측 자료를 빌려 보는 등 만반의 준비를 했다. 문장은 유려하면서도 냉철함을 잃지 않았다(Brogan, 341~342쪽). 그러나 토크빌이 노예제 문제를 거론한 것을 순수하게 인도주의적인 행동으로만 바라볼 수는 없다는 주장도 있다. 토크빌은 1843년《르 시에클》에 쓴 글에서 '60년 전 영국이 갑자기 노예 해방을 선언했을 당시 곳곳에서 놀라움과 경탄이 쏟아졌던 것'을 잊지 못한다면서, '특별한 기념비적 사건이 없는 오늘날' 프랑스도 무엇인가 위대한 행동을 할 수 있는데, 그것이 바로 노예제 폐지라고 역설했다(Tocqueville 2001, 199쪽). 세계만방에 자유와 평등의 상징으로서 프랑스의 모습을 보여주는 것이 그의 희망 사항이었던 것이다.[58]

알제리 전문가

프랑스는 1830년에 알제리의 수도 알제를 처음 침공한 뒤 값비싼 대가를 치렀고, 1847년에야 겨우 알제리를 식민지로 만들었다. 토크빌은 알제리 사태 초기부터 알제리 문제에 관심이 많았다. 알제리의 중요성을 인식한 그는 적극적인 대응을 촉구했고, 다양한 방법으로 알제리 문제

---

58 이런 측면에서 토크빌이 자유주의보다 민족주의를 더 위에 두었다고 비판하는 사람들이 있다(Richter 1963, 363쪽). 그는 미국의 민주주의를 탐구하며 유럽 사람들이 현지 원주민들을 가혹하게 침탈한 것을 신랄하게 비판했지만 프랑스의 알제리 식민지 경영은 적극 옹호했다. 그가 인도주의를 내세워 노예제 폐지를 주장한 그 시점에도 그는 프랑스의 알제리 주둔군이 저지른 비인도적 군사 작전은 못 본 척했다.

를 연구했다. 정부 문서를 구해 읽고 현지 소식통들과의 교신을 통해 정보를 입수하기도 했다. '알제리 전문가'로서 자신감을 얻은 그는 1837년 6월과 8월 두 차례에 걸쳐 베르사유의 한 신문에 〈알제리 서한〉을 썼다. 정계 진출을 꿈꾸던 시점이라 그러한 투고로 그곳에서 지역 기반을 닦고 싶은 욕심도 있었다. 알제리 문제에 대한 그의 낙관적 견해를 담은 이 글에서 토크빌은 프랑스-알제리 두 민족이 하나로 융합되는 '꿈같은' 미래를 그렸다(Tocqueville 2001, 26·25쪽).

그는 의회 진출 직후인 1839년 7월과 1840년 11월에 의회 연설을 통해 동방문제와 함께 알제리 경영에 대해서도 소견을 피력했다. 그가 1841년 3월 밀에게 문제의 그 편지를 보낸 데는 이런 배경이 있었다. 1841년 5월에 그는 알제리 여행에 나섰다. 물론 방대한 분량의 공식 기록 문서를 섭렵하는 등 사전 준비를 많이 하고 떠났다. 그러나 뜻하지 않게 세균성 이질에 걸려 중도에 귀향할 수밖에 없었다. 그는 그해 5월 7일부터 5월 30일까지의 알제리 일기를 꼼꼼하게 기록했다.

토크빌은 고향에서 병을 다스리면서 1841년 10월에 〈알제리 수상隨想〉을 집필했다. 알제리 문제에 관한 그의 대표작이라고 할 수 있는 이 글에서 그는 지금까지의 낙관적 견해를 버리고 유럽의 정착민을 중심으로 식민지를 본격 건설하는 방안을 제시했다. 1846년 6월의 의회 연설에서도 알제리 현지인들의 협조에 대한 환상을 버릴 것을 촉구하는 등 현실주의 노선을 재천명했다(Tocqueville 2001, 118쪽).

1846년 연말에 토크빌은 의회 조사단의 대표 자격으로 알제리를 다시 방문했다. 위험을 무릅쓰고 내륙 깊숙한 곳까지 여행하기도 했다. 그런 뒤 1847년에 의회에 조사 결과 보고서 두 편을 제출했는데, 알제리에서 프랑스의 식민 지배를 공고히 하기 위한 자신의 생각을 자세하게 풀어냈다(Tocqueville 2001, 129~198쪽).

  토크빌은 인도 문제에도 관심이 많았다. 그가 인도에 눈을 돌리게 된 것 역시 영국 때문이었다. 토크빌은 당시 영국이 이집트 문제에 절박하게 매달리는 것은 육지와 바다를 거쳐 인도로 가는 항로를 확보하기 위해서라고 생각했다. 따라서 그 역시 인도에 관심을 가질 수밖에 없었다. 평소 그는 영국이 소규모의 인원으로 그렇게 거대한 인도를 효율적으로 지배하는 것을 보며 궁금한 점이 많았고, 영국의 경험을 잘 활용하면 프랑스의 알제리 경영에 크게 도움이 될 것이라고 기대했다. 그래서 1840년 가을부터 인도에 대한 공부를 시작했다. 그가 1840년 9월에 친구 앙페르에게 보낸 편지에 그런 내용이 잘 나와 있다. 여기서 토크빌은 '인도에 대해 좀 더 잘 알고 싶은 마음이 간절하다'면서 더 많은 자료를 구할 방법은 없는지 묻고 있다(OC, XI, 145쪽). 토크빌은 인도에 관한 문헌 조사를 꼼꼼히 한 뒤 그 내용을 노트에 담았다. 장차 책으로도 낼 생각이었다. 3년쯤 지나 예정했던 작업의 첫 번째 부분 초고가 완성되었다. 문제는 그 다음에 올 2부, 3부였다. 책을 내기 위해서는 인도 현지를 직접 방문해 조사하는 것이 필요했다. 그것이 저술가 토크빌의 원칙이었다. 그러나 사정이 여의치 못해 그는 인도에 갈 수가 없었다. 1843년 12월, 토크빌은 그 책의 출간을 포기했다(Bernard, 17~18쪽 ; Jardin 1991, 338~340쪽).[59]

---

59 그러나 그가 인도에 대한 관심을 완전히 접은 것은 아니었다. 1847년 4월 한동안 적조했던 밀에게 편지를 보내 인도 문제에 대해 질문하기도 했다. 당시 토크빌은 의회로부터 열흘 남짓한 시간 안에 영국의 동인도회사 운영 실태를 조사 보고하는 긴급 과제를 맡았다. 영국인이 인도 현지 임무를 원활하게 수행하기 위해서는 현지의 언어와 역사 등 그쪽 사정을 어느 정도 알아두는 것이 필수적인데, 이를 위한 연수 기관을 어떻게 조직, 운영하는지 궁금했던 것이다. 알제리 경영의 실무적 문제에 골머리를 앓고 있던 프랑스로서는 영국에 묻고 싶은 것이 많을 수밖에 없었다. 토크빌은 밀에게 '우정의 이름으로' 급하게 도움을 청했다. 밀이 분명 답장을 보냈을 텐데 두

의회 연설

토크빌이 의사당에 발을 들일 무렵 프랑스의 대외 환경은 매우 안 좋았다. 프랑스는 영국이 주도하는 국제 질서에 맞서보려 했지만 갈수록 위상이 추락하고 있었다. 토크빌은 기조를 중심으로 한 집권 세력이 소심하고 구태의연한 정치관에 매몰되어 프랑스를 곤경에 몰아넣고 있다고 생각했다. 그는 조국의 위기를 타개하기 위한 '영웅적 결단'을 촉구했다. 그러나 그의 충정이 '호전적 국수주의'로 받아들여지면서 물의를 빚게 된다.

프랑스는 18세기 중반에 7년 전쟁[60]에서 패하면서 캐나다 등 북아메리카 영토를 대거 잃었다. 19세기 들어서도 상황은 계속 프랑스에 불리하게 돌아갔다. 토크빌이 정치 활동을 시작했을 때쯤 유럽 열강들은 오스만 제국 이후의 근동 지역의 국제 질서 재편에 촉각을 곤두세우고 있었다. 이른바 동방문제에서 주도권을 잡기 위해 각축을 벌이던 영국과 프랑스는 1840년 런던 조약[61]으로 일촉즉발의 위기 국면을 맞았다.

토크빌은 1839년 의회 진출에 성공한 뒤, 7월 2일 첫 번째 의회 발언에

사람의 전집 어디에도 그 편지는 수록돼 있지 않다(OC, VI, 348쪽).

60 중부 유럽에 위치한 슐레지엔의 영유권을 둘러싸고 유럽 국가들이 오스트리아·프랑스·러시아를 한편으로 하고 프로이센·영국을 다른 한편으로 하여 싸운 전쟁(1756~1763)이다. 영국은 이 싸움에서 이긴 덕분에 거대한 식민 제국을 건설할 수 있었다.

61 오스만 제국과 이집트 사이의 분쟁을 해결하기 위해 1840년 7월 15일 영국, 러시아, 오스트리아, 프로이센이 체결한 조약. 1839년 영국의 사주를 받아 오스만 제국이 이집트에 싸움을 걸자, 프랑스의 전폭적인 지지를 등에 업은 이집트가 시리아를 침공함으로써 오스만 제국에 반격을 가했다. 그러나 프랑스의 승리는 오래가지 않았다. 영국과 러시아는 오스트리아, 프로이센과 합세해 런던 조약을 맺은 뒤, 이집트의 군사적 양보를 강요했다. 굴욕감을 느낀 프랑스는 전 유럽을 상대로 전쟁을 벌일 태세였다. 이집트도 프랑스의 강경 대응을 믿고 연합국의 요구를 거부했다. 그러나 영국이 이집트를 공격하자, 1840년 가을 프랑스의 루이 필리프는 티에르 내각을 퇴진시키며 사태 수습에 나섰다.

서 이 문제를 다루었다. 그는 관련 국가들, 특히 프랑스와 영국이 협의를 통해 문제를 풀어야 하며 또 그것이 가능하다고 주장했다. 그런 다음 그는 프랑스 집권 세력의 무능을 강력하게 성토했다. 그는 세계의 모든 문제에 깊숙하게 관여했던 조국 프랑스의 위대했던 과거 역사를 상기시킨 뒤, 극도로 위중한 당시의 국제 정세에서 아무런 발언권도 갖지 못한 채 배제되고 있는 프랑스의 현실을 적나라하게 고발했다. 토크빌은 프랑스 국민이 그런 서글픈 현실을 아무렇지도 않게 받아들이는 것이 전쟁에서 스무 번 패하는 것보다 더 치명적인 일이라고 목소리를 높였다. 7월 왕정의 존립 자체가 위태로워질 것이라는 말까지 했다(Lawlor, 8~9·37~38·41쪽 참조).

그러나 상황은 토크빌의 기대와는 정반대로 흘러갔다. 프랑스가 주도권을 행사하기는커녕 국제 무대에서 완전히 따돌림을 당하고 만 것이다. 토크빌은 특히 런던 조약에 크게 '굴욕감'을 느꼈다. 그는 1840년 11월 30일 두 번째 의회 연설에서 런던 조약이 프랑스의 명예를 심각하게 손상했다면서 당시의 집권 세력에게 책임을 물었다. 토크빌은 국내 정치를 파탄으로 몰아넣은 '사소하고 쩨쩨한 정신'이 대외 정책에도 그대로 이어진다고 생각했다. 루이 필리프는 외국 열강들과의 충돌을 야기할 수 있는 그 어떤 사태도 원치 않았다. 대외 전쟁이 자칫 국내에서 혁명을 야기할까 봐 두려웠던 것이다. 토크빌의 입장은 그와 정반대되는 것이었다. 그는 프랑스 국민을 단합시키는 마지막 끈이 바로 민족적 자존심인데, 정부가 이것을 짓밟음으로써 오히려 혁명을 부채질하는 형국이라고 비판했다. "전쟁을 도모할 수 없는 정부는 혐오의 대상이 될 수밖에 없다"는 강경 발언도 서슴지 않았다. 토크빌은 프랑스가 뒷짐 진 채 물러나 있고 러시아와 영국이 모든 문제를 해결하게 되는 상황을 용납할 수 없다면서, "그런 일이 벌어지게 내버려 둘 바에야 차라리 전쟁을 벌이는 것이 낫다"고 결연히 선언했다(Lawlor, 53~58쪽).[62]

3부에서 보았듯이, 토크빌이 밀에게 보낸 1841년 3월의 편지는 이런 국제 정세를 배경으로 하고 있었다. 그는 이 편지에서, 프랑스의 국제적 위상이 하루가 다르게 추락하면서 프랑스 국민이 굴욕감을 느끼고 있는 상황을 솔직하게 털어놓았다. 그러면서 나라의 기강이 땅에 떨어지기 전에 정치 지도자들이 민족적 자존심을 되세우는 일에 나서야 한다고 역설했다(Selected, 150~152쪽). 이는 토크빌의 우국충정의 발로였지만, 프랑스의 위신을 위해 필요하다면 전쟁도 불사해야 한다는 표현이 문제가 되었다. 이에 밀은 물론 그를 아꼈던 시니어까지 거친 언사를 동원하며 비판했음은 앞에서 살펴본 바와 같다.

토크빌은 1848년 2월 혁명 직전에 그의 의회 연설 중 가장 사람들 기억에 많이 남아 있는 명연설을 했다. 1월 27일 단상에 오른 그는 민주 혁명 다음 단계에 사회주의가 등장하는 것은 불가피하다면서 사회주의의 등장을 예고했다. 토크빌의 발언에 장내가 크게 술렁거렸지만, 대다수 의원들은 아직 그 심각성을 눈치 채지 못하고 있었다(Jardin 1988, 402쪽). 토크빌은 이런 급변을 촉발한 가장 중요하고 실제적인 원인으로 루이 필리프 정부의 "가증스러운 정신"을 꼽았다. 지배 계급인 중산층이 "야바위, 저급, 뇌물"에 물들어 공공 정신을 도외시한 채 자신들만의 이익을 맹목적으로 추구한 결과라는 것이었다(Senior, I, 37쪽). 동시에 토크빌은 보다 긴 눈으로 역사의 흐름을 분석하기도 했다. 오랜 세월에 걸쳐 인민

---

62 이 발언은 토크빌이 의회 단상에 올라가 한 말 중에서 '가장 호전적'이라는 평가를 받고 있다(Drescher 1964, 155~156쪽).

은 점차 권력을 확대해왔다. 평등을 향해 전진해왔다. 그런 인민의 눈으로 볼 때, 재산에 바탕을 둔 특권은 역사 발전의 가장 큰 걸림돌일 수밖에 없다. 따라서 토크빌은 인민이 민주 혁명의 다음 단계로 사회주의를 고대하는 것은 불가피하다고 생각했다(Mansfield 2010A, 6쪽). 토크빌은 이런 이유에서 사회주의를 1848년 혁명의 기본 특징으로 지목했다.

그러나 토크빌은 사회주의의 승리를 믿지 않았다. 사회주의는 뜨거운 열정에 불을 붙이고, 질투심을 부채질하고, 마침내 계급 간 전쟁을 조장할 것이다. 사회주의 성격을 띤 2월 혁명은 분명 근대 사회의 근본 구조를 급격하게 변화시키려 들 것이다. 그러나 토크빌은 그 구조가 그런 혁명을 통해 폐지, 대체되리라고 생각하지 않았다(Recollections, 74~76쪽). 그의 분석에 따르면, 철저하게 버림받은 하위 계층은 사회주의자들에게 기대를 걸었지만, "그 인간"들은 그들을 위하는 척하면서 쓸모없는 엉터리 관념만 불어넣었다(Senior, I, 37쪽). 민주주의와 사회주의는 같이 갈 수 없다는 것이 그의 최종 판단이었다.[63]

1848년 1월 27일의 토크빌의 연설은 좌중을 흔들었다. 모두가 그의 혜안에 탄복했다. 그러나 그뿐이었다. 그의 경고도 2월 혁명을 막지는 못했다. 2월 혁명의 열기가 한창 뜨거웠던 1848년 9월 12일에 토크빌은 다시 의회 단상에 올랐다. 사회주의를 비판하기 위해서였다. 토크빌은 사회주의를 지탱해주는 세 가지 원리를 적시했다. 물질 숭배, 사유재산 폐지, 개인의 자유 억압이 바로 그것이다. 이런 논리를 편 끝에 그는 사회주의가 새로운 형태의 노예제에 불과하다고 주장했다. 그는 특히 당시 사회주의

---

63 토크빌은 사회주의를 받아들일 수 없었다. "나는 기본적으로 민주주의자이다. 이것이 내가 사회주의자와 같이할 수 없는 이유이다. 민주주의와 사회주의는 같이 갈 수 없다. 이 둘을 한꺼번에 갖는 것은 불가능하다."(Reader, 250쪽).

자들이 당면한 실현 과제로 삼고 총력을 기울이던 '노동자의 일할 권리'를 강력하게 비판했다. 국가가 직장을 만들어 노동자들에게 제공하라는 것은 '사회의 사회화'를 도모하자는 말이나 다름없다면서 사회주의의 기본 발상을 강력하게 성토했다(Reader, 250쪽 ; Jardin 1988, 419쪽).

헌법 기초 위원

2월 혁명의 여파로 새 헌법을 만들게 되었을 때 토크빌은 헌법 기초 소위원회의 일원으로 활약했다. 의원들의 전체 투표를 통해 18명의 위원이 선출되었는데 토크빌은 496표를 얻어 그 대열에 끼게 되었다(Recollections, 167쪽). 위원들은 대부분 의회 내 각 진영의 온건파에 속하는 사람들이었는데, 거의 다 전문성을 결여한데다 당파의 울타리를 극복하지 못했다. 불과 한 달이라는 짧은 시간에 헌법 초안을 만들어야 하는 부담이 있는데다 사회 분위기도 흉흉했다. 토크빌은 60여 년 전에 미국 헌법을 만들었던 '건국의 아버지들'에 비해 수준이 현격히 떨어지는 위원들의 면면에 크게 실망했고, 처음부터 헌법 기초 소위원회에 큰 기대를 걸지 않았다.

1848년의 새 헌법은 의회의 권력을 효과적으로 제어하는 방안을 찾는데 집중했다. 의회를 최고 권력 기관으로 규정하는 대신 그것이 과거 대혁명 시기의 국민공회와 같은 괴물이 되지 않도록 차단하는 것이 일차적 과제였다. 이런 추세를 이어받아 토크빌은 '견제와 균형'의 원리를 내세워 양원제를 제안했다. 그러나 국민 여론이 압도적으로 단원제를 지지한 탓에 그 제안은 채택되지 않았다.[64]

---

64 토크빌은 믿었던 동료 의원마저 자신의 주장에 동조하지 않는 것에 크게 놀랐다. 그는 이와

의회 권력을 제어하는 방안에 합의하지 못한 소위원회는 그 대신에 행정부의 권력을 강화하는 쪽으로 가닥을 잡아나갔다. 그러나 강력한 군주제의 전통이 살아 있는 프랑스에서 1인 통치자의 위상을 강화하는 것은 더 큰 위험을 안고 있었다. 이런 상황에서 토크빌은 의미 있는 저항을 하지 못했다. 아니, 오히려 역효과를 내는 제안을 하고 말았다. 그는 미국 전문가답게 미국의 사례를 준거로 내세웠지만 여러 대목에서 시대의 변화를 좇지 못하고 있었다. 그가 미국을 방문한 것이 벌써 16년 전의 일이었다. 《미국의 민주주의》 2권이 나온 지도 8년이 지났다. 그는 건강이 안 좋아서 자신의 저서를 다시 읽으며 수정, 보완하는 작업을 할 수도 없었다. 토크빌은 미국처럼 선거인단 간접 선거를 통해 대통령을 뽑자고 제안했는데, 정작 미국인들은 여러 문제 때문에 이 방식에 불만이 많은 터였다.[65] 토크빌은 선거인단 절대 다수결 방식을 제안했으나 이 역시 다른 위원들의 동의를 얻는 데 실패했다. 그러자 토크빌은 의회에서 대통령을 뽑자고 제안했고, 이 수정안 역시 외면당하고 말았다.

대통령을 국민투표로 뽑자는 주장이 위원들 사이에서 힘을 얻고 있던 6월 초, 나폴레옹의 조카인 루이 나폴레옹 보나파르트, 즉 나폴레옹 3세가 하원 보궐선거에서 당선되는 충격적인 일이 벌어졌다. 헌법 기초 소

관련해 의원들을 두 범주로 나누며 통렬히 조롱했다. "한쪽은 자신이 신봉하지 않는 주장을 즐겨 따르는 데 익숙한 반면, 다른 한쪽은 즐겨 따르고 싶은 주장을 신봉하도록 자신을 설득하는 데 아주 능하다." 토크빌이 비슷한 각도에서 변호사들을 비웃은 대목도 재미있다. "변호사들은 자기도 믿지 않는 것을 변호하는 데 익숙하다. 또 변호하고 싶은 것을 자신도 믿게 만드는 재주 역시 탁월하다."(Recollections, 173쪽).

65 토크빌이 미국 정치의 변화를 따라가지 못했음을 보여주는 논거가 또 있다. 그는 새 헌법을 개정하는 것을 터무니없이 어렵게 만들자는 제안을 적극 지지했다. 그렇게 해야 새 헌법이 현실에 탄탄하게 뿌리를 내릴 수 있다는 생각에서였다. 그러나 어렵지 않은 개정 절차야말로 미국 헌법의 가장 큰 장점 중 하나였다(Brogan, 454쪽).

위원회는 나폴레옹 3세가 국민투표를 통해 대통령이 될 수도 있다는 사실에 전율했다. 그래서 의회에서 대통령을 선출하자는 토크빌의 수정안이 다시 관심을 받았다. 그러나 여론은 여전히 요지부동이었다. 국민은 대통령을 자기 손으로 직접 뽑고 싶어 했다. 나중에는 토크빌마저 국민투표 쪽으로 급선회했다. 사회주의자들의 위협이 눈앞에 닥친 상황에서 '진정한 공화국 헌법을 만드는 것보다 한시라도 빨리 강력한 통치자를 옹립하는 것이 더 선결 요건'이라고 생각했기 때문이었다(Recollections, 178쪽).

토크빌의 결정적 패착은 따로 있었다. 그는 보몽과 힘을 합쳐 대통령이 재선에 나설 수 없게 했다. 재선의 길이 열려 있으면 현직 대통령이 모든 수단을 동원해 타락 선거를 주도할 수도 있다고 내다봤기 때문이었다. 막강한 권력을 지닌 대통령이 저지를 수도 있는 해악을 방지하기 위해 그와 보몽은 끝내 대통령 단임을 관철했다. 그러나 바로 이 단임 조항 때문에 1851년 나폴레옹이 쿠데타를 감행하게 된다. 토크빌은 자신이 큰 영향력을 행사해 어렵사리 만든 조항이 의도치 않게 '가장 가슴 아픈 기억'으로 남게 되었음을 《회상록》에서 솔직하게 고백했다. 그는 그것을 '큰 실수'라고 불렀다(Recollections, 179~180쪽 ; Brogan, 455쪽).

토크빌은 하원 의원으로 있으면서 도의원도 겸직했다. 1842년 망슈의 도의원으로 선출된 뒤, 나폴레옹 쿠데타에 항거해 1852년 물러날 때까지 그 자리를 지켰다. 1849년에는 도의회 의장이 되었다. 도의원 토크빌은 자신의 지역구와 관련된 셰르부르 철도 노선 연장을 위해 장문의 보고서를 썼다. 그는 처음에는 경제적 타당성이 떨어진다는 이유로 철도 연장에 반대했으나, 나중에는 생각을 바꾸어 누구보다 적극적으로 그 사업을 옹호했다. 그는 하원 의원을 군 단위로 뽑지 말고 도 단위로 뽑도록 광역 선출을 촉구했는데, 1848년 2월 혁명 이후 새로운 선거법에 그의 뜻이 반영되었다(Brogan, 390쪽).

언론 활동

토크빌이 정치 활동을 하던 무렵 파리를 중심으로 각종 언론사들이 활황을 누렸다. 언론사들마다 각각 다른 정치 이념을 띠고 있었다. 유력 정치가와의 연대를 노골화하는 경우도 있었다. 대표적인 일간지인《르 시에클》은 원래 입헌군주정을 지지하다가 공화주의 쪽으로 노선을 수정했는데, 티에르를 노골적으로 지지했다. 토크빌은 그런 점이 마음에 안 들었지만 힘 있는 언론사를 계속 등지고 지내기는 어려웠다. 그도 자신의 영향력을 키워줄 언론사를 내심 고대하고 있었다.

그러던 중 1844년 3월 그는 경제·상업 분야를 특화한 급진적 성향의 신문인《르 코메르스*Le Commerce*》가 매물로 나왔다는 소식을 들었고, 그 날로 형 에두아르에게 연락해 그 신문사를 매입하는 것의 타당성을 물었다. 문제는 15만 프랑이라는 거금을 마련하는 것이었다. 토크빌이 동분서주한 끝에 6월 29일 대지주 한 명, 야당 의원 여섯 명, 법률가 두 명이 힘을 합해《르 코메르스》를 인수하는 데 성공했다. 타미지에라는 지주가 지분의 과반을 출자했고, 토크빌과 코르셀을 포함한 야당 의원 여섯 명도 자금을 댔다.

1844년 7월 24일《르 코메르스》는 '정치적 자유와 법 앞에서의 평등'이라는 사시社是를 내걸고 새롭게 출범했다. 토크빌의 손을 거친 사시임이 분명했다. 토크빌은 대표 주주가 아니라서 전권을 갖고 있지는 않았지만 신문사 경영에서 제일 큰 영향력을 행사했다. 그는 경영 실무를 진두지휘했고, 익명으로 신문에 빈번하게 글을 썼다. 또한 영국, 미국, 스페인 등 해외에서 유명 필자를 섭외하는 것도 그의 몫이었다. 그러나 자본금이 충분하지 않은데다 뛰어난 편집자도 확보하지 못해 어려움이 가중되었다. 게다가 토크빌의 정치적 모호성을 반영하듯 신문 논조도 다소 애매해서 독자들을 사로잡는 데 실패했다(Brogan, 380쪽).

실망스럽게도 구독자 수는 계속 줄어들었다. 1844년에 이어 1845년에는 구독자가 더욱 감소했다. 8월의 구독자 수는 3,549명으로 연초에 비해 600명 넘게 줄어든 것이었다. 토크빌은 이 신문이 가망 없음을 인정하고 1845년 중반에 신문 경영에서 손을 뗐다. 신문사는 1847년 청산 절차를 밟았다. 토크빌은 1년 가까이 이 신문에 관여하면서 4,500프랑 남짓 손해를 보았다. 연 수입의 4분의 1 정도를 잃은 셈이다. 그뿐만 아니라 친구 보몽과의 관계도 서먹해졌다. 보몽은 이미 티에르 쪽의 《르 시에클》과 깊은 관계를 맺고 있었는데 토크빌은 그가 빨리 그쪽과 관계를 끊고 자기 신문사를 도와주지 않는 것에 대해 불만을 갖고 있었다. 그러나 사실 보몽은 친구를 돕기 위해 나름 서두르고 있었다. 그러는 중에 교육 정책을 둘러싼 오해가 겹치면서 토크빌은 보몽에게 섭섭함을 넘어 배신감까지 느꼈다.[66] 이래저래 《르 코메르스》 경영은 토크빌에게 상처만 안겨주고 끝났다(Jardin 1988, 388~396쪽 ; Brogan, 380~381쪽).

---

66 당시 두 신문은 교육 현안을 둘러싸고 정면 대립하고 있었다. 티에르와 《르 시에클》은 중등 교육 과정이 계속 국가의 관할 아래 있어야 한다고 생각한 반면, 토크빌과 《르 코메르스》는 가톨릭교회를 중심으로 사립학교를 부활시켜야 한다고 주장했다. 이 과정에서 《르 시에클》이 토크빌을 "막후 정통주의자"라고 공격해 그의 분노를 샀다(Brogan, 380쪽).

(4) 정치인 토크빌

정치적 자산

토크빌은 많은 사람들의 기대를 한 몸에 모으며 화려하게 정계에 진출했다. 1839년 의회에 입성한 그는 "탁월한 재능을 갖춘 7월 왕정의 마지막 인물"이라는 평가를 받았다(Reader, 160쪽). 토크빌 본인도《미국의 민주주의》로 일약 유명해진 여세를 몰아 프랑스 정치를 혁신할 수 있으리라는 자신감으로 충만해 있었다(Jardin 1988, 386쪽).

하원 의원 시절, 그는 늘 바쁘게 움직였다. 그를 필요로 하는 일이 많았기 때문이다. 토크빌은 한때 전문가로 이름 날렸던 교도 행정 분야뿐만 아니라 노예제와 노예무역 문제, 특히 알제리 식민지 문제 등에서 구체적인 현안이 생길 때마다 위원회 위원이나 발제자로 활동했다. 흔히 이론에 뛰어난 사람은 현실에 어둡다고 한다. 그러나 토크빌은 달랐다. 그의 친구 보몽의 말에 따르면, 그는 이론가에 대한 그런 편견을 비웃기라도 하듯이 놀라울 정도로 실무에도 뛰어났다(Brogan, 390쪽).

하원에서 경력이 쌓이면서 토크빌의 정치적 영향력도 커졌다. 7월 왕정 끝 무렵에는 그는 일부 측근들을 넘어 다른 의원들에게까지 제법 힘을 미쳤다. 좌·우 대치 상황에서 최고 협상가로 부각되기도 했다. 특히 그의 지역구는 놀라울 정도로 탄탄하게 관리됐다. 그는 1839년 처음 당선된 이후 한 번도 재선에 실패한 적이 없었다(Jardin 1988, 383~384쪽).

4부에서 보았듯이 토크빌은 정치가가 갖추어야 할 조건으로 높은 지성과 공의에 대한 헌신을 꼽았다. 위대한 정치가가 되기 위한 첫 번째 조건인 지성에 관한 한 당대에 토크빌을 능가할 만한 사람은 없었다고 해도 과언이 아니다. 그는 두 번째 조건도 완벽에 가까울 정도로 갖추고 있었다. 그는 대의에 헌신하는 것을 자신의 숙명처럼 생각했다.[67] 그는 스스로에게 매우 엄격했다. 공공의 이익에 어긋나는 일은 "본능적으로" 피했다(Selected, 146쪽). 토크빌은 대의를 위해서라면 어떤 희생도 마다하지 않았다. 그는 1848년 2월 혁명 이후 치러진 선거에 나가면서 이런 출사표를 던졌다.

> 나는 일단 부름을 받으면 평안과 안락을 다 버리겠습니다. 프랑스의 안정과 문명이라는 대의를 위해 필요하다면 목숨까지도 바칠 용의가 있습니다. 조국이 나를 부르는 것을 직접적으로든 간접적으로든 피하지 않겠습니다. 나는 그런 겁쟁이가 아닙니다. (Selected, 204쪽)

그가 1849년 6월에 장관으로 입각한 것도 대의에 대한 헌신 때문이었다. 장관 자리에 오래 머물지 못하리라는 것을 잘 알았지만 그는 그 자리를 거절하지 않았다.

> ……나는 기본적으로 전혀 주저하지 않았다. 도탄에 빠진 나라를 구할 수 있음에도 많은 사람들이 겁을 먹어 공직을 안 맡으려 하는 현실을 보니 나의 자존심과 나의 신념이 참지 못했다. (Recollections, 193쪽)

토크빌은 의사당 안에서 오직 공공선이라는 행동 규칙에 따라 움직였다. 공공의 이익만이 그의 관심사였고, 그 밖의 사적 관심은 모두 배제되

---

67 토크빌은 이십대 후반이던 1833년에 케르고를레에게 보낸 편지에서 "사람이 이 세상에서 힘써 추구해야 할 단 하나의 위대한 목표가 있다면 그것은 인류의 행복을 위해 노력하는 것"이라고 말했다(Selected, 91쪽).

었다.[68] 그는 최고 권력자 루이 나폴레옹에게도, 사적 이익이 아니라 프랑스의 관심사를 돌보는 것이 그의 의무임을 잊지 말라고 서슴없이 직언했다. 그것이 공화국 대통령이 할 수 있는 제일 멋진 일이라고 강조했다(Recollections, 227쪽). 토크빌은 정치에 몸담고 있는 동안 매일 어떻게 최선을 다할 수 있을까 고민했다. 가야 할 길이라는 확신이 들면 그 어떤 험난한 여정이 기다리고 있어도 결코 주저하거나 망설이지 않았다(Recollections, 83쪽). 토크빌은 《회상록》에서 당시 현역 정치인들을 평가하면서 '공의에 대한 헌신'을 가장 중요한 척도로 삼은 바 있다. 이 기준으로 보면 토크빌은 분명 차고 넘치도록 훌륭한 정치인이었다.

토크빌은 사춘기를 겪으며 자기 불신이라는 내상內傷이 깊었다. 그 상처는 가시밭길 같은 의정 생활 동안 더욱 악화되었다. 그러던 차에 1849년 장관직을 맡으면서 그의 불안과 초조가 극심해졌다. 거기에다 건강까지 안 좋았다. 그러나 토크빌은 위기를 맞아 오히려 더 강건해졌다. 그는 "사소한 책임 앞에서는 당황하고 위축되지만 중대한 일 앞에서는 놀라울 정도로 침착해지고 평온을 되찾는" 기질의 소유자였다(Recollections, 230~231쪽). 토크빌은 장관직을 수행하면서 걱정했던 것보다 스스로 일

---

68 토크빌은 법과 질서의 중요성을 강조한 연장선에서 사회와 국가에 대한 헌신의 소중함을 역설했다. 그는 국가를 단순히 계약의 산물로 보지 않고 신성한 피조물로 간주했다. 따라서 모든 사람은 "개인을 위한 가장 강력하고 가장 근본적인 정치적 유대를 대표"하는 국가에 헌신해야 한다. 토크빌은 "변호사든 법관이든 농민이든 아니면 군인이든 그 누구든, 자신과 관계되는 좁은 울타리 너머의 그 어느 것에도 관심을 두지 않는 사람들을 혐오"했다(Mayer 1960, 99~100쪽). 토크빌은 같은 이유에서, 당시 여자들이 사적으로 엄청난 미덕을 발휘하면서도 공적 의무에 대해서는 최소한의 문제의식도 결여하고 있다고 신랄하게 비판했다(Selected, 338쪽). 그는 1848년 혁명기에 한 형수가 자기 가족에게 닥친 불행에 눈이 멀어 나라 일이나 다른 사람의 처지에 대해 도통 무관심한 것을 개탄하면서 "매우 친절하고 지적인 여자이지만 시민으로서는 최악"이라고 비판했다(Recollections, 40쪽).

을 잘 처리한다는 자신감을 얻었다. 그 발견이 그의 담대함을 부추겼다. 그 혼돈의 시기에 자신에 대한 자신감을 회복했다는 것이 그로서는 무엇보다 큰 수확이었다(Recollections, 232쪽).

'위대한 정치'의 좌초

그러나 크게 봐서 토크빌의 정치 인생은 그리 성공적이지 못했다. 그는 자기 생각 속으로 사람들을 끌어들이려 노력했지만 별 성과가 없었다. 따라서 그는 의사당 안에서 제대로 능력을 발휘하지 못했다. 적어도 그가 꿈꾸었던 이상에 비추어보면 그렇다(Reader, 160쪽 ; Brogan, 389쪽).

토크빌은 프랑스의 지리멸렬한 국내 정치를 쇄신하기 위해서는 사람들의 의식 구조를 개조해야 한다고 생각했다. 그래서 대외 관계를 주목했다. 개인주의의 늪에 빠진 프랑스 사람들을 뒤흔들어 조국애에 불을 댕길 수만 있다면 영국, 러시아 등과의 일촉즉발 상황에 빠지는 것도 개의치 않았다. 하찮은 부르주아적 "수프 냄비"를 붙들고 사는 동료 시민들의 영혼을 각성시키는 데 알제리 등 해외 식민지의 "영웅적 개척"이 크게 유용하다고 확신했다. 토크빌은 호전적, 아니 "소아병적" 민족주의자라는 조롱을 받으면서까지 프랑스의 영광에 집착했다. 자유주의자가 제국주의의 첨병 노릇을 한다는 조소도 기꺼이 감수했다.[69]

그러나 토크빌의 우국충정은 빛을 발하지 못했다. 세상은 그가 혐오한 '질서 옹호자' 중심으로 흘러갔다. '청년 좌파' 정당을 만드는 꿈도 실현되지 못했다(Reader, 21쪽). 토크빌이 중심 역할을 한 1848년 헌법 제정 기초 소위원회도 그의 생각과는 다른 방향으로 흘러갔다. 드물게 토크빌

---

69   이에 대해서는 서병훈, 〈'유치한 제국주의' : 토크빌을 위한 변명〉 참조.

의 뜻이 관철된 것이 바로 대통령 중임 금지 조항이었다. 그런데 그것이 나중에 나폴레옹 쿠데타의 빌미가 되고 말았다. 이 때문에 토크빌의 회한이 컸다.

토크빌이 정치에서 큰 뜻을 펴지 못한 데는 여러 요인이 작용했을 것이다. 혼자 힘으로 세상을 바꿀 수는 없는 일이다. 사람들이 온통 먹고사는 문제에만 관심을 쏟고 있는 터에 '위대함'에 대한 그의 절규가 통하기는 어려웠다. 그렇지만 그 자신의 한계도 컸다. 토크빌은《미국의 민주주의》의 명성에 도취한 나머지 현실의 장벽을 제대로 인식하지 못했다(Jardin 1988, 301쪽). 특히 대중 민주주의의 진군에 걸맞은 대중 정치인의 모습을 보여주지 못했다. 토크빌은 위대한 정치인이 갖추어야 할 세 번째 조건으로 "사람들을 한데 묶고 그들을 하나의 집단으로 이끄는 기술"을 강조했다. "사람들을 한데 묶고 이끄는 기술"은 이미 그의 시대에도 대중 정치인이 갖춰야 하는 필수덕목이었다. 그러나 토크빌은 사람과의 관계에서 치명적으로 취약했다. 그가 대중 정치인으로 성장하는 것을 가로막았던 요인들을 살펴보자.

신체적 한계

1850년에 토크빌이 없는 자리에서 시니어, 보몽 등 그의 지인들이 '지도자론'에 관해 환담을 나누었다. 그들은 재능, 지식, 용기, 인품 등의 측면에서 토크빌이 지도자로서 모자람이 없다는 데 의견을 같이했다. 그러나 그들이 볼 때 토크빌은 두 가지 점에서 결정적인 한계를 안고 있었다. 첫째, 토크빌은 큰 정치인이 되기에는 너무 부실한 신체를 타고났다. 그 지인들이 증언한 대로, 토크빌의 건강은 장시간 토론을 감당할 정도가 되지 못했다. 그런 상태로는 정당의 지도자가 될 수 없었다(Senior, I,

124~125쪽).

토크빌이 의회에 들어간 지 얼마 안 돼서 친구 케르고를레는 그에게 정부가 잘못한 일을 꼬치꼬치 물고 늘어지라고 충고했다. 그래야 그의 정치적 위상이 탄탄해진다고 했다. 사안이 있을 때마다 친구의 말대로 대응하자면 튼튼한 몸과 마음이 필요했다. 그러나 토크빌은 그것을 둘 다 갖추지 못한 사람이었다(Jardin 1988, 387쪽).

그는 건강 때문에 한 회기에 3~4차례 이상은 발언할 수가 없었다. 결혼 후 2년쯤 지나서부터는 주기적으로 위통에 시달렸다. 토크빌을 처음 본 사람은 누구나 다 그의 병색에 대해 한마디씩 했다.

경직된 대인 관계

그들이 두 번째로 문제 삼은 것은 토크빌의 괴팍한 기질이었다. 그는 평범한 것을 싫어했다. 아니 혐오했다. 의원들의 대다수를 차지하는 보통 사람들의 환심을 살 생각이 아예 없었다. 그들과 말하는 것, 심지어 그들의 말을 듣는 것조차 기피했다. 그들의 이름을 기억 못하는 것은 당연했다. 그런 대인 관계로는 의회 지도자가 될 수 없었다(Senior, I, 124~125쪽).

그것은 정확한 지적이었다. 토크빌은 주변 사람들에게 무관심했고, 평범한 보통 사람을 경멸했다. 그는 진부한 사람들이 세상을 움직이는 것이 너무 싫었고, 생각이나 감정에서 특별히 자신의 시선을 끌지 않는 사람에게는 아예 관심을 두지 않았다. 그렇다 보니 그는 그들이 "코나 입이나 눈을 가지고 있겠지만 그 전체가 어울려 각각 어떤 모습을 하는지" 기억하지 못했다. 그는 사람들과 깊이 있는 좋은 관계를 맺는 데 서툴렀기 때문에 그가 알아보는 사람은 정말 몇 안 되었다. 그는 사람들을 만날 때마다 이름을 묻고는 곧 잊어버렸다(Recollections, 82~83쪽).

토크빌의 이런 기질은 그의 도덕적 결벽증 때문에 더 심해졌다. 토크빌은 분명 정치권력에 욕심이 있었다. 그러나 그는 도덕적 기반이 전제되지 않은 권력에는 마음이 없었다. 그가 마키아벨리를 싫어한 것도 이런 이유에서였다. 토크빌이 볼 때 마키아벨리는 "위대함과 고상한 행위를 예찬"했지만 "그가 생각하는 세계는 신이 없고 양심이 아무런 역할을 하지 않으며 각자가 자신의 이익을 위해 투쟁하지 않으면 안 되는 곳"이었다. 토크빌은 인도주의적 양심이 전제되지 않은 정치는 비인간적이고 신을 부정하는 것과 다름없다면서 마키아벨리를 비판했다(Mayer 1960, 87쪽).

  신체적으로나 심리적으로나 토크빌은 강건하지 못했다. 정치적으로 큰 인물이 되기 위해서는 때로 냉혹하고 무자비한 결단을 내릴 수 있어야 한다. 그러나 그는 그런 사람과는 거리가 멀었다. 그러기에는 그의 윤리적 기준이 너무 높았다. 인간의 존엄과 자유에 대한 그의 신념은 대중사회로 접어들기 시작하는 프랑스의 정치 환경과 겉돌았다. 토크빌의 도덕주의는 신속한 결정을 요구하는 정치 세계와 충돌하기 십상이었다. 더구나 그는 사상가 고유의 사변적 취향을 가지고 있었다. 냉정하고 재빠른 결단을 요구하는 정치 세계에서 토크빌은 햄릿을 연상시키는 사람이었다(Mayer 1960, 63쪽).

  토크빌은 동료 의원들에 대해서도 실망했다. 그는 의사당에 들어가서도 진리와 거짓, 선과 악을 놓고 고민했다. 정직함, 아니 유용함이라도 얻을 수 있을까 하여 분투했다. 그런데 주변의 정치인들은 그런 고민에 시달리지 않았다. 아예 고민이 없었다. 정당들도 한결같았다. 다들 소시민적 목표에 매몰된 채 똑같은 방법을 동원했다. 토크빌의 실망감이 컸다. 그는 그렇고 그런 사람들과 어울고 싶지 않았다. 통속적이고 안이한 동료들에게 정을 붙일 수가 없었다(Recollections, 84쪽).

의원 초년병 시절에 토크빌은 동료들에 대한 낯가림이 심했다. 또한 그는 다른 사람의 비판에 병적일 정도로 예민했다. 한마디로 신경과민이었다. 세월이 흘러도 이 기질은 쉽게 바뀌지 않았다(Brogan, 377쪽). 성격도 급해서, 차분하지 못하고 뒤죽박죽이었다. 행동이 앞서다 큰 실수를 저지르는 경우도 있었다(Jardin 1988, 301쪽). 이런저런 이유가 겹쳐 토크빌은 인간관계가 원만하지 못했다. 정치를 하자면 사람들과 어울리고 사람들을 끌어모아야 하는데, 그는 이 점에서 결정적 한계를 보였다.

토크빌은 보몽과도 부딪쳤다. 그의 성격상 다른 사람과 거래를 하기 위해서는 매개자가 있어야 했다. 그가 정치에 나서기 전 10년 동안은 보몽이 그 역할을 해주었다. 토크빌은 그 친구가 언제까지나 자기 곁에 있어 주기를 기대했다. 그러나 보몽도 의회에 들어온 뒤 자기 일을 해야 했다. 보몽은 타고난 친화력을 바탕으로 토크빌보다 훨씬 성공적으로 의사당에 안착했다. 정계 거물인 티에르와 친밀하게 지내면서 정치 세력도 확대해나갔다. 이것이 토크빌의 눈에는 일탈로 비쳤다. 토크빌은 다른 친구 케르고를레에게 불평했다. 그러자 기대 밖의 답변이 돌아왔다. 솔직한 답변이었다. 케르고를레는 두 사람의 성격과 성향이 다르다는 것을 환기했다. 그가 볼 때 보몽은 보통 사람들과 어울려 정치를 할 줄 아는 사람이었다. 반면에 토크빌은 융통성이 없었다. 윤리적 결벽주의로 흘러, 자기 눈에 하자가 있어 보이는 사람은 용납하지 못했다. 다른 사람들을 어렵게 하는 성격이었다(Jardin 1988, 386~387쪽 ; Brogan, 378쪽).

결국 토크빌 본인도 주변 사람들에게 그리 좋은 인상을 주지 못했다. 터무니없는 오해를 사는 경우도 꽤 있었다. 이를테면 사람들은 토크빌을 전술적 잔재주가 많고 엉큼하고 약삭빠른 야심가로 간주했다. 그는 매사에 조심스러웠는데, 그런 면이 다른 사람의 눈에는 오만한 것으로 비쳤다. 그가 조용히 있으면 교활하게 비밀리에 무엇인가를 꾸미고 있는 거라고 사람들은 생각했다. 그가 슬픈 일을 빨리 잊어버리면 정신이 똑바로 박히지 않았다고 비난했다. 그를 엄격하고 복수심 강하고 격렬한 사람으로 치부했다(Recollections, 83쪽).

이 모든 '혐의'는 실제의 토크빌과 거리가 먼 것들이었다. 전혀 근거가 없는 억측이었다. 그로서는 억울한 일이었다. 그러나 어쨌든 세상이 그를 그렇게 판단했다면, 정치를 하는 사람으로서는 여간 큰 타격이 아니었다. 토크빌은 사람들이 자신을 이상하게 보고 전혀 상관없는 일과 연관시키는 것에 늘 신경을 쓰지 않을 수 없었다(Recollections, 83쪽).

정치적 고립

토크빌은 동료 정치인들에게 크게 실망했다. 마찬가지로 동료 정치인들도 그를 그다지 좋아하지 않았다. 토크빌은 그들과 함께 의정 활동을 하는 동안 내내 "강요당하고 소외된" 느낌이었다(Recollections, 81쪽). 따라서 그들과 손잡고 같이 행동한다는 것은 생각하기 어려웠다.

토크빌은 의사당에 들어가 처음 몇 년 동안은 자기 뜻대로 독립 노선을 걸으려 했다. 기성 정치 세력과 차별화되는 자신의 색깔을 보이고자 했다. 그는 한동안은 의회 분위기와 사정에 익숙하지 않아 망설이며 전면에 나서지 않았는데, 그 시기에 자신이 정치 신인으로서 기성 체제와 무관하다는 것을 강조했다. 자신이 세속에 찌든 현역 정치인들과 구별될 뿐만 아니라 동료들과 동떨어져 있다는 것도 부각했다. 한마디로 그는 의사당 안에서 민족의 양심, 외로운 파수꾼을 자처했다(Gannett, 211쪽).

그러나 1842년 여름에 접어들면서 그는 의도적으로 변화를 꾀했다.

'독불장군'의 한계를 절감했기 때문이었다. 그해에 토크빌은 치열한 견제를 뚫고 재선에 성공했다. 그러나 다각도로 치고 들어오는 공격을 맞받아치기 위해서는 정치적 변신이 필요하다는 것을 깨달았다. 그래서 그는 한편으로는 1789년 혁명을 미화, 칭송하는 데 공을 들였다. 자신의 태생적 신분으로 인한 불신을 차단하기 위해서였다(Gannett, 211~212쪽). 다른 한편으로는, 의회에서 성공을 거두려면 정치적 발판이 필요하다는 생각에서 9월 들어 바로의 왕조 좌파에 접근했다. 그리하여 그는 동료들의 기대에 부응하기 위해 기조 정권의 부패를 조롱하는 등 행정부 공격의 첨병이 되었다(Gannett, 212쪽 ; Jardin 1988, 386쪽).

그러나 토크빌은 그들 속에 녹아들지는 못했다. 애초에 물과 기름 같은 사이였으므로 화학적 결합이 가능할 수 없었다. 그가 세상을 떠난 뒤 보몽은 시니어와 대화를 나누었는데, 그것을 기록한 대화록에는 좌파 진영 안에서도 겉돌기만 했던 토크빌의 처지가 선명하게 그려져 있다. 보몽이 증언하는 것처럼, 토크빌은 처음 정계에 발을 들였을 때 '무소속'으로 활동하고 싶어 했다. 그러나 그렇게 해서는 정치적 영향력을 발휘할 수 없다는 것을 깨닫고 좌파의 일원으로 행동했다. 이를 보면 토크빌이 좌파와 손잡은 것 같지만, 그가 좌파와 마음까지 나눈 것은 결코 아니었다. 그저 좌파가 올바른 방향으로 처신한다고 판단될 때만 협력 관계를 유지했을 뿐이다. 토크빌은 좌파를 경멸했고, 좌파는 좌파대로 토크빌을 철저하게 소외시켰다. "그가 싫어하는 만큼, 아니 그 이상으로, 그들도 그를 멀리했다. 거의 모든 모임에서 그를 배제했다."(Senior, II, 261~262·264~265쪽).

토크빌은 정치 활동을 하는 기간 내내 고질적 성격 때문에 속병을 앓았다. 다른 사람과 손잡는 것도, 혼자 버티는 것도 어려운 일이었다. 결국 토크빌은 고약한 성격의 소유자로 낙인찍힌 채 고립되고 말았다(Recollections, 83쪽). 동료들 중 일부는 때로 그가 원하는 위원회 등에서 일부러 그를 배제함으로써 쾌감을 느끼기도 했다(Jardin 1988, 383쪽). 그는 정계에 입문한 지 몇 년 안 된 시점인 1841년에 벌써 루아예-콜라르에게 "고립되고 외롭고 무력한" 자신의 신세를 한탄해야 했다(Selected, 156쪽).

> 인간성에 대한 존경심, 사람에 대한 신뢰를······모두 잃어버렸고······ 이 시대의 그 어떤 정치인, 그 어떤 정파와도 항구적으로 손잡고 일한다는 것은 생각도 할 수 없습니다. (Reader, 265·160쪽)[70]

토크빌이 '청년 좌파'의 꿈을 이루지 못한 것도 그의 이런 처지와 무관하지 않았다. 당시 프랑스 상황에서 "자유주의적이면서 혁명적이지 않은 그런 정당le parti libéral, mais non révolutionnaire"은 존재하지 않았다. 그렇다고 토크빌이 그런 정당을 만들 능력이 있는 것도 아니었다. 그에게는 매우 비관적인 일이 아닐 수 없었다(Reader, 160쪽).

연설 실력
토크빌이 생각만큼 정치적 영향력을 키우지 못한 데는 그의 보잘것없는 연설 실력도 한몫했다. 연설이 무엇보다 중요하던 시절에 그는 타고

---

70 토크빌이 1848년 혁명에 대해 복합적인 소회를 품게 된 것도 인간에 대한 실망 때문이었다. 그의 마음 깊은 곳에는 놀랍게도, 혁명이 불러일으킨 슬픔과 두려움에 뒤섞여 일종의 안도감과 기쁨 같은 것도 있었다. 그는 1848년 혁명이라는 이 '끔찍한 사건'이 조국에 크나큰 고통을 주었다고 생각했지만 그 자신은 그리 큰 아픔을 겪지 않았다. 오히려 그 재앙을 통해 그는 이전보다 더 자유롭게 숨을 쉴 수 있게 되었다. 혁명이 과거의 그 의회를 파괴해버린 것은 그에게 차라리 고마운 일이었다(Recollections, 81쪽).

난 웅변가가 아니었다. 그는 '유능한 정당 지도자'의 조건으로 "자기 편 사람은 물론 반대편 사람까지 누구나 다 설득"할 수 있는 능력을 중요하게 꼽았다. "언제나 상냥하고 친밀하게 언성을 높였다 낮췄다 하며……같은 말을 다른 형태로 천 번 만 번 되풀이하면서 끊임없이 토론하고 주장할 수 있고 똑같은 주제를 놓고 언제든 극도로 흥분된 말투로 표현할수 있어야" 큰 지도자가 될 수 있다고 생각했다(Recollections, 82쪽).

그러나 그에게는 그런 능력이 없었다. 그는 책을 쓰듯이 온 정성을 기울여 연설을 준비했지만, 그의 연설문을 읽는 것이 실제로 연설을 듣는 것보다 더 좋은 그런 상황이 되고 말았다. 즉석연설이 필요한 순간에 미리 써 온 원고를 읽어서 맥락이 맞지 않는 경우도 많았다. 그렇다고 토크빌이 임기응변과 말싸움에 능한 것도 아니었다. 동료들은 그의 연설이 냉랭하고 감흥이 없다고 평가했다(Brogan, 376~377쪽).

토크빌은 겉만 번드르르한 말을 싫어했다. 너무 유창한 연설을 특히 기피했다. 그래서 그의 연설은 깊이가 있었다. 어떤 문제를 다루든, 문제의 본질을 꿰뚫는 데 탁월했다. 반면, 그의 연설에는 따뜻함이 없었다. 그는 기조처럼 목소리와 눈의 힘으로 토론을 압도하지 못했고 티에르 같은 눈부신 위트도 갖고 있지 않았다. 달변이 뒷받침되지 않은 지성은 좁은 의사당 안에서 큰 반향을 불러일으키지 못했다. 과도하게 엄격한 화법은 동료 의원들의 관심을 끄는 데 실패했다. 토크빌은 연설을 통해 즉각적이고 강력한 인상을 심어주는 데 성공하지 못했다(Jardin 1988, 383·386쪽).

문제의 뿌리는 그의 성격에 있었다. 그는 예민한 성격에다 무대 공포증까지 갖고 있어서, 연단에 올라가기 전에 주저하고 망설였다. 연설 전부터 너무 신경을 쓴 나머지 연설을 마치고 나면 이틀씩 드러누워 지내야 했다. 연설할 때 그는 순교자처럼 너무 비장한 말투로 이야기했고, 자신의 명예와 원칙을 되풀이해 강조했다. 보다 못해 루아예-콜라르가 너무 자기 세계에 빠져 있지 말라고 충고할 정도였다. 토크빌은 하원 의원의 첫 임기가 끝날 무렵부터 비로소 연설에 힘을 싣기 시작했다. 문제의 본질에 다가가는 법도 터득했다(Brogan, 376쪽). 그래도 여전히 부족했다.

토크빌 본인도 이 점을 심각하게 받아들였다. 토크빌은 자신이 저술가로 성공한 것만큼 의원으로서도 크게 성공을 거둘 것이라고 자신했었다. 그러나 그것은 착각이었다. 저술가로서 그가 갖고 있던 기술은 정치에 도움이 되기보다 오히려 방해가 되었다.[71] 책의 한 장을 아름답게 쓰는 것과 의원으로서 연설문을 잘 쓰는 것은 전혀 다른 문제였다. 그는 "옳고 정확하게, 때로 심오하게" 말하지만 늘 "냉랭하고 힘없는 연설"을 하는 의원이었다.

토크빌은 이런 결함을 완전히 극복하지 못했다. 의사당에 들어온 뒤 저술가의 행태를 벗어버리기 위해 애썼지만 소용이 없었다.[72] 소규모 사람들과 머리를 맞대고 있을 때는 제법 능력을 발휘했지만, 대규모 군중 앞에서는 몸이 굳고 말이 안 나왔다. 그는 "글쟁이와 웅변가는 바탕이 서로 다르다"는 것을 절감했다. 문필가의 명성을 의사당에서 되살릴 수 없음을 인정하지 않을 수 없었다(Brogan, 378쪽).

---

71 "글쓰기를 오래 한 사람은 실무를 담당하는 데 적합하지 못한 마음의 습관을 기르게 된다. 글쓰기 기술은 문필가들을 관념의 논리에 빠지게 만드는데, 대중은 그저 열정만 좇는다. 글쓰기 기술은 미묘하고 아름답고 독창적이고 특별한 것에 관심을 가지게 만들지만 세상은 그저 즐겁고 흥미로운 것만 따른다."(Mayer 1960, 88쪽 참조).

72 토크빌은 저술가 중에서 유일하게 기조만이 그 한계를 극복할 수 있었다고 평가했다. 글과 정치적 수완 둘 다 뛰어났다는 것이다. 그러나 앞에서 본 것처럼, 그는 기조를 '나쁜 정치인'이라고 혹평했다(Senior, I, 68쪽). 보몽도 1848년에 토크빌 등과 대화를 나누면서 기조가 "나쁜 정치인이었지만 대단한 웅변가"였다고 말했다. 그 자리에 같이 있던 사람들 모두가 기조를 프랑스에서 연설을 제일 잘하는 정치인으로 꼽았다. 티에르는 두 번째였다(Senior, I, 45쪽).

결국 토크빌은 자신이 "사람들을 완벽하게 한데 묶고 그들을 한 몸처럼 끌고 나가는 기술"을 전혀 갖고 있지 못하다는 사실을 깨달았다(Recollections, 81~82쪽). 정치가로서는 치명적인 결함이었다.

좌절감

토크빌은 자신이 생각했던 것만큼 큰 정치인이 되지 못했다. 그는 정치 입문 초기에는 이런 사실을 예상하지 못한 채 자신이 나라를 위해 큰일을 할 수 있으리라고 생각했다. 그러나 그는 곧 위대한 정치 지도자가 되기 위해서는 특별한 자질이 필요하다는 것을 자각했다. 자신이 설득력 있는 연설가도, 탁월한 논객도 아니라는 사실을 뼈아프게 인정해야 했다(Mayer 1960, 40~41쪽).

토크빌은 노력에도 불구하고 자신이 실제로 성취한 것이 별로 없다는 생각에 깊은 좌절감을 느꼈다. 정치 생활에 회의가 들었다. 1842년, 그는 아내에게 자신이 "아직 특별하게 이룩한 것이 없다"면서 고민을 털어놓았다. 정치에 입문한 지 3년밖에 안 된 시점이었다.

> 나는 어려서부터 정치를 하고 싶어 했지만 과연 이것이 나에게 맞는 일인지 확신이 들지 않아. 매일 애써 수고해야 하고, 그때그때 적합한 대책을 내놓기 위해 항상 준비하고 대기하고 단호하게 결정해야 하는 이런 생활이 나에게 안 맞는 것 같아. 나는 멜랑콜리하고 (열정이 따르는 일이 아니면) 게으르고 낙담하기 쉬운 성격이지. 정치는 깊고 좁은 내 성격과는 너무 동떨어진 일인 것 같아. (Brogan, 390쪽)

같은 해 11월에는 보몽에게 보낸 편지에서 "내가 그런(대단한 사람이라는) 말을 들을 자격이 없다는 것을 누구보다 잘 알아. 무엇보다 나는 나 자신에 대한 믿음이 부족해"라고 실토했다(Mayer 1960, 45쪽).

이런 생각은 시간이 가도 바뀌지 않았다. 정치의 가치, 특히 자신이 위대한 업적을 달성할 가능성에 대한 비관적 평가가 더 커졌다(Wolin, 294쪽). 토크빌은 정계에서 물러난 뒤 쓴《회상록》에서 자신의 정치 인생에 대해 다음과 같이 총평했다.

> 나 자신에 대해서도 실망이 컸다. 나는 의회에 들어가자마자, 꿈꾸었던 그 멋진 정치적 역할을 하는 데 필수적인 자질을 내가 갖추지 못하고 있다는 것을 절실히 깨달았다. 나의 결함은 물론이고 내가 가진 남다른 재능까지도 약점으로 작용했다. 다른 사람들의 존경을 받기에는 나는 너무 덕이 모자랐다. 그뿐만 아니라 나는 너무 정직했다. 정직함이 지나치다 보니, 당시 풍토에서 빨리 출세하자면 반드시 따라야 하는 좀스럽고 속된 관행들에 도무지 발맞출 수가 없었다. 이 정직이야말로 나의 기질과 원칙의 큰 부분을 구성하는 것이었다. 그것 없이는 나의 존재 자체가 아무런 의미도 지닐 수 없었다. (Recollections, 81쪽)

(5) 위대한 작가

토크빌의 아내가 언젠가 농담 반, 진담 반으로 말했듯이, 토크빌은 정치가의 '위장'을 갖지 못한 것이 사실이었다. 그리고 그가 객관적으로 위대한 정치적 역할을 해내지 못한 것도 부인할 수 없다. 그러나 토크빌의 말을 액면 그대로 믿어도 될지 의문을 제기하는 사람들도 있다. 그가 자신의 정치적 성과와 연설 능력 등에 대해 내린 평가가 너무 가혹해 보이기 때문이다(Gannett, 212쪽).

특히 그가 정치에 대한 믿음, 희망, 흥미를 완전히 잃어버렸다고 단정하는 것은 사실과 부합하지 않는 듯하다. 모든 정황을 종합해볼 때, 토크빌은 마지막 순간까지 정치적 인간으로 남아 있었다(Craiutu, 2005, 612쪽). 다만 길이 달랐다. 그는 정치가 아니라 글을 통해 세상을 바꾸려 했다. 그가 일평생 지향했던 '행동제일주의'와 상반되는 결심이었다.

토크빌은 그동안 정치 상황과 관계없이 공직에 종사하는 기쁨이 언제나 지적 작업과 저술에 따르는 성취감을 압도한다고 했다(Guellec, 169~170쪽). 그는 《미국의 민주주의》가 거둔 대성공에도 불구하고 1837년 10월 케르고를레에게 쓴 편지에서 "내가 지적 작업에 빠져 다른 것을 다 잊었다고 생각하지 마. 나는 언제나 행동을 그 무엇보다 위에 두고 살았어"라고 말했다(Guellec, 170쪽 참조). 정치 참여를 인간 삶의 가장 중요한 행위 중 하나로 간주한 그는 분명 정치적 인간이었다.

그러나 정치 경험이 쌓이는 것과 반비례해서 정치를 중시하는 토크빌의 생각은 조금씩 약화되기 시작했다. 그러다가 결국 그에게서 글과 정치 활동이 차지하는 위상이 엇비슷해졌다. 그는 1842년 프랑스 학술원 리셉션에서는 "인간 사회의 법칙 중에 위대한 지적 운동과 위대한 정치적 운동을 연결시켜주는 것보다 더 신성한 것은 없다"라고 선언했다(Drescher, 2쪽 참조). 1856년 8월 《앙시앵 레짐과 프랑스 혁명》 출판 직후에는 "사람들 앞에 나의 사상과 삶이 하나로 통일되어 있다는 것을 보여주는 것보다 더 중요한 일은 없다. 나 인간 토크빌은 곧 저술가 토크빌 속에 그대로 들어 있다"라고 말했다(Drescher, 1쪽 참조). 결정적인 변화는 이미 1850년에 감지된다. 토크빌은 그해 12월 소렌토에서 케르고를레에게 편지를 보내면서 "행동보다는 생각, 곧 정신 작업"에 방점을 찍었다.

오래전부터 다시 한 번 위대한 작품을 만들고 싶은 욕망이 샘솟고 있어. 나의 참된 가치는 무엇보다 정신 작업을 하는 데 있는 것 같아. 나는 행동보다 생각 쪽에서 더 큰 기여를 할 수 있어. 내가 앞으로 이 세상에서 할 수 있는 일이 남아 있다면, 그것은 뭔가를 행동으로 옮기는 것보다 그동안 내가 써온 글의 연장선상에 있을 것으로 생각해. (Selected, 253쪽)

같은 맥락에서 토크빌은 1852년 4월 도덕·정치과학원 의장으로서 논문 현상 공모 당선작에 시상하는 자리에서 정치에 대해 의미심장한 말을 남겼다. 첫째, 그는 정치란 아무나 할 수 있는 것이 아니며, 정치학을 공부하는 사람과 달리 공인에게는 특별한 재능과 소질이 필요하다고 말했다. 그는 한때 정치학을 통치 기술의 수단으로 간주해, 정치학 공부를 열심히 하면 정치도 잘할 줄 알았다. 그러나 13년 동안 정치 현장에서 지내보니 생각이 다소 바뀌었다. 정치를 잘하기 위해서는 정치학이 설명하지 못하는 뭔가 특별한 것이 필요하다는 것을 체득했다(Jardin 1988, 472~473쪽).

둘째, 그는 정치 기술과 정치 이론을 구분해야 한다고 말했다. 정치 기술은 경험과 상식을 따르지만 정치 이론은 정치 과학이어야 한다는 것이다. 그는 정치 이론에 뛰어나다고 정치 세계에서의 성공이 보장되는 것은 아님을 특별히 강조했다.

······결출한 몇몇 작가들은 정치에서도 성공했다. 중요한 것은 그들이 (그 탁월한 능력 때문이 아니라) 그런 능력에도 불구하고 성공할 수 있었다는 사실이다.[73]

셋째, 그는 정치 이론의 중요성을 강조했다. 실천이 할 수 없는 일을 이론이 해낼 수 있으며, 프랑스에서는 특히 더 이론이 중요한 일을 했다고 말했다.

주변을 둘러보라. 프랑스의 기념비적 건물과 그것의 폐허를 보라. 누가 그 위대한 건물을 세웠고 누가 그것을 파괴해버렸나? 누가 변화를 주도했나?……누가 프랑스 혁명을, 역사상 가장 위대한 그 사건을 만들었나? 그것은 바로 정치 이론가들이다. 정치 이론가들이 우리 선조의 마음속에 모든 고상한 씨앗을 뿌렸고 바로 거기서 갑자기 그 전에는 알려지지 않았던 수많은 정치적 제도와 법률이 싹트기 시작했다. (Grovan, 529~530쪽)

토크빌은 젊은 날 보편적 의심에 빠진 이후 절대적이고 입증 가능한 진리를 찾는 것은 불가능하다고 생각했다. 그래서 늘 형이상학이나 순수 이론을 "우리의 실제 삶에서 아무런 도움이 되지 않고 그저 사람들이 자기를 괴롭히기 위해 스스로 고안해낸 것"으로 여겼다.[74] 토크빌이 정치와 철학 둘 다 인간이 추구할 수 있는 가장 고귀한 활동이라고 평가하면서도 정치에 더 무게를 실은 것도 이런 배경에서였다(Ossewaarde, 61~63쪽 참조).

그러던 토크빌이 정치 이론의 중요성을 역설했다. 그리고 정치 이론을

---

[73] 토크빌은 몽테스키외가 정치 현장에 뛰어드는 대신 자신의 역할을 논평하는 것에 국한함으로써 더 좋은 결과를 낳을 수 있었다고 주장했다. 그렇지 않았다면 그는 탁월한 정치 이론가가 아니라 '흔하디흔한' 실패한 정치가로 끝나고 말았을 것이라고 했다(Grovan, 528~529쪽).
[74] 그가 1831년에 사춘기에 들어서 번민하던 스토펠의 동생을 다독거리며 한 말이다(Selected, 62~64쪽).

아는 것과 실제로 정치를 하는 것은 다르다고 했다. 정치 이론을 잘 안다고 정치를 잘 해낼 수 있는 것은 아니라고 했다. 정치 현장에서 한계를 실감한 그가 이때쯤엔 이미 정치 이론, 즉 글의 세계로 마음이 옮겨 가 있었던 게 아닐까 추측해볼 수 있는 대목이다. 실제로 그는 지인들과의 대화 중에 정치가보다 작가가 역사에서 더 큰일을 할 수 있다고 주장하기도 했다.

공직자나 뛰어난 정치가가 심대하고 집중적인 노력을 기울여 세상을 바꾸는 것과 불멸의 명작을 남긴 작가가 역사에 영향을 미치는 것 사이에 어떤 차이가 있을까요? 재능과 용기를 갖춘 사람이라야 높은 자리에 오를 수 있는 것은 사실입니다. 그런 사람은 빛나는 성공을 거둘 수 있을 것입니다……이들이 세상을 얼마나 바꾸고 역사에 얼마나 기여할 수 있을까요……과거 역사를 돌아보면 그들이 엄청난 노력을 기울였음에도 인간사의 진보에 미미한 흔적밖에 남기지 못했다는 사실에 울적해지게 됩니다. 본인은 큰일을 해냈다고 생각할 겁니다……그러나 그 개인이 정치 무대에서 기울인 노력으로 인류의 발전에 구체적으로 얼마나 기여했는지 따져보면 유감스럽게도 사람들의 마음에 유익하기는 하나 일시적인 흥분 상태를 빚어낸 것에 불과하다는 사실을 인정하지 않을 수 없습니다.

토크빌의 답은 정치가가 아니었다. 물론 왕이나 총리, 교황, 장군처럼 남다른 권력을 행사했던 사람이라면 이야기가 다르다. 그런 사람들은 권력이 큰 만큼 그에 비례하는 보다 지속적인 흔적을 남길 수 있다. 그러나 막대한 권력을 부여받지 못한 보통 사람들은 위대한 일을 하기 어렵다. 토크빌은 이런 논의 끝에 정치가보다 작가가 더 큰일을 할 수 있다고 생각했다.

이에 반해 상당한 수준의 지식과 소질을 갖춘 작가는 놀라운 기여를 할 수 있습니다. 자신의 사상과 생각을 작품 속에 잘 풀어내면 인간의 진보에 불멸의 흔적을 남길 수 있습니다. 어떤 연설가, 의사당 안의 어떤 대단한 애국자가 볼테르나 장 자크(루소)가 온 국민의 영혼 깊은 곳에 불같은 충격을 주었던 그런 역사를 일으킬 수 있겠습니까? (Senior, II, 60~61쪽)

이상은 토크빌이 1854년 2월 18일 생시르에서 가까운 지인들과 나눈 대화 내용이다. 그는 볼테르와 루소를 그런 위대한 작가의 대표 사례로 꼽았다.[75] 독창적 사상을 선보인 18세기의 1급 작가로 그 두 사람 외에 몽테스키외와 뷔퐁[76]을 추가하기도 했다(Senior, II, 48쪽).[77]

토크빌은 1850년 케르고를레에게 자신이 《미국의 민주주의》를 쓸 때보다 정치에 관한 위대한 글을 쓸 준비가 더 잘돼 있다"고 밝혔다. 그러면서 작품의 성공은 주제에 달려 있다고 했다. "대중이 관심을 가질 만한

---

75 그는 플라톤을 위대한 저술가의 표본으로 꼽기도 했다. "플라톤은 우리의 본성 중 가장 고상하고 가장 놓치고 싶지 않은 부분을 파고들어 우리에게 보여준다……그는 인간이 존재하는 한 영원히 잊히지 않을 것이다. 인간 지성사에서 길이 남을 강력한 영향력을 행사할 것이다." (Selected, 130쪽).

76 Georges-Louis Leclerc de Buffon(1707~1788). 프랑스의 박물학자.

77 토크빌은 17세기 후반이 프랑스 문학의 황금기였다고 평가했다. 그 시대에 작가들은 오직 명예를 기대하며 고도로 세련된 소량의 글만 발표했다. 토크빌은 자기 시대가 보쉬에 (1627~1704)나 파스칼 같은 사람의 눈에는 거의 야만 상태로 퇴보하고 있는 것처럼 보일 것이라고 생각했다. 그는 당시 인기를 끌고 있던 작가들의 문체나 심지어 그들의 언어에 대해서도 혹평했다(Senior, I, 140~141쪽).

주제, 나아가 나를 빠져들게 하고 내가 가지고 있는 것 전부를 쏟아붓게 할 주제"를 찾아야 한다고 했다(Selected, 253쪽).

토크빌은 정치를 통해 입신양명하고 싶었지만 자신이 정치적 자질을 그리 많이 가지고 있지 않다는 것을 인정해야 했다. 그래서 문필가로서 그 뜻을 대신 이루고 싶었다(Senior, II, 60~61쪽 ; Craiutu 2005, 615쪽). 행동이 아니라 이론으로 위대함을 추구하고 싶었다. 토크빌은 오랫동안 위대한 모험을 꿈꾸었고, 이제 그 꿈을 정치 현장이 아니라 글의 세계에서 실현하고자 했다. 그리하여 민주주의를 교육, 순화하는 새로운 모험에 도전장을 내밀었다(Craiutu 2005, 615쪽).

1856년에 나온 《앙시앵 레짐과 프랑스 혁명》은 그런 노력의 결실이었다. 토크빌은 대중 앞에 정치가가 아니라 작가로 다시 등장했다. 과거에는 문필가로서의 명성을 위대한 정치가가 되기 위한 발판으로 이용했다면 이제 그는 오직 글의 세계에서 자신의 위치를 재확인하고 싶었다. 그의 야심은 여전했다. 그는 《앙시앵 레짐과 프랑스 혁명》이 독자의 공감과 존경을 불러올 것이라고 잔뜩 기대했다(Jardin 1988, 508쪽). 그 책도 꽤 성공을 거두어, 프랑스를 넘어 영국에서까지 그에 대한 찬사가 넘쳤다. 그러나 그의 욕심에는 미치지 못했다. 그가 기대한 만큼 '인기'를 끌지는 못했던 것이다. 아픈 몸을 이끌고 혼신의 힘을 다해 책을 쓴 그로서는 매우 실망스러운 일이었다(Reader, 335쪽). 토크빌은 《미국의 민주주의》 2권의 '실패'에 이어 또 한 번 좌절감을 맛봐야 했다.[78]

---

78 토크빌이 1840년에 나온 《미국의 민주주의》 2권을 '실패'로 본 것은 5년 전에 나온 1권이 워낙 경이적인 성공을 거두었기 때문이었다. 2권은 상대적으로 실패로 보였던 것이다. 토크빌은 1840년 루아예-콜라르에게 이 실패의 아픔을 털어놓았다. "독자 수로 따지자면 그 책은 별로 읽히지 않았고 또 잘 알려지지도 않았습니다. 이런 조용함이 저를 괴롭힙니다. 제 위치를 고통스럽

3. 글과 정치

밀과 토크빌의 삶에서 열여섯 살 무렵은 특별한 의미가 있었다. 그때 토크빌은 아버지의 서재에서 마구 지식을 흡수하다가 결국 모든 것을 의심하기에 이르렀다. 인생의 폭풍기였다. 그때 잉태된 존재론적 아픔이 평생 그를 괴롭혔지만, 바로 그 아픔 때문에 오늘 우리가 아는 토크빌이 탄생할 수 있었다.

밀은 그 나이에 벤담을 읽었고, '나이에 맞지 않게' 언론에 글을 발표하기도 했다. 그 열여섯의 밀은 또한 정치를 꿈꾸었다. 뛰어난 웅변 실력을 갖춘 '지롱드' 의원이 되고 싶었다. 과연 그는 어려서부터 아버지를 도와 정치 운동에 관여했다. 그가 보기에는 아버지야말로 난국을 헤쳐나갈 최적의 정치가였다. 밀은 아버지를 닮고 싶었다. 적어도 젊은 시절에는 그 가능성에 대해 크게 고민한 것 같지 않다. 그는 동인도회사에 몸담고 있어 하원 의원 출마를 생각할 수 없었지만 어떤 방식으로든 정치를 해야 한다고 생각했다. 그래서 글을 쓰고 전략을 짜고 현역 정치가들을 '지도' 했다. 그는 진보적 자유주의를 구현하기 위해서는 의사당이라는 정치 무대가 필수적이라고 생각했다.

그러나 급진주의 개혁 운동이 스러진 뒤 밀은 오랜 세월 동안 정치를 떠나 있었다. 직장 일과 개인적인 집필 활동에 전념했다. 그가 해리엇을 만나 사람들을 멀리하게 되면서 정치는 더욱 그의 관심 밖으로 밀려났다. 물론 그는 사회를 개선, 진보시키기 위한 글은 끊임없이 썼다. 자신의

게 되돌아보게 만듭니다. 4년 동안 죽을힘을 다해 썼건만 얻는 것은 아무것도 없으니, 과연 이런 일을 할 필요가 있는지 회의가 듭니다……부끄러운 이야기이지만, 이런 사소한 열망과 비참한 자괴감이 저를 괴롭힙니다."(Selected, 146~147쪽).

존재 이유나 마찬가지인 일을 등한히 할 수는 없었다.

그러다가 1865년에 밀은 의원 선거에 나서게 되었다. 그는 진지하게 자신을 돌아봤다. 아무래도 정치보다는 그냥 계속 글을 쓰는 것이 국가와 사회에 더 잘 봉사하는 길일 것 같았다. 그의《자서전》에는 60을 바라보는 나이에 그가 어떻게 인생길의 전회轉回를 결심하게 됐는지가 분명히 드러나 있지 않다. 막연하지만, 동료 시민들의 간곡한 요청을 거부할 수 없었다는 말이 나온다. 사회에 빚진 자로서 사회의 요청을 계속 거부하는 것은 도리가 아니라고 생각했다는 것이다. 자신의 정치적 능력에 대한 판단보다는 시민으로서의 의무감이 그의 정치 참여를 이끌어낸 제1변수였던 것 같다. 밀은 3년간 하원 의원 생활을 한 뒤 정치가 자신의 성미와 기질에 맞지 않다는 것을 재확인했다. 그에게는 아비뇽에서 플라톤을 읽는 것을 능가하는 즐거움이 없었다. 그는 자신이 내세웠던 정치가의 조건에 자신이 부합하지 않는다는 것을 절감했다.

밀에 비해 토크빌은 정치 투신을 당연하게 생각했다. 우선 집안 분위기가 그랬다. 유럽의 귀족 가문은 대대로 노블레스 오블리주를 소중히 여겼다. 나라를 지키는 데 앞장서야 한다는 자의식은 곧 정치 참여로 이어졌다. 토크빌도 소년 시절 이래 줄곧 '정치의 길'을 염두에 두고 있었다. 그것은 하나의 의무나 마찬가지였다. 그는 법률 학교를 졸업하고 일시적으로 관리의 길을 걸었지만 그 일에 별로 관심이 없었다. 그렇다 보니 별다른 능력도 발휘하지 못했다. 다소 단선적인 해석이기는 하지만, 토크빌이《미국의 민주주의》를 쓴 일차적 이유도 명성을 얻어 정계 진출의 발판으로 삼으려는 데 있었다. 토크빌은 존재론적 번민을 털어버리는 데 위대한 영웅적 활동 이상 가는 것이 없다고 확신했다. 정치 세계로 나서는 것은 그에게 운명과도 같았다.

그러나 10여 년에 걸친 정치 생활 동안 토크빌에게는 좌절감이 쌓여갔다. 그는 청년 좌파를 결성하고 싶었지만 여의치 않았다. 새로운 자유주의를 구현하고 싶었지만 그 역시 뜻대로 되지 않았다. 자신에게 과연 정치가의 자질이 있는지 회의가 커졌다. 이렇게 된 데는 환경이 그를 외면한 탓도 있었지만, 보다 근본적인 원인은 토크빌 본인의 성격과 기질에 있었다. 결벽증이 있는데다 소심하기까지 한 그의 성격으로는 의사당에서 큰 뜻을 펼 수가 없었다. 결국 토크빌은 정치 생활을 마무리할 무렵에야 문필가의 길이 자신이 택할 길이라는 것을 확인하게 된다.

밀과 토크빌 두 사람 다 의사당에서 혼신의 힘을 다했다. 밀은 진보적 자유주의, 토크빌은 새로운 자유주의를 이념의 푯대로 삼고 분투했다. 표현은 달랐지만 두 사람 다 위대한 정치를 실천하기 위해 노력했다. 성과는 두드러지지 않았지만 두 사람 다 자신의 신념을 지키는 데 한 치의 망설임도 없었다. 세상과의 타협은 생각도 못할 일이었다. 밀은 원칙을 지키기 위해 정치적 손해를 감수했음은 물론이고 동료들의 질타도 개의치 않았다. 이 점에서는 토크빌도 다르지 않았다. 그는 정적들 앞에서 자신의 소신을 당당히 밝혔고 그것이 오히려 전화위복의 계기가 되었다. 혁명군 앞에서 반혁명을 외치는 강골도 보였다. 두 사람이 유세장에서 비슷한 경험을 한 것이 단지 우연의 일치는 아닌 듯싶다. 자신을 속이지 않고 자신의 소신을 있는 그대로 드러내는 것이 아무나 할 수 있는 일은 아니다. 밀과 토크빌은 그렇게 했다. 유권자들은 박수와 환호로 그 진심을 받아주었다.

그러나 거기까지였다. 밀과 토크빌 둘 다 인생을 '완주'한 끝에 정치가 자신들의 길이 아님을 확인했다. 밀은 한때 '이상과 신념을 지닌 지식인'이 정치에 뛰어들어야 진보 개혁 정치가 구현될 수 있다고 생각했다. 그러나 '정치 현장의 지식인' 밀은 최종적으로 행동이 아니라 말을 선택했다. "무엇을 하느냐가 아니라 무엇을 말하고 쓰느냐"가 세상을 바꾸는 원동력이 된다는 결론에 이르렀다. 토크빌은 문필가로 살 생각이 없었다. 《미국의 민주주의》가 대성공을 거둔 뒤에도 마찬가지였다. 그러나 정치판에서 풍상을 겪은 뒤 토크빌의 세계관이 바뀌었다. 자신이 '행동'보다 '생각' 쪽에서 더 큰 기여를 할 수 있다는 것을 깨달았다. 실천이 할 수 없는 일을 이론은 해낼 수 있다고 말했다. 그는 몽테스키외가 정치 현장에 뛰어드는 대신 글쓰기에 전념함으로써 더 좋은 결과를 얻을 수 있었음을 눈여겨보았다. "인간이 존재하는 한 영원히 잊히지 않을 것"이라며 '저술가 플라톤'을 선망의 눈으로 바라보았다.

지식인의 책무

나는 밀과 토크빌의 생애에 관해 가능하면 많이 알고 싶은 욕심에서 이 책을 준비했다. 오랜 세월 자료를 뒤져 조사하면서 갖게 된 소회를 한마디로 압축하자면 '행복한 포만감'이다. 밀과 토크빌이 그 이름에 부끄럽지 않은 삶을 살았음을 새삼 확인할 수 있었기 때문이다. 그들은 생각과 말과 행동이 다르지 않은 사람들이었다. "덕망가를 자처하는 사람들은 대개가 사이비"(《논어》, 〈양화〉)라고 했는데, 밀과 토크빌하고는 상관없는 이야기였다. 위험 앞에서 물러서지 않았고, 유혹에 굴복하지 않았으며, 시류에 영합하는 것은 생각도 할 수 없었던 이런 사람들을 인생의 선배로 둔다는 것은 작은 축복이 아니다.

나는 공부하는 사람이기 때문에 밀과 토크빌의 글쓰기에 관심이 많았다. 오래전에 본 영화지만, 나는 〈닥터 지바고〉에서 주인공이 추운 겨울 새벽에 언 손을 불어가며 한 자 한 자 시를 써나가던 장면을 잊지 못한다. 밀과 토크빌이 그랬다. 두 사람이 공부하고 글을 쓰는 모습은 숙연함을 느끼게 했다. 그들은 민주주의의 건강한 발전을 위해, 자유의 미학을 수호하기 위해, 인간 본유의 가치를 회복하기 위해 글을 썼다. 두 사람은 그렇게 자신을 불태워 아름다운 역사를 만들었다.

밀과 토크빌은 글 쓰는 일에만 머물러 있지 않았다. 밀은 젊어서부터 다양한 형태로 정치에 관여했고, 60의 나이에 하원에도 들어갔다. 토크빌은 인생의 황금기를 전부 정치 현장에서 보냈다. 밀은 진보적 자유주의의 뿌리를 내리기 위해서는 자신이 의회에 들어가야 한다고 생각했다.

토크빌은 위대한 정치의 실현이라는 소임에 몸을 던졌다. 말하자면 밀과 토크빌은 '참여 지식인'이었다. 두 사람 다 자기 이름을 걸고 진지하게 의정 활동을 했다. 그러나 그 성과는 그리 두드러지지 않았다. 그들의 문필가로서의 명성에 비할 바가 못 되었다. 최종적으로, 두 사람 다 행동보다는 글이 더 자신에게 맞는 일이라고 정리했다. 나는 이 대목을 주의 깊게 관찰했다. 밀과 토크빌의 정치 경험에서 이 시대의 지식인들은 어떤 시사점을 얻을 수 있을까.

밀과 토크빌은 지성, 오늘날로 치면 비전을 갖춘 지식인들이었다. 더 중요한 것은 그들이 공의에 헌신하는 사람이었다는 점이다. 개인의 영달과 세속적인 영화는 그들의 안중에 없었다. 두 사람은 많은 것을 갖춘 정치인이었다. 그러나 그것만으로는 부족했다. 지성과 헌신만으로는 그들이 소망했던 도덕 정치와 위대한 정치를 구현할 수 없었다. 여러 이유가 복합적으로 작용한 결과이지만, 나는 그들이 대중을 상대로 정치를 해야 하는 엄연한 현실에 대한 자각이 부족했다는 사실을 강조하고 싶다. 정치를 식자들의 '탁상공론'과 동일시하면 안 되는 것이다. 그와 관련해서 특히 다음 세 가지를 음미할 필요가 있다.

첫째, 두 사람 다 '권력 의지'가 약했다. 정치에 뜻을 둔 사람이라면 베버가 말한 "그럼에도"의 덕목을 반드시 갖춰야 한다. 상황이 여의치 않더라도 유권자의 지지를 끌어내는 데 전력투구해야 하는 것이다. 그러지 않으면 정치 입문의 포부를 실현할 수가 없다. 밀은 '아니면 말고' 식이었고 토크빌은 너무 도도했다. 그런 태도는 지식인에게는 큰 덕목일 수 있지만 직업 정치가에게는 걸맞지 않다.

둘째, 대중을 상대로 정치를 할 수밖에 없는 상황이라면 밀이 말한 "대중 친화적 능력" 또는 토크빌이 말한 "사람을 끌어모으는 능력"은 정치가가 갖추어야 할 필수 요건이다. 두 사람 다 그 점에서 결격이었다. 이것은 현대의 지식인에게도 그대로 들어맞는 이야기이다. 다 그런 건 아니지만, 대개 지식인이라는 이름에 부합하는 사람들은 밀과 토크빌의 성격에 가깝다. '대중 친화적'이면서 공부도 잘하기를 바라는 것은 과욕일 것이다.

셋째, 생각이 깊은 사람일수록 대중과 보폭을 맞추기가 힘들다. 정치가는 대중을 이끌되 너무 앞서 나가지는 말아야 하는데 지식인은 그렇게 하기가 쉽지 않다. 자기 확신이 없으면 지식인이라 할 수도 없는데, 그 신념이 과하면 정치에 독이 된다. 베버가 경고한 것처럼, 자기만의 신념 윤리[1]에 갇혀 있으면 대중과 손잡고 함께 행진할 수가 없다. 내 생각은 옳고 따라오지 않는 사람이 문제다, 이런 생각으로 정치를 하면 대중과의 괴리가 생길 수밖에 없다. 독선으로 치닫는 것도 피할 수 없다. 밀은 진보적 자유주의를 꿈꾸었지만 그 신념이 너무 강고한 나머지 동료 의원들과도 틈이 벌어졌다. 토크빌은 위대한 정치를 펼치고 싶었지만 그의 생각과 기질이 주변 사람들마저 질리게 했다.

지식인이라고 다 밀이나 토크빌의 한계를 되풀이하지는 않을 것이다. 그러나 지식인 출신 중에 기억에 남을 만한 정치가가 드물다는 것을 기억해야 한다. 공자는 자신의 뜻을 펴기 위해 14년 동안 열국을 주유했지만 결국 빈손으로 낙향하고 말았다. 플라톤도 환갑이 지난 나이에 시칠리아를 두 차례나 찾아가 철인왕의 꿈을 실현해보려 했으나 봉변만 당했다.

---

1 막스 베버는 행위자가 자신이 옳다고 믿는 대로 행동하고 그 결과를 신에게 맡기거나 남 탓을 하는 믿음 체계를 신념 윤리라고 불렀다. 반대로 행위자가 남의 탓을 하지 않고 자신의 행동에 책임을 지는 것을 책임 윤리라고 불렀다. 베버는 정치적 행위를 책임 윤리의 일차적 관할 아래 수행하는 것이 바람직하다고 역설했다(베버, 346~347·357쪽).

공부를 많이 한 사람이라면 사회에 대한 빚의 무거움을 통감해야 마땅하다. 소리小利를 탐하면서 세상에 등을 돌리고 사는 것은 지식인으로서할 일이 아니다. 그렇다고 현실 참여만이 능사는 아니다. 자격이 모자라는 지식인의 섣부른 행동은 오히려 누가 될 뿐이다. 밀과 토크빌의 경험에 비추어볼 때, 자신의 글 속에 시대와 국가의 문제의식을 담아낼 수 있다면 그것이 지식인이 자유인의 도리를 다하는 최선의 길인 듯하다. 또는 플라톤이 말했듯이, 그냥 자기 자리를 잘 지키는 것도 큰 기여이다.[2]한국의 지식인들이 '교육과 연구'의 본분에만 충실해도 세상은 적잖이달라질 것이다.

---

2 플라톤은 국가 구성원 개개인이 자기 자리에서 맡은 바 소임에 최선을 다하는 것이 정의의
지름길이라고 했다(《국가》, 433a).

참고문헌

1. 존 스튜어트 밀의 저작

The Collected Works of John Stuart Mill, John M. Robson (ed.)(Toronto : University of
Toronto Press, 1977). 약어 : CW.

Principles of Political Economy(London : Longmans, Green. and Co., 1894).

Autobiography,《존 스튜어트 밀 자서전》, 최명관 옮김(서광사, 1983). 약어 : 자서전.

On Liberty,《자유론》, 서병훈 옮김(책세상, 2005).

Utilitarianism,《공리주의》, 서병훈 옮김(책세상, 2006).

The Subjection of Women,《여성의 종속》, 서병훈 옮김(책세상, 2007).

Considerations on Representative Government,《대의정부론》, 서병훈 옮김(아카넷, 2012).

On Socialism(Buffalo : Prometheus Books, 1976).

"De Tocqueville on Democracy in America [I]", J. M. Robson (ed.), *The Collected Works
of John Stuart Mill*, XVIII(Toronto : University of Toronto Press, 1977).

"De Tocqueville on Democracy in America [II]", J. M. Robson (ed.), *The Collected Works
of John Stuart Mill*, XVIII(Toronto : University of Toronto Press, 1977).

2. 알렉시 드 토크빌의 저작

Oeuvres complètes, J.-P. Mayer (ed.)(Paris : Gallimard, 1962). 약어 : OC.

Correspondance anglaise, J.-P. Mayer (ed.), *Oeuvres complètes*, VI(Paris : Gallimard,
1954).

Lettres choisies·Souvenirs, Françoise Mélonio·Laurence Guellec (eds.)(Paris : Gallimard,
2003).

Democracy in America, Harvey Mansfield·Delba Winthrop (tr.·eds.)(Chicago : University of Chicago Press, 2000). 약어 : DA.

L'Ancien régime et la Révolution,《앙시앵 레짐과 프랑스 혁명》, 이용재 옮김(박영률출판
　　사, 2006).

Recollections : The French Revolution of 1848, J.-P. Mayer·A. P. Kerr (eds.)(London :
　　Transaction, 1995). 약어 : Recollections.

*Correspondence and Conversations of Alexis de Tocqueville with Nassau William Senior from
　　1834 to 1859*, I·II, M. C. M. Simpson (ed.)(NY : Augustus M. Kelley Publish-
　　ers, 1968). 약어 : Senior.

Selected Letters on Politics and Society, Roger Boesche (ed.)(Berkeley : University of Cali-
　　fornia Press, 1985). 약어 : Selected.

The Tocqueville Reader : A Life in Letters and Politics, Olivier Zunz·Alan S. Kahn (eds.)
　　(Oxford : Blackwell, 2002). 약어 : Reader.

3. 2차 자료

강준호, 〈인도주의적 간섭과 고전적 공리주의자들 : 제국주의의 도덕성에 대한 벤담과
　　밀의 입장의 비교연구〉,《철학연구》86집(2009).

김서영,《프로이트의 편지 : 새로운 삶을 위한 동일시 이야기》(아카넷, 2017).

박동천, 〈존 스튜어트 밀의 자유주의와 제국주의〉,《국제정치논총》50집 제4호(2010).

박세일, 〈존 스튜어트 밀의 사회 개혁론〉, 조순 외,《존 스튜어트 밀 연구》(민음사,
　　1992).

베버, 막스,《'탈주술화' 과정과 근대 : 학문, 종교, 정치》, 전성우 옮김(나남출판, 2002).

서병훈, 〈민주주의 : 밀과 토크빌〉,《한국정치연구》24권 1호(2015).

_____, 〈자유 : 밀과 토크빌〉,《정치사상연구》21권 2호(2015).

_____, 〈'제국주의자'의 우정 : 밀과 토크빌〉,《한국정치학회보》46집 5호(2012).

_____, 〈존 스튜어트 밀의 위선? : '선의의 제국주의'〉,《철학연구》98집(2012).

_____, 〈'유치한 제국주의' : 토크빌을 위한 변명〉,《정치사상연구》17권 2호(2011).

_____, 〈토크빌의 새로운 자유주의〉,《한국정치학회보》45집 4호(2011).

_____, 〈토크빌의 '새로운 정치학' 비판〉, 《철학연구》 90집 (2010).

_____, 〈국민에 대한 거역? : 존 스튜어트 밀의 민주적 플라톤주의〉, 《정치사상연구》 15권 1호 (2009).

_____, 〈다수의 힘과 소수의 지혜 : 존 스튜어트 밀의 '숙련된 민주주의'〉, 이근식·서병훈 엮음, 《자유주의와 한국사회 : 존 스튜어트 밀에 대한 재조명》(철학과현실사, 2007).

_____, 〈성실함과 진지함에 대한 향수 : 존 스튜어트 밀의 생애와 사상〉, 이근식·서병훈 엮음, 《자유주의와 한국사회 : 존 스튜어트 밀에 대한 재조명》(철학과현실사, 2007).

_____, 《자유의 미학 : 플라톤과 존 스튜어트 밀》(나남, 2000).

_____, 《자유의 본질과 유토피아 : 존 스튜어트 밀의 정치사상》(사회비평사, 1995).

_____, 〈'북극성 주의자' 존 스튜어트 밀〉, 《사회비평》 12호 (1994).

이근식, 《자유주의 사회경제사상》(한길사, 1999).

이용재, 〈자유주의와 공화주의 사이 : 토크빌 다시 읽기〉, 《서양사연구》 40집 (2009).

임현진, 《지구시민사회의 구조와 역학》(나남, 2015).

조홍식, 《파리의 열두 풍경》(책과함께, 2016).

홍태영, 《국민국가의 정치학 : 프랑스 민주주의의 정치철학과 역사》(후마니타스, 2008).

_____, 《몽테스키외 & 토크빌 : 개인이 아닌 시민으로 살기》(김영사, 2006).

Aluis, Joseph, "The Price of Freedom : Tocqueville, the Framers, and the Antifederalists", *Perspectives on Political Science* 27 (2) (1998).

Bell, Duncan, "John Stuart Mill on Colonies", *Political Theory* 38 (2010).

_____, "Republican Imperialism : J. A. Froude and the Virtue of Empire", *History of Political Thought* 30 (2009).

Berlin, Isaiah, "J. S. Mill and the Ends of Life", J. Gray·G. W. Smith (eds.), *J. S. Mill 〈On Liberty〉 in Focus*(London : Routledge, 1991).

Bernard, Jean Alphonse, *Tocqueville in India*(Paris : Jacques Reich, 2006).

Boesche, Roger, "The Dark Side of Tocqueville : On War And Empire", *Review of Politics*

67, no. 4(2005).

_____, "Tocqueville and the Political Thought of the French Doctrinaires", *History of Political Thought*, 20(3)(1999).

_____, *The Strange Liberalism of Alexis de Tocqueville*(Ithaca : Cornell University Press, 1987).

_____, "Tocqueville and *Le Commerce* : A Newspaper Expressing His Unusual Liberalism", *Journal of the History of Ideas* 44(2)(1983).

Brogan, Hugh, *Alexis de Tocqueville : A Life*(New Haven : Yale University Press, 2007).

Burns, J. H, "J. S. Mill on Democracy, 1829~1861", John Cunningham Wood (ed.), *John Stuart Mill : Critical Assessments*, IV(London : Croom Helm, 1987).

Cairns, John, "Introduction to *Essays on French History and Historians*", John Stuart Mill, *The Collected Works*, XX(Toronto : University of Toronto Press, 1985).

Claeys, Gregory, *Mill and Paternalism*(Cambridge : Cambridge University Press, 2013).

Craiutu, Aurelian, "Tocqueville's Paradoxical Moderation", *The Review of Politics* 67(4) (2005).

_____, "Tocqueville and the Political Thought of the French Doctrinaires", *History of Political Thought* 20(3)(1999).

De Dijn, Annelien, *French Political Thought from Montesquieu to Tocqueville*(Cambridge : Cambridge University Press, 2008).

Donner, Wendy, *The Liberal Self : John Stuart Mill's Moral and Political Philosophy*(Ithaca : Cornell University Press, 1991).

Drescher, Seymour, *Tocqueville and England*(Cambridge, MA : Harvard University Press, 1964).

Fawcett, Millicent, "His Influence as a Practical Politician", Herbert Spencer·Henry Fawcett (eds.), John Stuart Mill : His Life and Works(Middlesex : Echo Library, 2007).

Feuer, L. S., "John Stuart Mill and Marxian Socialism", John Cunningham Wood (ed.), *John Stuart Mill : Critical Assessments*, IV(London : Croom Helm, 1987).

Frohnen, Bruce, *Virtue and the Promise of Conservatism : The Legacy of Burke and Tocqueville*(Lawrence : University Press of Kansas, 1993).

Furet, François, "The Intellectual Origins of Tocqueville's Thought", *The Tocqueville Review* 26(2005).

Gannett, Robert, "Tocqueville and the Politics of Suffrage", *The Tocqueville Review* 27(2) (2006).

Guellec, Laurence, "The Writer Engagé : Tocqueville and Political Rhetoric", Cheryl Welch (ed.), *The Cambridge Companion to Tocqueville*(Cambridge : Cambridge University Press, 2006).

Habibi, Don, *John Stuart Mill and the Ethic of Human Growth*(London : Springer, 2001).

Halliday, R. J., *John Stuart Mill*(NY : Barnes & Noble, 1976).

Hamburger, Joseph, "Mill and Tocqueville on Liberty", John Robson·Michael Laine (eds.), *James and John Stuart Mill : Papers of the Centenary Conference*(Toronto : University of Toronto Press, 1976).

Harris, A. L., "Utopian Elements in Marxist Philosophy", Bob Jessop (ed.), *Karl Marx's Social and Political Thought*(London : Routledge, 1990).

_____, "John Stuart Mill on Monopoly and Socialism : A Note", John Cunningham Wood (ed.), *John Stuart Mill : Critical Assessments*, IV(London : Croom Helm, 1987).

Hayek, F. A., *John Stuart Mill and Harriet Taylor : their friendship and subsequent marriage*(London : Routledge & Kegan Paul, 1951).

Jardin, André, "Notice", Alexis de Tocqueville, *Oeuvres complètes*, I, André Jardin (ed.) (Paris : Gallimard, 1991).

_____, *Tocqueville : A Biography*(Baltimore : Johns Hopkins University Press, 1988).

Jones, H. S., "'The True Baconian and Newtonian Method' : Tocqueville's place in the formation of Mill's *System of Logic*", *History of European Ideas* 25(1999).

Kahan, Alan, *Aristocratic Liberalism : The Social and Political Thought of Jacob Burckhardt,*

John Stuart Mill, and Alexis de Tocqueville(New York : Oxford University Press, 1992).

Kamm, Josephine, *John Stuart Mill in Love*(London : Gordon & Cremonesi, 1977).

Kelly, George, *The Humane Comedy : Constant, Tocqueville and French Liberalism*(Cambridge : Cambridge University Press, 1992).

Kinzer, Bruce, L., *J. S. Mill Revisited : Biographical and Political Explorations*(NY : Palgrave Macmillan, 2007).

_____, "Tocqueville And His English Interpreters, J. S. Mill And Henry Reeve", *The Mill News Letter*, XIII, no. 1(1978), 2~17쪽.

Kinzer, Bruce L. et al., *A Moralist in and out of Parliament : John Stuart Mill at Westminster, 1865~1868*(Toronto : University of Toronto Press, 1992).

Kohn, Margaret, "Empire's Law : Alexis de Tocqueville on Colonialism and the State of Exception", *Canadian Journal of Political Science* 41(2)(2008).

Kraut, Richard, "The Defense of Justice in Plato's Republic", Richard Kraut (ed.), *The Cambridge Companion to Plato*(Cambridge : Cambridge University Press, 1993).

Krouse, Richard, "'Classical' Images of Democracy in America : Madison and Tocqueville", Michael Saward (ed), *Democracy*(London : Routledge, 2007).

_____, "Two Concepts of Democratic Representation : James and John Stuart Mill", *The Journal of Politics* 44, no. 2(1982), 509~537쪽.

Kurer, O., "John Stuart Mill and the Welfare State", *History of Political Economy* 23(4)(1991).

Lawlor, Peter, *The Restless Mind : Alexis de Tocqueville on the Origin and Perpetuation of Human Liberty*(Lanham : Rowman and Littlefield, 1993).

Mahoney, Daniel, "Liberty, Equality, Nobility : Kolnai, Tocqueville, and the Moral Foundations of Democracy", *Perspectives on Political Science* 30(4)(2001).

Manent, Pierre, "Tocqueville, Political Philosopher", Cheryl Welch (ed.), *The Cambridge Companion to Tocqueville*(Cambridge : Cambridge University Press, 2006).

_____, "Democratic Man, Aristocratic Man, and Man Simply : Some Remarks on

Equivocation in Tocqueville's Thought", *Perspectives on Political Science* 27(2) (1998).

_____, *Tocqueville and the Nature of Democracy*, John Waggoner (tr.)(Lanham : Rowman & Littlefield, 1996).

Mansfield, Harvey, "A New Kind of Liberalism : Tocqueville's 'Recollections'", *The New Criterion*(March, 2010A).

_____, *Tocqueville : A Very Short Introduction*(Oxford : Oxford University Press, 2010B).

Mansfield, Harvey·Delba Winthrop, "Tocqueville's New Political Science", Cheryl Welch (ed.), *The Cambridge Companion to Tocqueville*(Cambridge : Cambridge University Press, 2006).

Mayer, J.-P., *Alexis de Tocqueville : A Biographical Study in Political Science*(NY : Harper & Brothers, 1960).

_____, "Introduction", Alexis de Tocqueville, *Oeuvres complètes*, VI, *Correspondance anglaise*(Paris : Gallimard, 1954).

Mazlish, Bruce, *James and John Stuart Mill*(NY : Basic Books, 1975).

Mélonio, Françoise, "Tocqueville and the French", Cheryl Welch (ed.), *The Cambridge Companion to Tocqueville*(Cambridge : Cambridge University Press, 2006).

Mueller, I. W., *John Stuart Mill and French Thought*(Urbana : University of Illinois Press, 1956).

Ossewaarde, M. R. R., *Tocqueville's Moral and Political Thought : New Liberalism*(NY : Routledge, 2004).

Packe, Michael, *The Life of John Stuart Mill*(New York : Macmillan, 1954).

Pappé, H. O., "Mill and Tocqueville", *Journal of the History of Ideas* 25, no. 2(1964), 217~234쪽.

_____, *J. S. Mill and the Harriet Taylor Myth*(London : Cambridge University Press, 1960).

Pitts, Jennifer, *A Turn to Empire : the rise of imperial liberalism in Britain and France*(New

Jersey : Princeton University Press, 2005).

_____, "Introduction", Alexis de Tocqueville, *Writings on Empire and Slavery*, Jennifer Pitts (ed. · tr.)(London : Johns Hopkins University, 2001).

Plassart, Anna, "James Mill's Treatment of Religion and the History of British India", *History of European Ideas* 34(2008).

Qualter, Terence, "John Stuart Mill, Disciple of De Tocqueville", *Western Political Quarterly*, vol. 13, no. 4(1960), 880~889쪽.

Reeves, Richard, *John Stuart Mill : Victorian Firebrand*(London : Atlantic Books, 2007).

Richter, Melvin, "Tocqueville on Threats to Liberty in Democracies", Cheryl Welch (ed.), *The Cambridge Companion to Tocqueville*(Cambridge : Cambridge University Press, 2006).

_____, "Tocqueville and Guizot on Democracy", *History of European Ideas* 30(2004).

_____, "Tocqueville on Algeria", *Review of Politics*, vol. 25(1963).

Robson, John, *The Improvement of Mankind : The Social and Political Thought of John Stuart Mill*(Toronto : University of Toronto Press, 1968).

Ryan, Alan, *John Stuart Mill*(London : Routledge & Kegan Paul, 1974).

_____, *The Philosophy of John Stuart Mill*(London : Macmillan, 1970).

Schapiro, J. S., "John Stuart Mill, Pioneer of Democratic Liberalism in England", John Cunningham Wood (ed.), *John Stuart Mill : Critical Assessments*, IV(London : Croom Helm, 1987), 78~103쪽.

Shields, C. V., "Introduction", John Stuart Mill, *On Liberty*(Indianapolis : Bobbs-Merrill Educational Publishing, 1982).

Skorupski, John, *Why Read Mill Today?*(London : Routledge, 2006).

Souffrant, Eddy, *Formal Transgression : John Stuart Mill's Philosophy of International Affairs*(Oxford : Oxford University Press, 2000).

Suh, Byung-Hoon, "Mill and Tocqueville : A friendship bruised", *History of European Ideas* 42(1)(2016).

Thomas, William, *Mill*(Oxford : Oxford University Press, 1985).

Thompson, Dennis, "Mill in Parliament : When Should a Philosopher Compromise?", Nadia Urbinati·Alex Zakaras (eds.), *J. S. Mill's Political Thought : A Bicentennial Reassessment*(Cambridge : Cambridge University Press, 2007).

Todorov, Tzvetan, *On Human Diversity : Nationalism, Racism, and Exoticism in French Thought*(Cambridge : Cambridge University Press, 1993).

Tunick, Mark, "Tolerant Imperialism : John Stuart Mill's Defense of British Rule in India", *The Review of Politics* 68(2006).

Turner, Frank, *European Intellectual History*,《예일대 지성사 강의》, 서상복 옮김(책세상, 2016).

_____, "Alexis de Tocqueville and John Stuart Mill on Religion", *The Tocqueville Review*, vol. XXVII, no. 2(2006).

Varouxakis, Georgios, "Cosmopolitan Patriotism in J. S. Mill's Political Thought and Activism", Nadia Urbinati·Alex Zakaras (eds.), *J. S. Mill's Political Thought : A Bicentennial Reassessment*(Cambridge : Cambridge University Press, 2007).

_____, *Victorian Political Thought on France and the French*(NY : Palgrave, 2002).

_____, "Guizot's Historical Works And J. S. Mill's Reception of Tocqueville", *History of Political Thought*, XX, no. 2(1999), 292~312쪽.

_____, "John Stuart Mill on Intervention and Non-Intervention", *Millenium : Journal of International Studies* 26(1)(1997), 57~76쪽.

Veugelers, John, "Tocqueville on the Conquest and Colonization of Algeria", *Journal of Classical Sociology* 10(4)(2010).

Warnock, Mary, "Introduction", J. S. Mill, *Utilitarianism, On Liberty, Essay on Bentham*(NY : New American Liberty, 1974).

Welch, Cheryl, "Colonial Violence and the Rhetoric of Evasion : Tocqueville on Algeria", *Political Theory* 31(2003).

Winch, Donald, *Wealth and Life : Essays on the Intellectual History of Political Economy in Britain, 1848~1914*(Cambridge : Cambridge University Press, 2009).

Wolin, Sheldon S., *Tocqueville between Two Worlds : The Making of a Political and Theor-*

etical Life(Princeton : Princeton University Press, 2003).

Zimmer, Louis B., "John Stuart Mill And Democracy, 1866~67", *The Mill News Letter*, XI, no. 2(1976).

Zunz, Olivier·Alan S. Kahn, "Introduction", Olivier Zunz·Alan S. Kahn (eds.), *The Toc-queville Reader : A Life in Letters and Politics*(Oxford : Blackwell, 2002).

찾아보기

위대한 정치

밀과 토크빌, 시대의 부름에 답하다

초판 1쇄 발행 2017년 2월 28일
초판 2쇄 발행 2020년 12월 14일

지은이 서병훈

펴낸이 김현태
펴낸곳 책세상
등록 1975. 5. 21. 제1-517호
주소 서울시 마포구 잔다리로 62-1, 3층(04031)
전화 02-704-1250(영업) 02-3273-1334(편집)
팩스 02-719-1258
이메일 editor@chaeksesang.com
광고·제휴 문의 creator@chaeksesang.com
홈페이지 chaeksesang.com
페이스북 /chaeksesang 트위터 @chaeksesang
인스타그램 @chaeksesang 네이버포스트 bkworldpub

ISBN 979-11-5931-109-3 03300

이 도서의 국립중앙도서관 출판예정도서목록(CIP)은 서지정보유통지원시스템 홈페이지
(http://seoji.nl.go.kr)와 국가자료종합목록 구축시스템(http://kolis-net.nl.go.kr)에서
이용하실 수 있습니다.(CIP제어번호 : CIP2017004570)

이 저서는 2013년 대한민국 교육부와 한국연구재단의 지원을 받아
수행된 연구임 (NRF-2013S1A6A4018158)